日照港年鉴

RIZHAO PORT YEARBOOK

(2009~2011)

《日照港年鉴》编纂委员会 编

山东画报出版社

图书在版编目（CIP）数据

日照港年鉴. 2009～2011 / 《日照港年鉴》编委会编著. --济南：山东画报出版社，2012. 12
ISBN 978-7-5474-0892-6

Ⅰ. ①日… Ⅱ. ①日… Ⅲ. ①港口－日照市－2009～2011－年鉴 Ⅳ. ①F552. 752. 3

中国版本图书馆CIP数据核字(2012)第302088号

责任编辑　董明庆
装帧设计　刘　鹏
主管部门　山东出版集团有限公司
出版发行　山东画报出版社
社　　址　济南市经九路胜利大街39号　邮　编　250001
电　　话　总编室（0531）82098470
市场部（0531）82098479　82098476（传真）
网　　址　http://www.hbcbs.com.cn
电子信箱　hbcb@sdpress.com.cn

印　　刷　齐鲁三联印务有限公司
规　　格　210毫米×285毫米
17.5印张　200幅图　392千字
版　　次　2012年12月第1版
印　　次　2012年12月第1次印刷
印　　数　1—1500
定　　价　70.00元

编辑说明

《日照港年鉴》（2009～2011）是日照港的第六部年鉴，时间上与第五部相衔接。主要内容为2009～2011年间日照港各项事业发展的基本情况及各部室、单位取得的主要成就和基本做法。

本部年鉴由部类、分目、条目各层次内容构成，部分分目增设了子目。内容及资料主要由各部室、单位提供，宣教中心《日照港年鉴》编辑部总编撰合成。各部分文字的撰稿人姓名列其所撰文字之后。

日照港集团有限公司于2011年8月进行了首次系统性组织机构调整，本部年鉴涉及内容和资料，按调整后的职能部门和权责单位进行划分，设计框架；涉及调整的部门和单位，相关内容和资料按职能与业务归类，以追述方式进行编撰。

本部年鉴在编辑过程中，得到了日照港各级领导及各部室、单位的大力支持，在此一并致谢。

由于水平有限，不当及疏漏之处在所难免，恳请同行及广大读者批评指正。

《日照港年鉴》编辑部

2012 年 11 月

《日照港年鉴》编纂委员会

主　　任　杜传志

副 主 任　蔡中堂

委　　员　孔宪雷　王永刚　庄光安
吴　军　王建波　尚金瑞
王爱东　庞遵升　臧东生
张茂宗　兰光明　杜勇涛
陈　鹏

《日照港年鉴》编辑部

主　　编　张　峰　李德承

执行主编　姚　辉

编　　辑　郑成香　张海鹏　刘书佳

美术摄影　刘　鹏　徐海龙

2009年6月27日，温家宝总理在济南南郊宾馆主持召开山东省部分重点企业主要负责人座谈会，杜传志董事长在会上就日照港应对金融危机和生产经营等港口发展情况作了专题汇报。

2010年3月4日，原中共中央政治局常委、中央纪委书记吴官正来港视察。

2009年6月15日，全国政协副主席、全国工商联主席黄孟复来港视察。

2009年7月11日，全国人大常委会副委员长、民进中央主席严隽琪来港视察。

2011年5月11日，全国人大常委会副委员长司马义·铁力瓦尔地来港视察。

2010年8月18日，全国人大常委会原副委员长成思危来港考察。

2009年5月10日，山东省委副书记、省长姜大明来港视察。

2010年11月21日，山东省委副书记、省长姜大明来港视察并看望、慰问劳模和一线员工代表。

2010年10月11日，山东省委副书记、省政协主席刘伟带领全省转方式调结构现场观摩会与会领导来港视察。

2010年11月23日，山东省委常委、副省长王军民带领全省港航工作会议与会领导来港视察。

2011年8月4日，山东省委常委、副省长孙伟来港视察。

2011年9月22日，山东省委常委、秘书长王敏带领全省蓝黄两大战略实施情况督查组来港督查。

2011年7月20日，山东省委常委、省纪委书记李法泉来港视察。

2009年5月13日，山东省原省长李春亭来港考察。

2009年9月2日，山东省委原副书记赵春兰带领驻鲁全国人大代表来港视察。

2011年6月30日，日照市委书记、市人大常委会主任杨军来港调研并慰问先进基层党组织和优秀共产党员。

2011年2月2日，日照市委副书记、代市长李同道来港检查节日安全工作并慰问员工。

2010年4月24日，联合国副秘书长兼人居署执行主任安娜·蒂贝琼卡来港考察。

2009年4月30日，德国前总理格哈德·施罗德来港考察。

2009年2月14日，二〇〇九年度管理效益年活动动员大会召开。

2009年7月21日，日照港集装箱运输暨港口业务推介会在潍坊举行。

2009年12月15日，日照港EDI中心启用仪式举行。

2010年4月25日，日照港陕西省重要客户座谈会在西安举行。

2010年4月26日，日照港口服务甘肃经济推介会在兰州举行。

2010年5月31日，石臼港区西区3#泊位新建木片工艺系统重载试车成功。

2010年8月28日，日照港进口煤炭客户座谈会在云南丽江举行。

2010年11月18日，日照港年货物吞吐量完成20006.3万吨，同比增长22.3%，年吞吐量首次突破两亿吨。2010年11月19日，日照港召开年货物吞吐量突破两亿吨新闻发布会。

2010年12月27日，日照港30万吨级原油码头实现重载试车。

2010年12月29日，山东港湾建设集团有限公司正式揭牌成立。

2011年2月10日，中国日照-韩国平泽“日照东方”客箱班轮首航仪式在国际候船厅举行。

2011年2月22日，集团公司创业创新创效年活动动员大会召开。

2011年8月2日，日照港镍矿客户座谈会在宁夏银川举行。

2011年10月13日，中韩陆海联运汽车货物运输日照通道开通仪式在日照港举行。

2009年3月10日，载重29万吨的超大型散货船“沙钢巨人”轮安全靠泊日照港。该轮全长332米，宽60米，吃水20米，装载有263294吨铁矿石，是靠泊日照港的最大吨位散货船。

2010年12月5日，股份二公司在“西威尔”轮矿石卸船作业中，仅用26.98小时便完成了26.4万吨铁矿石接卸，平均卸率达到9786吨/小时，第3次刷新自2006年以来日照港一直保持的矿石卸船效率世界纪录。

2011年7月15日，30万吨级油轮“波塞冬”号靠泊日照港30万吨级原油码头，该轮吃水15.7米，载货17.4万吨，是靠泊日照港吃水最深、载货量最大的油轮。

2009年3月13日，石臼港区西区二期工程、东西港区航道工程通过省交通厅竣工验收。

2009年7月8日，石臼港区西区十八路立交桥通过竣工验收。

2009年9月2日，日照保税物流中心通过国家验收。

2009年12月31日，石臼港区西区三期、北港池防波堤主体工程竣工典礼仪式举行。

2010年9月1日，石臼港区西区三期工程、木片码头续建工程安全设施竣工验收会议召开。

2010年9月26日，岚山北港区10万吨级油码头工程竣工验收。

2011年10月10日，日照-仪征原油管道及配套工程投产仪式举行。

2011年11月26日，日照港疏港高速公路竣工通车仪式举行。

2010年石臼港区鸟瞰

2010年4月12日，日照港股份有限公司二〇〇九年年度股东大会召开。

2011年3月28日，日照港股份有限公司第三届董事会第二十四次会议召开。

2009年5月18日，日照港和荷兰孚宝公司“股权转让意向书”签字仪式在济南举行。

2009年6月21日，日照港与陕西煤化工集团、中煤能源山东公司在日照港签署战略合作框架协议。

2009年6月23日，日照港、烟台港与中国工商银行在济南举行全面合作框架协议签字仪式。

2009年12月8日，日照保税物流中心业务推介会在日照召开。

2009年12月26日，日照港与河南安阳市政府在日照签订友好合作协议。

2010年4月25日，日照港与陕西龙门钢铁、西安邦淇制油、陕西金刚五矿公司在西安签订战略合作框架协议。

2010年11月29日，日照港与日照开发区、山东海洋投资有限公司签订战略合作框架协议。

2011年1月18日，日照港与中石化土地转让签字仪式举行。

2011年4月13日，日照港与新加坡裕廊港签署合资合作协议。

2011年8月25日，日照港客箱码头公司与韩国哈拿公司签署合作协议。

2011年10月10日，日照港与交通运输部水运科学研究院战略合作协议签字仪式举行。

2011年12月16日，日照港院士专家工作站揭牌暨合作签字仪式举行。

2009年3月6日，日照港深入学习实践科学发展观活动动员大会召开。

2009年4月26日，山东电视台“庆五一劳动节——咱们工人有力量”文艺节目在集装箱码头成功举行并录制播出。

2009年6月12日，日照港阳光文化论坛“2009我的阳光故事”举办。

2009年7月28日，日照港第二十一届职工技术比赛暨第二届日照港青年职业技能大赛开幕式举行。

2009年10月24日，全国企业文化（日照港）现场会在日照港举行。

2010年7月24日，日照港举行赴疆援建工作人员欢送会。

2010年10月17日，日照港举办阳光文化节管理论坛。

2010年10月19日，日照港举办阳光文化节班组论坛。

2010年10月，日照港2010阳光文化节大型文艺演出在集装箱码头举行。

2010年4月27日，2010年全国劳动模范和先进工作者表彰大会在北京人民大会堂隆重举行，集团公司董事长、党委书记杜传志被国务院授予“全国劳动模范”荣誉称号。

2011年1月27日，山东省交通运输工作会上，山东省政府为集团公司记集体一等功。

2011年4月15日，集团公司荣获首届“日照市市长质量奖”。

2011年10月21日，股份二公司荣获“全国质量奖”。

渔业资源修复活动

2010年10月17日，《日照港报》创刊发行。

阳光文化节摄影展

主题教育活动辩论赛

职工技术比赛暨青年职业技能大赛

员工篮球比赛开幕式

员工义务献血

青年管理论坛

2010年日照港岚山港区鸟瞰

安全知识竞赛

职工大合唱比赛

职工千人万米长跑比赛

乒乓球比赛

职工体操比赛

2011年12月，集团公司荣获“全国文明单位”。

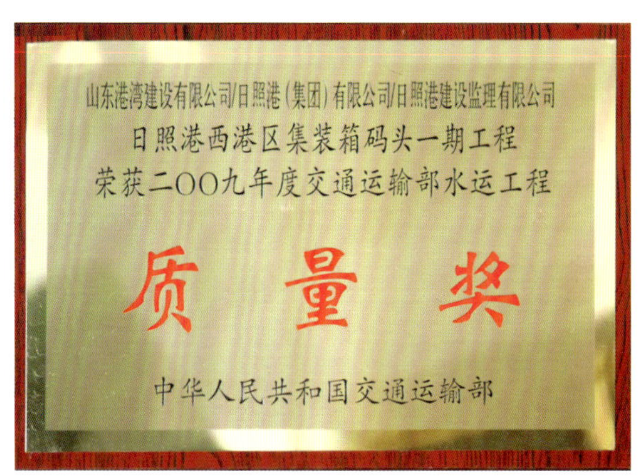

2010年1月，日照港西港区集装箱码头一期工程荣获“二〇〇九年度交通运输部水运工程质量奖”。

2009年10月，集团公司荣获“全国企业文化示范基地”。

2011年6月，日照港股份有限公司荣获“金蜜蜂·成长型企业”。

2010年5月，集团公司团委荣获“全国五四红旗团委”。

2011年12月，集团公司工会荣获“全国交通建设系统先进工会”。

目　录

特　载

大事记

港口概况

港口管理

党群工作

港口业务

物流贸易

建筑制造

综 合 服 务

集团公司领导简介

荣　誉

统计资料

特　载

抓机遇 调结构 跨双亿 强基础
为全力实现“十一五”规划目标努力奋斗

——在集团公司二届二次职工、会员代表大会
暨2010年政治工作会议上的报告（摘编）

杜传志

(2010年1月19日)

一、2009年工作回顾

（一）港口生产逆势快速增长，向双亿目标跨出关键一步

吞吐量突破1.8亿吨，全年完成18131万吨，同比增加3029万吨，增长20.1%，继续保持全国沿海港口第九位，增速和增幅均居全国沿海十大港口之首，较2005年的8421万吨增长115.3%。集装箱吞吐量完成82.1万TEU，同比增长15.9%。吞吐量超过100万吨、500万吨和1000万吨的货种分别达到14个、6个和2个。市场竞争优势进一步扩大，铁矿石吞吐量达到9973万吨，粮食吞吐量达到518万吨，进口量继续居全国沿海港口首位；镍矿、木片、水泥、木薯干吞吐量分别完成669万吨、260万吨、199万吨和122万吨，均保持全国第一；煤炭吞吐量完成2172万吨，进口量居北方港口首位；钢铁吞吐量完成737万吨，进入北方港口四强。原油运输实现零的突破，10万吨级油码头成功试运行，接卸油品79万吨，成为港口生产新的增长点。市场营销成效显著，先后在广西、青海、内蒙古、山西及鲁中等地召开业务推介会和客户座谈会，新增客户122家、货种11个、集装箱航线5条。生产组织明显优化，累计刷新各类生产纪录220余项，月吞吐量最高达到1676万吨，车停时压缩到7.9小时，火车年拖运量完成4610万吨，继续居全国沿海港口自营铁路第一位。商务管理进一步加强，细化了制度，引入了信息化手段，规范了合同文本和商务流程。

（二）基本建设加快推进，港口功能进一步完善

十大重点工程等建设项目进展顺利，全年完成固定资产投资21.5亿元，石臼港区北港池防波堤顺利合拢，西区三期工程全部交付使用，木片码头续建工程完成设备安装，岚山港区30万吨级原油码头主体完成，中区1#、2#液化泊位投入试生产，南区8#、12#泊位改造沉箱安装基本完成。港口通过

能力进一步提升，新交付泊位6个、堆场110万平方米，新增港口通过能力815万吨。港口功能更加完善，8个泊位通过口岸开放验收，B型保税物流中心通过验收并正式封关运营，EDI系统正式启用。项目前期工作取得历史性突破，30万吨级原油码头工程获国家发改委核准，山西中南部铁路通道出海口被国家发改委最终确定为日照港，石臼港区木片码头、焦炭码头、南区航道工程和岚山港区深水航道一期工程获省发改委核准或批复，第二座30万吨级原油码头、日照钢铁精品基地配套码头前期工作积极推进。全年争取交通运输部配置项目资本金7000万元、省交通运输厅配置资金4368万元。

（三）“管理效益年”活动扎实深入，港口发展质量和管理水平显著提高

经济效益大幅度增长，全年实现业务收入75.6亿元，同比增长39.7%，实现利税4.95亿元，同比增长15.9%，实现利润2.03亿元，同比增长25.5%。内部改革进一步深化，理顺了营销管理体制，做实了海明公司，成立了卫生环保中心，平稳完成了股份三公司机制转换，稳步实施了生活区物业改革，向日照市顺利移交了中小学。安全生产形势总体平稳，通过落实安全生产责任制，深化站队达标，加强安全监管、专项治理和应急管理，集团内部没有发生等级以上生产安全事故。节能降耗取得新成效，能源综合单耗同比下降5.3%。全员劳动生产率进一步提高，同比增长17.9%。各项管理水平进一步提升，单项管理样板培育和推广深入扎实，开展观摩交流活动300余次，新命名集团级样板11个；现场管理进一步加强，粉尘治理成效显著，得到了政府主管部门和周边群众的认可；财务管理进一步加强，加大应收账款回收力度，加强经济活动分析和资金调度，全年争取银行授信额度278亿元，信贷融资92.85亿元，信托融资6亿元，满足了港口发展需要；招投标管理进一步规范，全年工程及其他招标累计节约1.7亿元；设备管理水平进一步提高，全年设备完好率保持在95%以上，为港口生产提供了可靠保障；科技管理不断加强，开展了形式多样的技术攻关和创新活动，获省部级以上科技成果6项，编制完成了集团信息化发展总体规划，新开发管理信息系统7个，提高了港口信息化水平；物资管理不断规范，通过“阳光采购”，提高了采购质量，优化了物资储备，全年降低采购成本850万元；资产管理成效显著，全年资产利用率同比提高7个百分点；审计工作深入细致，充分发挥了监督、评价和服务职能。质量、统计、档案、计量等其他管理进一步加强。

（四）合资合作和资本运作实现新突破，港口资源配置进一步优化

合资合作不断扩大。与中石化签约修订了30万吨级原油码头合资合同，中石化出资资本金由2.5亿元增加到4亿元；第二座30万吨级原油码头合作建设已签订框架协议；通过省铁路建设投资公司出资1.95亿元参股建设山西中南部铁路通道山东段铁路；与荷兰孚宝集团就合作经营岚山港区中区1#、2#液化泊位签订了股权转让意向书；与陕西煤化集团、中煤能源山东公司、河南煤化集团就合作共建现代大物流体系签订了协议；与河南安阳市政府签订了友好合作意向书；与中国工商银行总行签署60亿元授信额度合作协议；积极推进与亚太森博、森达美和以色列佳多特集团等的合作；与山钢集团就合作建设日照钢铁精品基地配套码头进行了深入沟通；在省国资委主持下，与省国投、山钢集团、兖矿集团就合作成立远洋船队进行了初步磋商。资本运作取得新成果。股份公司8月份成功完成非公开发行股票工作，募集资金12.8亿元，3年连续3次成功融资累计32.4亿元，成为近年来境内融资次数最多、再融资速度最快的上市公司之一，并从900多家上市公司中脱颖而出，荣获上交所成立19年来首次组织评选的“2009年度十大信息披露奖”，成为全国沿海港口和山东省上市公司中唯一的获奖单位，公司形象进一步提升，股票继续保持了沪深300指数样本股、上证治理板块样本股地位。

（五）党的建设和精神文明建设不断加强，港口社会形象和凝聚力进一步提升

突出实践特色，以“解放思想、科学发展、强港兴企”为主题，以“保增长、促跨越，全力打造最具活力的国际一流强港”为实践载体，深入开展了学习实践科学发展观活动，有力促进了港口快速发展，得到了市委和中央、省、市检查组的高度评价。扎实开展党建思想政治工作创新实践活动，加强基层党组织规范化建设、精神文明建设和党风廉政建设，党组织政治核心作用、战斗堡垒作用和党员先锋模范作用得到充分发挥。围绕港口发展重要节点加强宣传工作，与山东电视台联合举办“走进日照港”五一特别节目，与中央、省及行业主流媒体开展战略合作，突出典型塑造，有力宣传了港口应对危机、快速发展的具体实践和丰硕成果，展示了港口良好形象。积极开展“搏击双亿靠什么，我为强港做什么”大讨论活动，激发和调动了广大员工应对危机、拼搏奉献的积极性、主动性和创造性。积极推进企业文化建设创新，总结港口发展理念和具体实践，汇编阳光文化案例和故事，大力开展“阳光文化进一线、进现场、进班组、进社区、进家园”示范点创建活动，举办了“2009我的阳光故事”企业文化论坛，开展了庆祝新中国成立60周年系列活动，实现了阳光文化的故事化、生活化、哲理化。充分发挥群团组织作用，各级工会组织认真维护员工利益，深入开展“搏击双亿、双增双节”劳动竞赛、技术比武、合理化建议和争创“职业道德建设双十佳”、“职业道德先锋岗”等活动，有力促进了港口发展；共青团组织积极开展“一团一品”青年创新实践活动，团结带领广大团员青年立足岗位、青春建功，发挥了生力军和突击队作用。公安、教育、医疗、卫生、后勤保障等各项事业，老龄、武装、女职工、计划生育和居委会等各项工作都取得了较好成绩。

在加快港口发展的同时，努力为员工办实事、办好事。在国际金融危机的大背景和港口经营压力巨大的情况下，全力确保员工收入增长，全港年工资总额同比增长11.6%，人均收入同比增长9.6%；在社会就业形势严峻、港口进人压力巨大且急需人才十分短缺的情况下，千方百计安置员工子女就业，努力解决员工的后顾之忧，全年接收员工子女170名；投入1100万元实施了生活区燃气改造，方便了员工生活；投入182万元，组织老干部和员工查体7359人次。

一年来，集团公司获得“全国精神文明建设工作先进单位”、“全国交通运输系统先进集体”、“全国企业文化示范基地”、“全国企业文化建设先进单位”、“2009中国服务业企业500强”、“中国优秀企业公民”、“全国设备管理优秀单位”、“全国群众体育先进单位”、“全国‘安康杯’竞赛优胜单位”、“山东省企业100强”、“山东省服务业三大载体先进单位”、“山东省外贸百强企业”、“山东省纳税先进企业”等荣誉称号20余项，并继续保持了“省级文明单位”称号。

一年来的成功实践告诉我们：危机孕育机遇，机遇考验能力！一年来的奋斗历程，使我们深刻体会到——信心是战胜危机的力量源泉，责任是事业发展的根本保证，毅力是跨越发展的重要支撑。

二、2010年形势任务和工作安排

2010年是实施“十一五”规划的最后一年，是全面应对国际金融危机冲击的重要一年，更是为港口“十二五”发展奠定基础的关键一年。做好全年各项工作，对于夺取应对国际金融危机的全面胜利，保持港口又好又快发展态势，推进打造最具活力的国际一流强港进程，意义十分重大。

综观2010年，港口发展形势总体上将好于去年，我们将面临诸多有利条件和难得机遇。一是国际国内经济环境总体向好。世界经济在复苏，今年

有望实现低速增长；国内经济企稳回升，今年将继续保持平稳较快增长。二是港航业总体运输需求逐步增长。随着一系列经济刺激政策的实施、世界经济的复苏、外围经济的逐步回暖和我国整体外贸增速的加快，港航业运输市场空间将进一步放大。全国铁矿石进口将保持一定增长，煤炭将继续维持净进口局面，供需总体趋稳，原油进口将继续与经济保持同步增长，集装箱运输将进一步回暖，实现稳定增长。三是区域产业和生产力布局为港口发展带来新机遇。我省山东半岛蓝色经济区“一区三带”规划加快实施，“三带”之一的鲁南临港产业带以日照为龙头规划建设，与日照港长远发展密切相关的“三线一基地”项目加快推进，将推动市场的先期培育和加速成熟，使日照港的重大战略机遇逐步转化为促进港口发展的现实生产力。我省以“四纵四横”为骨架的铁路网规划加快实施，新菏兖日铁路电气化改造年内有望竣工，日照港参与投资的东平、枣临铁路进展顺利，石臼港区疏港高速公路计划年底竣工，岚山港区疏港路有望年内实施，日照港的集疏港条件将进一步优化。四是日照港自身拥有诸多加快发展的有利因素。随着多个重大项目青睐港口优势而积聚日照，日照港的产业集聚作用进一步增强。经过危机中的率先回升、逆势发展，日照港独具特色的大宗干散货运输优势更加突出，客户更加信赖。多年来我们深思熟虑、持之以恒的发展战略在应对危机中优势凸显，着眼于打造最具活力的国际一流强港这一战略目标，以高负债情况下的低成本融资、集团化经营情况下的资源配置、港口高成长情况下的人才培养、选用、引进和储备“三大课题”为战略主题，我们提出了实施“五四四”工程的战略路径，即突出“生产、建设、管理、合作、资本运作”五大战略导向，打造“港口业务、物流与贸易、建筑与制造和综合服务”四大业务板块，构筑“大宗干散货、原油、集装箱运输和现代物流”四大重点体系，进一步明确了日照港发展的战略方向、任务目标和具体途径，将为港口长远发展、战略制胜赢得先发之机，奠定坚实基础。五是全港员工应对危机、把握机遇的信心更足、战斗力更强。一年来应对危机的成功实践，进一步磨练了我们克服困难、百折不挠的意志，坚定了我们把握局势、应对各种复杂局面的信心和决心，全方位地锻炼了我们的员工队伍。新一年，我们抢抓机遇、乘势而上的思路更加清晰，加快发展的决心更加坚定，长期应对危机的心态也更加从容。

尽管今年港口发展的总体形势将好于去年，但世界金融危机影响仍然存在并将持续相当长一段时期，港口面临的发展形势也将更加错综复杂，我们还必须面对一些前所未有的困难和挑战，并做好长期应对的准备。

按照港口“十一五”期间“扩能上量，强化管理，做强做大，搏击双亿”的战略重点和要求，围绕“五四四”工程的实施，新的一年，集团公司工作总的指导思想是：坚持以党的十七大精神为指导，深入贯彻落实科学发展观，以“抓机遇，调结构，跨双亿，强基础”为总体要求，以“管理效益年”活动为主线，切实把握稳中求进、好中求快、又好又快，更加注重提升发展质量和效益、推动发展方式转变和结构调整、推进改革创新和节能减排、激发内部活力和潜在动力、统筹港内资源和港外环境，努力实现港口平稳较快发展，全力实现“十一五”规划目标。

抓机遇，就是进一步增强长期应对危机、长期应对复杂局面、长期负重奋进的责任、恒心和毅力，时刻保持发现机遇、抢抓机遇的敏锐性和紧迫感，进一步增强抓住机遇、用好机遇的智慧和能力；就是继续正确把握形势，审时度势，充分利用日照港发展的重大战略机遇期，抢抓“一区三带”规划、“四纵四横”铁路网建设、“三线一基地”重大项目等千载难逢的历史机遇，为港口发展赢得先机。

调结构，就是围绕实施“五四四”工程，进一步优化港口产业结构、生产结构、资产结构、管控结构、资金结构、功能结构等等，解决港口发展面临的结构性矛盾，促进发展方式转变，增强抗风险能力和可持续发展能力，实现港口又好又快发展。

跨双亿，就是在已经准备、奋斗、积累了4年的基础上，乘势而上，再接再厉，顽强拼搏，坚持不懈，确保港口吞吐量和实际通过能力双双跨越2亿吨大关，实现“搏击双亿”的“十一五”目标，为“十一五”发展划上一个圆满的句号。

强基础，就是着眼于港口的可持续发展，着眼于打造最具活力的国际一流强港，继续攻坚克难，努力实现港口各项事业的新发展、新突破、新跨越，同时围绕实施“五四四”工程，高起点、高标准、高水平地制定好“十二五”规划，明确战略思路和重点，进一步提升港口竞争实力，强化战略优势，做到强势更强、优势更优，为港口“十二五”乃至更长时期的发展奠定坚实基础。

2010年的主要工作目标是：吞吐量、实际能力过两亿，集装箱运输破百万，原油运输奠基础，企业管理上层次，对外合作再突破。即：完成货物吞吐量20100万吨，其中集装箱100万TEU，实现规模化发展，原油500万吨，为“十二五”上规模、大发展奠定基础；完成固定资产投资21.6亿元，加快实施石臼港区防波堤、西区四期、焦炭码头、环保整治、路企直通及港口编组场改造和岚山港区中区30万吨级原油码头、深水航道一期、南区8#、12#泊位改造、南区主航道、南区防波堤等10项重点工程，新增港口通过能力2730万吨，港口实际通过能力突破2亿吨；实现利税5亿元、利润2.2亿元，全员劳动生产率同比提高9.3%，能源综合单耗同比下降2%，重大安全责任事故、重大货运事故为0，清洁生产水平进一步提升；对外合作实现新的突破。

实现上述目标，全港要突出抓好七项重点工作：

（一）全力发展港口生产，确保港口吞吐量突破2亿吨

把确保吞吐量突破2亿吨当作首要任务，一切围绕、服从和服务于港口生产这个中心，坚持“一强化三统筹”，千方百计确保完成全年生产目标。

继续强化市场营销。进一步增强市场敏锐性，把货源开发作为生产的重中之重，更加突出以市场为导向，深入研究市场变化，适时调整营销策略和方向。坚持抓大不放小，在努力增加支柱货种货源、做好大客户工作的同时，不放过任何市场机会。继续统筹全港营销资源，完善营销网络，加强市场推介和培育，巩固推介成果，加快推进腹地无水港建设，不断开拓新腹地、开发新客户、挖掘新货种。进一步明确主要货种的营销重点：矿石运输方面，充分发挥大码头优势，积极培育稳定货源，在巩固大客户、重点客户的同时，进一步加强与中小客户的合作，扩大市场份额，巩固矿石进口第一优势；煤炭运输方面，坚持大客户营销战略，确保大客户中转量稳中有升；集装箱运输方面，积极开拓苏北、鲁南、鲁中及纵深腹地市场，加大“散改集”力度，增开外贸航线，升级内贸航线，恢复日照—平泽客箱班轮航线，加密海运直通，扩展海铁联运，实现过境运输，确保吞吐量突破100万TEU；原油运输方面，加大市场培育力度，努力扩大影响，全力提升吞吐量，为下一步原油运输上规模、大发展、打造石化运输新优势奠定基础；继续加大其他货种开发力度，扩大西部地区营销成果，巩固镍矿、水泥、木片、木薯干等货种吞吐量全国第一的地位，打造粮食、钢铁、木材和有色金属矿中转基地。切实安排好一季度生产，确保实现开门红，为全年生产开好头、起好步。

进一步优化生产组织。加强流程再造，进一步优化生产工艺和作业流程，加强车船货衔接，深化单班、单船考核，提高各环节作业效率，提升系统生产能力和应变能力。充分发挥专业码头的硬件优势，进一步加强管理，升级挖掘，做到优势更优。尽快研究浚深石臼港区航道，充分发挥好30万吨级矿石码头的靠泊能力，尽最大努力确保来港货源不

流失。高度重视疏港工作，进一步优化港内铁路生产组织模式，压缩车辆在港停时，确保全年车停时在7.8小时以内，继续提高公路疏港的组织效率和发运能力，努力开辟转水新流向，以疏港保卸船，以疏港保吞吐量增长。进一步加强堆场管理，科学分配、合理使用，千方百计提升堆存能力，加快货物周转。继续加强外部协调和沟通，争取口岸单位更大的支持，创造良好的生产环境。

切实加强商务管理。合理调整费率，科学测算，抓准时机，使价格与服务质量相适应，在为客户提供优质服务、创造价值的同时，实现港口经济效益的提升。进一步处理好价格与竞争、服务与质量的关系，处理好吞吐量增长和效益提升的关系，严格执行装卸费率和堆场收费标准，加强监督检查，确保增产增收。严肃生产作业合同管理，规避商务风险。

狠抓服务质量和货运质量。全面推广一站式服务和人性化服务，充分利用好生产管理信息系统，共享信息资源，简化环节，为客户提供更大方便。加强装卸质量的全流程控制，最大程度地避免货损货差、杜绝货运质量事故。

（二）强化效益第一理念，努力实现港口经营水平的新突破

进一步强化“效益第一”理念，通过努力增产增收、压缩可变成本、降低费用，最大限度地提高经济效益。

切实强化财务管理和成本控制。进一步提升财务管理的精细化程度，规范和落实“一支笔”审批制度，严格控制非生产性开支。加强资金的统筹和管理，把确保资金链安全作为重中之重，通过集团统一议价进行信贷融资，加强投资收益考核，努力降低资金成本。继续加大应收账款清欠力度，落实“谁经手谁负责”清欠终身责任制，严格奖惩，确保全港应收账款控制在4.2亿元以内，收现率力争达到50%以上，切实降低财务风险，确保资金安全。进一步加大成本控制力度，层层落实责任制，把节能减排、技术创新和降低劳务费、设备租赁费、物资采购费作为节支挖潜的重点，进一步加强招标投标管理，最大限度地降低工程建设、设备和物资采购、机电设备委外修理、机械租赁、劳务发包的成本。加大审计监督力度，深化经济责任审计，强化基本建设审计，促进管理规范，降低投资成本。加强法律监督，有效规避资金、合同和投资风险。

集约发展非港产业。围绕打造“四大业务板块”，根据建筑与制造、物流与贸易和综合服务板块各行业的不同特点和发展趋势，尽快调整发展模式，实现集约发展。注重投资收益，适当控制投资规模，努力降低经营风险。夯实建筑与制造业管理基础，加强项目部建设，狠抓单体、单位工程核算，提升盈利水平和管理层次。依托港口积极发展相关物流与贸易业务，同时注意规避风险，避免造成经济损失。大力发展现代服务业，在做好内部服务的同时，不断拓展外部市场空间。充分依托港口优势，利用行业优势，抢抓市场机遇，做大做强山东港湾、日照港建、日港监理、日照港机、日港物业、碧波餐饮、碧波绿茶、云波实业、港口医院、港达船舶等品牌，培育新的经济增长点，努力增收创效。

加强资源统筹和利用。根据各业务板块的发展方向，统筹港内资源，发挥资源的最大效益。根据生产实际，合理统筹现有及新建泊位、堆场的使用，满足生产急需。充分利用泊位、场站和航线资源，大力发展旅客和集装箱运输，充分发挥好客箱班轮的中韩桥梁、纽带作用。改革创新劳务用工管理体制，通过市场化运作，降低用工风险和成本，提高生产效率和服务质量。围绕集团利益最大化目标，理清资产，统筹调配，严格资产收益考核，切实提高资产利用率和收益率。

（三）加快推进港口建设，强化港口发展的硬件支撑

在立足于生产急需，优先建设续建工程，尽快

形成生产能力的同时，着眼于打造“大宗干散货、原油、集装箱运输和现代物流”四大重点体系，开工建设事关长远发展的新工程，加强项目储备，增强港口发展后劲。

加快推进重点工程建设。加强沟通协调，妥善处理好与各方面的关系，创造性地解决问题，努力改善建设环境。加强项目实施的监督管理，确保工程质量、工期和投资。石臼港区防波堤年内完成西三段全部和西四段800米堤身建设，西区三期工程一季度完成扫尾工作，路企直通及编组场改造年内基本完成，环保整治工程年内基本完成；岚山港区中区30万吨级原油码头3月份建设完成，深水航道一期工程上半年完成收尾、扫测和航标布设，南区8#、12#泊位改造7月份具备简易投产条件，南区防波堤年内完成500米堤身建设，南区主航道年内基本完成疏浚。结合前期工作进展情况，适时开工建设石臼港区西区四期、焦炭码头、南区新建航道和岚山港区第二座30万吨级原油码头、中区陆域形成一期、中区5000吨级成品油泊位等项目。加快推进重点项目验收工作，上半年完成10万吨级油码头、矿石二期、石臼港区东区5000吨级泊位及货场、中港区护岸工程的竣工验收，年内完成石臼港区西区三期、木片码头续建工程的初步验收，完成石臼港区西区二期、10万吨级油码头、岚山港区中区1#、2#液化泊位等6个新建泊位的开放验收。

大力推进港口信息化建设。深入实施《日照港信息化发展总体规划》，按照统筹规划、分步实施、突出重点的原则，做好信息化项目的论证和实施，重点加强港口生产管理信息系统、设备管理信息系统、人力资源管理信息系统建设，实现信息的共享与协同，进一步提升效率、优化流程、降低成本。做好EDI系统的运行和推广应用，扩大用户范围，争取实现全港联动。

继续加快推进项目前期工作。抢抓机遇，加快项目前期工作步伐，为工程建设、验收创造有利条件，为港口的长远发展作好储备。对接日照—东明输油管线建设，加快推进岚山港区第二座30万吨级原油码头工程前期工作，对接日照钢铁精品基地建设，适时开展岚山港区北区大宗散货泊位、防波堤、通用泊位一期等工程相关前期工作，为项目实施奠定基础。继续加大工作力度，争取尽快完成石臼港区西区四期等5项工程的项目核准、西区五期等4项工程的工可编制和用海预审。充分利用当前政策，努力向交通运输部、省政府和市政府争取航道、防波堤等公用设施项目的资本金配置和补助，缓解港口建设的资金压力。

（四）警钟长鸣，常抓不懈，努力确保安全生产形势稳定

牢固树立“安全第一”思想，进一步深刻认识安全生产的极端重要性，真正做到“生产必须安全，不安全不生产”。严格落实安全生产责任制，全面落实“一岗双责”，层层签订安全生产责任书，进一步完善安全生产激励约束机制。强化安全“双基”工作，关口前移，重点做好标杆站队的培育和推广，进一步夯实安全管理基础。加大安全教育培训力度，通过教育和培训，全面提高员工的安全意识和事故防范能力。加强安全监督检查，纠正违章，治理隐患，严格管理，严厉处罚，把事故消灭在萌芽状态。加强重点领域、重点部位的专项治理，突出加强岚山港区危化品的安全综合整治，确保岚山港区油品、液化品运输安全。适应形势变化，研究新形势下港口安全生产的新特点、新措施，进一步强化承发包工程和业务的安全监管机制，严格落实相关法律法规和制度，加强安全监管，确保发包业务安全受控。抓好特殊时段安全防范工作，严格落实冬夏“四防”等季节性防范措施，严防各类事故发生；做好春节、五一、十一等节假日期间的安全生产，确保万无一失。进一步加强应急管理，不断完善预案，统筹资源，健全队伍，加强演练，切实提高全港应急处置能力。

（五）继续开展“管理效益年”活动，进一步提升企业管理水平

深入总结三年来开展“管理效益年”活动的经验，继续把开展“管理效益年”活动作为全年工作的主线，进一步把活动融入各项日常管理工作，推动企业管理水平再上新台阶，促进港口发展质量进一步提升。

强化战略管理。进一步研究港口战略目标、战略主题和战略路径的有机结合和统一，不断完善港口发展战略体系。结合实施“五四四”工程要求，着手开展组织机构、管控模式、业务方向等方面的研究和探讨，进一步细化港口发展的具体战略路径。筹划、编制好“十二五”规划，为港口“十二五”发展奠定基础。

加强各项基础管理和专业管理。加强单项样板管理，进一步做好培育、推广工作，广泛开展内部对标、行业对标、功能对标，不断提升单项管理工作水平。继续深化定额管理，扩大应用领域和层面，不断提高效率、提升质量、降低成本。严格计划管理，增强计划的预见性、科学性和合理性，强调计划的严肃性，严格执行、严格监督、及时纠偏。进一步加强考核，按照打造四大业务板块要求，改革管控模式和考核方法，逐步建立适合不同业务特点，科学反映业绩，责、权、利对等的目标考核体系。进一步加强设备管理，不断提高设备完好率和利用率，为港口发展提供技术支撑。大力推进港口科技工作，加大技术创新力度，积极推广、应用新技术、新工艺、新材料。继续强化现场管理，切实加强粉尘控制，巩固粉尘治理成果，按照市政府要求按时完成灯塔风景区南侧部分货场搬迁、开发和美化，把港口生产建设对环境的不利影响降到最低。进一步加强物资管理，继续实行“阳光采购”，在保证生产、建设物资需要的同时，最大限度地压缩库存，降低采购成本。进一步加强质量管理，加强贯标工作，继续推进股份二公司卓越绩效试点。切实加强节能管理，强化奖惩机制，推进工艺改进和流程再造，确保全港能源综合单耗比去年下降2%。继续加强其他各项管理工作，进一步提高综合管理水平。

（六）抢抓机遇，推动合资合作和资本运作实现新突破

立足港口优势，积极推动与关联企业和优势资本的联盟合作，充分利用资本市场平台实施低成本融资，进一步改善港口资本结构，促进港口集约式发展。

积极推进重要合作项目。进一步抢抓政策机遇，盯紧跟进关系港口长远发展的“三线一基地”等重大项目，力求再有新突破，为港口新一轮跨越发展奠定基础、积蓄能量。积极寻求四大业务板块不同业务的合作伙伴，探索取长补短、联盟发展的新路子。慎选合作伙伴，科学设置股权结构，增强对投资的控制力，确保通过合资合作，实现集团的发展目标。加快推进重点合作项目：进一步推进与中石化关于30万吨级原油码头的合作，尽快成立合资公司，实现码头试运营，并积极开展后续运作，为尽早形成更大规模创造条件；加快推进第二个30万吨级原油码头合作，争取尽快取得实质性进展；积极跟进日照钢铁精品基地配套码头建设合作，争取有所突破；积极推进与山西中南部铁路通道项目的合作，构建利益共同体，强化日照港的出海口地位；积极推进与以色列佳多特集团关于液化码头、仓储物流、管道运输的合作，尽早取得实质性突破；加快推进与荷兰孚宝的合作，为双方拓展更广领域合作创造有利条件；继续加强保税物流中心招商推介工作，与腹地保税物流中心开展业务合作，做大港口保税物流业务；坚持实施“走出去”战略，扎实推进境外港口、矿山合作项目，合法运作，稳扎稳打，争取早见效；积极配合推进东平、枣临铁路建设，力争东平铁路8月份全线贯通，并为枣临铁路明年上半年全线贯通创造条件；积极参与设立山东远洋船队的合作，拉长港口业务链条。

继续加大资本运营力度。继续维护好日照港股票在资本市场上的良好形象，继续保持沪深300样本股、规范治理板块样本股和信息披露先进水平。

积极开展融资研究，力争完成一次再融资或资产重组，加快推进全港装卸主业整体上市步伐。进一步强化经营管理职能，提高资本运营能力，根据金融市场情况跟进中期票据发行、短期融资券续发和融资租赁业务，降低融资成本，优化集团资产负债结构，提高抗风险能力，确保港口发展资金充足。一季度完成13亿元中期票据发行工作。

（七）凝心聚力，为港口发展提供组织保障、精神动力和智力支持

深入落实党的十七届四中全会精神，坚持“围绕中心、强化核心、凝聚人心”和“提高能力、激发活力、增添动力”的工作思路，围绕最具活力的国际一流强港目标的实现、“三大课题”的破解和“五四四”工程的实施，进一步抓好形势任务教育和宣传思想工作、党的建设、企业文化建设和精神文明建设，为港口发展提供有力的组织保障、精神动力和智力支持。大力开展“感恩敬业比贡献，强港兴企跨双亿”主题教育活动，一季度，采取征文比赛、主题报告、合理化建议等形式，教育和引导全港员工增强感恩意识、责任意识、危机意识和创新意识，把全港员工的思想和行动统一到完成全年任务目标上来。切实加强和改进党的建设，积极做好党建单项管理样板培育和推广，加强党建考核，推动基层党建工作规范化、正规化。扎实开展党建思想政治工作创新实践活动，筹备开好党建思想政治工作研讨会，不断增强基层党组织的战斗力。巩固扩大深入学习实践科学发展观活动成果，提升引领科学发展的能力。着力加强队伍建设，继续深入开展“四好”领导班子和“品牌员工”争创工作，全面推行中层管理人员绩效考核，加强急需人才的引进和培养，加强管理人员、专业技术人才和技能人才的选拔、使用和管理，努力打造“钢班子”、“铁队伍”。认真做好宣传思想和稳定工作，围绕“五四四”工程的实施、“跨双亿”目标的实现和阳光文化的实践探索，结合港口重要决策实施和重点工作进展情况，开展集中报道，全面提升宣传工作的质量和效果。进一步整合资源，形成“一报一刊一台一网一馆”的宣传载体和平台。注重加强典型的培育和宣传，力争形成在省内、市内有影响力的典型，充分发挥典型的示范带头作用。加强和改进思想政治工作，注重人文关怀和心理疏导，关注员工的利益诉求，妥善处理港口发展过程中的问题和矛盾。大力实施文化强港战略，推动“阳光文化”创新发展。认真组织筹办集团公司第一届阳光文化节，加快编写《阳光文化管理哲学与实践》一书，深入开展阳光文化“进一线、进现场、进班组、进社区、进家园”活动，加强品牌建设和子文化建设，扩大阳光文化的影响力，充分发挥企业文化的引领作用。深入开展文明创建工作，大力开展文明单位创建和文明职工评选活动，抓好文明共建，为2011年争创“全国文明单位”奠定扎实基础。不断深化反腐倡廉工作，坚持标本兼治、综合治理、惩防并举和预防为主，加强工程建设、物资采购、设备购置和租赁、业务发包等重点领域的监督监察。加强行风建设，高度关注港口生产、经营、建设各环节容易出现的不正之风，杜绝不良现象，切实维护好港口良好形象。发挥各级群团组织的合力作用，大力支持各级工会组织在党委领导下创造性地开展工作，依法科学维权，团结动员广大员工为港口科学发展、和谐发展再做新贡献。继续深化党建带团建工作，引导团员青年在港口建设发展的伟大实践中施展才华、建功立业。认真做好老干部和老龄工作，改进工作体制，提升服务质量，充分发挥老同志关心、支持港口发展的热情和经验优势。努力为员工办实事、办好事，稳步提高工资收入水平，改善候工、工作环境，进一步规范、完善各项社会保险和企业补充保险，继续加强为员工理财工作，努力创造条件和机会，多渠道、多元化为员工子女就业提供帮助，让全体员工共享港口发展成果。认真做好武装、女职工、计划生育和居委会等各项工作，全力营造聚精会神、群策群力、干事创业的浓厚氛围。

继往开来 变中求进
全力打造最具活力的国际一流强港

——在集团公司二届三次职工、会员代表大会
暨2011年政治工作会议上的报告（摘编）

杜传志

（2011年1月9日）

一、关于2010年工作和“十一五”回顾

2010年是日照港抢抓机遇、昂扬奋进的关键一年，是调整提升、创新突破的重要一年，是克服困难、实现跨越的不平凡一年。一年来，在市委、市政府的正确领导下，在市直各部门、各区县和社会各界的大力支持下，我们紧紧围绕“港口立市”战略的大力实施，坚持以科学发展观为指导，按照“抓机遇，调结构，跨双亿，强基础”的总体要求，坚定信心，抢抓机遇，以为化危，全面发力，克服了运输市场动荡、港口竞争加剧等困难和压力，各项工作都取得了新的成绩与进步，全港继续保持了科学发展、跨越发展、和谐发展的大好局面，为港口“十一五”发展划上了一个圆满的句号。

（一）港口生产持续快速增长，吞吐量首次跨越两亿吨

港口吞吐量实现历史性突破，全年完成22597万吨，同比增长24.6%，继续居全国沿海港口第九位，比2006年净增1.1亿吨以上，相当于4年再造了一个亿吨港。主要货种竞争优势进一步增强，吞吐量超过100万吨、500万吨、1000万吨和1亿吨的货种分别达到16个、10个、4个和1个，铁矿石进口量继续居全国沿海港口首位，镍矿、木片、粮食等货物吞吐量保持全国第一，集装箱吞吐量首次突破100万标箱。原油运输实现新突破，30万吨级原油码头成功重载试车，全港原油吞吐量完成260万吨，成为新的生产增长点。市场营销成效显著，先后在南昌、西安、兰州、临沂、丽江、安阳等地举办业务推介会和客户座谈会，新增客户152家、货种11个、集装箱航线6条。生产效率进一步提高，全年刷新生产纪录190余项，月吞吐量最高达到2082万吨，车停时压缩到7.7小时，矿石卸船创造了9786吨/小时的世界新纪录。

（二）港口建设稳步推进，通过能力大幅度提升

重点建设项目加快推进，岚山港区30万吨级原油码头、8#、12#泊位改建、深水航道一期、平岛大型油轮锚地和石臼港区路企直通编组场改造工程建设完成，岚山港区10万吨级油码头、1#、2#液化泊位和石臼港区西区三期、木片码头续建等8项重点工程顺利通过竣工验收，石臼港区南区焦炭码头和岚山港区中区5000吨级2万吨级液化泊位、油品码头罐区二期、南区15#、16#通用泊位及货场围堰、进港主航道等项目开工建设，石臼港区防波堤等续建项目顺利推进，全年完成基建投资21亿元。港口通过能力进一步提升，新交付使用泊位3个，新增堆场55万平米、港内铁路13公里、港内道路6.7公里，新增港口通过能力2700万吨。项目前期工作取得新进展，岚山港区南区8#、12#泊位改建

工程、焦炭码头工程直立岸壁获省发改委核准，30万吨级原油码头二期、三期和石臼港区西区四期等工程前期工作有序推进，全年争取交通运输部和山东省配置项目资本金1.32亿元。

（三）“管理效益年”活动成效显著，港口发展质量明显提高

经济效益大幅度增长，全年实现业务收入96.5亿元、利税6.77亿元、利润2.32亿元，同比分别增长32%、25.8%和20.5%。内部改革进一步深化，顺利实现集团公司名称变更和注册资本扩充，通过股权转让成功将油品公司变更为集团全资子公司，通过建筑制造业板块整合顺利组建山东港湾建设集团，推进了劳务管理体制改革。安全生产形势总体平稳，全面落实安全生产责任制，深化站队达标，加强安全监管、专项治理和应急管理，集团内部没有发生等级以上安全生产事故，并顺利通过国家“安全文化建设示范企业”验收。节能降耗取得新成效，能源综合单耗同比下降2%。全员劳动生产率进一步提高，同比增长24.2%。单项管理样板推广工作深入扎实，18个推广型样板通过集团评审，10个已命名样板通过复审。各项管理水平进一步提升，财务管理更加细致，加大应收账款回收力度，加强经济活动分析和资金调度，全年争取银行授信额度289亿元，信贷融资92亿元，落实市财政资金返还7900万元，满足了港口发展需要；招投标管理更加规范，全年工程及其他招标累计节约1.3亿元；设备管理水平持续提高，全年设备平均完好率达到98%以上，为港口生产提供了可靠保障；现场管理继续加强，综合整治活动成效明显，清洁生产水平显著提升；科技管理不断加强，开展了形式多样的技术攻关和创新活动，获省部级以上科技成果2项，新开发管理信息系统6个，提高了港口信息化水平；物资管理不断规范，通过“阳光采购”，提高了采购质量，优化了物资储备，全年降低采购成本720万元；资产管理成效显著，资产管理继续加强，资产利用率进一步提高；质量管理进一步加强，集团入选首届日照市市长质量奖公示名单；审计工作深入细致，充分发挥了监督、评价和服务职能。统计、档案、计量、监察、法律事务等其他工作进一步加强，为港口发展提供了有力保障。

（四）合资合作和资本运作取得新成果，港口资源配置进一步优化

对外合作实现新突破。与中石化合资注册成立了实华原油码头有限公司，共同经营30万吨级原油码头；与新加坡裕廊港就散粮、木片、木薯干等业务正式签署了合作意向书；与安阳市政府开展物流合作，成立了日照港驻安阳办事处；与韩国东方集团和威斯克瑞亚公司组建了日照海通班轮有限公司；与北京大华沃源、香港和沣集团就建设、经营岚山港区成品油及液化码头签订了合资合同和章程；投资3.375亿元参股成立了山东海洋投资有限公司，并与该公司和日照开发区签署了《共同投资海洋装备制造基地意向书》；在香港注册成立了船务公司，成功购进运营日照至平泽航线的客箱船，并命名为“日照东方”号；参股的东平铁路全线开通运营，枣临铁路和晋豫鲁铁路通道建设加快推进；参股的日照银行和现代威亚发动机公司业绩突出，集团获得了良好回报；与西班牙巴塞罗那港正式建立了国际友好港关系。资本运作取得新成果。股份公司非公开发行股票方案获得证监会核准，拟募集资金14.1亿元。股份公司市场形象进一步提升，日照港股票成功入选上证380指数成份股，并继续保持了沪深300指数样本股、上证治理板块样本股地位。集团公司成功发行5年期13亿元中期票据，续发11亿元短期融资券，可累计节约利息支出1.6亿元。

（五）党的建设和精神文明建设不断加强，和谐港口建设成果丰硕

广泛开展“感恩敬业比贡献、强港兴企跨双亿”主题教育活动，激发了广大员工干事创业、敬业奉献的热情。扎实推进党建思想政治工作创新实践，开展争创四强党组织、争做四优共产党员“四

强四优”活动，提升了党建科学化水平。大力开展廉政教育和廉洁文化建设，健全检查、督察和制度保障机制，充分发挥纪检监察职能作用，促进了集团重大决策落实和党风廉政建设。立足于打造“钢班子”、“铁队伍”，以创建“四好班子”和“品牌员工”为载体，加强了领导班子、中层管理人员和员工队伍建设，全面实施中层管理人员绩效管理，评选了第三批拔尖人才和专业技术骨干。围绕港口生产经营重点和亮点加强宣传工作，完善“一报一刊一网一台一馆”宣传文化体系，扩大与主流媒体战略合作，提升了港口社会形象。推动企业文化建设创新，成功举办首届阳光文化节，提高了阳光文化的感染力和渗透力，增强了员工的自豪感和归属感，提升了港口对外形象和认知度。充分发挥群团组织作用，各级工会组织认真维护员工利益，深入开展劳动竞赛、技术比武、合理化建议等活动，有力促进了港口发展；共青团组织团结带领广大团员青年立足岗位、青春建功，发挥了生力军和突击队作用，集团团委被共青团中央授予“全国五四红旗团委”称号。响应省委、省政府号召，在市委、市政府的领导下，积极开展了对口援助新疆麦盖提县工作。在加快港口发展的同时，努力为员工办实事、办好事。在经营压力巨大的情况下，确保员工收入增长，人均收入同比增长11.6%；在社会就业形势严峻、港口进人压力巨大且急需人才十分短缺的情况下，千方百计安置员工子女就业，努力解决员工的后顾之忧；投入282万元组织老干部和员工查体9710人次。公安、教育、医疗、卫生、后勤保障等各项事业，老龄、武装、女职工、计划生育和居委会等各项工作都取得了较好成绩。一年来，集团公司获得了“中国服务企业500强”、“全国企业文化建设优秀单位”、“山东企业100强”、“山东省诚信企业”、“山东省外经贸先进企业”、“山东省节能企业”、“山东省优秀责任企业”、“贡献突出社会救助力量”等称号，并继续保持了“省级文明单位”荣誉。

过去的一年，是日照港大发展、大提升、大突破的一年，是日照港整个“十一五”时期发展的一个缩影。透过这个缩影，我们可以更加全面、理性地回顾港口“十一五”栉风沐雨、砥砺奋进，持续超越、铸造辉煌的发展历程和发展成果。

（一）“十一五”是科学决策、跨越发展的5年

科学决策是日照港“十一五”时期最突出的软实力，跨越发展是日照港“十一五”时期最辉煌的成果。5年间，我们正确把握发展这一世界主题，超前研判，提出了“扩能上量，强化管理，做强做大，搏击双亿”的发展思路、总体要求和战略目标，明确了港口发展的战略方位，引领港口实现了生产的高速增长、建设的突飞猛进和规模的迅速提升。跨越发展的成就实实在在、真真切切，国家、省、市领导给予了充分肯定。特别是，中央政治局常委、中央纪委书记贺国强2007年11月17日来港视察时，对日照港的快速发展给予了高度评价；国务院总理温家宝2009年6月27日在济南听取有关企业应对金融危机情况汇报时，赞扬我们：“日照港发展很快、很好，增幅全国前十大港口第一，难得！”5年间，我们审时度势，准确把握市场脉搏，提出了强化生产调度、统筹货源开发、统筹生产组织、统筹生产要素的“一强化三统筹”生产新思路，推动全港生产实现了持续跨越。港口吞吐量5年连续跨越了两个亿吨台阶，年均增长21.8%，2006年突破1亿吨，成为全国最年轻的亿吨港，2010年突破2亿吨，4年再造了一个亿吨港，实现了由“搏击双亿”到“超越双亿”的历史性跨越；5年累计完成7.99亿吨，是“十五”期间的3.3倍，是开港开放头20年的1.8倍。我们长远谋划，准确把握港口行业发展趋势，提出了“人无我有、人有我优、人优我特”的建设新思路，引领港口建设实现了新跨越。相继建成了具备国际先进水平的铁矿石、原油、集装箱、散粮、木片等一批大型专业化深水泊位，累计完成港口投资122.9亿元，

是“十五”的1.8倍，是开港开放头20年的1.3倍，新增泊位18个，港口通过能力达到15157万吨，比“十五”末的7508万吨翻了一番多，不仅彻底扭转了港口基础设施建设滞后、功能单一的被动局面，缓解了港口发展的瓶颈制约，而且打造了新的能力优势，构建了国际一流大港的基本框架。我们深思熟虑，在应对国际金融危机冲击中准确把握港口发展面临的“三大课题”，提出了实施“五四四”工程的战略思路，进一步明确了新形势下港口发展的战略目标、战略主题和战略路径，引领全港员工在危机中更加清醒地看到了前途的光明与未来的希望，学会了用发展的办法解决前进中的困难和问题，用市场经济的手段在竞争中赢得优势，不仅实现了思想观念、工作作风的转变和跨越，而且实现了危机中港口发展的逆势上扬、持续跨越，被主流媒体誉为有效应对国际金融危机的典范。实践证明，科学决策是跨越发展的先导因素。5年来，正是一系列既顺应大势，又符合日照港实际，意识领先、眼光超前的科学决策与部署，才使得日照港一路高歌、突飞猛进，在前进的征程上铸就了一座又一座跨越发展的丰碑！

（二）“十一五”是抢抓机遇、率先发展的5年

“十一五”是港口发展的重要战略机遇期，我们通过自身努力，牢牢抓住并充分利用了一系列稍纵即逝的重大机遇，实现了港口的率先发展。5年间，我们抢抓国内钢铁行业迅猛发展、进口铁矿石高速增长的市场机遇，集中力量迅速提升港口矿石运输能力，优先实施20万吨级、30万吨级矿石码头扩能升级，加快推进石臼港区西区二期、三期工程等深水通用泊位建设，使日照港抢先一步对接市场，快速成长为全国铁矿石进口第一大港，吞吐量突破1亿吨，占全国进口总量的1/6强，打造了以铁矿石运输为核心的大宗干散货运输优势。我们抢抓国家能源结构深刻变化、原油进口依存度可能持续上升的潜在机遇，全力以赴推进10万吨级油码头和第一个30万吨级原油码头建设，规划建设第二个、第三个30万吨级原油码头，不遗余力推动与中石化、中石油等石化巨头的合资合作，率先促成日照至仪征、日照至东明两条年输送总能力5600万吨输油管线落地实施，率先获得原油铁路发运资质，顺利实现了原油运输零的突破，在大规模的原油进口和激烈的港口运输竞争到来之前，率先发力，抢先一步拥有了能力储备，形成了新的增长极，为打造以原油运输为核心的液散货运输新优势奠定了坚实基础。我们抢抓国有企业改革深入推进、资本市场快速崛起的时代机遇，超前运作，锲而不舍地推动资本市场融资、再融资工作。2006年实现日照港股票成功首发上市，使日照港股票成为股权分置改革后山东登陆主板市场第一股，股份公司成为山东省首家上市港口企业，率先搭建了资本市场融资平台；2007年成功发行分离交易可转债，2008年实现权证部分行权，2009年成功非公开发行股票，4年连续4次融资累计32.4亿元，有效缓解了港口发展的资金压力，大幅度优化了集团公司和股份公司的资产负债结构；2010年又实现非公开发行股票顺利通过证监会核准，拟募集资金14.1亿元，创造了境内融资次数最多、再融资速度最快的奇迹。率先使用先进的市场化融资手段，使我们切切实实尝到了“一步领先、步步领先”的甜头，实现了港口发展生产经营与资本运作的“双轮驱动”。我们抢抓国家大力推进港口规划建设和扩内需、保增长、促发展的政策机遇，跑省进京，盯紧跟进，推进日照港以煤炭、矿石、油品等大宗散货和集装箱运输为主，建设综合性、现代化沿海主枢纽港的发展定位最终列入《全国沿海港口布局规划》，促进港口新规划和码头、航道、防波堤、B型保税物流中心等一批重大项目通过国家审批，推动晋中南煤炭外运通道出海口最终选定在日照港，提升了港口功能定位，拓展了港口发展空间，为港口长远发展创造了条件，做好了储备，抢得了先机。“十一五”的巨变告诉我们，抢抓机遇是掌握主动、赢得优势、拥

有未来的关键所在。5年来，正是我们不等不靠、主动出击，在顺境中抓牢机遇，在危机中寻求机遇，在竞争与合作中分享机遇，才使我们“抢先一小步，领先一大步”，把“十一五”“重要战略机遇期”转化成了港口的“黄金发展期”！

（三）“十一五”是强化管理、优质发展的5年

强化管理是贯穿日照港整个“十一五”期间的战略重点。5年间，我们正确把握港口发展方式转变的方向，在总结开局之年吞吐量突破1亿吨发展经验的基础上，连续四年开展了“管理效益年”活动，实现了港口的优质发展。5年间，我们持续开展管理创新。改革人事制度，开展中层管理人员公开选聘，确保了一大批优秀人才脱颖而出，激发了企业内部活力；理顺营销体制，健全了营销机构，完善了客户维护和业务推介制度，港口腹地拓展到了西部广大地区；完善建设管理体制，建立了项目法人负责制，确保了港口大投入、大发展时期基本建设的顺利推进；优化管控模式，初步实现了建筑制造业板块的集约化管理；导入先进管理方法，积极推进了卓越绩效管理试点，为集团推广探索了路子、积累了经验；创新投融资体制，采用合资、合作、参股、租赁等多种方式，吸引中石化、中石油、山钢、兖矿、青岛港、森博浆纸、新加坡裕廊港、以色列加多特等30多家中外大中型企业参与港口建设和经营，优化了港口资本结构。5年间，我们不断夯实管理基础。通过加强生产组织管理，有效紧密了车船货衔接，降低了非作业时间，生产效率大幅度提升，全员劳动生产率年均增长19.4%，矿石卸船效率保持并三次刷新世界最高纪录，木片、散粮卸船效率一直保持全国最高纪录；通过加强商务管理，实现了部分货种费率的理性回归，完成了由“薄利多销”向“优质优价”的转变，5年累计增收装卸费、堆存费6.9亿元；通过加强节能管理，生产能源单耗年均下降8.3%，能源综合单耗年均下降7.1%；通过强化现场管理，实现了作业现场的“文明整洁、生态环保、安全有序、优质高效”，粉尘治理成效显著，得到了政府主管部门和周边群众的认可；通过加强经营管理，努力增产增收，压缩成本，累计实现营运收入306亿元，是“十五”期间的3.4倍，是开港开放头20年的2.4倍，年均增长22.6%，累计实现利税21.3亿元，是“十五”期间的2.5倍，是开港开放20年的1.5倍，年均增长20.2%；通过加强资产管理，实现了国有资产的大幅度增值，集团总资产达到297亿元，净资产达到103亿元，分别是“十五”末的2.7倍和2.9倍，成为山东省资产第一大港口企业。5年来，通过强化管理，我们克服了高强度投入、大规模建设后经营困难和国际金融危机冲击的内外双重压力，不仅实现了经济效益由最低谷向高增长的转变，而且实现了结构优化，实现了港口发展方式由粗放型向集约型、由规模扩张型向内涵式发展的根本转变。可以说，5年来，港口强化管理难度之大、力度之大，是前所未有的；5年来，强化管理所产生的推动港口优质发展的巨大作用，是前所未有的；5年来，港口克服困难、应对危机、优质发展所取得的丰硕成果，更是前所未有的！

（四）“十一五”是勇担责任、和谐发展的5年

责任是实现发展、促进和谐的原动力。“十一五”期间，我们港口、我们集团、我们全港员工义无反顾地担负起了应尽的责任，并且实现了责任与发展的和谐统一。5年间，我们勇担社会责任，报效国家、服务社会。通过强化大宗干散货运输优势，促进了全国沿海港口作业效率、服务质量、整体实力和对外形象的提升，确保了国家重点物资的安全、及时运输；通过努力发展港口运输，服务、促进、带动了腹地经济和社会发展，实现了港口与腹地同发展、共繁荣；通过节能减排、清洁生产、生态补偿，做到了“既要港口发展，更要碧海蓝天”，减少了资源消耗，保护了生态环境，维护了周边群众的利益，促进了港口与自然的协调

发展，与周边社区、居民的和谐共处；通过开展慈善救助和公益活动，实现了回馈社会和提升形象的有机统一。5年来，我们累计为国家培育关税590亿元，直接向日照市交纳各项税费18.7亿元，对日照市经济社会的贡献总额达到73.8亿元，投资350多万元实施人工放流、建设人工鱼礁，投资5.5亿元进行港区粉尘综合治理，捐建2所希望小学，投入500余万元帮扶乡村建设，捐款469万元支援汶川抗震救灾，先后3次向汶川灾区派遣了63人的援建队伍，援建活动板房1560套，组织200余人圆满完成青岛奥帆赛基地浒苔清理任务，累计出资1000万元赞助全运会和水运会，并积极开展了对口援疆工作。5年间，我们履行企业责任，发展港口，成就员工。通过严格管理、改革创新，推动了港口发展方式的集约化转变，促进了港口的全面、协调发展；通过打造“阳光港口，传载真诚”服务品牌，进一步提高了作业效率和服务质量，最大限度地降低了运输成本，在为客户提供超值服务中实现了港口自身发展；通过真诚合作，海纳百川，广泛吸引业务关联企业参与港口建设和经营，在互惠互利中实现了港口与合作伙伴和商共赢；通过规范运作，在维护投资者权益的同时，创造了股份公司快速再融资的奇迹，提升了日照港公众形象；通过加强企业文化建设，在总结港口20年发展经验的基础上，提炼形成了独具特色的“阳光文化”体系，统一了思想，引领了发展，营造了“尊重人、关心人、凝聚人”的浓厚氛围，充分调动和激发了全港员工的积极性和创造性，实现了企业理念与员工思想的和谐统一；通过完善员工成长渠道、持续提高员工待遇、办理企业年金和补充医疗保险、改善员工工作生活环境等等，实现了港口员工素质的进一步提升，确保了员工与企业共享发展成果，用实实在在的行动，诠释了以人为本的理念。5年来，全港员工平均工资年均增长10.7%，先后有4名员工分别被评为山东省、省交通系统和日照市有突出贡献的中青年专家，25人次分别荣获省、市“首席技师”和“有突出贡献技师”称号。5年间，全港广大员工严守岗位职责，立足本职，拼搏进取。在迅速推动、强力执行的过程中，确保了集团各项决策部署的高效落实；在顾全大局、承受压力的奉献中，确保了集团各项改革的深入推进；在一丝不苟、高严细实的追求中，实现了港口发展质量的全面提升；在舍小家、顾大家，艰苦创业、埋头苦干的奋斗中，推动了港口各项事业的蓬勃发展，而且心更齐，气更顺，跨越发展的信心更足，斗志更旺，作风更加顽强。5年来，日照港履行责任是全方位的，和谐发展体现在港口工作的各个层面、各个领域。一句话，日照港的品牌更响了，影响更大了，环境更优越了，“阳光港口”、“和谐港口”的形象更加成熟、更加靓丽了！

成就彪炳史册，精神指引未来。5年来的奋斗历程和辉煌成就启示我们：科学决策引领发展，决策关系企业兴衰成败，超前决策才能率先发展，把握发展主动权，顺势而谋才能乘势发展，抢占发展制高点；团结实干成就事业，团结聚力、实干兴企，干事创业需要众志成城、埋头苦干，不能靠天上掉馅饼，没有捷径可走；果敢坚毅创造奇迹，认准的事情就要敢作敢为、一干到底，坚持才能胜利，成功往往就在于再坚持一下的努力之中，奇迹往往来自于长期坚持在正确的方向下做点点滴滴正确的事；勇担责任催进超越，责任承载使命，责任激发活力，责任强化执行力，责任激励不断追求卓越、不断超越自我；执着追求赢得机遇，好机会不是等来的，大运不是撞来的，机遇总是留给执着追求的人，执着追求本身不能创造机遇，但是可以创造条件抓住别人抓不到的机遇；企业文化提升实力，企业文化从实践中来，到实践中去，适合自己的才是最好的，企业文化催生源动力，提升软实力，文化影响根深蒂固、细致入微，文化引领潜移默化、润物无声；自警自励保证稳健发展，避免灭顶之灾，顺境中常思危机，困难时多看希望，机遇和成功面前，自省、自警最重要，危机和挑战面前，信心、自励最关键。这些切身感受、这些规律性认识，是我们“十一五”发展实践之所获、奋斗之所得，是我们积累起来的一笔宝贵精神财富，凝聚着全港上下的辛勤与汗水、心血与智慧，必须发扬光大、不断传承，必将在“十二五”的征程中，引领、指导、激励我们乘风破浪，勇往直前，向着最具活力的国际一流强港阔步迈进！

二、关于“十二五”发展展望和规划

“十二五”是全面建设小康社会承前启后的关键时期，也是日照港打造最具活力国际一流强港的关键时期。“十二五”的发展，直接关系到日照港在新一轮港口竞争中的成败，关系到日照港在中国沿海乃至国际航运格局中的地位，关系到日照港的长远发展，有着深远的历史意义。

“十二五”时期，日照港的发展思路是：立足于打造最具活力的国际一流强港，在加快建设中调整结构，在加快发展中转变方式。

总体要求是：调整结构，创新管理，勇跨三亿，铸造强港。调整结构就是增量、存量“双调整”，以增量调整带动存量调整，以存量调整倒逼增量优化，深入调整港口产业结构、管控结构、生产结构、资本结构以及岸线结构、码头功能结构等等，优化港口资源配置，解决港口发展面临的结构性矛盾，促进港口发展方式转变，增强发展的稳定性、协调性和可持续性；创新管理就是不断创新管控模式，创新管理机制，创新管理方法和手段，进一步夯实管理基础，激发内部活力，释放发展潜力，提升港口发展质量，推动港口的内涵式发展；勇跨三亿就是到“十二五”末，港口年货物吞吐量超过3亿吨，实现港口生产规模的进一步提升；铸造强港就是全面提升港口的竞争能力、盈利能力、抗风险能力和可持续发展能力，提升港口的综合实力、促进和带动腹地经济和社会发展的能力，提升港口在全国、全球综合运输格局中的地位和影响力，打造能力大、功能全、管理好、服务优、影响广、最具活力的国际一流强港。

“十二五”时期，日照港发展的战略重点是：大力实施“五四四”工程，即突出“生产低成本、建设高起点、管理精细化、合作一体化、资本运作市场化”五大战略导向，打造“港口业务、物流与贸易、建筑与制造、综合服务”四大业务板块，构筑“大宗干散货、原油、集装箱运输、现代物流”四大重点体系。

“十二五”时期，日照港的主要发展目标是：

港口生产实现新突破。年吞吐量超过3亿吨，其中集装箱年吞吐量超过260万标箱，原油年吞吐量超过3000万吨。

经济效益实现新增长。年收入突破150亿元，其中港口业务、建筑与制造业务、物流与贸易业务收入各突破50亿元；利税增长高于“十一五”增长水平。

港口规模进一步扩大。投资117亿元，改扩建、新建生产性泊位20个以上，新增核定通过能力超过1亿吨。

板块实力明显增强。港口业务力争实现整体上市；建设集团力争获得国家特级总承包资质。

管理水平明显提升。争创山东省省长质量奖、全国文明单位。

节能降耗取得新成效。生产能源单耗较“十一五”末下降8%，粉尘综合防治率达到70%以上，港口污水综合处理率达到100%。

员工收入稳步提高。努力保持员工收入水平与港口发展水平共同提升。

展望“十二五”，我们既面临着实现率先创新优质发展的新任务，也面临着机遇与挑战交织的新形势，需要我们审时度势，全面把握，努力化挑战为机遇，变压力为动力，牢牢掌握发展主动权，不断开创发展新局面。顺利实现“十二五”发展目标，打造“创新学习型、质量效益型、诚信责任型、阳光和谐型”港口，我们必须做到“四个坚持”：

一是坚持转变发展方式。坚持转变生产方式，更加注重优化流程和提高效率，更加注重降低成本和提升效益；坚持转变建设方式，更加突出生产急需，突出战略布局，突出投资效益最大化，最大限度地缩短投资转化为现实生产能力的周期；坚持转变资产配置方式，突出统筹兼顾，有效提升资源利用效率和效益；坚持转变能源消耗方式，最大限度地降低能源消耗，打造低碳港口；坚持转变对外合作模式，促进业务结构优化和板块升级；坚持转变资本运作模式，更加注重利用存量优质资产进行资本市场融资，探索境外融资，优化港口资本结构。坚持推动港口总体发展方式由重规模、粗放式、外延扩张向重效益、精细化、内涵发展转变，由主要依靠增加资源消耗、增加劳动力投入向技术进步、管理创新、员工素质提高转变，由依靠增量资产发展向盘活存量资产转变，由传统的港口装卸业态向现代港口物流业态转变。

二是坚持持续创业。在巩固既有业务优势的基础上，进一步培育新的优势产业，打造港口竞争新优势，增强港口综合实力。坚持做强港口业务，进一步巩固以矿石、煤炭运输为主的大宗干散货运输优势，全力打造以原油运输为核心的液散货运输新优势，坚定不移地推动集装箱实现规模化发展，大力发展件杂货运输；坚持做大建筑制造业，提升资质能力，扩大业务规模，培育有突出竞争优势的综合性特级建设集团，打造港口发展新支柱；坚持做优物流贸易业，扩大保税物流业务，做精对外贸易，发展临港增值加工业务，拓展现代物流产业，培育港口发展新的支撑力量；坚持做好综合服务业，推动港口服务业向现代服务业转变，形成有社会竞争力的港口产业新优势；坚持探索新的业务领域，拓展港口发展新空间。

三是坚持协调发展。坚持规模与效益协调发展，在港口建设规模不断扩大的同时，大力发展港口生产，在港口生产规模不断提升的同时，大力提升效益水平，确保港口生产与能力相匹配、效益与生产同增长；坚持“四大板块”协调发展，在打造产业新支柱的同时，形成各板块共同发展、相互促进的良好格局；坚持物质文明建设与精神文明建设协调发展，实现港口经济效益、社会效益和生态效益共同提高，物质文明与政治文明、精神文明水平全面提升；坚持港口与环境保护协调发展，建设绿色、生态港口，全面落实环境保护措施，实现港口清洁、安全和可持续发展；坚持港口与区域经济协调发展，依托港口资源和集疏运条件，通过发展港口大力推动临港工业发展，促进、带动城市和腹地经济发展。

四是坚持以人为本。坚持依靠员工发展港口，进一步增强员工的归属感和自豪感，充分调动员工立足岗位、发展港口的积极性和创造性；坚持关爱员工，进一步完善人才管理机制，完善员工成长通道，为员工打造施展才华的平台，实现员工与港口共同发展，真正做到发展港口、成就个人；坚持诚信至上，对客户、对合作伙伴以诚相待，信守承诺，用人性化和高质量、高效率的服务满足客户、感动客户，用精诚的合作赢得合作伙伴的信赖，实现和商共赢、共同发展；坚持文化引领，不断丰富、深化阳光文化理念和内涵，用先进文化统领全港员工的价值取向和行为，增强企业凝聚力、向心力；坚持和谐稳定，提高治安防控能力，打造“平安港口”，加强稳定、信访工作，妥善处理环境矛盾，构建“和谐港口”，保持好安定团结、生动活泼、和谐向上的良好局面。

三、关于2011年的工作安排

2011年集团公司工作总的指导思想是：坚持以党的十七大和十七届三中、四中、五中全会精神为指导，深入贯彻落实科学发展观，以打造强港为主题，以转变发展方式为方向，以“创业创新创效年”活动为主线，切实把握“有所为，有所不为”，更加注重提升发展质量和经济效益、推动结构调整和转型升级、推进改革创新和节能减排、激发内部活力和潜在动力、统筹港内资源和港外环境，保持港口平稳较快发展，为“十二五”发展开好局、起好步。

2011年的主要工作目标是：确保完成吞吐量2.38亿吨，其中集装箱130万标箱；完成固定资产投资22.6亿元，加快实施石臼港区南区焦炭码头、岚山港区中区5000吨级2万吨级液化泊位、岚山港区南区15#、16#泊位及货场围堰、石臼港区防波堤、岚山港区南区主航道、岚山港区南区防波堤、油品码头罐区二期、岚山港区南区矿石输送系统、石臼港区堆场道路改造、石臼港区西区和岚山港区中区110kV变电站等10项重点工程，新增港口通过能力292万吨；实现利税7亿元、利润3亿元；重大安全责任事故、重大货运事故为0；全员劳动生产率同比提高4.9%；能源综合单耗同比下降1%；清洁生产水平进一步提升。

实现上述目标，全港要突出抓好六项重点工作：

（一）全力发展港口生产，确保吞吐量突破2.38亿吨

加强生产统筹，提高生产能力。坚持“一强化三统筹”，合理调整码头功能，统筹泊位、堆场使用，统筹不同港区、不同单位同类装卸业务，努力克服港口能力结构性矛盾，满足生产急需。加快石臼港区东区闲置水泥泊位的功能整合和调整，缓解散杂货泊位能力不足的矛盾。积极实施“散退箱进”，腾出石臼港区西区15#泊位，由集装箱发展公司经营集装箱运输，弥补日青公司设备能力的严重不足，促进集装箱运输上规模。统筹岚山港区南区泊位和堆场资源，尽快实现木材货种的就近装卸、堆存，缓解泊位不足、堆场过远的矛盾；合理选择作业区域，解决货源充足与环保制约的矛盾，尽快恢复、做大木薯干装卸业务。统筹石臼港区西区散粮和公用木片接卸、储运能力，缓解能力不足的矛盾，并加快论证建设新设施，满足市场需要。统筹石臼、岚山两个港区的矿石装卸业务，确保分工合理，互补共进。统筹煤炭进、出口业务，充分利用煤炭码头转水，缓解煤炭装卸系统闲置而其他泊位紧张的矛盾。统筹10万吨级、30万吨级油码头与既有罐区和铁路发运设施的使用，克服泊位功能相同、经营主体不同的矛盾，在油罐能力不配套、输油管线未开通的情况下，实现共享，减少消耗，促进上量。

继续加大营销力度，确保货源充足。更加突出以市场为导向，把货源开发作为生产的重中之重，适时调整营销策略和方向，坚持抓大不放小，在巩固既有主导货种优势的基础上，进一步开发新的货源增长点。充分把握和利用日照港成为铁道部铁路货运大客户、铁路运输计划增加、东平铁路和枣临铁路开通、原油铁路发运资质获批等有利因素，加强全港货源开发的统筹协调，把机遇和集团投资转化为港口生产的现实增量。进一步明确主要货种的营销重点：铁矿石运输方面，充分发挥能力、效率和服务优势，进一步巩固大客户、重点客户，加强与中小客户的合作，扩大市场份额，努力巩固矿石进口第一优势；煤炭运输方面，充分利用堆场、码头能力，进一步挖掘货源潜力，努力提升铁路调进量和外贸进口量，同时注重潜在市场培育，优化堆场堆存，为大通道开通后的迅猛上量做好准备；集装箱运输方面，积极开拓鲁南、鲁中及中原、西北等腹地市场，开发客箱班轮箱源，加大散改集力度，努力增线加班，争取跨境运输，确保吞吐量突破130万标箱；原油运输方面，充分发挥大码头和铁路运输资质优势，加大市场培育、开发力度，扩大市场影响，提高运输效率，打造服务品牌，全力提升运输规模；其他货种运输方面，扩大西部地区市场营销成果，巩固镍矿、散粮、木片等货种吞吐

量全国第一的地位，打造木材、钢铁、有色金属矿和木薯干中转基地。

强化生产组织，提高生产效率。牢固树立“向存量资产要发展，向生产组织要吞吐量”的理念，通过优化生产组织提高效率，提升能力，创造新的增量。加强流程再造，进一步优化生产工艺、作业流程，加强车船货衔接，深化单班、单船考核，加强堆场的科学管理，提高各环节作业效率，提升系统生产能力和应变能力。进一步加强外部协调和沟通，争取铁路部门和口岸单位更大的支持，创造良好的港口生产环境。全力以赴抓好铁路疏港工作，抓住新菏兖日铁路完成电气化改造、电力牵引机车直通港区的有利时机，积极做好内部生产组织衔接，加强铁路疏港计划考核，简化港内铁路作业程序，进一步提升铁路疏港效率。

（二）深入开展“创业创新创效年”活动，进一步提升港口发展质量

全力打造港口发展新优势。全力以赴发展原油运输业务，尽快实现“上规模、大发展”，形成港口发展新的支撑。积极开辟新的发展渠道，多措并举，坚定不移地推进集装箱运输规模化发展。进一步做大做强建筑制造业板块，逐步打造有突出竞争优势的综合性特级建设集团，同时积极推进“日港监理”、“日照港机”品牌建设，为港口发展提供强力支撑。依托B型保税物流中心和临港增值加工业务，积极探索发展现代物流产业，培育、打造新的支柱业务。依托港内市场，开拓外部市场，大力发展物业管理、医疗服务、宾馆餐饮、碧波茶叶、生态园循环养殖等产业，打造综合服务板块新优势。

大力实施管理创新。创新管控模式，逐步建立适合不同板块发展特点的管控模式，在增强集团控制力的同时，进一步释放各业务板块的发展潜力。创新管理体制，改革、完善人才管理体制，解决港口高成长情况下的人才培养、选用、引进和储备问题，特别是高端人才的吸引问题；建立、完善适应时代要求的劳务用工体制，造福劳务人员，降低用工风险，满足港口生产需要；进一步理顺资产管理体制，提高资产利用率和收益率；探索建立绩效管理新机制，完善中层管理人员绩效考核制度，继续推进股份二公司卓越绩效试点；继续深化物业管理体制改革，促进物业管理的规范化、社会化。创新管理方法和手段，切实加强各项基础管理和专业管理。加强单项样板管理，继续做好单项管理样板的交流和推广，促进港口整体管理水平不断提升；继续深化定额管理，提高效率，提升质量，降低成本；严格计划管理，严肃执行，严格监督，严格把关，及时纠偏，计划外项目原则上不予审批；进一步加强节能管理，健全奖惩机制，加强过程控制和技术改造，推广节能新技术、新产品，进一步降低能耗，确保全港能源综合单耗比2010年下降1%；加强设备管理，创新设备管、用、养、修方法，不断提高设备完好率和利用率，为港口发展提供技术支撑；继续强化现场管理，重点整治与整体推进相结合，巩固粉尘治理成效，把港口生产建设对环境的不利影响降到最低；进一步加强物资管理，继续实行“阳光采购”，加强重要物资的集中采购，在保证港口生产、建设物资需要的同时，最大限度地降低采购成本，压缩库存，降低资金占用和风险；进一步加强质量管理，加强贯标工作，促进货运质量、服务质量、工程质量不断提高，确保不发生重大质量事故；加强科技管理，完善科技成果奖励机制，大力开展技术创新，推进新技术、新工艺、新方法、新材料应用，提升科技对港口发展的贡献水平；加强合同管理，完善管理体系，实现全过程动态管理，控制合同风险；创新企业文化管理，推进文化与行为的深度融合，加强品牌建设和子文化、专业文化建设，扩大阳光文化影响力，提升企业文化引领作用。

千方百计提高经济效益。牢固树立“效益第一”理念，强化“过紧日子”思想。努力增收创收，大力开发有色金属、集装箱、钢材、木材、木

薯干、原油等高费率货种，加强商务管理，提高装卸生产单位收入水平；充分发挥建筑与制造业资质、资源优势，积极拓展业务，优化项目施工管理，努力培育新的效益增长点；深入研究房地产业发展趋势，积极争取政府优惠政策，优先开发存量土地，盘活存量资产，创造效益，滚动发展；做长物流业务链条，立足国内市场，积极、审慎地发展相关贸易，突出资金收益和稳健经营，切实加强风险控制，提升盈利水平；加强B型保税物流中心和日照至平泽客箱班轮航线的运营管理，拓展业务，努力增加收入，尽快实现盈利；在做好内部服务保障的基础上，大力拓展港外服务业市场，努力创收增效；继续加大应收账款管理力度，切实落实“谁经手谁负责”清欠终身责任制，加大清欠、奖惩力度，确保全港主营业务应收账款控制在3.45亿元以下，非主营业务应收账款控制在7500万元以下；加强原建安公司外欠款清欠工作，明确责任，强化措施，确保资金安全。大力控制成本，强化财务管理，严格落实各项财务制度和规定，进一步细化成本科目，严格控制非生产性开支；加强重点领域成本控制，细化成本核算单元，加强招标投标管理，最大限度地降低工程建设、设备和物资采购、机电设备委外修理、机械租赁、劳务发包的成本；加强全港各类资源的统筹和管理，优先利用现有资源，充分发挥存量资产效能，对外承揽业务以效益为中心、为前提，坚持“有所为、有所不为”。

（三）加快推进重大项目建设，为港口生产提供能力支撑

加快推进重点工程建设。坚持“保续建、保生产急需”原则，把有限资金用在刀刃上，尽快把投资转化为现实生产力。集中精力加快建设石臼港区南区焦炭码头工程，尽快形成深水泊位和直立岸壁泊位，满足进口煤炭、木片等货种装卸生产急需，并为泊位功能调整创造条件；加快推进岚山港区中区5000吨级2万吨级液化泊位建设，力争年底前建设完成，满足液散货运输需求；加快推进岚山港区南区15#、16#泊位及货场围堰建设，力争年底前完成码头主体和围堰，缓解岚山港区泊位不足的压力；加快推进石臼港区防波堤、岚山港区南区防波堤和主航道建设，进一步改善泊稳条件，提升通航能力；加快油品码头罐区二期工程施工进度，力争年底前形成42.5万立方米储存能力，为原油运输上量创造条件；尽快实施岚山港区南区矿石输送系统，提升岚山港区的综合竞争优势；加快推进石臼港区堆场道路改造工程，进一步提升堆存能力，缓解集疏港压力；力争上半年完成石臼港区西区、岚山港区中区110kV变电站建设，为港口生产、建设提供充足的动力保障。

加快推进重点项目验收工作。力争年底前完成30万吨级原油码头专项验收和初步验收，上半年完成岚山港区南区8#、12#泊位改建工程竣工验收。确保上半年完成石臼港区西区二期、10万吨级油码头、岚山港区中区1#、2#液化泊位等8个泊位的开放验收，为港口生产创造良好条件。

全力做好重点项目前期工作。尽快编制完成石臼港区功能调整方案；加快推进30万吨级原油码头二期工程前期工作进度，适时启动30万吨级原油码头三期工程前期工作；确保完成石臼港区西区四期工程核准和油品公司油库扩建工程前期工作；加快推进石臼港区航道浚深工程、南区一期通用泊位工程、岚山港区中区5000吨级2万吨级液化泊位、南区矿石输送系统等工程立项工作；对接晋中南通道，积极推进石臼港区万吨列进港工程可行性研究报告编制工作。

大力推进信息化建设。坚持“统筹规划、分步实施、突出重点”的建设原则，突出信息化建设的实用性、适用性；注重培养自有力量，提高自主开发比例；按规划扎实推进信息资源整合与共享，重点开发生产商务合同管理系统，优化办公自动化系统，推进EDI建设和应用，为提升集团工作效率和管理水平提供保障。

（四）警钟长鸣，常抓不懈，确保安全生

产形势稳定

牢固树立“安全第一”思想，深刻认识安全生产的极端重要性，真正做到“生产必须安全，不安全不生产”；严格落实安全生产责任制，全面落实“一岗双责”，层层签订安全生产责任书，进一步完善安全生产激励约束机制；广泛开展阳光安全文化宣贯活动，提高全员安全意识。加强风险点事故控制，强化全港安全重点领域、重点部位安全监管；继续完善站队安全达标评价，深化安全“双基”工作，筑牢安全基石；加强重点领域、重点部位的专项治理，着重加强岚山港区危化品安全综合整治，确保运输安全；深化承发包业务安全管理工作，建立长效机制，加强动态监管，促进港区整体安全生产；抓好季节性和节假日等特殊时段安全防范工作，严格落实各项安全生产措施，严防各类事故发生；加大职业卫生管理工作力度，提高员工职业卫生意识，防范职业病的发生；积极推进山东省危化品港口应急救援中心和岚山港区中区消防站建设，统筹资源，健全队伍，完善预案，加强演练，提高应急处置能力。

（五）推进合资合作和资本运营，优化港口资源配置

坚持“请进来”。紧盯关系港口长远发展的重大项目和重要业务领域，紧盯“国”字号、“省”字号、“外”字号大型企业集团，进一步抢抓机遇，吸引合作。加快推进与中石化关于第二座30万吨级原油码头的合作，争取项目尽快实施；加快推进与中石油合作，尽快启动日照至东明原油管线配套30万吨级原油码头建设；跟进对接钢铁精品基地规划建设，积极争取建设经营配套码头的主动权；盯紧晋豫鲁铁路通道项目，积极推进煤炭下水业务合作，构建利益共同体，强化日照港的出海口地位；加快推进与裕廊港的合作，组建合资公司，共同经营石臼港区散粮、木片、木薯干等业务；积极推进与北京大华沃源、香港和洋集团的合作，尽快组建合资公司，建设经营液化码头；加快推进与香港兴胜国际的合作，完成万盛港业股权重组；积极推进与山东国投关于木材装卸业务的合作，并以此为基础探索更大领域的合作；积极探索、推进建设集团的对外合作，通过强强联合，提升资质，增强市场竞争优势和可持续发展能力；积极推进房地产开发业务的招商引资，吸引资金参与存量土地开发，缓解资金压力，盘活资产，降低财务费用，提高抗风险能力和持续发展能力。

探索“走出去”。依托港口物流链实施纵向一体化和适度多元化发展。积极推进与山东海洋投资公司的合作，开拓新的发展领域；积极推进保税物流中心与河南等腹地物流园区的合作，进一步方便客户，吸引更多货源；加快推进参股铁路项目建设，力争早日形成改善日照港集疏运条件的现实生产力；依托设立的香港船务公司，适时开展海外物流贸易业务等探索；选择适宜方式和时机，探索境外融资、合资、合作的新路子。

继续加大资本运营力度。尽快完成股份公司非公开发行股票工作，募集资金建设新码头，为港口发展注入新生能力；加快推进港口主业整体上市步伐，按程序逐步向股份公司注入主业相关优质资产，在提高集团控股比例的同时增强上市公司的盈利能力；按照融资承诺尽快完成岚山港区4#、9#泊位等相关资产注入股份公司工作，消除潜在同业竞争，减少关联交易；进一步促进上市公司规范运作，维护好日照港股票资本市场良好形象，保持上证380指数成份股、沪深300样本股、上证治理板块样本股地位。深入研究其他板块优良资产资本市场融资问题，探索借助资本市场做大做强其他业务板块的新路子，进一步优化集团公司的资产负债结构，提高抗风险能力。

（六）凝心聚力，为港口发展提供组织保障、精神动力和智力支持

深入落实党的十七届五中全会精神，加强党的建设，进一步深化争创“四强四优”活动，继续推广党务管理样板，推动基层党组织党建工作规

范化、正规化。按照上级要求和部署，组织开展好纪念建党90周年系列活动。着力加强队伍建设，努力打造“钢班子”、“铁队伍”，进一步提升队伍整体战斗力。紧密结合艰苦奋斗传统教育，开展以感恩为核心内容，以“感恩与责任、务实与创新、和谐与共赢”为主题的教育活动，引导每名员工、每个作业环节、每个单位寻找感恩源头，增强全港员工的危机意识、艰苦奋斗意识、服务意识和团结协作意识。按照创建文明单位要求，抓好内部创建和外部争创两方面工作，细化方案，明确责任，强化考核，加强与上级主管部门的沟通和协调，争创“全国文明单位”。围绕集团中心工作加强宣传思想工作，发挥好“一报一刊一网一台一馆”作用，提升内部宣传质量。同时加强宣传策划，深化扩大与媒体合作，全面提升对外宣传效果。注重加强典型的培育和宣传，力争形成在全省、全市有影响力的典型。加强、改进思想政治工作，注重人文关怀和心理疏导，关注员工利益诉求，针对环保、子女就业、劳务用工等环节，强化政策引导，妥善处理问题，化解周边矛盾，理顺员工情绪。

大力推进反腐倡廉改革创新，加强管理人员作风建设，加大效能监察和专项整治力度，完善惩防体系，促进党风廉政建设再上新台阶。加强治安综合治理，做好信访、稳定、反邪教工作，打造平安港口、和谐港口。继续做好援助新疆麦盖提县工作，积极推进相关援助项目。继续为员工办好事，盘活存量客车资产，开通石臼港区到岚山港区的班车，为岚山港区员工上下班提供安全、便捷服务；按政策要求，逐步规范职工持股会运作。着力发挥工会、共青团、老龄、武装、女职工、计划生育和居委会等各级群团组织的合力作用，全力营造聚精会神、群策群力、干事创业的浓厚氛围。

持续创业　稳中求进
加快建设最具活力的国际一流强港

——在集团公司二届四次职工、会员代表大会暨2012年政治工作会议上的报告（摘编）

杜传志

（2012年1月10日）

一、关于2011年工作回顾

刚刚过去的2011年，是日照港继往开来、昂扬奋进的重要一年，是创新突破、转型升级的关键一年，是攻坚克难、持续发展的不平凡一年。一年来，在市委、市政府的正确领导下，在市直各部门、各区县和社会各界的大力支持下，我们紧紧围绕“港口立市”战略的大力实施，坚持以科学发展观为指导，以打造强港为主题，以转变发展方式为方向，以开展“创业创新创效年”活动为主线，抢抓“蓝色机遇”，坚定信念、团结一心，开拓进取、攻坚克难，克服了经济形势复杂多变、市场竞争日趋激烈等困难和挑战，各项工作都取得了新的成绩与进步，全港继续保持了率先创新优质发展的大好局面，实现了“十二五”的良好开局。

（一）港口生产持续快速增长，为“勇跨三亿”奠定了坚实基础

吞吐量突破2.5亿吨。全年完成25260万吨，同比增长11.8%。主要货种竞争优势进一步增强。吞吐量超过100万吨、500万吨和1000万吨的货种分别达到16个、10个和6个，铁矿石进口量和镍矿、木片、大豆、水泥吞吐量继续居全国沿海港口首位。原油运输实现新突破。30万吨级原油码头成功为日照至仪征输油管线输送原油，油品吞吐量突破1000万吨，成为第六个过千万吨的支柱货种。市场营销成效显著。先后在成都、延吉、银川、乌鲁木齐等地举办业务推介会和客户座谈会，新增客户185家、货种6个、集装箱航线6条。生产效率进一步提高。全年刷新各类作业纪录153项，全员劳动生产率同比增长11%。生产资源配置更加优化。石臼港区西区二期、岚山港区中区10万吨级油码头等8个泊位顺利通过开放验收，铁路大客户货运中心经铁道部批准正式运营，石臼港区西区16#泊位成功开展集装箱业务。

（二）港口建设稳步推进，港口功能进一步完善

重点建设项目加快推进。续建了石臼港区南区焦炭码头、岚山港区8#、12#泊位改建等工程28项，新开工建设石臼港区南区一期、岚山港区30万吨级原油码头港池升级改造等工程27项。岚山港区中区公用油库、南区8#、12#泊位改建工程通过竣工验收，30万吨级原油码头工程通过初步验收。全年新增港口通过能力230万吨、堆场49万平方米，完成固定资产投资24.5亿元。信息化建设步伐加快，全年新开发管理信息系统28个。项目前期工作取得新进展。石臼港区西区四期工程项目申请上报省发改委即将核准，新原油码头项目前期工作取得突破性进展，油品公司油库扩建工程获准立项，岚山港区南区矿石输送系统通过项目备案，山西中南部铁路通道港区铁路工程完成工可编制。

（三）“三创年”活动深入扎实，港口发

展质量显著提升

经济效益稳步提升。全年克服折旧、财务费用、工资及附加三项固定成本同比增加3.6亿元的巨大压力，实现利税7.6亿元、利润3.5亿元，同比分别增长8.4%和50.6%；实现收入120亿元，首次突破100亿元；争取项目资本金配置、政府各类资金、各类税费减免累计26765万元；单位设备租费、单位外付装卸劳务费同比分别下降7.9%和6.8%。四大业务板块协调发展。顺利完成集团成立以来首次组织机构调整，明确了四大业务板块管控模式和发展方向。港口业务、物流与贸易、建筑与制造和综合服务板块分别实现收入53.7亿元、50.9亿元、33.2亿元和1.4亿元，同比分别增长19.8%、44.2%、21.1%和26.9%。管理创新广泛深入。积极开展创新选题征集和“三创展示月”观摩活动，调整了不同业务板块考核指标体系，建立了高中层管理人员联系基层制度，启动了集团公司争创“省长质量奖”工作，成立了日照港“院士专家工作站”，通过公开竞聘调整了部分中层、科级和基层管理人员，优化了管理人员队伍结构，激发了内部活力。港口发展质量进一步提升。能源综合单耗同比下降6.1%，收现比提升到45%，设备完好率保持在97%以上，清洁生产水平进一步提高，安全生产形势基本稳定，集团公司“阳光安全”品牌获“山东省港航优秀服务品牌”荣誉称号，集团公司获得首届“市长质量奖”，股份二公司荣获“全国质量奖”。投资、审计、物资、资产、质量、统计、档案、计量等各项管理工作进一步加强，为港口发展提供了有力保障。

（四）合资合作和资本运作取得新成果，港口资源配置进一步优化

对外合作取得新进展。按照市委、市政府要求，经过艰苦努力，与韩国东方集团组建海通班轮公司，经营日照至平泽国际客箱班轮航线，使停航2年的中韩航线恢复通航；与新加坡裕廊港合资成立日照港裕廊码头有限公司，经营散粮、木片、粮油等业务；与日照海事局碧海海事服务中心合资组建日照明达船舶服务有限公司，开展船舶污染清除业务，并获一级资质；与山东高速集团就坪岚铁路复线建设签署了合作备忘录；与韩国平泽港就集装箱运输和航线开发签署了合作备忘录；与交通运输部水运科学研究院签署了战略合作协议；与华润电力就煤炭物流系统建设签署了战略合作协议；与荷兰维布尔格公司就建设木浆物流体系进行了洽谈；积极推进了与中石化、中石油、中储粮、香港和沣、森达美、山东能源、山东国投、山钢集团、内蒙古庆华集团、兖矿集团等的合作；参股的枣临铁路和晋豫鲁铁路通道建设加快推进；参股的日照银行和现代威亚业绩突出，集团获得了良好回报。资本运作实现新突破。股份公司成功非公开发行股票募集资金14.4亿元，2006年10月首发以来五次成功融资累计募集资金46.8亿元，5亿元公司债券发行申请已通过证监会发审委审核，定向非公开发行股票方案上报证监会待批，公司荣获2011年度上交所董事会奖提名奖。集团公司成功发行9亿元中期票据和9亿元短期融资券，可累计节约利息支出3700万元，在银根紧缩形势下有力缓解了港口资金紧张局面。

（五）党的建设和精神文明建设不断加强，和谐港口建设成果丰硕

深入开展了以争创“四强四优”活动为主要内容的创先争优活动，引导广大党员立足岗位履职尽责、创先争优，推动了港口科学发展、和谐发展。结合市委推动“开放创新、转型升级、跨越发展”新一轮思想解放和开展“执行力、创新力、公信力”建设年活动，在全港集中开展了“感恩与责任，务实与创新，和谐与共赢”主题教育活动，进一步提高了全港员工感恩港口、岗位奉献的热情。不断深化与中央、省、市主流媒体和社科机构的合作，宣传了港口良好形象。大力加强党风廉政建设和行风建设，维护了港口声誉。深入开展争创“全国文明单位”工作，企业文明程度全面提升。全力

推动企业文化建设创新，进一步提升了阳光文化的感染力、渗透力、凝聚力，增强了员工的自豪感和归属感。积极开展对口援助新疆麦盖提县工作，投资建设特色农产品物流园，承建日照刀郎产业园项目，得到了省、市领导的高度评价。组织开展了建党90周年庆祝活动，进一步激发了全港员工发展港口、报效国家、服务社会的激情。充分发挥群团组织作用，各级工会组织认真维护员工利益，深入开展劳动竞赛、技术比武、合理化建议等活动，有力促进了港口发展；各级团组织团结带领广大团员青年立足岗位、青春建功，发挥了生力军和突击队作用。公安、教育、医疗、卫生、后勤保障等各项事业，老龄、武装、女职工、计划生育和居委会等各项工作都取得了较好成绩。

在加快港口发展的同时，努力为员工办好事、办实事。在经营压力巨大的情况下，确保员工收入增长，人均收入同比增长9.9%；在社会就业形势严峻、港口进人压力巨大且急需人才十分短缺的情况下，千方百计安置员工子女就业，努力解决员工的后顾之忧；积极稳妥地实施了生活区供热改造，实现了与市政供热管网连通；投入297.7万元组织老干部和员工查体10064人次。一年来，集团公司荣获“全国文明单位”、“全国企业文化建设优秀单位”、“全国社会主义劳动竞赛先进集体”、“中国企业文化建设十大杰出贡献单位”、“中国服务业企业500强”、“山东省企业管理奖”、“山东企业100强”、“山东省节能先进企业”、“山东省履行社会责任示范企业”等称号，被省政府记集体一等功，集团公司党委第三次被评为“山东省先进基层党组织”。

2011年作为“十二五”的开局年，是日照港发展史上极不寻常的一年。面对国际国内经济形势复杂多变的严峻挑战，面对港内港外各种矛盾相互交织的不利局面，我们综合研判、沉着应对，改革创新、攻坚克难，承受住了压力，经受住了考验，共同推动了港口的持续快速发展。特别是，经过长期的不懈努力、执着追求，我们在连续20年保持“省级文明单位”基础上，于“十二五”开局之年荣获“全国文明单位”荣誉称号，不仅标志着日照港物质文明、精神文明、政治文明、生态文明建设取得了历史性重大成就，更标志着日照港知名度、美誉度和竞争力有了质的飞跃。这项企业所能获得的国家级最高综合性荣誉弥足珍贵，来之不易，可喜可贺，必将极大地激励全港员工凝心聚力、干事创业，拼搏奉献、持续超越，向着最具活力的国际一流强港阔步迈进！一年来的发展历程，使我们深刻体会到：

——*科学决策增创发展优势*。决策决定发展方向。意识领先、超前决策，引领我们抢抓机遇，率先发力，将潜在优势转化为现实优势；深谋远虑、综合研判，引领我们顺势而为，乘势而上，将资源优势转化为发展优势。只有决策科学，才能方向正确，时机得当；才能变被动为主动，化危机为转机；才能抢先一小步，领先一大步；才能优势更优，强势更强，乘风破浪，一往无前，不断创造港口发展新的灿烂与辉煌！

——*改革创新推动转型升级*。改革创新是港口发展的不竭动力，转型升级是港口发展的必然选择。理念创新解放思想，促进了发展思路转变和发展战略优化；机制创新解放生产力，推动了管理模式改进和业务结构升级；制度创新释放管理潜能，促进了质量提升和发展方式转变；技术创新提高效率，促进管理，推动了港口发展现代化、信息化、智慧化；企业文化创新消除禁锢，促进了追求卓越、自我完善。改革创新磨炼意志、坚定信念，激发活力、增添动力。只有坚持改革创新，才能变中求进，有效解决发展中的新课题；才能持续提升，在前进的征程上铸就一座又一座昂扬奋进、激情超越的历史丰碑！

——*拼搏实干支撑事业发展*。干事创业需要拼搏实干，没有捷径可走。通过奋力拼搏，我们变压力为动力，战胜了发展进程中的种种挑战；

通过艰苦奋斗，我们变不利为有利，克服了前进道路上的重重困难；通过真抓实干，我们变可能为可控，抓住了重大战略机遇期的难得机遇；通过埋头苦干，我们变理想为现实，将宏伟的战略变为港口持续快速发展的具体成果。拼搏就会有收获，实干总会有回报。拼搏实干，永远是港口跨越发展、率先发展、可持续发展的坚实支撑！

——感恩奉献促进和谐共赢。感恩奉献是日照港和日照港人珍贵的阳光品德。感恩社会、报效国家，让港口在打造山东半岛蓝色经济区的奋斗中，在对口援助民族地区的付出中，在服务、促进、带动腹地经济和社会发展的努力中，实现了自身综合地位的全面提升；感恩客户，传载真诚，让港口在为广大客户创造价值的服务中，在与合作伙伴的共赢发展中，实现了港口竞争实力的巩固和提高；感恩港口，爱岗敬业，让广大员工在全力推动港口持续快速发展的拼搏中，锻炼了自我，实现了自我，成就了自我。是感恩奉献，全面提升了港口文明程度；是感恩奉献，促进港口发展的和谐与包容；是感恩奉献，鞭策我们燃烧激情、挥洒汗水，一步一个脚印，把港口崇高而神圣的事业不断推向前进！

二、2012年形势任务和工作安排

2012年是实施“十二五”规划承上启下的重要一年，是日照港深入调整结构、促进转型升级的关键一年。做好全年各项工作，对于保持港口平稳较快发展，全面完成“十二五”规划任务目标，具有十分重要的意义。

2012年，集团公司工作总的指导思想是：深入贯彻落实科学发展观，抢抓山东半岛蓝色经济区、鲁南临港产业集聚区发展机遇，以“调结构、促转型，抓创新、重效益，增实力、强基础”为总体要求，以“创业创新创效年”活动为主线，以争创“省长质量奖”为动力，切实把握稳、好、快的关系，稳中求进，好中求快，保持港口平稳较快发展，为全面实现“十二五”规划目标奠定坚实基础。

主要工作目标是：确保完成货物吞吐量2.8亿吨，其中集装箱170万TEU；完成固定资产投资22.4亿元，加快实施石臼港区南区焦炭码头、石臼港区西区四期、石臼港区南区通用泊位一期、日照至仪征原油输送管道配套30万吨级油码头扩建、岚山港区南区15#、16#泊位及货场围堰、石臼港区西区散粮储运系统改扩建、岚山港区南区矿石输送系统、石臼港区南区新建航道、石臼港区堆场道路改造、石臼港区铁路改建等10项重点工程，新增港口通过能力605万吨；实现利税9亿元、利润4.5亿元；全员劳动生产率同比提高8.6%、能源综合单耗同比下降2%，重大安全责任事故、重大货运事故为0，清洁生产水平进一步提升。

实现上述任务目标，推动港口平稳较快发展，必须把握“四个坚持”：

一是坚持持续创业。坚持弘扬新时代创业精神。时刻保持昂扬奋进的精神、勇往直前的斗志、坚忍不拔的毅力和务实勤奋的作风，艰苦奋斗、顽强拼搏，追求卓越、持续赶超，推动港口不断实现新跨越、新发展。坚持不断打造、巩固和提升港口发展优势。做强港口业务，全力巩固以矿石、煤炭运输为主的大宗干散货运输优势，抢先打造以原油运输为核心的液体散货运输新优势，加快推动集装箱运输实现规模化发展，大力发展件杂货运输；做大建筑制造业，提升集团化优势，打造港口发展新的支柱；做优物流贸易业，发展临港增值加工业务，搭建物流贸易与港口业务互动平台，培育港口发展新的支撑力量；做好综合服务业，打造服务产业新优势；做精金融业务，拓展港口发展新空间。

二是坚持转型升级。坚持在加快建设中调整结构。调整泊位功能结构，缓解港口能力结构性矛盾；调整投资结构，提升优质资产比重；调整货种结构，巩固优势，拉长“短板”，降低一货独大风险；调整资本结构，推动多元融资；调整业务结构，推动各业务板块互动并进、协同发展；调整管控结构，优化管控模式。坚持在加快发展中转变方式。转变生产方式，更加注重效率和效益；转变建设方式，更加突出生产急需、战略布局和投资效益；转变资产配置方式，更加突出效率优先、统筹兼顾；转变能源消耗方式，更加注重清洁生产、节约生产；转变对外合作模式，更加突出互利共赢；转变资本运作模式，更加注重低成本、高效益。推动港口发展由规模扩张型向质量效益型、由粗放型向集约型转变，由传统的港口装卸业态向现代综合物流业态升级。

三是坚持战略引导。坚持加强战略管理，强化战略意识，提升战略优势，做到战略制胜。坚持率先发展战略，提前研判，超前决策，积极培育先发优势，做到人无我有，人有我优，人优我特，牢牢把握发展主动权。坚持科技兴港战略，自主创新和引进吸收相结合，借助资源优势把科学技术转化为推动港口发展的现实生产力，借助科技力量将港口资源优势转化为发展优势。坚持人才强港战略，着力解决港口高成长情况下的人才培养、选用、引进和储备课题，加快培养造就一支适应港口需要的复合型、创新型人才队伍，为港口发展提供强力支撑。坚持“五大战略导向”，全力推动港口生产、建设、管理、合作、资本运作实现新突破、新跨越、新提升，做到强势更强、优势更优。坚持“大港——强港——名港”战略，推动港口加速向最具活力的国际一流强港、向最具魅力的国际知名港口迈进。

四是坚持文化统领。坚持以独特的文化凝聚港口向心力。用阳光文化鼓舞人、引导人、塑造人，进一步增强全港员工对阳光文化的认同感、荣誉感，对阳光港口的归属感、自豪感，引导全港员工形成实现发展、维护港口利益的理性价值观和思维模式，自觉投身港口发展的具体实践，形成推动港口发展的强大合力。坚持以先进的文化增强发展的生命力。不断丰富、深化阳光文化理念和内涵，激励全港员工不断更新观念、持续创新，不断追求卓越、持续赶超，提升港口适应形势、加快发展的自我生存能力和可持续发展能力，做百年企业。坚持以优秀的文化提升港口软实力。积极推进文化入位，促进阳光文化理念与港口各项工作相融合，用阳光文化的核心价值观推动港口资源的不断高效整合，实现系统最优、成本最低、效率最高、回报最久，全面提升港口的品牌影响力和综合发展优势。

全面实现今年的任务目标，全港要突出抓好以下六个方面重点工作：

（一）全力以赴发展港口生产，确保吞吐量突破2.8亿吨

更加突出“一强化三统筹”，提高港口实际生产能力。继续坚持“一强化三统筹”，做到强化更精准，统筹更精细。强化内部统筹协作，优化生产资源配置，充分挖掘生产潜力。统筹两个港区矿石装卸业务，确保新建设施充分发挥作用，确保全港系统生产效率进一步提升；统筹矿石、煤炭转水业务，缓解煤炭装卸系统能力富余而矿石泊位能力紧张的矛盾；统筹石臼港区南区新建泊位设备配置、人力资源配备、先期市场培育等工作，确保泊位建成后能够迅速形成能力、尽快发挥作用；统筹研究、解决堆场积压问题，加快周转，缓解船舶压港压力；统筹利用石臼港区疏港高速和岚山港区疏港路，进一步提高疏港效率；统筹石臼港区西区新增岸桥和既有门机的分配使用，确保发挥最大效能；统筹研究、彻底解决木薯干接卸过程中的清洁生产问题，提升日照港木薯干装卸能力和市场竞争力；统筹解决拖轮在两个港区的临时停靠问题，充分发挥好拖轮资源对港口生产的保障作用。加强外部协调，争取口岸、港航、引航、铁路等单位、部门更大支持，优化港口生产环境。全力争取主管部门对岚山港区8#泊位、30万吨级原油码头靠大船、靠整

船的支持，为发挥大码头优势、增产上量创造条件。

继续加大营销力度，确保货源充足。进一步增强市场营销的针对性，全力巩固干散货，奋力突破液散货，着力开发件杂货，努力争取适箱货。加强营销策划，坚持“抓大不放小”，把握“有所为，有所不为”，建立完善细分腹地、细分货种、细分客户的营销体系。认真做好对铁路部门的营销，积极争取运力保障和货源流向。继续举办特色鲜明、针对性强的推介活动，提高市场占有率。加强货源开发的统筹协调，切实把市场资源转化为港口生产的现实增量，确保实现首月开门红、首季开门好，为全年生产奠定坚实基础。矿石运输方面，充分发挥能力、效率和服务优势，全力提升客户忠诚度，努力争揽新货源，开辟新流向，巩固矿石进口第一的既有优势；煤炭运输方面，充分挖掘货源潜力，提升煤炭调进量，同时着眼长远，为大通道开通后的生产上量做好充分准备；集装箱运输方面，坚持“立足鲁南，紧盯苏北，进军中原，实现跨境”，积极开辟外贸航线，推进海铁联运，尽快实现大陆桥国际集装箱过境运输；客箱运输方面，坚持“中韩上量，引散进箱，错位喂给，近洋开发”，迅速提升运输规模；原油运输方面，充分发挥大码头、大管道能力优势和铁路运输资质优势，拓展服务范围，扩大品牌影响，全力实现“上规模”；其他货种运输方面，进一步巩固镍矿、大豆、木片、水泥吞吐量全国第一地位，不断开发新客户、新货源。

优化生产组织，提高生产效率和服务质量。加强流程再造，进一步优化生产工艺、作业流程，通过提高各环节作业效率，提升全港生产系统效率。始终坚持以客户为中心，不断完善“一站式”、“一条龙”服务，全力打造优质品牌，以高品质的服务赢得客户满意、信赖和忠诚，赢得货源和市场份额。切实加强安保管理，特别是加强门禁系统管理，让货主放心，让客户满意。

（二）深入开展“三创年”活动，推动港口转型升级

全力增创港口发展新优势。建立各板块合作、共赢机制，积极探索矿石运输突破重围、率先走强的新途径。在巩固大宗干散货运输优势的同时，围绕原油运输“零突破、奠基础、上规模、大发展”四步走战略，加快优化原油码头规划布局。全力以赴、坚定不移地加快集装箱运输发展，尽快做大做强集装箱运输业务，弥补港口发展“短板”。明确建筑制造业战略发展方向，统筹好内部资源和外部力量，强化品牌优势，提升资质水平，积极开拓近海工程、房屋建筑、船舶修造、机械制造、房地产开发、设计监理等业务更大发展空间。依托港口主业优势，推动贸易、深加工、物流、保税一体化发展，提升进出口贸易公司资质和实力，增强物流贸易业务的增值、盈利能力。把握服务业发展方向和政策，加快发展医疗卫生、餐饮旅游、社区服务等业务，扩大影响，提升竞争力。

持续推进全面创新。创新发展理念，牢固树立“资源为王、效益为先”理念，突出资源的科学配置和高效利用，让一切可用资源发挥最大效能、创造最大价值。创新考核机制，建立适应各业务板块不同特点和发展要求的考核机制，推动各业务板块持续健康发展；按照导入卓越绩效模式要求改进考核工作，切实增强考核的引导、激励和约束作用。创新内部市场机制，完善内部定价体系，健全资源有偿使用机制，引导各单位密切合作，促进港口资源的有效配置和充分利用。创新管理方式和手段，积极推行扁平化管理和精细化管理。创新投资管理，严格投资审批手续和投资效益考核，进一步加强集团对子公司投资的管理，确保集团公司收益，确保国有资产保值增值；创新人力资源管理，健全人才引进、培养和使用机制，优化员工队伍结构，搭建成长平台，为港口发展提供人力资源支撑；创新节能管理，大力推广节能新产品、新技术，积极优化工艺流程，确保能源综合单耗同比下降2%；创新设备管理，完善设备管、用、养、修机制，提

高设备完好率，确保设备运行安全；创新物资管理，充分利用信息技术和市场资源，大幅度降低库存，减少资金占用；创新现场管理，进一步引进先进管理经验和模式，实现粉尘控制、安全防控、节支降耗的统筹管理；创新科技管理，大力推进自主技术创新，加强与科研机构和专家学者合作，不断提升科技对港口发展的贡献水平。创新“三创年”活动载体，进一步丰富活动内容，深化活动内涵，充分发挥活动统筹资源、提升质量、促进发展的作用。全力以赴做好争创“省长质量奖”工作，积极推进质量管理体系认证，导入卓越绩效管理模式，不断增强全体员工创新管理、追求卓越的自觉性和主动性，努力把先进的管理理念和方法转化为每位员工的自觉行动。

千方百计提高盈利能力。坚持效益优先，进一步增强经营的针对性和灵活性，根据形势和市场变化不断寻找新的效益增长点，千方百计实现效益最大化。努力增收创收。加大高费率货种开发力度，根据成本测算和市场变化，实现有关货种费率的理性回归，进一步提高装卸生产单位收入；结合港口建设费征收政策变化，进一步加强客户沟通，在共赢发展的同时确保应收尽收；加强日照至平泽客箱班轮航线运营管理，力争早日扭亏为盈；充分发挥资质、资源优势，提升建筑制造业盈利能力和经营规模，确保建筑与制造板块全年产值突破29亿元、利润突破8800万元；坚持以效益为中心发展物流贸易业，加强风险控制，加快资金周转，做到探索发展之路与提升盈利水平有机结合；加强B型保税物流中心经营管理，大力拓展业务，努力增加收入，确保实现盈利；在做好港口内部服务保障的基础上，大力拓展港外服务业市场，努力创收增效。坚持稳健经营、防范风险。继续加大应收账款管理力度，加强风险评估和管控，切实落实“谁经手谁负责”清欠终身责任制，确保全港应收账款余额控制在合理范围内；进一步加大收现比考核力度，力争全年收现比达到50%；加强内部审计工作，防范财务管理、资金运作过程中的风险和漏洞；加强国家“减税”相关政策研究，加大税费减免和资金补助申报力度，巩固资金链，降低财务风险。继续加强成本控制。牢固树立过紧日子思想，细化成本控制；继续加强机械租费、外付修理费、外付劳务费、大宗物料消耗、物资采购、管理费用的控制，确保单位机械租费比去年下降5%，力争单位外付装卸劳务费比去年下降3%；加强工程招投标管理，努力降低工程造价；强化财务管理，严格落实各项财务制度和规定，进一步细化财务核算和损益分析，确保各单位经营处于受控状态。

（三）加快推进重大项目建设，为港口发展提供能力支撑

统筹推进重点工程建设。正确处理当前急需和长远发展的关系，统筹协调20个续建项目、29个新开工项目，特别是18个在建泊位建设，首先确保投产快、见效快和关系港口长远发展的项目建设，控制、压缩非生产性项目投资，把有限资金用在刀刃上。同时处理好质量、工期、造价和安全控制的关系，确保工程建设优质高效，力争在最短时间内，把投资转化为推动港口发展的现实生产力。加快推进续建工程建设。确保石臼港区南区焦炭码头工程年内1个10万吨级泊位具备简易靠泊条件，石臼港区南区通用泊位一期工程上半年1个3000吨级和1个1万吨级泊位、下半年1个2万吨级泊位建设完成，石臼港区西区16#泊位改造工程上半年投入使用，岚山港区南区15#、16#泊位及货场围堰工程下半年具备试运行条件，岚山港区南区防波堤下半年整体竣工，岚山港区南区散粮储运系统三期扩建工程年内完成筒仓主体，岚山港区南区矿石输送系统年底前具备试运行条件，油品码头罐区二期工程上半年具备投产使用条件，石臼港区西区和岚山港区南区吹填、回填尽快形成新的堆场；力争岚山港区中区5000吨级、2万吨级液化泊位上半年具备试生产条件，石臼港区防波堤上半年整体竣工，岚山港区深水航道拓宽、石臼港区南区航道年底建设完成。适

时开工建设新项目。结合前期工作进展情况，开工建设日照至仪征原油输送管道配套30万吨级油码头扩建、石臼港区西区四期、石臼港区西区散粮储运系统改扩建、码头泊位结构加固改造、石臼港区铁路改建等工程。加快推进建设项目验收工作。确保岚山港区中区30万吨级原油码头工程上半年通过竣工验收，岚山港区南区主航道、岚山港区深水航道一期工程下半年通过初步验收，石臼港区防波堤、岚山港区南区防波堤工程年内通过专项验收，力争油品码头罐区扩建工程年内通过专项验收。

继续加快推进项目前期工作。积极推动30万吨级原油码头平面优化方案尽快获得批复，适时启动岚山港区南区局部平面优化方案报批工作，结合山西中南部铁路通道日照段初步设计及时调整港区铁路规划；确保岚山港区中区5000吨级和2万吨级液体散货码头工程、石臼港区南区通用泊位一期工程、石臼港区航道改扩建工程通过核准或批复，力争石臼港区西区16#泊位改造和散粮储运系统改扩建、岚山港区南区8#、12#泊位改建和进港主航道改扩建等项目尽快完成审批；积极推进石臼港区南区通用泊位二期工程、南区航道改扩建工程、日照钢铁精品基地配套大型矿石码头和产成品码头等项目的前期工作。

大力推进港口信息化建设。结合港口发展战略和规划，进一步明确信息化建设战略目标、阶段性任务和技术路线。强化统筹，尽快建立完善生产管理、物流商务和内部管控系统，进一步提升全港信息化水平；加大整合力度，增强信息化系统的兼容性、适应性，实现资源共享；高度重视信息安全，提高安全与防范技术，确保网络、系统应用安全；加强技术开发力量的培养和储备，创新激励机制，培养骨干力量，满足港口信息化发展需要。

（四）切实加强安全生产管理，营造安全平稳的发展氛围

牢固树立“安全第一”思想，深刻认识安全生产的极端重要性，真正做到不安全不生产、以安全促发展、以当前保长远。进一步完善安全规章制度，细化安全防范措施，健全事故预防控制体系，促进安全管理的制度化、规范化、标准化。狠抓安全责任制的层层落实，切实提升安全生产执行力。继续深化安全“双基”管理，扎实推进站队安全基础管理达标升级工作，筑牢安全基石。牢固树立“员工要持续不断地接受安全教育”理念，加强安全生产培训，全面提高员工安全素质。加强风险点控制，切实完善危化品、客箱班轮等重点领域和船舶舱内作业等重点环节的安全措施，确保生产安全。进一步加强承发包业务安全管理，严格资质审查，严格安全准入，强化安全监督，努力提高承包队伍安全管理水平。切实抓好季节性和节假日等特殊时段安全防范工作，严防各类事故发生。加强应急管理，完善各级应急管理体系，强化预警机制和应急队伍标准化建设，切实提高应急响应和处置能力。进一步完善山东省危化品应急救援中心、岚山港区中区消防站功能，切实提高岚山港区消防保障能力。

（五）大力推进合资合作和资本运营，优化港口资源配置

加快推进重大合作项目。依托港口优势，选择兼具市场、资金、技术、管理等多重优势的“中”字号、“外”字号、“省”字号企业加强战略合作，共赢发展。继续推进与中石化、中石油关于原油码头的合作；对接山西中南部铁路通道建设，继续推进与华润电力、晋豫鲁铁路通道公司关于煤炭业务的合作，力争取得实质性进展；积极推进与山东高速关于坪岚铁路复线等项目的合作，促进工程早日开工建设，尽快解除岚山港区铁路集疏运瓶颈制约；继续推进与香港和沣、北京大华沃源的合作，尽快完成合资公司注册登记，并适时推进相关股权转让工作；积极推进与荷兰维布尔格公司的合作，培育集采购、运输、装卸、仓储、配送于一体的综合物流运输体系，打造国际化浆纸交易中心；继续推进与兖矿集团、山东海运和山东能源的合

作，促进国家煤炭应急储备基地和配送中心尽快落地；全力推进与山钢集团、山东国投的战略合作，为培育、巩固港口竞争优势奠定基础；继续推进与内蒙古庆华集团关于1000万吨甲醇项目港口配套工程的合作；积极推进与临港工业企业的合作，优化物流价值链，推进一体化发展；结合房地产市场形势，积极争取优惠政策，引进有资金实力和开发经验的合作伙伴，推进灯塔广场等存量土地开发，打造城市精品工程。继续推进对外投资项目发展，努力争取获得更好回报。

继续加大资本运营力度。把握时机，适时推进股份公司5亿元公司债发行工作，适时实施集团公司装卸主业及相关业务资产注入上市公司工作，并积极探索新的融资方式，推进资本市场持续再融资。积极推进发行香港离岸人民币债券和保险基金投资融资工作，进一步拓宽低成本融资渠道。筹备设立财务公司，培育港口金融功能，构建集团公司新的业务板块、新的融资平台。深入研究其他优良业务、优良资产的资本运作问题，探索借助资本市场做大做强的新路子。

（六）加强党的建设和精神文明建设，为港口发展提供组织保障、精神动力和智力支持

深入落实党的十七届五中、六中全会精神，进一步深化争创“四强四优”活动，充分发挥党组织政治核心作用、战斗堡垒作用和党员先锋模范作用，引导各级党组织和广大党员以昂扬向上的精神风貌和更加出色的工作业绩向党的十八大献礼。积极推进学习型党组织创建工作，围绕中心工作进一步深化、提升、创新创建工作，促进党组织和党员作用发挥。紧密结合艰苦奋斗传统教育，扎实开展“忠诚、创新、卓越”主题教育活动，引导员工忠诚敬业、开拓创新、追求卓越。进一步加强队伍建设，围绕“加强学习、加强协作、加强管理、加强服务、加强经营”——“五个加强”的具体要求，大力弘扬“创业精神、进取精神、团队精神、创新精神”——“四种精神”，切实打造“钢班子”、“铁队伍”。围绕集团中心工作加强宣传工作，统筹发挥港内外媒体作用，深入挖掘、报道港口发展新时期各单位、各领域的亮点和典型，努力使宣传工作紧扣时代脉搏，全面展示港口良好形象，提升港口社会影响力和市场竞争力。进一步推进企业文化建设创新，推动阳光文化与港口发展战略有机融合，不断丰富阳光文化内涵，始终保持阳光文化的先进性，切实发挥好阳光文化的引领作用、潜移默化作用。深入总结、学习、传承、发扬建港三十年来港口发展蕴含的成功经验和精神力量，激励全港员工积极投身港口发展具体实践。加强和改进思想政治工作，以人为本，注重人文关怀和心理疏导，关注员工的利益诉求，畅通沟通渠道，针对热点、难点问题加强政策宣传解释，及时解疑释惑、化解矛盾。大力推进反腐倡廉改革创新，加强党风、行风和工作作风建设，加大效能监察和专项整治力度，完善惩防体系，促进党风廉政建设再上新台阶。加强治安综合治理，做好信访、稳定、反邪教工作，打造平安港口、和谐港口。按照省、市部署积极开展好对口援助新疆麦盖提县相关工作，继续做好扶贫包联等工作，履行好国有企业的社会责任。着力发挥好工会、团委等各级群团组织的作用，认真做好武装、女职工、计划生育和居委会等各项工作，全力营造聚精会神、群策群力、干事创业的浓厚氛围。

大事记

2009年

一月

1月6日　市委书记、市人大常委会主任杨军来港调研。

1月10日～11日　集团公司二届一次职工、会员代表大会暨2009年政治工作会议召开，杜传志董事长作了题为《坚定信心，攻坚克难，推动港口平稳较快发展》的工作报告。会议听取了集团公司党委副书记、纪委书记李永华作的题为《以科学发展观为统领，积极开创全港纪检监察工作新局面》的纪检监察工作报告，听取并审议通过了集团公司党委副书记、工会主席王爱东作的题为《围绕中心，服务大局，履行职责，团结带领全港职工为建设和谐港口建功立业》的工会工作报告，对在2008年度工作中涌现出的先进集体、先进个人和专业技术拔尖人才进行了表彰。

1月23日　市委副书记、市长赵效为来港检查安全生产工作、慰问一线职工并现场办公。

二月

2月4日　股份公司成功发行分离交易可转债受市政府表彰。

2月14日　集团公司召开2009年度“管理效益年”活动动员大会。

2月20日　集团公司召开科技工作暨科学技术奖励大会。

2月25日　“日照碧波”绿茶获得十一届全运会用茶指定品牌。

三月

3月1日　集团公司荣获“改革开放30年山东省优秀企业”荣誉称号。

3月3日　交通运输部和省政府联合发文批复了《日照港总体规划》。

3月6日　集团公司召开深入学习实践科学发展观活动动员大会。

3月10日　可载重29万吨的超大型散货船“沙钢巨人”轮安全靠泊日照港。该轮全长332米，宽60米，吃水20米，装载有263294吨铁矿石。这是日照港历史上靠泊的最大吨位的散货船。

3月13日　日照港石臼港区西区二期工程、东西港区航道工程通过省交通厅竣工验收。

3月20日　集团公司获“山东省设备管理优秀单位”称号。

3月20日　市委书记、市人大常委会主任、市委深入学习实践科学发展观活动领导小组组长杨军，对日照港学习实践活动作出重要批示。

3月31日　日照港完成货物吞吐量1643万吨，同比增长21.6%。一季度，全港累计完成货物吞吐量4275.8万吨，同比增长9%，创开港以来季度货物吞吐量最高纪录，实现首季生产开门好。

四月

4月5日～9日　第13届中国东西部合作与投资贸易洽谈会在陕西西安召开，集团公司作为日照市主要参展商作了宣传展示。

4月10日　日照港10万吨级油码头成功试运行。

4月10日～24日　集团公司在广西南宁分两期召开矿石客户座谈会。

4月16日　集团公司被中央精神文明建设指导委员会办公室授予第四批“全国精神文明建设工作先进单位”称号。

4月26日　山东电视台和集团公司联合主办的山东电视台庆“五一劳动节”特别文艺晚会《咱们工人有力量》，在日照港集装箱码头成功举行并录制播出。

4月30日　德国前总理格哈德·施罗德在市委书记杨军的陪同下来日照港考察。

五月

5月10日　山东省省长姜大明一行在市领导杨军、赵效为、侯成君、王斌陪同下来港调研。

5月11日　集团公司在山西河津举行货主座谈会。

5月13日　山东省原省长李春亭来港调研。

5月18日　日照港与荷兰孚宝公司签署《股权转让意向书》，合作经营岚山港区南区1#、2#液化泊位。

5月19日　岚山港区中区30万吨级原油码头获国家发改委核准。

5月26日　岚山中港区油码头罐区铁路专用线工程顺利通过竣工验收。

六月

6月4日　石臼港区西区三十八路河道桥通过竣工验收。

6月12日　集团公司“2009我的阳光故事”阳光文化论坛召开。

6月15日　全国政协副主席、全国工商联主席黄孟复一行在省委常委、副省长王军民，省政协副主席、省委统战部部长张传林，省政协副主席、省工商联主席王乃静，市委书记杨军，市长赵效为等陪同下来港视察。

6月20日～21日　集团公司与陕西煤业化工集团和中煤能源集团山东公司签订战略合作协议。

6月22日　大型集装箱船舶“中河”轮顺利靠泊日照港。该轮是日照港历史上靠泊的最大集装箱船舶。

6月22日　市委书记、市人大常委会主任杨军一行来港调研B型保税物流中心项目建设情况。

6月23日　集团公司与中国工商银行股份有限公司签订《全面银企合作框架协议》。

6月24日　日照港股份有限公司非公开发行股票方案通过中国证监会发审委审核。

6月27日　温家宝总理在济南南郊宾馆主持召开山东省部分重点企业主要负责人座谈会，杜传志董事长就当前日照港应对危机和生产经营等港口发展情况作了专题汇报。

6月30日　日照港上半年累计完成货物吞吐量8931.1万吨，同比增加1118万吨，增长14.3%，顺利实现时间过半、任务过半。

6月30日～7月4日　蔡中堂总经理带领有关负责同志，先后到天津港、曹妃甸港区、秦皇岛港和营口港考察学习。

七月

7月6日 市委副书记、市长赵效为来港调研B型保税物流中心项目建设情况。

7月8日 石臼港区内部疏港通道暨18路立交桥开通仪式举行。

7月9日～10日 集团公司召开2009年上半年工作总结暨下半年工作动员大会。

7月14日 日照港参加2009（香港）日照鲁南临海产业区推介会暨经贸洽谈会。

7月20日～21日 交通运输部在日照市组织召开日照—仪征原油管道及配套工程项目日照港岚山港区30万吨级原油码头工程初步设计审查会议。

7月20日 日照保税物流中心（B型）一期工程通过验收。

7月20日 国家发改委批复山西中南部铁路通道项目建议书，明确将出海口确定为日照港。

7月21日 日照港累计完成货物吞吐量10014.7万吨，同比增长20.6%，比去年提前34天超过亿吨。

7月30日 全市科学发展观现场观摩会与会人员到日照港石臼港区防波堤工程现场进行观摩。

7月31日 山东省消防总队总队长吴志强来港调研。

7月31日 日照港完成月度货物吞吐量1676万吨，同比增长30.9%，再创月度生产历史新高。

7月31日 日照港1～7月累计完成货物吞吐量11036.7万吨，同比增长17.6%，劲超2006年全年货物吞吐量。

八月

8月13日 日照港在青海省西宁市举行了“日照港口服务西部经济推介会”。

8月13日 日照港木片码头续建工程码头主体工程通过验收。

8月19日 集团公司被省企业联合会、省企业家协会、省工业经济联合会授予“2009山东企业100强”称号（第91名）。

8月20日 集团公司被中国企业联合会、中国企业家协会授予“2009中国服务业企业500强”称号（第205名）。

8月28日 日照港股份有限公司完成非公开发行股票工作，成功募集资金12.8亿元。

九月

9月1日 股份二公司获“全国实施卓越绩效模式先进企业”称号。

9月2日 山东省委原副书记赵春兰率驻鲁全国人大代表来港调研。

9月14日 集团公司召开纪念建国60周年座谈会。

9月16日～17日 日照港矿石、集装箱等8个新建泊位通过对外开放验收。

9月19日 日照港1～8月累计完成货物吞吐量13082.4万吨，同比增长19.4%，劲超2007年全年货物吞吐量。

十月

10月15日～16日 杜传志董事长出席2009亚太港航发展高峰论坛。

10月22日 日照港参加第四届全球海运峰会暨海运物流洽谈对接会并获“中国航运物流之星新锐之星”称号。

10月24日 “2009全国企业文化（日照港）现场会”在日照港举行，集团公司被中国企业联合会、中国企业家协会评为“全国企业文化示范基地”。

10月26日 集团公司举行2009年“九九”老人

节庆祝大会。

10月26日 省交通运输厅组织廉政建设检查考核组来港，对石臼港区防波堤工程廉政建设工作进行检查考核。

10月30日 在全国设备管理工作会议暨第八届全国设备管理优秀单位表彰大会上，集团公司被授予“全国设备管理优秀单位”称号。

十一月

11月5日 石臼港区西区木片码头续建工程、岚山港区大型油轮锚地选划通航环境安全评估报告通过专家评审。

11月8日 日照港提前53天完成年初制定的1.58亿吨年度确保任务目标。

11月10日～11日 集团公司员工杨飞捐献造血干细胞救助内蒙古青年。

11月16日 原日照港务局局长、离休老干部刘丙寅，被中共中央组织部评为“全国离退休先进个人”。

11月17日 日照港提前44天完成1.62亿吨年度吞吐量奋斗目标，市委书记杨军、市长赵效为对此作出重要批示。

11月20日 山东省委常委、常务副省长王仁元听取日照港工作汇报。

11月28日 日照港第二座30万吨级原油码头合作取得突破性进展。

11月28日～29日 董事长杜传志被中国企业联合会、中国企业家协会评为“2009年度全国企业文化建设突出贡献人物”。

11月29日 日照港全年累计完成货物吞吐量16925.6万吨，较2005年全年吞吐量翻一番。

11月30日 日照港提前一个月完成1.7亿吨“管理效益年”活动力争目标。

十二月

12月3日 《日照港信息化发展总体规划（2010～2014年）》通过专家审查。

12月8日 驻日照市的全国和省人大代表来港视察。

12月15日 日照港EDI中心正式启用。

12月18日 集团公司所属中小学正式移交日照市教育局管理。

12月18日 在由上海证券交易所主办、国务院国资委和经济与合作组织（OECD）协办的第八届中国公司治理论坛上，股份公司荣获“2009年信息披露奖”。

12月22日 集团公司出席山西中南部铁路通道建设动员大会暨开工仪式。

12月23日 集团公司与河南煤业化工集团有限公司签订战略合作协议。

12月26日 日照港与河南安阳市政府签订友好合作协议。

12月28日 日照港2009年全年累计完成货物吞吐量18025.6万吨，同比增长21.7%，成功突破1.8亿吨。

12月28日 集团公司召开2010年度工作会议。

12月31日 全港全年完成年度货物吞吐量18131万吨，同比增长20.1%，继续保持全国沿海港口第九位，四年翻了一番多，相当于再造了一个日照港；6个新泊位、110万平方米新堆场投入使用，新增港口通过能力815万吨；利润同比增长25.5%；能源综合单耗同比下降5.3%，提前一年实现“十一五”节能目标。

2010年

一月

1月1日　市委书记杨军来港慰问，希望全港“跨越双亿，勇当龙头”。

1月19日～20日　集团公司二届二次职工、会员代表大会暨2010年政治工作会议在青年公寓召开，杜传志董事长作了题为《抓机遇，调结构，跨双亿，强基础，为全力实现“十一五”规划目标努力奋斗》的工作报告。

1月31日　在山东海事局2010年工作会议上，集团公司获“贡献突出社会救助力量”称号，轮驳公司获“全省海上搜救先进集体”称号。

二月

2月21日　市委书记、市人大常委会主任杨军到保税物流中心调研。

2月26日　集团公司召开2010年度“管理效益年”活动动员大会。

三月

3月4日　原中共中央政治局常委、中央纪委书记吴官正来港视察。

3月24日　集团公司成功发行13亿元中期票据。

四月

4月2日　石臼港区矿石码头二期工程、中港区护岸工程、5000吨级散货泊位及货场工程、岚山港区港作船泊位工程、液体石油化工品作业区1#、2#码头工程等5个项目通过竣工验收。

4月15日　集团公司在临沂举行保税物流中心推介会。

4月15日～27日　集团公司在南昌召开了2010年度矿石客户座谈会。

4月21日　股份公司荣获“日照市企业上市模范奖”称号。

4月22日　集团公司荣获“2009年最受网友尊敬的山东企业公民”称号。

4月24日　联合国副秘书长兼人居署执行主任安娜·蒂贝琼卡在市委书记杨军等领导的陪同下来港考察。

4月25日　集团公司在西安举行“日照港陕西省重要客户座谈会”。

4月26日　集团公司在兰州举行“日照港口服务甘肃经济推介会”。

4月27日　2010年全国劳动模范和先进工作者表彰大会在北京人民大会堂隆重举行，集团公司董事长、党委书记杜传志光荣出席会议并被表彰为“全国劳动模范”。

五月

5月份　集团公司团委被团中央命名为“全国五四红旗团委”。

5月9日～11日　集团公司参加2010（香港）山东周经贸洽谈活动并与香港和沣集团有限公司、北京大华沃源投资有限公司共同签署油品及液体化工码头项目合作协议，与新加坡裕廊海港私人有限公司签署战略合作意向书。

5月11日　我国首个海上社会力量救助站——日照市海上搜救中心社会力量救助站成立暨授牌仪式在日照港集装箱码头举行。

5月26日　集团公司与韩国东方集团、韩国威斯科瑞亚公司举行中国日照—韩国平泽航线合资合同签约仪式，决定共同出资设立合资公司，经营中国日照—韩国平泽客箱班轮航线。

5月30日　集团公司与中国石油化工股份有限公司合资组建的日照实华原油码头有限公司召开第一次股东会、一届一次董事会和一届一次监事会。

5月31日　集团公司石臼港区西区3#泊位新建木片工艺系统重载试车成功。

六月

6月25日～28日　集团公司赴新疆麦盖提县考察和调研对口支援工作。

6月30日　集团公司举行庆祝中国共产党成立89周年暨开展争创“四强四优”活动动员大会。

七月

7月2日　集团公司廉洁文化书画展在港口展览馆举行。

7月8日　国家发改委基础产业司司长黄民来港调研建设发展及“十二五”规划情况。

7月24日　集团公司领导欢送援疆工作人员。

八月

8月10日　日照市举行2010年中国水上运动会冠名新闻发布会，集团公司作为本次赛事的合作伙伴，获得跳水、水球两项比赛的冠名权。

8月18日　全国人大常委会原副委员长成思危来港考察。

8月22日　集团公司被中国企业联合会、中国企业家协会联合授予“中国服务企业500强”称号（第183名），比2009年排名提高22位。

8月23日　“十大卫视山东蓝色经济半岛行”采访团来港采访。

8月25日　集团公司荣获“2009山东最佳企业公民”称号，集团公司党委副书记、工会主席王爱东被表彰为2008～2009年度“山东省十佳企业思想政治工作者”，铁运公司荣获2009年度“山东省企业文化建设创新成果奖”。

8月28日　集团公司在丽江召开进口煤炭客户座谈会。

九月

9月7日　集团公司在日照市附近海域举行了岚山港区液化品作业区1#、2#泊位及港作船泊位项目生态补偿活动，放流了黑鲷、牙鲆、西施舌等3个品种价值120万元的鱼类、贝类幼苗。

9月24日　载货26.1万吨的超大船舶“中国荣光”轮顺利靠泊集团公司30万吨级矿石泊位，这是集团公司继8月29日成功靠泊吃水深20.2米的“美丽太平洋”轮之后靠泊的又一艘吃水超过20米的船舶。

9月26日　岚山港区中区10万吨级油码头工程通过竣工验收。

十月

10月1日　集团公司荣获日照市首届“日照金帆奖”。

10月7日　由集团公司与山东高速集团、山东钢铁集团、兖矿集团、新汶矿业集团、省国有资产投资控股公司等6家股东单位共同出资设立的山东海洋投资有限公司正式成立。

10月11日　山东省委副书记、省政协主席刘伟率全省转方式调结构现场观摩会与会领导在市委书记、市人大常委会主任杨军等陪同下来港视察。

10月19日　集团公司举行驻安阳办事处揭牌仪

式暨服务中原经济区推介会。

10月22日 集团公司被山东省企业联合会、山东省企业家协会联合授予“2010山东企业100强”称号（第87名），比2009年排名提高4位。

10月17日～26日 日照港2010阳光文化节成功举办。期间，举办了开幕式暨日照港成就展、阳光管理论坛、班组论坛、书画摄影展、媒体记者采风、闭幕式文艺演出等活动。《阳光照耀未来——日照港阳光文化管理哲学与实践》一书同时出版发行。《日照港》报正式创刊。

十一月

11月10日 山东省交通运输厅厅长贾学英来港调研。

11月11日 集团公司铁矿石年吞吐量突破1亿吨。

11月13日 集团公司荣获“2010年度全国企业文化建设优秀单位”奖，自2003年连续八年获此荣誉。

11月18日 日照港年货物吞吐量达到20006.3万吨，同比增长22.3%，年吞吐量突破两亿吨。

11月19日 集团公司通过国家安全文化建设示范企业验收。

11月19日 集团公司举办日照港年吞吐量突破两亿吨新闻发布会。

11月21日 山东省委副书记、省长姜大明来港视察并慰问、看望了劳模和一线员工代表。

11月23日 山东省委常委、副省长王军民，省长助理周齐，省交通运输厅厅长贾学英，以及参加全省港航工作会议的代表在市领导杨军、赵效为陪同下到岚山港区参观考察。

11月24日 集团公司与西班牙王国巴塞罗那港签署友好港协议。

11月26日 股份公司2010年非公开发行股票申请获证监会发审委审核通过，计划募集资金14.1亿元。

11月29日 “日照港”成功入选“上证380指数”成分股。

十二月

12月1日 集团公司与日照经济开发区、山东海洋投资有限公司共同签署《共同投资海洋装备制造基地意向书》。

12月5日 股份二公司在“西威尔”轮矿石卸船作业中，仅用26.98小时完成了26.4万吨铁矿石接卸，平均卸率达到9786吨/小时，第三次刷新自2006年以来集团公司保持的矿石卸船效率世界纪录。

12月12日 集团公司集装箱年吞吐量突破100万标箱。

12月20日 股份二公司完成年吞吐量10006万吨，突破1亿吨。

12月20日 日照港股份有限公司非公开发行股票申请获中国证券监督管理委员会核准。

12月23日 石臼港区西区三期工程和木片码头续建工程通过竣工验收。

12月27日 30万吨级原油码头实现重载试车。

12月29日 集团公司2011年度工作会议召开。

12月29日 山东港湾建设集团有限公司正式揭牌。

12月31日 市委书记、市人大常委会主任杨军来港检查安全生产工作并慰问一线员工。

12月底 杜传志董事长荣膺“2010山东十大财富人物”。

12月31日 日照港全年完成货物吞吐量22597万吨，同比增长24.6%，继续保持全国沿海港口第九位，比2006年净增1.1亿吨以上，相当于4年再造一个亿吨港。

2011年

一月

1月6日　日照港通过创建全省本质安全建设先进企业专项验收。

1月9日　集团公司召开二届三次职工、会员代表大会暨2011年政治工作会议。杜传志董事长作了题为《持续创业，稳中求进，加快建设最具活力的国际一流强港》的工作报告。

1月18日　集团公司分别与中石化管道储运公司和中石化商业储备公司签署土地使用权转让协议。

1月27日　集团公司被山东省人民政府记集体一等功。

1月份　日照港完成货物吞吐量2162.9万吨，同比增长19.3%，创开港以来月度生产最高纪录。

二月

2月2日　市委副书记、代市长李同道来港检查节日安全生产工作，慰问坚守在生产建设一线的港口员工。

2月10日　“日照东方”号班轮正式投入中国日照—韩国平泽航线运营，市委、市政府在日照港国际候船厅举行班轮首航仪式。

2月10日　石臼港区西区16#泊位首次接卸集装箱。

2月22日　集团公司召开“创业创新创效年”活动动员大会。

三月

3月8日　日照港正式成为铁路货运大客户。

3月17日　日照港与新加坡裕廊海港私人有限公司合资成立日照港裕廊码头有限公司，合资经营石臼港区散粮、木片、木薯干、粮油、客箱班轮等码头服务业务。

3月30日　股份公司完成非公开发行股票的竞价和认购工作，6家企业和投资机构认购日照港36547.86万股A股，扣除发行费用后募集资金净额为14.1亿元。

3月30日　集团公司获“全国安全文化建设示范企业”称号。

四月

1月中旬至4月　集团公司开展“感恩与责任、务实与创新、和谐与共赢”主题教育活动。

4月11日　日照港援建麦盖提县的特色物流园和产业集聚园区两项援疆项目开工建设。

4月15日　集团公司荣获首届“日照市市长质量奖”。

4月26日　集团公司荣获“全省节能先进企业”称号。

4月27日　集团公司荣获“山东省履行社会责任示范企业”称号。

五月

5月9日　集团公司与香港晋瑞国际有限公司在香港签署码头合作框架协议。

5月11日　全国人大常委会副委员长司马义·铁力瓦尔地来港视察。

5月11日～12日　石臼港区西区二期和木片码头续建泊位通过对外开放验收。

5月13日 集团公司获2010年度“日照市功勋企业”称号。

5月29日 日照港荣获“中国10强进口木材港口”称号。

六月

6月29日 集团公司举行纪念中国共产党成立90周年暨争创“四强四优”表彰大会。

6月29日 集团公司党委获“山东省先进基层党组织”称号。

6月30日 市委书记杨军来港调研，慰问先进基层党组织和优秀共产党员。

七月

7月4日 石臼港区西区8#、9#、10#泊位及木片码头续建工程2#、3#泊位通过对外启用验收。

7月10日 集团公司召开2011年半年工作暨争创省长质量奖动员大会。

7月13日～15日 岚山港区1#、2#液体化工泊位、10万吨级油码头三个新建泊位通过对外启用验收。

7月15日 30万吨级油轮“波塞冬”号靠泊日照港实华码头。该轮吃水15.7米，载货17.4万吨，是靠泊日照港吃水最深、载货量最大的油轮。

7月20日 市领导李同道、唐慎来港检查危化品安全工作。

7月20日 山东省委常委、省纪委书记李法泉来港调研。

八月

8月2日 集团公司通过山东省企业信誉等级复审，继续保持AAA级。

8月4日 山东省委常委、副省长孙伟来港调研。

8月22日 集团公司印发《日照港集团有限公司组织机构调整方案》，集团公司成立以来首次进行系统性机构调整。

九月

9月22日 山东省委常委、秘书长王敏率领全省蓝黄两大战略实施情况督查组来港督查。

9月23日 世界第二大油轮“天狼星号”靠泊日照港实华码头。

9月27日 岚山港区中区30万吨级原油码头成功为日照至仪征输油管线输送原油。

十月

10月10日 集团公司与交通运输部水运科学研究院签署战略合作协议。

10月10日 日照至广州集装箱直达航线开通。

10月13日 中韩陆海联运汽车货物运输日照通道开通仪式在日照港举行。

10月21日 股份二公司荣获“全国质量奖”。

10月26日 日照港与韩国釜山港就开展通航业务合作签订谅解备忘录。

十一月

11月7日 集团公司与碧海海事服务中心合资组建的船舶污染专业防治机构——日照明达船舶服务有限公司正式挂牌运营。

11月13日 集团公司荣获“2011年度全国企业文化建设优秀单位”称号。

11月18日 集团公司成功发行9亿元中期票据和9亿元短期融资券。

十二月

12月16日　日照港集团院士专家工作站正式成立。

12月19日　股份公司荣获上交所“2011年度董事会奖”提名奖。

12月20日　集团公司被中央文明委授予“全国文明单位”称号。

12月26日　股份公司公开发行5亿元公司债券申请，获中国证监会发行审核委员会审核通过。

12月31日　杜传志董事长主创的管理创新成果获山东省企业管理奖。

12月31日　日照港2011年全年完成货物吞吐量25260万吨，同比增长11.8%。

（马国栋　郑成香）

港口概况

综述

2009～2011年，是日照港大发展、大提升、大突破的三年，是实现由“搏击双亿”到“跨越双亿”，朝着最具活力的国际一流强港加快迈进的三年。三年来，生产建设、经营管理、合资合作和精神文明建设等各项工作都取得了骄人的成绩，港口规模不断扩大，功能不断完善，竞争力不断增强，始终保持了健康、持续、快速发展的良好势头，对城市和腹地经济的辐射带动作用日益增强，在国家交通运输格局和区域经济发展中的地位显著提升。三年来，全港累计完成吞吐量6.6亿吨，实现利税19.32亿元、利润7.85亿元。到2011年底，全港拥有石臼、岚山两大港区，46个生产性泊位，年核定通过能力15187万吨；集团总资产342亿元，拥有13个部室、26个直属单位，固定员工8000余人。

一、发展战略规划方面。结合新的经济形势和全球港航物流业发展趋势，在全面总结港口“十一五”发展经验和成就的基础上，科学制定港口“十二五”发展规划，明确了“立足于打造最具活力的国际一流强港、在加快建设中调整结构、在加快发展中转变方式”的发展思路，确定了“调整结构、创新管理、勇跨三亿、铸造强港”的总体要求，突出了“大力实施‘五四四’工程”的战略重点，即突出“生产上低成本、建设上高起点、管理上精细化、合作上一体化、资本运作上市场化”五大战略导向，打造“港口业务、物流与贸易、建筑与制造、综合服务”四大业务板块，构筑“大宗干散货、原油、集装箱运输、现代物流”四大重点体系，确立了以“2015年年吞吐量超过3亿吨，年收入突破150亿元，新增核定通过能力超过1亿吨，争创省长质量奖等”为主要内容的发展目标，为港口“十二五”时期又好又快发展指明了方向。

二、港口生产方面。面对日趋激烈的市场竞争，日照港强化营销策划，加强市场推介，多次在腹地召开业务推介会和客户座谈会，以功能开发带动市场开发，着力培育矿石、煤炭、集装箱、粮食、水泥、原油等十大主导货种，进一步突出“一强化三统筹”，即强化生产调度、统筹货源开发、统筹生产组织、统筹生产要素，生产资源配置更加优化，生产效率不断提高，港口吞吐量始终保持了快速增长。2009年完成货物吞吐量1.81亿吨；2010年完成货物吞吐量2.26亿吨，首次突破两亿吨大关，比2006年净增1亿吨以上，相当于四年再造了一个亿吨港；2011年完成货物吞吐量2.53亿吨，实现“十二五”的良好开端。三年累计完成货物吞吐量6.6亿吨，是上一个三年的1.7倍，年均增长18.7%；铁矿石进口量和镍矿、木片、大豆、水泥吞吐量均保持全国沿海港口第一位；原油运输实现零的突破，2011年突破1000万吨，成为第六个过千万吨的支柱货种。在巩固以铁矿石、煤炭运输为核心的大宗干散货运输优势的同时，培育了以原油运输为核心的液体散货运输新优势。

三、基本建设方面。日照港立足腹地运输需求，加快推进港口建设。三年来，先后建设完成石臼港区西区三期、岚山港区30万吨级油码头、路企直通编组场改造等15项工程，开工建设了石臼港区南区一期、岚山港区30万吨级原油码头港池升级改造等12项工程。三年累计完成基建投资67亿元，新增通过能力3745万吨，新增堆场面积214万平方米，进一步强化了港口深水化、大型化、专业化、智能化的硬件优势，码头的系统能力或泊位等级达到全国沿海港口前列，其中矿石和原油专用泊位等级达到30万吨级。与此同时，主动适应腹地产业结构和运输需求变化，加快推进项目前期工作，实现了重大突破。新原油码头项目前期工作取得突破性进展、岚山港区南区矿石输送系统通过项目备案、山西中南部铁路通道港区铁路工程完成工可编制等，既为日照港重要项目的实施创造了有利条件，也为港口竞争优势的进一步强化和港口长远发展打下了坚实基础。

四、资本运作方面。三年来，日照港坚持生产运营与资本运营“双轮驱动”的经营思路，努力实现港口发展与资本市场优势的紧密结合。2009年、2011年，股份公司两次成功非公开发行股票募集资金27.2亿元。同时，为满足港口建设发展的资金需求，依靠港口良好的企业信誉积极开展银企合作，集团公司共获得商业性银行的授信额度数百亿元，并两次成功发行了共计22亿元的中期票据，两次成功发行了共计20亿元的短期融资券，为港口发展构建了新的融资平台。三年来，集团公司资产迅速跃升到342亿元，国有资产保值增值率均在100%以上。其中2011年资本保值增值率达到了121.07%，高于行业平均水平19.44个百分点，实现了国有资产保值增值的新突破。

五、合资合作方面。三年来，日照港秉承“合作凝聚力量、携手创造价值”的竞合理念，立足港口优势，积极推动与关联大型企业和优势资本的联盟合作，实现了港口合资合作的新突破。与中石化合资注册成立实华原油码头有限公司，与韩国东方集团组建日照海通班轮有限公司，与新加坡裕廊港合资成立日照港裕廊码头有限公司，投资3.375亿元参股成立山东海洋投资有限公司，投资1.95亿元参股建设山西中南部铁路通道山东段铁路，并积极推进与中储粮、华润电力、山钢集团、兖矿集团等的合作，先后吸引国内外30多家大中型企业，以参股、合资等方式参与港口的建设和经营，不仅优化了港口资本和资产结构，分散了经营风险，而且引进了先进的管理理念和管理方式，增强了企业活力，扩大了港口对外开放程度。

六、内部管理方面。三年来，日照港坚持把管理创新作为增强企业内部活力的重要途径，积极深化改革，推动机制创新，着力推进管理的精细化、科学化，实现了结构优化、效益改善、发展模式加快转变的重大变化。深入开展“管理效益年”和“创业创新创效年”活动，培育单项管理样板28个，征集管理创新选题43项，开展单项管理样板观摩交流活动300余次，举办“三创年展示月”观摩会5次。同时，创新人才管理体制、劳务用工体制、资产管理体制、绩效管理体制、物业管理体制等10余项管理体制，导入卓越绩效管理模式，推动了经营管理水平的持续提升。三年来，港口业务收入年均增长29.6%，利税年均增长22.6%，全员劳动生产率年均增长17.6%，能源综合单耗平均下降5%。调整港口业务结构，明确港口业务、物流与贸易、建筑与制造、综合服务四大业务板块的管控模式和发展方向，港口结构更加优化。深化内部改革，顺利完成集团成立以来首次组织机构调整。加强安全管理，强化安全“双基”工作，三年来，未发生重大安全责任事故。坚持清洁生产，三年累计投资2.39亿元加大环保设备设施投入，实现了港口与环境保护协调发展。

七、党的建设和精神文明建设方面。坚持把思想政治工作和先进企业文化建设作为实现港口自我发展、自我超越的重要着力点，加强形势任务教育，组织开展“感恩与责任、务实与创新、和谐与共赢”等主题教育活动，激发了全港员工干事创业的积极性，提高了感恩港口和岗位奉献的热情。加强党组织建设和队伍建设，扎实开展党建思想政治工作创新实践活动和争创“四强四优”活动，党组织的政治核心作用、战斗堡垒作用和党员的模范带头作用得到充分发挥。立足于打造“钢班子、铁队伍”，以创建“四好班子”和“品牌员工”为载体，加强了各级领导班子和员工队伍建设。深入开展文明创建工作，不断创新文明建设工作思路和有效载体，把文明创建工作融入港口发展实践，提高了企业文明程度，2011年荣获“全国文明单位”称号。加强企业文化建设，汇编阳光文化案例和故事，开展“阳光文化进一线、进现场、进班组、进社区、进家园”示范点创建活动，举办“2009我的阳光故事”企业文化论坛、阳光文化节等活动，进一步提升了阳光文化的感染力、渗透力、凝聚力。集团公司荣获“全国企业文化示范基地”“全国企业文化建设十大杰出贡献单位”等荣誉称号。

八、履行社会责任方面。日照港始终自觉承担起促进和带动城市及腹地经济发展的责任，全力发展港口，报效国家，回报社会。三年来，上缴各项税费16.77亿元，培育日照海关关税税源606亿元，对日照市经济社会贡献总额76.57亿元，带动了日照市冶金、石油化工、粮油、木制品加工、浆纸、造船等临港产业的快速崛起。积极开展对口援助、环境保护、扶贫济困等活动，出资2200万元对口援助新疆麦盖提县，向麦盖提县洪水灾区捐款173272元；出资900万元实施人工放流，保护海洋生态环境；出资860万元资助山东省残疾人基金会和帮扶包联周边区县乡镇村、特困户；出资3100万元支持国防建设和赞助体育运动。集团公司被评为“中国优秀企业公民”“山东省优秀责任企业”“山东省履行社会责任示范企业”。

（集团办公室）

【股份公司荣获“2009年度十大信息披露奖”】 2009年12月18日，日照港股份有限公司从852家A股上市公司、107家B股上市公司中脱颖而出，荣获“2009年度十大信息披露奖”，成为全国沿海港口和山东省上市公司中唯一获奖单位。

【日照港被确定为山西中南部铁路通道出海口】 2009年12月8日，国家发改委以发改基础〔2009〕333067号文批复新建山西中南部铁路通道可行性研究报告，同时将山西中南部铁路通道出海口确定为日照港。该铁路全长1260公里，设计速度120公里/小时，项目总投资998亿元，建设工期为4.5年。12月22日，山西中南部铁路通道开工仪式在河南郑州举行。

【B型保税物流中心封关运营】 2009年9月2日，日照保税物流中心（B型）通过由国家海关总署、财政部、税务总局、外汇管理局四部委组成的国务院联合验收组验收。12月15日，保税物流中心首票货物通关。

【杜传志董事长荣获“全国劳动模范”称号】 2010年4月27日上午，2010年全国劳动模范和先进工作者表彰大会在北京人民大会堂隆重举行。日照港集团有限公司董事长、党委书记杜传志光荣地出席会议并被表彰为“全国劳动模范”。

【年吞吐量首次突破两亿吨】截至2010年11月18日18时，日照港年货物吞吐量完成20006.3万吨，同比增长22.3%，实现了由亿吨大港向两亿吨大港的新突破。其中金属矿石完成11130.2万吨，同比增长14.4%，煤炭完成2409.1万吨，同比增长18.9%，集装箱完成93.2万TEU，同比增长26.2%。

【集团公司更名】经市政府批准，并经市工商部门核准，集团公司自2010年8月6日起，名称由“日照港（集团）有限公司”变更为“日照港集团有限公司”，注册资本由15亿元变更为36亿元。

【股份公司成功完成非公开发行股票认购工作】2010年11月26日，日照港股份有限公司2010年非公开发行股票申请经中国证监会发行审核委员会审核并获无条件通过。本次再融资采用非公开发行股票的方式，计划募集资金14.1亿元，用于投资建设日照港石臼港区南区焦炭码头工程。本次非公开发行股票是日照港股份有限公司自2006年10月实施首发以来的第5次融资。

【集装箱年吞吐量突破100万标箱】截至2010年12月12日，日照港集装箱年吞吐量累计完成100万标箱，同比增长27.6%，首次突破100万标箱，是日照港集装箱发展史上一座新的里程碑，标志着日照港集装箱运输迈上了一个新的台阶。

【30万吨级原油码头重载试车成功】2010年12月27日上午11时，30万吨级油轮“阿特米斯”号顺利靠泊日照港岚山港区30万吨级原油码头，成为该码头建成后接卸的首条油轮。该轮船长332米，装有7万吨卡宾达原油，于当日17时36分正式起泵接卸，至28日14时用时20小时完成原油接卸作业。该轮的成功接卸标志着日照港30万吨级原油码头重载试车成功。

【第三次刷新矿石卸船效率世界纪录】2010年12月3日，利比里亚籍“西威尔”轮首次靠泊日照港30万吨级矿石码头。日照港股份二公司从当日20时48分开始组织卸船作业，至12月4日23时47分顺利完成接卸，前后仅用26.98小时，平均卸率达到9786吨/小时，第三次刷新矿石卸船效率世界纪录，创造了国际矿石船舶接卸史上的奇迹。

【山东港湾建设集团有限公司正式揭牌成立】2010年12月29日，山东港湾建设集团有限公司正式揭牌成立。该公司是日照港着眼于提升建筑制造业板块整体规模、资质能力和核心竞争力，整合了原港湾公司、建安公司、工程设计公司、港兴建筑公司四个单位，重组为具有港口海岸及近海工程、房屋建筑工程、钢结构工程、地基与基础处理、土石方工程等多项一级资质的大型施工企业。该公司的组建，是日照港转方式、调结构，大力实施“五四四”工程的阶段性成果，也是日照港持续创业的重大举措，有利于进一步提高日照港的综合实力和可持续发展能力。

【日照港2010阳光文化节成功举办】2010年10月17日～26日，日照港2010阳光文化节成功举办。本届阳光文化节的主题是“阳光照耀未来”。期间，日照港集团有限公司集中举办开幕式暨日照港成就展、阳光管理论坛、班组论坛、书画摄影展、媒体记者采风、闭幕式文艺演出等活动。发动各单位自行组织了形式多样、丰富多彩的文化活动。日照港2010阳光文化节的举办，是对港口辉煌发展成就和阳光文化建设成果的一次全面检阅，是进一步丰富阳光文化建设载体、推动港口创新发展的积极探索。

【日照港赴新疆麦盖提县开展援疆工作】根据山东省委、省政府关于日照市、日照港集团对口支援新疆喀什地区麦盖提县的部署，日照港集团成立对口支援新疆工作领导小组，认真研究选派援疆工作干部和人员。日照港集团有限公司董事长、党委书记杜传志等领导多次带队赴麦盖提县考察和调研对口支援工作，及时掌握麦盖提县的基本情况和经济需求，为项目开展做好准备工作。2010年8月麦盖提县遭遇洪灾后，日照港集团积极组织全港员工捐款，为灾区人民献上爱心。

【集团公司获“全国文明单位”荣誉称号】 2011年12月20日，日照港在全国精神文明建设工作表彰大会上，荣获“全国文明单位”称号。这是日照港在连续20年保持“山东省文明单位”荣誉基础上，被中央文明委表彰为第三批“全国文明单位”。多年来，日照港立足于打造最具活力的国际一流强港宏伟愿景，以创建“全国文明单位”为港口建设发展的重要目标，把文明创建与生产建设、经营管理、企业文化高度融合，深入持久地推进物质文明、精神文明、政治文明和生态文明建设，实现了港口科学发展、和谐发展、跨越发展。

【集团公司被省政府记集体一等功】 2011年1月27日，在全省交通运输工作电视会议上，日照港被山东省人民政府记集体一等功，日照港集团董事长、党委书记杜传志出席会议并上台领奖。“十一五”期间，日照港累计完成货物吞吐量7.99亿吨，完成投资123亿元，分别是“十五”时期的3.3倍和1.8倍。2010年，完成货物吞吐量22597万吨，同比增长24.6%，占全省沿海港口吞吐量的1/4，增量和增幅均居全省港口首位，超额完成“十一五”规划目标，为全省沿海港口吞吐量突破8亿吨，为“十一五”期间全省港航事业发展做出了突出贡献。

【集团公司荣获首届“市长质量奖”】 2011年4月15日，日照港以综合评价第一名的成绩，荣获首届“日照市市长质量奖”。这是日照市第一个以市长名义命名的政府奖励项目，也是市政府设立的最高质量荣誉。

【股份二公司荣获第十一届“全国质量奖”】 2011年10月21日，日照港股份二公司荣获第十一届“全国质量奖”，成为本次会议唯一获此殊荣的港口企业。股份二公司的获奖，是日照港大力实施管理创新取得的显著成果，是股份二公司发展史上一个重要的里程碑，不仅体现了股份二公司过硬的管理素质、显著的发展成就、在行业内的领先地位，更集中展现了日照港又好又快发展的辉煌业绩和良好形象。

【顺利完成组织机构调整】 2011年8月底，在充分酝酿、调研的基础上，顺利完成日照港集团有限公司成立以来首次组织机构调整工作，优化了机关部室和子公司、分公司设置，明确了四大业务板块管控模式、功能定位和发展方向，搭建起适应港口发展战略的新架构。调整后集团总部设13个部门，基层单位组织机构设四大板块：港口业务板块13个单位（9个装卸公司，4个专业性服务公司），物流贸易板块2个单位，建筑制造板块3个单位，综合服务板块7个单位。根据新的机构设置和工作需要，组织开展了部分中层、科级和基层管理人员公开竞聘工作，优化了管理人员队伍结构，搭建了公平竞争的平台，激发了内部活力。

【深入开展“创业创新创效年”活动】 在总结“管理效益年”活动成功经验基础上，自2011年2月份深入开展“创业创新创效年”活动，积极推进持续创业、管理创新和增收创效。下半年组织了四次“三创年展示月”观摩活动，展示了相关单位的经验和做法。通过持续开展活动，提升了自主创新、管理创新水平，港口发展质量显著提升，2011年，全港收入首次突破100亿元。

【30万吨级原油码头正式为日照至仪征原油管道输送原油】 2011年10月10日，随着日照至仪征原油管道一次投产成功，岚山港区中区30万吨级原油码头正式为日照至仪征原油管道输送原油。实华公司大力加强生产管理和对外协调，单月原油吞吐量突破100万吨，为实现原油运输“大发展”奠定了基础。

【开辟集装箱运输发展新空间】 2011年2月10日，石臼港区西区15#泊位首次开展集装箱业务。截至12月31日，西15#泊位累计接卸集装箱28613TEU。12月22日，4台岸边集装箱桥式装卸起重机顺利抵港。西15#泊位顺利接卸集装箱，开辟了日照港集装箱运输发展的新空间，对于提高港口集装箱通过能力，进一步增强集装箱运输的竞争力起到积极的推动作用。

【日照港裕廊码头有限公司成立】 2011年3月17日，日照港与新加坡裕廊海港私人有限公司注册成立日照港裕廊码头有限公司，合资经营石臼港区散粮、木片、木薯干、粮油、客箱班轮等码头服务业务，包括港口货物装卸、仓储、堆存、运输以及相关辅助业务。合资公司的成立，是日照港创新对外合作模式，利用国际港口资源，学习和借鉴国外港口先进技术和管理经验的新开端。日照港将以合资公司为平台，与新加坡裕廊港在更广泛的领域开展合作，实现优势互补、战略共赢。

（郑成香）

组织机构概况

【日照港集团有限公司】

董事长

杜传志（2006.05～　　）

副董事长

蔡中堂（2006.05～　　）

孔宪雷（2006.05～　　）

董　事

贺照清（2003.05～2009.02）

庄光安（2003.05～　　）

总经理

蔡中堂（2006.05～　　）

副总经理

孔宪雷（2003.05～　　）

贺照清（2003.05～2009.02）

王永刚（2003.05～　　）

庄光安（2003.05～　　）

吴　军（2011.12～　　）

王建波（2003.05～　　）

尚金瑞（2006.05～　　）

王伶俐（2008.04～2009.12）

臧东生（2009.02～　　）

赵　刚（2009.02～2011.12）

办公室

主　任

张保华（2004.08～2011.08）

董事会秘书

张保华（兼）（2008.08～2011.08）

副主任

姜　明（2007.01～2011.08）

梁　玮（2008.08～2011.08）

集团办公室

主　任

杜勇涛（2011.08～　　　）

董事会秘书

杜勇涛（兼）（2011.08～　　　）

副主任

姜　明（2011.08～　　　）

梁　玮（2011.08～　　　）

秦　晓（2011.09～　　　）

企业发展部

部　长

袁之樵（2004.08～2011.08）

副部长

秦聪明（2003.06～2011.08）

安晓军（2007.05～2011.08）

张　亮（2008.08～2011.08）

资产经营管理中心主任

于　凯（2005.09～2011.08）

经营管理部

部　长

袁之樵（2011.08～　　　）

副部长

安晓军（2011.08～　　　）

杨君田（2011.09～　　　）

投资发展部

部　长

秦聪明（2011.08～　　　）

副部长

于　凯（2011.08～　　　）

张　亮（2011.08～　　　）

生产业务部

部　长

刘西山（2006.06～　　　）

副部长

高　雷（2003.06～2010.12）

张树斌（2005.03～2011.08）

刘汉传（2008.08～　　　）

秦玉峰（2011.09～　　　）

总调度长

张树斌（2008.08～2011.08）

张世环（2011.08～2011.12）

铁路业务办公室主任

高　雷（2009.08～2010.12）

工程建设部

部　长

匡立平（2006.12～2011.12）

刘　安（2011.12～　　　）

副部长

丁兆宽（2006.12～　　　）

陈　刚（2008.08～　　　）

重点项目部主任

于钦宗（2008.08～2011.09）

赵昌年（2007.01～　　　）

冯伟伟（2011.09～　　　）

日照港建设工程质量监督站

站　长

周天宇（2003.06～2011.08）

张延波（2011.08～　　　）

财务预算部

部　长

吕传田（2006.12～　　　）

副部长

石汝欣（2003.06～2011.08）

卢丙力（2007.01～　　　）

马先骅（2011.09～　　　）

设备技术部

部　长

赵　成（2003.06～2011.08）

副部长

张文军（2008.08～2011.08）

科技装备部

部　长

赵　成（2011.08～　　　）

副部长

张文军（2011.08～　　　）

刘　洋（2011.09～　　　）

安全质量部

部　长

于庆云（2003.06～2011.08）

副部长

刘　洋（2003.06～2011.08）

郭建英（2009.08～2011.08）

环保卫生管理中心主任

郭建英（兼）（2009.08～2011.08）

安全环保部

部　长

刘　洋（2011.08～　　　）

副部长

郭建英（2011.08～　　　）

秦　空（2011.09～　　　）

审计部

部　长

随风雪（2006.12～　　　）

人力资源部

部　长

兰光明（2003.06～2009.12）

赵明华（2011.08～　　　）（2010.01起主持工作）

副部长

赵明华（2003.06～2011.08）

刘长青（2008.08～　　　）

孟仔敏（2011.09～　　　）

劳务管理中心主任

厉向阳（2011.09～　　　）

【中共日照港集团有限公司委员会】

书　记

杜传志（2003.05～　　　）

副书记

蔡中堂（2006.04～　　　）

李永华（2003.05～2009.01）

王爱东（2007.08～　　　）

党委办公室

主　任

杜勇涛（兼）（2011.08～　　　）

副主任

姜　明（兼）（2011.08～　　　）

梁　玮（兼）（2011.08～　　　）

秦　晓（兼）（2011.09～　　　）

党委工作部

部　长

陈　鹏（2008.08～　　　）

副部长

杜勇涛（兼）（2008.08～2011.08）

李兵华（2003.06～2011.08）

锁旭升（2008.08～　　　）

周　涛（2011.09～　　　）

人力资源部

部　长

兰光明（2003.06～2009.12）

赵明华（2011.08～　　　）（2010.01起主持工作）

副部长

赵明华（2003.06～2011.08）

刘长青（2008.08～　　　）

孟仔敏（2011.09～　　　）

机关党委

书　记

李永华（兼）（2006.12～2011.10）

庞遵升（兼）（2011.10～　　　）

副书记

陈　鹏（兼）（2008.08～　　　　）

赵明华（兼）（2008.08～2011.08）

赵明华（兼）（2011.10～　　　　）

党　校

校　长

杜传志（兼）（2003.06～2011.10）

王爱东（兼）（2011.10～　　　　）

副校长

郭建英（兼）（2007.01～2009.08）

李德承（兼）（2009.08～2011.08）

锁旭升（兼）（2011.10～　　　　）

【中共日照港集团有限公司纪律检查委员会】

书　记

李永华（兼）（2003.05～2009.01）

庞遵升（2009.01～　　　　）

副书记兼监察部长

孟凡祥（2006.12～2010.12）

秦玉伟（2011.08～　　　　）

纪检室主任

秦玉伟（2003.06～2011.08）

李明伟（2011.09～　　　　）

【中国海员工会日照港集团有限公司委员会】

主　席

王爱东（兼）（2007.08～　　　　）

副主席

李政军（2008.08～2010.12）

蔺洪若（2011.08～　　　　）

综合部

部　长

梁奇志（2003.06～　　　　）

生产生活部

部　长

蔺洪若（2003.06～2011.08）

王美红（2011.09～　　　　）

【中国共产主义青年团日照港集团有限公司委员会】

副书记

李兵华（兼）（2008.08～2011.08）

周　涛（兼）（2011.10～　　　　）

（崔永亮）

港口管理

投资发展、合资合作和资产管理

【概述】 投资发展部是2011年8月集团公司对原企业发展部进行重组而设立的组织机构，主要负责集团公司投资发展战略规划、投资立项、重点建设项目前期、对外合资合作、资本运营及资产的经营管理工作。

2009～2011年，集团公司把握“十二五”经济形势，结合行业发展趋势和日照港自身特点，找准战略方位、抓住历史机遇，确立“大港——强港——名港”战略，明确“十二五”期间的指导思想、发展方向及目标，编制并下发《日照港“十二五”规划纲要》；项目前期工作取得历史性突破，30万吨级原油码头工程等一大批战略重点项目获得国家、省发改委核准或批复，争取并落实交通运输部和省交通运输厅项目资本金配置共计5.98亿元；合资合作凝聚力量、携手共赢，中石化、中石油、山东钢铁、山东高速、兖矿、新加坡裕廊港等众多国内外的大型企业，以多种形式直接参与港口的建设经营，组成战略合作联盟，港口对外开放的层次和国际化程度显著提升；资产管理成效显著，资产利用率、收益率进一步提高，通过出租土地使用权，办公用房有偿使用和闲置房产对外出租，每年获得收益约2700万元，通过土地转让，回收转让款3.3亿元。

2009年6月21日，与陕西煤业化工集团、中煤能源山东公司签署战略合作框架协议

（马 岩）

【战略发展迈出新步伐】 为深入贯彻落实科学发展观，指导港口快速、可持续发展，提升港口综合竞争力，实现“打造最具活力国际一流强港”的愿景，集团公司于2010年3月成立“十二五”规划编写工作小组，通过编写整理、征求意见、组织评审、领导审核、党政联席会审议、修订成稿等多个程序，经集团公司二届三次职工会员代表大会审议通过，于2011年2月17日下发《日照港“十二五”规划纲要》（以下简称《规划纲要》）。

《规划纲要》确立“十二五”期间的指导思想是：以邓小平理论和“三个代表”重要思想为指导，深入贯彻落实科学发展观，以打造最具活力的国际一流强港为主题，以“调整结构、创新管理、勇跨三亿、铸造强港”为总体要求，大力实施

“五四四”战略，注重功能完善、结构调整，注重配置优化、岸线开发，注重夯实基础、创新管理，注重节能减排、环境保护，全面推进港口快速发展、高效发展、安全发展、生态发展、绿色发展，努力打造“创新学习型、质量效益型、诚信责任型、阳光和谐型”港口。

《规划纲要》确立“十二五”期间的发展战略是：立足于解决高负债情况下的低成本融资、集团化经营情况下的资源配置、港口高成长情况下的人才培养、选用、引进和储备“三大课题”，突出“生产、建设、管理、合作、资本运作”五大战略导向，构筑“大宗干散货、原油、集装箱运输和现代物流”四大战略重点，打造“港口业务、物流与贸易、建筑与制造和综合服务”四大战略板块，全面提升港口核心竞争力和综合实力，打造最具活力的国际一流强港，成为具有世界先进水平的现代化国际骨干枢纽港和区域性国际物流中心。

《规划纲要》确立“十二五”期间的发展目标是：转变港口发展方式，调整港口发展结构，提高港口发展的全面性、协调性、可持续性，把日照港建设成为布局合理、集疏畅通，功能完善、服务优质，管理科学、机制灵活，效益显著、文明环保的我国北方骨干枢纽港，成为我国重要的大宗散货进出口中转基地、华东地区重要的杂货进出口中转基地、我国北方重要的原油上岸基地和亚欧大陆桥东端区域性集装箱转运中心，跻身国际名港行列。

《规划纲要》明确完成“十二五”发展目标的主要措施：一是优化港口功能结构，提升综合输运能力；二是壮大港口现代物流业和建筑业，促进港口多元产业发展；三是创新体制机制，激发港口持续发展内在动力；四是深化精细管理，提升港口综合管理水平；五是进一步加强资本运营，继续推进对外战略合作；六是加强和改进党建工作，创新发展阳光文化。

（马 岩）

【项目前期工作取得新突破】 日照—仪征原油管道及配套工程30万吨级原油码头工程：建设30万吨级原油接卸泊位1个以及相应配套设施，设计年吞吐量2000万吨，计划总投资76994万元。该项目于2009年5月19日由国家发展改革委员会核准（发改能源〔2009〕1295号文）。

石臼港区西区木片码头续建工程：建设4万吨级木片码头2个，设计年通过能力700万吨，计划总投资39878万元。该项目于2009年8月10日由省发展改革委员会核准（鲁发改能交〔2009〕1093号）。

岚山港区中区深水航道一期工程：建设30万吨级航道，长14.6公里，宽度320米，水深19.7米，计划总投资94502万元。该项目于2009年8月24日由省发展改革委员会批复（鲁发改能交〔2009〕1126号）。

石臼港区南区焦炭码头工程：建设5万吨级、7万吨级焦炭泊位各1个，设计年通过能力730万吨，计划总投资148951万元，该项目于2009年12月22日由省发展改革委员会核准（鲁发改能交〔2009〕1630号），焦炭码头工程增加直立式护岸于2010年6月8日由省发展改革委员会批复（鲁发改能交函〔2010〕65号）。

石臼港区西区三期后方货场工程：建设货场39.5万平米，容量75万吨，计划总投资16714万元。该项目于2009年12月29日由市发展改革委员会备案（登记备案号：0911000061）。

石臼港区南区航道工程：建设7万吨级航道，长3.8公里，宽170米，水深13米，计划总投资3972万元。该项目于2009年12月30日由省发展改革委员会核准（鲁发改能交〔2009〕1647号）。

岚山港区南区8#、12#泊位改建工程：将8#泊位改建成10万吨级通用泊位，12#泊位填埋，回填形成堆场44万平米，计划总投资66877万元。该项目于2010年8月6日由省发展改革委员会核准（鲁发改能交〔2010〕990号）。

岚山港区南区矿石输送系统：建设港区至日钢

的矿石输送系统，年输送矿石2000万吨，计划总投资25000万元。该项目于2011年1月7日由市发展改革委员会备案（登记备案号：1111000002）。

岚山港区南区15#、16#泊位工程：建设7万吨级、10万吨级通用泊位各1个，设计通过能力450万吨，计划总投资75000万元。该项目于2011年5月17日由省发展改革委员会核准（鲁发改外贸〔2011〕515号）。

油品公司油库扩建工程：建设储油罐12个，总库容量42.5万方及附属管廊，计划总投资46600万元。该项目于2011年9月5日由市发展改革委员会备案（登记备案号：1111000016）。

石臼港区西区 2#、3# 泊位增加植物油接卸功能及输油管廊项目：建设 4 条 DN350 棕榈油管线，2 条 DN250 棕榈油管线，3 条 DN350 豆油管线，配套 3 条 DN80 吹管压缩空气管道。该项目于 2011 年 10 月 17 日由市经济和信息化委员会备案（日经信改备〔2011〕009 号）。

石臼港区西区四期工程：建设5个3～7万吨级通用泊位，设计年通过能力750万吨，计划总投资227000万元。该项目于2012年1月18日由省发展改革委员会核准（鲁发改能交〔2012〕3号）。

积极推进岚山港区中区30万吨级原油码头平面方案优化、日照—仪征原油管道及配套工程日照港岚山港区30万吨级原油码头扩建工程、岚山港区中区30万吨级原油码头二期工程、岚山港区中区5000吨级和2万吨级液体散货码头、石臼港区南区通用泊位一期工程、石臼港区主航道改扩建工程、石臼港区铁路改扩建工程等项目的前期工作。

（赵家兴）

【对外合作取得新成果】 2009～2011年，先后有30家国内外企业与日照港进行合资、合作，以合资方式引进外来资金8亿元参与港口的建设经营，对外投资4亿元。

2009年，与中石化签署了30万吨级原油码头合资合同补充合同，中石化资本金由2.5亿元增加到4亿元；签订了第二座30万吨级原油码头合作建设框架协议；通过省铁路建设投资公司出资1.95亿元参股建设山西中南部铁路通道；以参股方式出资建设东都—平邑及枣庄—临沂2条铁路；与陕西煤化集团和中煤能源山东公司，与河南煤化集团就合作共建现代大物流体系签订了协议；与河南安阳市政府签订了友好合作意向书；与中国工商银行总行签署60亿元授信额度合作协议。

2010年，与中石化合资注册成立实华原油码头有限公司，共同经营30万吨级原油码头；与新加坡裕廊港就散粮、木片、木薯干等业务正式签署合作意向书；与安阳市政府开展物流合作，成立日照港驻安阳办事处；与韩国东方集团和威斯克瑞亚公司组建日照海通班轮有限公司；与晋豫鲁铁路通道公司签署合作意向书，推进港口和铁路一体化运作；与北京大华沃源、香港和沣集团就建设、经营岚山港区成品油及液化码头签订合资合同和章程；投资3.375亿元参股成立山东海洋投资有限公司；在香港注册成立船务公司，成功购进运营日照至平泽航线的客箱船，并命名为“日照东方”号；与西班牙巴塞罗那港正式建立国际友好港关系。

2011年，与韩国东方集团组建海通班轮公司，经营日照至平泽国际客箱班轮航线，使停航2年的中韩航线恢复通航；与新加坡裕廊港合资成立日照港裕廊码头有限公司，经营散粮、木片、粮油等业务；与日照海事局碧海海事服务中心合资组建日照明达船舶服务有限公司，开展船舶污染清除业务，并获一级资质；与山东高速集团就坪岚铁路复线建设签署了合作备忘录；与韩国平泽港就集装箱运输和航线开发签署合作备忘录；与交通运输部水运科学研究院签署战略合作协议；与华润电力就煤炭物流系统建设签署战略合作协议。

三年来，积极推进与中石化、中石油、中储粮、香港和沣、亚太森博、森达美、山东能源、山东国投、山钢集团、内蒙古庆华集团、兖矿集团等的合作；参股的日照银行和现代威亚发动机公司业绩突出，日照港获得了良好回报。

2009年6月23日，日照港、烟台港与中国工商银行签约仪式

（杨洪军）

【资产管理取得新成效】 按照集团公司对资产管理的总体部署和要求，推行办公用房有偿使用、土地租赁服务；认真落实建筑设施年度维修计划；努力争取政策支持，保证土地满足重点项目进度要求，为集团公司重大项目的开工、落地奠定了坚实基础。

做好资产管理系统开发、建立工作。结合系统开发，开展土地、港口设施、房屋建筑设施等资产调查，逐步理清资产归属，为提升集团的资产管理水平创造了条件。

强化土地、房产管理工作。优化资源配置，促进低效利用甚至闲置状态的土地、房产、设施在集团内部有序流动，发挥最大效能和效益。通过出租裕廊码头土地、金粮油脂等土地使用权，每年获得收益约2000万元；通过办公用房有偿使用和闲置房产对外出租，每年获得收益约700万元；完成岚山港区中区拆迁工作，满足中石化、中石油等企业入驻需要，为项目如期开工建设提供保障；与中石化、中石油等单位签订岚山港区中港区土地转让协议，及时回收土地转让款3.3亿元。

完成物业改革，做好相关过渡工作。组织解决各生活区的水、电、暖、燃气变更交接过程中所出现的问题，对物业费、维修费、管理接口进行统筹协调；组织实施集团公司供热系统改造工作，供热方式由集团公司自己供应改变成由市热力公司集中供应，每年为集团减亏近1000万元，减排2.5万吨标准煤。

组织实施列入集团公司年度计划的维修项目，做好资产的验收、建档和部分建筑设施的交接、报废工作。

（王瑞军）

经营管理

【概述】 经营管理部是2011年8月集团公司机关职能部室调整后，以原企业发展部为基础，分开设立的集团公司的综合管理部门，其中，发展战略、项目前期、合资合作、资产管理等职能划归投资发展部，经营管理部除保持原有的法律事务、统计管理职能外，新增加制度流程、内部控制、质量管理、班组建设、标准化管理职能，原企业管理和计划管理职能重新整合，形成组织绩效管理职能。

2009～2011年，集团公司以“调结构、促转型、抓创效、增实力、强基础”为总体要求，以“创业创新创效”为主线，以争创“省长质量奖”为动力，深入开展以“抓管理、降成本、增效益”为主要内容的管理效益年活动，积极推进单项管理样板的培育与推广，不断创新目标管理考核体系。2011年8月，制定印发《组织机构调整方案》，明确四大板块基本定位和方向，细化机关部室和服务单位职责。2011年11月，成立卓越绩效办公室，以建立和推广卓越绩效管理模式，争创省长质量奖。三年来，集团公司质量管理工作以推行卓越绩效模式试点和深入推进实施ISO9000族标准为重点，进一步规范质量管理基础工作，加强质量教育培训，积极开展群众性质量管理活动和“质量月”活动，提高了质量管理水平和员工的质量意识，全集团没有发生重大质量事故和质量投诉，货运质量、工程质量、服务质量稳步上升，为争创各级质量奖工作奠定了坚实的基础。根据集团公司法律事务管理现状，对沿海港口法律事务机构体系建设情况进行调查了解，对集团公司部分单位、部室法律方面需求情况进行调研，提出了集团公司法律事务管理体系的建设方案。健全合法合规、程序规范、人员精干、运转高效、权责统一的法律事务工作机构；完善、健全依法决策、经营、管理、维权的法律保障制度；形成以集团公司及各单位内部法律顾问为主，充分发挥外聘律师的专业特点，为集团公司及各单位的经营管理提供完善、高效的法律保障体系；探索实施总法律顾问制度；将集团公司规章制度和工商事务纳入法律事务管理，并于2011年将法律事务科更名为法律事务室。三年来，共起草、审查各类协议、合同1500多份，标的额近80亿元；参与集团公司及各单位组织的设备、工程等各类招标活动100余次；提出法律意见近20项，共挽回和避免经济损失5000多万元。集团公司年度计划和统计资料汇编如期印发，56种统计报表准确、及时，完成了第三次全国港口普查及第二次全国经济普查共56个法人单位、产业活动单位的报表。集团公司2009年荣获交通部统计先进单位和港口普查先进集体、“首批山东省信誉等级AAA级企业”称号，并于2011年顺利通过复审；2010年荣获“日照市市长质量奖”，2011年荣获“交通部统计先进单位”，连续三年获省级“守合同重信用企业”和“日照市统计先进单位”称号。

（梁斌文）

【管理效益年活动深入推进】 2009～2010年，集团公司继续深入推进管理效益年活动，每年召开管理效益年活动动员大会，印发活动实施意见，明确活动确保目标和力争目标，并按照不同档次和管理责任实施奖励。“管理效益年”活动设置生产超额奖、利润超额奖和节能降耗奖等专项奖励基金，切实调动了各单位的积极性，大部分单位都超额完成“管理效益年”活动力争目标，进一步提升了港口管理精细化水平，保证了集团公司目标的完成。

【目标管理不断完善】 为不断创新目标管理考核体系，举办“考核指标体系对企业经营发展的影响分析”专题论坛，细化完善专项考核标准，确保考核体系科学严谨，切实调动各方面积极性。每年制定印发各单位目标责任书和部室、事业单位工作目标，加强目标管理的过程控制、日常监督和动态管理，针对突出问题进行调研分析，严格兑现奖惩，促进集团总体目标的全面完成。2011年按集团四大业务板块要求对考核指标体系和内容进行了优化。

【单项管理工作样板规范开展】 为充分调动集团公司各单位和员工的积极性、创造性，加强内部对标管理，提高基础管理水平，制定印发《单项管理工作样板培育推广暂行规定》，每年开展单项样板评审与表彰工作。组织单项管理工作样板专题培训，加强基层单位样板培育推广工作，组织形式多样、内容丰富、不同层次的样板观摩交流活动。对集团级样板材料进行整理汇编，并通过电视台等媒体进行专题宣讲和样板展播，充分发挥样板在实际工作中的典型引路和示范带动作用。三年共有59个样板被评为集团推广型样板和新样板，样板带动效果明显。

【组织开展“创业创新创效年”活动】 按照集团公司“十二五”规划要求，在总结“十一五”管理效益年活动基础上， 2011年2月，组织召开了“创业创新创效年”活动动员大会，印发了《创业创新创效年活动指导意见》。按照活动指导意见，参照国家、省市管理创新成果申报、评审奖励的有关规定，制定印发了《管理创新实施与奖励办法》，2011年共申报提案类管理创新选题33项，课题类管理创新选题10项。股份一公司、股份三公司、岚山公司和碧波大酒店四个单位成功举办了“展示月”活动，推动了活动的深入开展。

【组织落实集团组织机构调整】 根据2003年以来组织机构运行情况，2011年8月，制定印发《组织机构调整方案》，明确集团总部职能定位和各业务板块的管控模式，设计总部关键管理职能，明晰总部与各单位权责划分，明确四大板块基本定位和方向，细化机关部室和服务单位职责，梳理集团公司总部相关制度和主要工作流程，明确各部门在流程中的分工与协作，并安排修订印发了有关规章制度。

【导入卓越绩效模式 争创省长质量奖】 三年来，积极推进股份二公司进行卓越绩效模式试点工作，取得了显著成绩，2009年获得“全国实施卓越绩效模式先进企业”，2010年获得“全国质量奖鼓励奖”，2011年获得了“全国质量奖”、“交通行业质量奖”和“山东省质量奖”。

2010年，集团公司开展争创市长质量奖工作，荣获首届“日照市市长质量奖”。2011年成立卓越绩效办公室，上半年组织拟定省长质量奖争创方案，并结合半年工作会作了动员；8月，邀请莱钢集团和潍柴动力专家就如何争创省长质量奖举办专题讲座，集团中层及以上管理人员和相关人员160多人参加了学习。11月，卓越办组建后，迅速确定各单位、部室的专兼职人员，确定咨询公司，签订咨询协议，组织骨干人员赴海尔、青岛港进行创奖成功经验的考察学习，举办了推行卓越绩效管理模式培训班和机关总部质量体系文件编写，初步确定了集团关键绩效指标等。12月，开始在全集团宣贯《卓越绩效评价准则》标准，使争创省长质量奖有了良好开端。

【注重班组建设工作】 2011年8月机关部室职责调整前，班组建设工作主管部室为人力资源部，每年召开集团班组建设工作会议，组织开展“精细管理型”、“效率创新型”、“优质服务型”、“自主管理型”、“学习型”样板班组评选，组织开展单位、站队班组建设样板评定活动，并按单项样板规定进行奖励。2010年4月，集团公司制定下发了《班组建设工作要点》。截至2011年底，集团公司班组建设样板体系初步形成，已命名集团公司班组建设样板单位2个，样板站队2个，样板班组19个，各单位命名公司级样板班组96个。

（刘软成）

【贯标认证卓有成效】 组织学习宣贯2008版ISO9000族标准，研究质量管理体系转换工作，组织质量—环境—职业健康安全管理体系整合，为建立“三标一体化”管理体系打下坚实的基础。先后有3个单位通过了质量管理体系认证、5个单位通过了三体系认证。2011年下半年，集团总部及7个单位开始宣贯2008版ISO9000族标准，有4个单位开始宣贯三体系标准；另外，还有3个二级公司通过了质量管理体系认证、4个二级公司通过了三体系认证。

【群众性质量管理活动广泛开展】 三年来，进一步加强了质量管理小组活动的管理、指导和培训，促进了群众性质量管理活动的广泛深入开展。一是组织做好QC小组注册登记和管理工作，共注册登记QC小组851个，取得QC小组活动成果591个；二是组织QC小组评选，共评选表彰集团公司优秀QC小组81个；三是组织推荐申报市级以上优秀QC小组等工作，有3个小组获得全国优秀QC小组，有29个小组获得省/行业优秀QC小组，有6个班组获得省/行业质量信得过班组，有18个小组获得市/厅优秀QC小组。2009年股份二公司获得全国QC小组活动优秀企业；2011年集团副总经理王永刚获得全国QC小组活动卓越领导者。通过开展QC小组活动，进一步促进了广大员工参与质量管理的积极性，促进了质量管理水平的不断提升。

【加强质量教育培训工作】 组织举办了两期新一轮TQM知识培训班，共有607人参加了中国质协组织的全国统考并取得了合格证书，8名质量管理骨干取得了中国质协TQM普及教育教师资格。2011年先后组织举办了两期ISO9000族标准知识培训班，共有170多人次参加了培训；先后组织两期《卓越绩效评价准则》标准知识培训，包括集团中高层领导共有300多人次参加了培训。培养了一批质量管理骨干，提高了员工的质量意识和整体素质。

推行卓越绩效模式培训班（第一期）

【加强质量管理督导检查和考核】 一是加强对各单位质量管理日常督导检查和专项督导检查，提出了存在的问题和加强管理的方向，使各单位进一步明确了质量管理的工作思路和要求；二是组织修订质量管理考核办法和标准，进一步完善了质量考核体系，每半年组织一次考核和交流，为推动质量管理总体水平的提升起到了积极的推进作用；三是组织开展顾客满意度测量，每半年组织对服务单位进行一次调查，并对调查情况进行分析、评价和反馈，顾客满意度水平和服务质量得到明显提升。三年来，没有发生重大质量事故、重大质量投诉，货运质量、工程质量、服务质量稳步上升。

【“质量月”活动丰富多彩】 2009年9月，围绕“全员全过程全方位参与、全面提高质量安全水平”的活动主题，组织开展了质量培训教育活动、现场质量管理活动、质量诊断活动、学习应用质量安全知识和技能等活动。2010年9月，围绕“抓质量水平提升、促发展方式转变”的活动主题，组织举办了TQM基本知识培训班，开展了《卓越绩效评价准则》标准学习和答题活动，以及“七查一访”活动和员工“五个一”活动。2011年9月，围绕“建设质量强国、共创美好生活”的活动主题，组织开展了质量宣传、TQM基本知识学习和答题、质量法制和质量知识教育活动，举办省长质量奖专题讲座以及“七查一访”质量督导检查等活动。通过在全集团开展“质量月”活动，引导和督促各单位积极创新活动内容和形式，营造了人人关心质量、人人重视质量的良好氛围，使“质量月”活动成为影响大、内容丰富、效果明显的品牌活动，促进了质量管理水平的提升。

（陈永才）

【合同、规章制度管理进一步加强】 按照集团公司要求，多次征求各单位、部室意见，修订完善《合同管理办法》，针对合同管理方面存在的问题，着重加强合同履行过程中的管理，避免风险，预防合同纠纷的发生。通过对合同管理人员的培训，增强合同管理人员在合同签约、履行过程中对各种档案资料的保管意识，减少和避免合同纠纷的发生。近三年来，起草、审查各类协议、合同，包含港口装卸类合同、机电设备采购与建设工程类合同、土地与房屋租赁类合同、物资采购类合同、劳动与劳务类合同等1500多份，标的额近80亿元。集团公司连续18年获省级“守合同重信用企业”称号，2009年荣获“首批山东省信誉等级AAA级企业”称号，并于2011年顺利通过复审。2011年底，制定印发了《日照港集团有限公司规章制度制定管理规定》，确立以评审委员会为中心的规章制度制定审核机制，进一步规范集团公司规章制度的管理，维护了规章制度的统一性和严肃性。

【代理参加诉讼、非诉讼案件活动】 共办理各类案件60余起，其中诉讼、仲裁案件38起，劳动争议案件10起，行政复议、听证案件5起；参加处理非诉案件（各类纠纷）20余起，积极运用法律，依法调解、化解矛盾，为纠纷的成功调处起到很大的促进作用。在集团公司经营过程中，提出法律意见近20项，为领导决策提供有利的法律保障。三年内共挽回和避免经济损失5000多万元。

【提升法律监督与服务质量】 为集团公司及各单位提供各类法律咨询数百人次。参加设备物资采购、工程发包等重大项目的招投标活动，保证严格按照招标投标法等相关规定办理。建立招标中法律问题及时反馈、及时处理的绿色通道，保证招投标文件规范、严谨，严格按程序办事，保证了整个招投标程序的规范运行。参与集团公司及各单位组织的设备、工程等各类招标活动100余次，保障集团公司及各单位的合法权益。

（申一均）

【做好计划和统计管理工作】 每年10月中下旬下发编制下一个年度计划的通知，11月中上旬开始各基层单位专业计划调研，汇总调研情况并进行分析论证，12月初形成综合计划初稿并提交集团领导研究，年度计划经职代会讨论通过后1月份印发。

2009年，完成了第三次全国港口普查及第二次全国经济普查共56个法人单位、产业活动单位的报表，获交通部2009年港口普查先进集体荣誉。在做好统计服务的基础上，56种统计报表准确及时，统计资料汇编包括年度经济运行情况分析每年印发。荣获交通部2009年、2011年统计先进单位，连续三年获日照市统计先进单位。

（梁斌文）

生产管理

【概述】 生产业务部是集团公司港口主业生产组织、商务管理、顾客与市场管理等工作的职能部门。2009～2011年，面对宏观经济持续动荡、世界经济复苏乏力、国内经济增长持续回落、航运市场持续低迷、周边港口竞争加剧的局面，全港按照“一强化三统筹”的总体要求，不断创新生产管理，深入挖潜提效，强化资源统筹，加强市场营销，突出商务管理，优化业务流程，简化服务程序，追求服务水平，注重增收创效，单位、部室相互配合，通力协作，在生产组织、市场开发、商务管理和基础管理等方面均取得了长足进步，港口生产效率、商务管理水平、市场营销观念、货运质量和服务质量明显提升，全港生产继续保持了科学发展、跨越发展、和谐发展的大好局面，实现了“十二五”的良好开局。

三年来，港口货物吞吐量连年实现大幅增长，累计完成65988万吨。其中，2009年，港口生产逆势快速增长，吞吐量突破1.8亿吨，全年完成18131万吨，同比增长20.1%，位居全国沿海港口第九位，增速和增幅均居全国沿海十大港口之首。2010年，港口吞吐量实现历史性突破，首次跨越两亿吨大关，相当于4 年再造了一个亿吨港，实现了由“搏击双亿”到“跨越双亿”的历史性突破，全年完成吞吐量22597 万吨，同比增长24.6%，继续居全国沿海港口第九位。2011年，港口吞吐量突破2.5亿吨，完成25260万吨，同比增长11.8%，主要货种竞争优势增强，主导货种中，铁矿石、煤炭、镍矿、铝矾土、木材、水泥、油品、集装箱均实现不同程度增长，2011年底，吞吐量超过100万吨、

500 万吨和1000 万吨的货种分别达到16 个、10 个和6 个，特别是原油运输实现新的突破，油品吞吐量突破1000 万吨，成为第六个过千万吨的支柱货种。

2009～2011年吞吐量完成情况图

单位：万吨

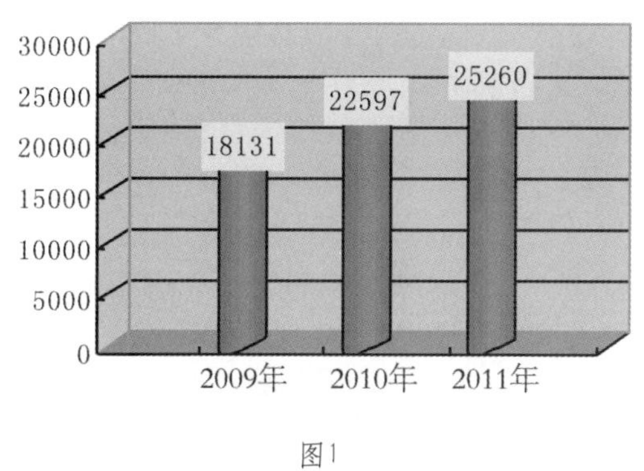

图1

【全面落实“一强化三统筹”】生产业务部按照集团公司“一强化三统筹”要求，不断加强生产全过程管理和各单位之间的协调配合，强化生产资源统筹工作，统筹港口泊位、机械、设备、库场等港口资源利用，抓好车、船、货的衔接，全力打造顺畅高效的生产运行体系，重点是统筹矿石装卸业务，发挥煤炭泊位装船系统能力，缓解煤炭装卸系统能力富余而矿石泊位能力紧张的矛盾，确保港口设施充分发挥作用，提升全港系统生产效率。统筹调配两个港区的拖轮使用，充分发挥好拖轮资源对港口生产的保障作用，维护集团公司整体利益，生产做到精准强化、精细统筹，使生产资源配置更优化，生产潜力得到充分挖掘，提高了全港的生产组织管理水平。

【市场营销成效显著】三年来，面对日趋激烈的市场竞争，集团公司坚持以市场为导向，紧紧抓住货源开发这一重点，全面贯彻“全力巩固干散货、奋力突破液散货、着力开发件杂货、努力争取适箱货”的营销策略，进一步健全市场营销制度，加大市场开发力度，完善市场营销机制，充分调动货源开发人员积极性，为生产提供货源保障。先后在淄博、潍坊、安阳、西安、兰州、西宁、银川、乌鲁木齐、成都、呼和浩特、延吉、桂林、南昌、丽江、南宁等地召开客户座谈会和港口推介会，扩大市场份额，延伸了港口腹地，促进了吞吐量的快速提升。

2011年8月2日，镍矿客户座谈会

【主要货种竞争优势明显】在货源开发工作中，突出“巩固支柱货种和开发新货源”，明确主要货种的营销重点，统筹做好货源开发，保持主导货种吞吐量的增长。矿石方面，充分发挥港口大泊位能力和作业效率的优势，保持了外贸铁矿石进口量第一的地位；煤炭方面，突出稳出口、争进口，积极为大通道开通培育煤炭潜在客户，深入腹地，千方百计增加调进，并积极为外贸进口量的快速增长提供有力条件，实现了煤炭吞吐量的恢复性增长，外贸煤炭进口量在片区内位居首位。其他货种运输方面，巩固了镍矿、木片、大豆、水泥吞吐量全国沿海港口第一的地位。2011年底，集团公司吞吐量超过100万吨、500 万吨和1000 万吨的货种分别达到16 个、10 个和6 个，主要货种竞争优势得到进一步加强。

【原油运输实现新突破】2009年4月，集团公司10万吨级油码头成功试运行，全年接卸油品79万吨。2010年12月27日，30万吨级原油码头靠泊“阿特米斯”油轮，实现了成功重载试车。全年完成原油吞吐量260万吨，原油运输实现新突破，成为港口新的生产增长点。2011年10月1日，实华公司首次向日照—仪征输油管线日照罐区输送原油；10月10日，中石化日照—仪征原油管道及配套工程正式投产，为实现原油运输“奠基础、上规模、大发展”目标创造了有利条件，全年油品吞吐量突破1000万吨，成为第六个过千万吨的支柱货种。

【港口生产安全顺畅】根据生产实际，制定、完善10余项生产组织规章制度，确保生产组织有章可循，重点加强生产组织考核、调度指挥流程和生产定额管理，完善生产激励和约束机制，推广行之有效的做法、经验，提高了生产管理精细化管理水平。加强船舶靠离泊计划管理，2011年集团公司聘请著名软件公司——北京赛硕科技有限公司设计新的船舶靠离泊计划管理系统，着重实现了计划管理图形化显示，计划管理更加直观、准确。集团公司昼夜靠离泊计划数量最多达到93艘次，石臼港区最多67艘次。集团公司严格落实泊位超能力船舶靠泊的安全规定，加强了生产应急预案的演练和装卸安全生产检查，认真执行异常天气等特殊情况下的停产、停工规定及码头前沿货物限制堆高管理规定，确保了船舶靠离泊的安全和生产作业各环节的顺畅。

【深化车船考核管理】围绕“压停时、提效率”总体思路，通过不断修订完善生产组织考核办法，逐步深化车、船考核管理，采取日调会通报、月度总结等方式，对相关公司车船装卸、计划兑现情况进行分析评价。同时，加强对代理公司的考核评价，船舶手续办理时间明显降低，非生产性停时明显压缩。2011年底，代理平均手续办理时间控制为2.73小时，比2009年的4.5小时减少1.77小时。建立火车作业停时分解考核体系，三年来火车作业量不断提高，火车停时控制在7.9小时之内。

【加强生产现场管理】一是根据集团公司现场综合整治活动的要求，制定《装卸生产现场整治活动实施方案》，并认真抓好落实，每年装卸生产现场整治都取得显著成果；二是进一步规范装卸生产现场管理，2009年制定下发《码头前沿货物限制堆高管理规定》，规范码头前沿货物堆放，推行装卸区域封闭式管理，装卸作业现场设置专人管理，现场管理水平明显提高；三是规范港内道路交通，推行车辆安装GPS系统，规定倒运路线，发挥环保设备、设施的效能，采取自卸车加装“自动翻盖封闭装置”等措施，港内道路交通井然有序；四是推行散货堆场等高堆存、梯状整形、标准化苫盖，散货堆场总体保持整齐美观，抑尘效果明显，粉尘治理成效显著，得到政府主管部门和周边群众的认可；五是加强对生产现场的督导，发挥调度监控作用，充分利用现场视频系统，发现问题及时督促进行整改。通过强化现场管理，实现了港口生产“文明整洁、生态环保、安全有序、优质高效”。

【生产效率进一步提升】加强生产管理制度建设，细化生产过程控制，加大生产组织考核，港口月度货物吞吐量、昼夜船舶作业量、疏港量、拖带量、单班单船效率、靠离泊艘次、倒配空车、装卸车纪录等不断刷新，作业效率不断提升。铁矿石、镍矿、木材、粮食等货类作业效率居全国前列。三年来，集团公司累计创各项生产纪录623项。其中，2011年3月，集团公司创造了2271.2万吨月度吞吐量最高纪录，2010年12月3日，矿石卸船创造了9786吨/小时的世界纪录。2011年2月1日，创造昼夜装车2787车的最高纪录。

【铁路疏港量持续增长】三年来，集团公司以争创全国沿海港口铁路装车质量最好、效率最高、服务最优为目标，通过走访、召开例会和专题协作会议等方式，加大了与铁路各部门的协调力度，加强与腹地客户沟通，最大限度赢得铁路部门和客户的支持，确保铁路运力和货源充足稳定。集团公司及各生产单位认真贯彻“车辆作业无小事”管理理念，加强铁路疏港计划管理工作，强化内部协调，不断提高装车质量和装车效率，港口铁路装车量稳步增长，屡创新高。三年累计刷新14次集团级月度和昼夜装车纪录。2009～2011年，铁路疏港分别完成4453万吨、4647万吨和4920万吨，同比分别增长43.8%、4.3%和5.9%。

【夯实商务基础管理】 商务管理是港口在生产组织过程中，按照相关法规与政策，进行货运业务、费率费收、作业合同、货运质量、商务信息管理以及与货运相关的仓储、理货、代理等业务管理活动的总称。三年来，集团公司商务规章、业务流程、费率管理、作业合同等管理工作取得了显著成效，综合业务管理水平有了明显提升。一是加强制度建设，根据集团公司商务管理需要，制定下发了《船舶使费管理办法》《增产增收奖惩办法》《关于加强费率监督管理的通知》等管理制度，做到有章可循；二是规范、理顺业务流程，明确单位及相关人员职责，做到商务管理规范化、程序化；三是加强商务管理考核，完善商务考核标准，严格奖惩兑现，充分调动商务管理人员的积极性；四是加强货运手续、装卸作业、堆存疏运、计量管理等环节的管理和监督；五是培育推广商务管理、计费管理、库场管理等业务管理样板，提升了综合业务管理水平。

【规范港口作业合同管理】 集团公司高度重视作业合同管理，逐步规范了合同起草、签订、变更等程序，做到了合同管理规范化；推行合同报备制度，实行了作业合同联网；推荐矿石、煤炭、油品、集装箱等主要货种港口作业合同文本，从签约双方权利、义务、费用、争议解决等方面，细化条款内容，积极规避商务风险；进一步强化作业合同监督检查，确保合同签订的合规、合法，避免出现合同纠纷。每年仅年度港口作业合同签订就达200份以上，做到全部履行到位。

【费率管理水平显著提升】 生产业务部通过广泛调研，加强与上级部门及相关港口的沟通，掌握港口费率费收动态，为集团公司费率决策提供信息支持，为集团公司价格确定提供依据。三年来，实现了有关货种基本费率的理性回归，特别实现了铁矿石、煤炭、镍矿、大豆等货种费率的理性回归，强化了费率集中统一管理，确保了费率调整后港口费率执行到位，提高了港口主业收入，杜绝了内部恶性竞争现象发生。在严格费率管理的基础上，实行“管住、管活、不管死”的费率政策，严格特殊费率审批程序，积极适应市场变化，实现“合理定价、动态定价、灵活定价”。加强日常费率费收动态管理，加大监督检查力度，及时发现问题，进行整改，避免私自减免现象发生，确保费率管理精细化，集团公司实现增产增效。2010年，集团公司因上调费率等产生增收2.9亿元。2011年，集团公司因费率上调、港建费改革及杂项作业费增收达3亿元。

【港口主业实现应收尽收】 生产业务部通过加强督导、检查，规范港口收费管理，收费费目符合法规要求，及时收取港口作业包干费、堆存费、船舶使费等费用。2009～2011年，累计完成主营业务收入114.28亿元。堆存费管理方面，实行堆存费收入月报制度，督促各单位加大催收力度，每年年度收入目标顺利完成。2009年堆存费收入完成1.24亿元，2010年堆存费累计收取超过1.9亿元，2011年，堆存收入同比增长2000万元，超1.6亿元的收入计划近6000余万元。船舶使费管理得到规范，通过制定管理办法，举办业务培训，初步理顺了船舶使费管理流程，重点跟踪非生产性停泊费收取，避免了漏收、错收和少收。通过业务指导、监督，组织业务学习，其他杂项作业费也做到应收尽收。强化应收账款管理，应收账款控制效果较好，主要生产单位月末累计余额都控制在集团下达指标范围之内。

【货运质量和服务质量水平不断提升】 加大生产过程的动态监管与检查力度，重点在货物倒运、货运交接、库场管理方面加强控制，每年发现质量隐患50余项，针对出现的货运质量问题，及时进行督导、整改。注重做好堆场规划利用，研究专业化堆场管理，提高堆场利用率，加快货物周转，最大程度地减少货损、货差，降低亏耗，为客户提供方便。加强货运质量考核工作，实行信息上报制度，修订完善考核处罚标准，杜绝了重大货运质量事故发生。集团公司和各生产单位建立完善了首问责任制、征求客户意见制度、客户回访制度和客户投诉反馈制度，设立了举报信箱和举报电话，通过发调查函、客户无记名打票等多种方式，每年对船方、货主、代理等单位进行了客户满意度问卷调查，对重点客户定期进行走访，对客户反映的问题及时处理、整改，并及时进行反馈，服务水平稳步提高，无重大客户投诉事件发生。

【优化港口口岸环境】 紧紧围绕港口发展大局，深入贯彻“港口立市”战略，积极赢得市委、市政府对港口发展的支持，借助查验单位推行“5+2”服务、“多点报关、口岸验放”、“勤务改革”、“海运直通”、“电子执法”、“一站式”通关等创新模式，为港口和客户提供方便，优化了港口生产环境。集团公司还通过定期召开联席会议、专题会议等形式，与口岸单位进行沟通和协调，及时解决了港口在生产建设中存在的问题，赢得港航、引航及查验单位的理解与支持，特别是在超能力船舶靠泊、新建码头超大型船舶靠泊等方面提供了便捷、高效、优质的服务，为港口快速发展营造了良好的口岸环境。

【16个新建泊位通过对外开放验收】 随着集团公司矿石、集装箱、木片、散粮、油品液化等新建泊位陆续投入运行，口岸查验及配套设施的不断完善，2009年9月16日～17日，矿石、集装箱、木片、散粮、5000吨级散杂货、岚山港区11#等8个泊位通过了对外开放验收。2010年5月7日，西港二期、木片续建泊位、10万吨级油码头、岚山1#、2#液化等8个泊位通过了对外开放验收。三年来，通过对外开放验收的泊位16个，集团公司对外开放泊位总数达到33个。

【成为铁道部货运大客户】 2011年3月，经铁道部批准，日照港成为铁道部铁路货运大客户。集团公司铁路大客户服务中心正式运营，标志着集团公司的铁路集疏港业务由过去的分散运营走向专业化管理，对于提高港口铁路运行效率、做好铁路业务统筹协调、提升装车能力和生产组织管理水平、提高港口与客户经营效益等方面都具有重要意义。铁路大客户服务中心以“服务、提效、增量”为宗旨，坚持以市场为导向的理念，统一管理港口铁路运输业务，负责铁路集疏港货物计划报批、接收、下达及组织实施，协调港内外铁路业务和生产关系。

【客箱班轮顺利复航】 集团公司积极推动客箱班轮复航工作，在与中韩多家合作伙伴反复谈判的基础上，集团物流有限公司与韩国的（株）东方、VOICE KOREA株式会社合资成立日照海通班轮有限公司，获得中韩两国政府部门批准经营日照—平泽航线。集团公司在香港设立了日照港（香港）船务有限公司，出资购买了客滚船“日照东方”轮，租赁给海通班轮营运航线。

2011年2月10日，日照—平泽客箱班轮航线正式复航，再次搭建起日照与韩国交流的“金桥”，方便了日照与韩国的社会经济文化交流。

【安阳办事处成立】 集团公司积极落实与安阳市政府签订的友好合作意向，于2010年4月12日设立安阳办事处。2010年10月19日，日照港驻安阳办事处在安阳市举行揭牌仪式。安阳办事处成立后，不断加强与当地政府部门和企业的联系，及时传递双方信息。2011年2月25日，日照港—安阳信息互动平台正式开通，积极为安阳市及周边地区客户提供更好的服务，对集团公司开拓市场和宣传港口形象起到了积极的作用。

【集装箱运输发展迅猛】 集团公司高度重视集装箱发展，按照“守住鲁南、盯紧苏北、进军中原、服务西北、跨境运输”的战略要求，努力实现“中韩上量、引散进箱、错位喂给、近洋开发”，不断加大航线和箱源开发力度，积极开发“散改集”业务，推动日照港集装箱运输快速发展。石臼港区西15#泊位投入集装箱作业，组建了客箱码头分公司，开辟了日照港集装箱发展的新空间。三年来，集装箱吞吐量屡创新高，2010年12月12日首次突破100万TEU，2011年完成140万TEU，年平均增幅超过30%。至2011年底，在日照港挂靠的船公司达15家，开通内外贸航线近30条，月航班100多个，港口航线布局日臻完善，对腹地经济的服务能力进一步增强。

【开展生产样板培育推广和流程评估活动】 根据集团公司《单项管理工作样板培育推广暂行规定》，2009年制定下发了《生产业务管理样板推广工作方案》，注重加强生产管理样板的调研和指导，通过现场观摩学习等形式进行大力推广。三年培育、推广了13个生产业务管理样板。通过生产管理样板培育和推广，不断优化生产组织，完善装卸生产工艺，理顺业务流程，达到了优化资源配置、降低劳动成本、减少作业环节、提高作业效率的目的。开展了生产工艺流程评估活动，加强生产工艺流程改进，各公司相继制定生产流程评估工作制度和办法。三年来，集团公司累计完成生产工艺流程改进项目150余项。2010年开展“一月一题”攻关活动以来，共组织130余项课题攻关，有效解决了生产过程中的问题。

【集团级生产业务信息化系统初步建立】 按照集团公司信息化规划，生产业务部积极推进生产业务信息化建设步伐，尤其是集团公司层面生产业务管理信息系统建设，于2011年建立生产业务信息系统框架体系，包括基础资源管理、市场信息管理、商务业务管理、生产过程管理、考核评价管理、费收账款管理、货运质量管理、集装箱业务管理、系统配置管理等13项功能模块。部分模块于2011年11月开始试运行，各公司客户数据、货物数据、生产数据，通过生产业务管理信息系统与集团数据建立关联，进一步完善了集团公司生产业务信息管理。

【规范经营资质和危险货物管理】 在资质办理方面，生产业务部于2010年组织并完成了港口经营许可证换证工作；协调通过了油品公司铁路危险货物运输资质的审批；协调办理了西港区有关泊位危险货物港口作业认可的材料上报、审批工作；做好了油码头溢油应急设备的配备、协调工作。2011年，协调办理了海通公司国际班轮运输资质，客箱公司、裕廊公司经营资质和股份三公司、裕廊公司危险货物作业许可，每年按要求协调做好各项年审工作，确保港口生产顺利进行。在危险品管理方面，认真贯彻《国际危规》和《国内危规》，落实港口危险货物管理办法，组织有关人员参加专业培训，提高了危险品作业人员和管理人员的业务能力和管理水平。有关单位制定和完善了危险货物作业安全规章制度、操作规程、应急预案等，保证了港口危险货物作业安全。

【做好信息搜集和生产统计工作】 生产业务部门通过编制《港航市场信息》《市场信息简报》业务专题报告、港口之间的调研、客户走访、月度生产分析、各种统计报表等形式，做好港口业务资料和有关信息的搜集分析和上报工作，准确把握国家宏观政策、行业动态，充分掌握腹地经济走势、集疏运信息、周边港口生产经营情况等，充分发挥信息的作用，提高了全港市场应变能力。加强生产统计及综合统计分析工作，及时准确编制集团公司日、旬、月度报表，上报交通运输部日、旬、月有关报表。

（刘 锋）

财务管理

【概述】 日照港财务管理体制按照统一领导、分级管理的原则，实行二级核算、三级管理，即按“集团公司为投资中心、二级公司为利润中心、队（段）为成本中心”的原则，分工负责，各有侧重。全资、控股、参股公司实行财务独立核算，自负盈亏。

财务预算部作为集团公司的职能部门之一，主要负责全港财务管理、会计核算、筹融资管理、工程预算审核招标等工作。财务预算部始终坚持以经济效益为中心，以资金管理、成本管理为重点，以事前、事中控制和经济活动分析为载体，积极发挥财务管理的宏观综合管理功能、决策参谋功能、监督协调功能。

2009~2011年，日照港经济效益稳步增长，利税由2009年的5.38亿元提高到2011年的7.74亿元，年增长率为26.66%；资产规模迅速膨胀，资产总额由2009年的255.85亿元发展到2011年的342.22亿元，年增长率为15.65%。

【积极筹措资金 保障生产建设需求】 2009~2011年，财务预算部认真分析和解读经济形势，积极挖掘集团公司筹融资的潜力，不断调整融资策略，顺利化解资金瓶颈难题，资产负债率始终保持在70%以下，确保了资金链的安全。累计筹集各类资金282亿元，确保了生产建设的资金需求。2009年，评级机构对日照港主体评级由AA-上调为AA，2010年第一批中期票据13亿元成功发行，2011年续发9亿元中期票据。2009~2011年，先后滚动发行短期融资券25亿元。在融资工作顺利开展的同时，财务预算部根据客观经济环境变化不断优化负债结构，强化资金成本管理，对所属子公司提高融资扶持力度，统一安排资金的融通，统一议价，对融资工作实行全过程监控，有效降低了集团公司的融资成本和风险。

【强化财务管理 不断提高管理水平】 优化浪潮财务管理系统，建立了BI决策支持系统，对各项财务指标的分析更加客观准确快捷。细化会计核算，财务报表系统中增加了反映能源消耗、设备设施维修等有关经济指标的列示，扩大了财务报表的信息涵盖范围，反映的信息更加全面、细致和准确。2011年8月，集团公司的组织机构优化调整后，及时做好相关单位财务机构和业务的合并、分设、转移、撤销等财务指导工作。成立经费核算中心来核算经费单位的各项经费支出，加强了对经费单位的管理力度。强化成本费用控制，下发《关于进一步加强成本控制的通知》和《职工福利费管理办法》等管理制度，加强跟踪和考核，使成本费用消耗控制在合理的水平上。

【加强财务预算 完善目标管理】 每年年末，根据吞吐量、费率等预测信息测算来年利润总额、单位变动成本等各项财务预算指标，与各个单位进行客观、详细地沟通后达成一致意见。通过这种方法，不仅使制定的各项财务预算指标符合客观实际，而且更具有可操作性，有利于目标的实现。经过不断完善和优化，已经形成较为科学并适合港口实际情况的目标管理考核体系。2009～2011年，集团公司继续推行目标管理，在加强对各单位投资回报的控制和管理的同时，新增“财经纪律”一票否决指标，要求各单位合法、合规经营，规避经营风险。

【细致分析　经济活动分析制度化】集团公司历来重视经济活动分析工作，2009～2011年经济活动分析工作得到加强和完善。财务预算部以此作为加强财务管理的一个重要平台，按照“管理效益年”和“创业创新创效年”活动要求，指导、督促基层单位积极开展经济活动分析工作，通过各种专业的财务分析方法，查找企业经营活动中存在的问题，及时总结企业经济活动过程中的经验与教训，采取相应措施提高经营管理水平。目前，集团公司的月度经济活动分析会已经制度化。分析会上，财务预算部对资金、利税、成本、应收账款等财务管理的重点进行透彻分析，根据实际情况适时开展资金管理、成本管理、费收管理等专题调研分析并提出改进措施和建议，提出对基层单位增加“堆存收入”和“应收账款收现比”考核指标并被采纳，堆存收入由2008年的1.23亿元上升到了2011年的2亿元，解决了相关指标完成情况不理想的问题，取得了良好效果。

【加大清欠力度　提高应收账款管理水平】每年年初，通过下发《加强应收账款控制的通知》等管理文件，集团公司核定基层单位的应收账款月度控制限额、应收账款收现比（自2011年开始）等控制指标；实行应收账款限额和收现比逐月考核、通报，并与各单位工资总额挂钩和各单位党政主要负责人的年薪工资挂钩，每季度兑现。继续采用超限额分段扣罚的管理办法，加大考核力度，对陈欠责任人按照陈欠款额及账龄进行处罚，同时按照“谁经手谁负责”的原则，实行“应收账款责任人终身责任追究”制度。

通过这些措施，督促基层单位和相关责任人加大应收账款催收清欠力度和提高收现比，提高应收账款的管理水平。三年来，应收账款占用额度一直控制在合理水平上；应收账款收现比由2010年的36.53%上升到2011年的45.27%，按照一年期贷款利率计算，可节约财务费用3000余万元。

【加强税收筹划　控制税收风险和成本】财务预算部积极倡导依法纳税、健康诚信的纳税理念，专门设立税务管理岗位，全面梳理集团公司涉税事项，年初进行全面税收筹划，形成税收筹划报告，为合理节税提供建议意见。认真配合税务部门对集团公司的纳税检查并做好沟通协调；整理、印发《企业税务管理工作操作指南》等相关资料，下发到集团公司各基层单位，指导正确办理涉税业务，有效规避了税务风险，降低了税收成本。

【充分利用财税政策　争取税收减免和资金扶持】不断加强对国家财政、税收政策的研究和利用，用足用活国家和地方的各项税收减免和优惠政策。按照公共基础设施项目企业所得税优惠及土地使用税优惠的有关政策要求积极办理相关手续，三年来累计实现减免企业所得税2399.77万元。按照市政府专题会议纪要（2009）第6号文的规定，充分利用“集团公司合资、合作项目产生税收全部返还及经常经营税收超额留成部分按比例返还”的政策，三年来累计实现税收返还31535.8万元。

与集团公司有关部门一起，向各级财政和交通管理部门争取配套扶持资金，共争取到对港口基础设施建设、现代物流业、节能减排工程项目技术改造及安全生产项目等配套扶持资金7.54亿元。其中：石臼港区防波堤工程32372万元、日照港岚山港区深水航道一期工程6980万元、日照港南区进港航道500万元、日照港岚山港区西突堤10万吨级航道工程330万元、日照港岚山港区南作业区防波堤工程15660万元、日照港岚山港区南作业区主航道工程4000万元、日照保税物流中心300万元、环保专项资金210万元，交通安全生产专项资金70万元、中韩陆海联运汽车货物运输项目400万元和争取市级财政港口建设资金14600万元。

【加强投资管理　确保转让股权和资产的保值增值】从投资管理的角度，配合相关单位和机构对转让的股权和资产进行审计、评估测算，完成了岚北30万吨级油码头工程、集团公司受让童海港业持有的油品公司股权、木片装卸工艺设备和相关设施、日照禹龙石化公司一期储罐和相关设施、股份公司收购香港祥和和日照德兴所持有万盛港业共计24%的股权、岚山港区8#、12#液化码头、西港区1～5#泊位资产及配套设施和山东日照瑞盛造修船有限公司35%股权的审计、评估工作。从定性和定量分析两个方面对岚山万和公司股权、森博租赁木片泊位租赁费提供决策数据、财务模型和测算汇总支持；尤其在与新加坡裕廊港的合资方面，依据股东双方认定的经营货种，根据双方能接受的最低财务预期回报，测算财务核心数据，对纳入合资公司的资产进行详细的配置，顺利完成16亿元资产投入合资公司的工作。

【进一步加强招标投标管理】贯彻落实《日照港集团有限公司关于进一步加强招标投标管理的通知》有关规定，认真执行年度建设工程实施计划，加大建设工程招投标管理力度，规范招投标管理程序。2010年12月，根据交通运输部及山东省交通运输厅的要求，集团公司在山东省交通建设市场信用信息管理系统上率先实现招投标网上申报、网上抽取评标专家，通过使用“交通工程电子招标投标管理系统”实现了招标、投标、评标、合同管理等业务全过程数字化、网络化、集成化，对加快形成招投标运作规范、管理科学的长效机制起到了积极促进作用。

【加强预算合同管理　对工程概算实行动态管理】2009～2011年，共签订工程合同988个，合同价款66.25亿元。在预算合同管理工作中，严把预算审核关，按照相关专业概预算编制规定，采用适宜的概预算定额和费率标准对承包商的工程预结算进行细致审核，通过制定《预算定额适用范围》等规章制度，按专业划分采用相应专业预算定额，防止承包商故意套用单价较高的定额而高估冒算。严格执行《日照港集团有限公司工程合同管理办法》，严格执行“第三方审计”的相关规定，建立约束机制，加强内部监督。对投资较大的建设项目投资概算实行动态管理，定期对概算执行情况进行分析，总结概算超支或结余的原因，有针对性地进行调控，使工程投资始终处于受控状态。严格执行《关于加强工程合同会签管理的通知》的规定，进一步规范了工程合同会签管理流程。

（张晓祥）

科技与装备管理

【概述】科技装备部是集团公司科技、设备、物资、节能计量管理的职能部门。主要负责全港在用设备管理、设备投资规划、新增设备引进及科研开发项目的立项与实施，主要目标是确保机电设备的良好运转、技术装备素质不断提高以及机电设备保值增值和全港设备资源的优化配置。2009～2011年，科技装备部加强在用设备管理，提高对生产的保障力；认真实施机电设备更新改造和机电设备建设工程，以建设设备管理信息系统为手段，推动设备管理工作标准化和精细化，提升集团公司设备管理现代化水平，为港口生产和港口建设提供了坚实的设备技术保障。2009年，日照港获得“第八届全国设备管理优秀单位”称号。

【全港设备技术状态良好】 随着新建泊位的陆续投产和港口现代化程度的提高，全港机电设备资产规模逐年扩大。截至2011年底，全港机电设备资产原值达到69.7亿元，较2008年净增36.35亿元，一大批专业化、现代化设备投入使用，主要装卸设备达到645台（套）。2011年，全港主要生产设备完好率为98.4%，故障率为0.93%，利用率为38.2%；台时产量624.93吨/小时。主要生产设备无论技术状态还是设备利用均保持较高水平，没有发生等级以上设备事故，为全港任务目标的顺利实现提供了强有力的设备技术保障。

2009～2011年全港设备管理技术指标情况表

表1

项目 \ 年度	2009年	2010年	2011年
主要装卸设备（台套）	562	573	645
完好率（%）	97.3	98.0	98.4
故障率（%）	1.31	1.17	0.93
利用率（%）	40	38.2	38.2

【设备资源进一步优化】 2009～2011年，全港完成机电设备新增、更新投资计划326项，完成投资9.9381亿元，主要实施了清扫车、高压清洗车等环保设备，大吨位装载机、挖掘机等生产急需流动机械及门机、拖轮等工程配套设备，进一步提升了技术装备水平。在优化增量资产的同时，统筹调配全集团设备资源，努力盘活存量资产。根据港口功能调整、机构优化及生产的实际需要，合理调配存量资产，使其更好地发挥经济效益和社会效益。

【优质高效引进港口工程配套设备】 科技装备部按照“满足生产、经济适用、技术先进、质量可靠”的原则，坚持与工程建设同步的方针，根据集团公司的工期要求，先后组织实施岚山港区30万吨级原油码头工艺设备系统安装调试、矿石码头取料装车扩能技术改造、木片接卸工艺系统改造、岚山港区散粮储运系统扩建三期工程、岚山港区南作业区矿石运输系统改造、西港三期工程门机、岚山8#、12#泊位及岚山港区南作业区15#、16#泊位改造门机的建造、岚山中区总降压站、西港区总降压站、日照港110kV变压站、岚北110kV变电站、油品公司油库扩建变电所等重点机电设备工程，累计完成机电设备投资4.577亿元 。在实施过程中认真落实了设备技术规格书编制、招标、谈判、签约、设计审查、监造、安装调试及性能考核验收的全过程管理工作。

【日照港设备管理信息系统（EAM）建成】 2009～2011年，组织实施了《日照港设备管理信息系统（EAM）》开发建设。2011年11月，系统正式建成并投入使用，改变了以前的人工手工单证设备管理模式，进一步优化了设备管理流程，实现设备管、用、养、修全过程管理及备件材料、能源消耗

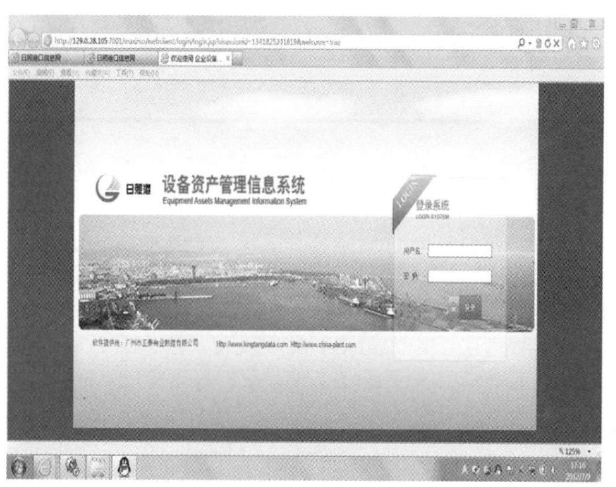

设备资产管理信息系统

等业务管理，提高了全集团设备管理现代化、信息化管理水平。

【开展对标管理 继续培育设备管理样板】三年来，科技装备部加强对各单位设备管理工作的指导及闪光点挖掘工作，先后培育了《大型设备钢结构安全管理》《设备委外修理》《内燃机车创新管理》《船舶节能降耗》和《优化设备清扫保养模式》等五个设备管理工作样板，提高了创建单位设备管理工作的规范化、标准化、科学化水平，促进了集团设备管理水平的全面提高。

【规范设备外修管理和港内外租设备管理】一是规范了全港设备委外修理，重点扶持集团内部维修协作，制定下发《集团公司机电设备委外修理暂行规定》等管理办法，重点培养集团内部维修单位，组织各单位与设备承修单位签订协议，明确双方的权利义务、工作程序和安全责任，确保设备维修质量和作业安全，规范维修管理，控制外修费用的增长，建立港口维修市场准入制度和奖惩制度，规范设备委外修理行政审批程序，为集团公司设备维修专业化、社会化奠定了基础；二是加强外租设备及外付租费管理，优化装卸工艺，降低外租设备费用，下发《日照港集团有限公司装卸作业承揽方管理办法》，制定集团管控方案，明确五年和分年度控制目标，进一步规范各有关单位外租机械的管理。2011年单位外租设备费用达到2.11元/吨，比2010年的2.29元/吨下降7.9 %。

【加强设备维修与运行管理】按照“养修并举、以养为主”的原则，坚持以制度为保证，以监督和检查考核为手段，开展设备技术状况普查和设备维护保养工作；落实通信、电力、内燃机械等设备的季节性维护保养；重视特种设备管理，加强特种设备的检查检验工作，制定特种设备定期检验计划，检验计划完成率达到100%；加强新设备的运行管理工作，落实新设备的建章立制、资产交接、厂家技术服务、技术培训及运行初期的监护工作，确保新设备的安全运行；加强设备质保期的管理，及时协调厂家解决了设备运行前期出现的问题。

【坚持开展“设备技术管理月”活动】每年10月份在全港开展“设备技术管理月”活动。各单位围绕活动主题，通过港口杂志、黑板报、港口电视台，以及知识竞赛等活动，普及了设备管理知识，增强了各级人员的设备管理意识；通过宣传具有专业技术特点的先进人物和优秀事迹，增强员工从事设备管理工作的荣誉感；审查、理顺并完善了设备管理规章制度，使制度更能适应港口发展的需要，推动设备管理工作的规范化、标准化、科学化；排查、整改了设备安全隐患，确保设备安全过冬。

【切实抓好设备安全管理】树立“管设备首先管安全”的思想，建立健全集团公司设备安全管理机制，从设备的引进、使用、维修、改造的各个环节把好安全关。认真落实各级设备管理人员的安全责任，加强对设备人员的安全教育和技能培训，严格执行设备操作规程和维修规程，严禁设备违章使用。进一步加强对大型港机设备金属机构疲劳程度及安全稳定性检测，落实大型设备的防台、防汛、防雷等安全措施，确保设备安全防护装置完好有效，确保不发生等级以上设备事故。

【设备招标与比价采购】在设备招标工作中，认真落实招投标制度，严格按程序开展工作。坚持项目会签制度，严格执行项目审批程序。组织开展设备投资可行性论证、前期考察及市场调研工作，为投资决策提供了科学依据，避免盲目购置和重复投资。按照“公开、公平、公正”原则，落实机电设备招标和比价采购制度，通过各部门分工把关，规范了合同条款，规避合同纠纷和投资风险，节省项目投资。本着为集团公司负责，为设备使用单位着想的宗旨，认真、细致地做好技术工艺方案比选、设备选型调研、设备技术规格书审查、招标文件编制及邀标单位遴选等各个环节的设备招标准备工作。充分征求基层单位对设备使用、维修方面的意见，同设计单位交流磋商，力求最优化设计，确保招标文件全面、科学、严谨，避免出现纰漏和失误。

【科学储备设备备件】 科技装备部牵头组织对主要生产单位备件库存、备件管理、备件信息化管理以及备件使用、备件消耗等情况进行全面调查了解，与各单位就降低备件库存、实现备件零库存、减少资金占用等问题进行研究，起草印发《关于加强备件管理降低备件库存的通知》，明确各单位备件库存实现的任务目标。各单位通过任务分解，优化流程，严格审批，实现现有备件库存总量下降8%的任务目标。

【加强能源管理　节能降耗成效显著】 以建设“节约型港口”为目标，以提高能源利用率为重点，继续加强能源管理，大力推进节能技术改造，节能成效显著。至2011年底，港口综合能源单耗为5.66吨标煤/万吨吞吐量，较2010年下降6.68%，超额完成“确保全港能源综合单耗同比下降1%，控制在6.01吨标煤/万吨吞吐量以内”的年度节能目标。生产综合能源单耗4.7吨标煤/万吨吞吐量，较2010年下降4.02%；生产综合能源单耗指标远低于山东省沿海港口能源消耗限额标准，提前实现交通运输部提出的沿海港口到2015年生产综合单耗较2005年下降8%的节能目标（2011年全港生产综合能源单耗较2005年下降了19.38%）。全年共节约能源折合9935吨标煤，节约生产成本2740余万元。在水资源利用方面，2011年共消耗新水用量230.63万方，利用中水209.81万方。水资源单耗为95.17方/万吨吞吐量，较2010年下降17.11%。

2009年日照港荣获日照市“创建中国人居环境奖暨国家节水型城市先进集体”，2009、2010年连续两年荣获“山东省节能先进企业”，2011年荣获“山东省节能突出贡献企业”。

【积极开展技术培训】 根据集团公司设备管理工作的需要，有计划地组织开展不同层次的设备管理人员岗位培训，督促设备技术人员加强业务理论学习和工作创新，着力提高集团各级设备管理人员业务技术素质。坚持和改善技术科长设备管理工作月度例会制度，及时协调解决集团公司设备管理工作中存在的问题。认真组织集团公司设备管理现场会及“设备技术管理月”活动，开展设备管理工作经验交流和典型引路工作，推动设备管理工作向高层次发展。

【日照港科学技术奖励暨科技工作会议召开】 2011年7月，日照港科学技术奖励暨科技工作会议召开，会议表彰了2010年科技成果和第三批优秀专业技术骨干，全面总结了2009年以来科技工作所取得的成绩，明确了“十二五”科技工作的总体思路、主要任务和工作目标。

【科技管理机制不断完善　科技工作成绩斐然】 三年来，日照港大力实施“科技兴港”战略，积极推进科技创新和科技成果转化。一是对项目实施方案和计划目标认真审核把关，严格落实科研项目任务目标责任制，强化科研项目合同管理；二是加强项目实施过程中的监督、检查和评估，保证项目实施的质量和应用效果；三是集中力量，优先保证年度计划重点科研项目的落实，使之尽快转化为港口的现实生产力，三年组织实施科学技术研究开发试验计划共计35项，投资1000余万元，并有针对性地组织一些课题的研究，为解决生产、建设和管理上的问题找出了科学有效的解决办法和思路，取得了良好效果。组织实施“现有翻车机接卸C80车改造方案研究”，为全方位对接晋煤外运南通道提前做好技术准备。

加强科技管理体系建设，规范完善科技项目立项、实施、鉴定、评审、推荐、奖励机制，积极开展全港科技成果的申报和参评工作，先后获得中国港口科技进步奖9项、中国水运建设科学技术奖1项、日照市科学技术进步奖5项、国家实用发明专利33项。

【围绕科技兴企 广泛开展科协活动】2009～2011年，日照港科协积极组织开展“讲、比”竞赛活动，共完成审查立项课题202项；举办学术交流和技术培训活动10余次，近2000人次参加；征集科技论文276篇，评选出一等奖8篇、二等奖20篇、三等奖38篇。

结合全国“科技周”和“科普日”活动，组织开展了“提高科技创新能力、建设创新型港口”、“节约能源资源、保护生态环境、保障安全健康、促进创新创造”等主题科技周活动及“坚持科学发展、走进低碳生活”、“科技引领未来发展、创新建设美好港口”等主题科普日活动。

2009年，1人荣获第四届日照市优秀科技工作者并记三等功，1人荣获全国“讲、比”活动优秀组织者。2010年，日照港荣获山东省“讲、比”活动先进集体，2名科技人员获山东省科技标兵，1人荣获省科协工作优秀组织者，1人荣获全国科协工作优秀组织者。集团科协被中国科协确定为联络站点，集团展览馆被命名为“山东省科普教育基地”。2011年，1人荣获山东省科技标兵，1人荣获省科协工作优秀组织者，《散货装箱专用平台设计》荣获全省“讲、比”优秀成果一等奖，《卸船机无线称重系统》荣获全省“讲、比”优秀成果二等奖。

（周海燕）

2009～2011年日照港科技成果获奖情况表

表2

科技成果名称	奖项名称	年份	获奖等级
日照港数字门禁管理系统开发应用	中国港口科技进步奖	2009	二等奖
扁平高压电缆中间头制作及外护套恢复新工艺		2009	三等奖
抓斗轴销润滑系统的研究		2009	三等奖
港口装卸设备运行监控与管理系统		2009	三等奖
防胶带异常损伤漏斗的开发应用		2010	三等奖
日照港GPS货运管理系统开发应用		2011	二等奖
海港码头钢筋混凝土结构耐久性修复技术研制应用		2011	三等奖
日照港岚山公司物流管理系统开发应用		2011	三等奖
日照港协同生产管理信息系统开发		2011	三等奖
日照港西港区木薯干接卸工艺系统研究	中国水运建设科学技术奖	2009	三等奖
活血生肌膏治疗糖尿病皮肤组织溃疡的临床护理研究	日照市科学技术进步奖	2009	三等奖
日照港口经济与工业布局系统技术研究		2010	二等奖
日照港数字门禁管理系统开发应用		2010	三等奖
港口设备润滑介质固体化应用研究		2010	三等奖
电话机记忆存储号码集中编辑远程录入系统		2010	三等奖
射频消融联合中成药治疗宫颈上皮内瘤变临床报告		2010	三等奖
活化低品质粉煤灰及其在混凝土工程的高效利用关键技术研究		2011	一等奖
酒石酸布托啡诺联合米索前列醇用于六诊宫腔镜操作阵痛麻醉的研究		2011	三等奖
熊去氧胆酸联合消炎利胆片治疗ERCP术后胆总管残存结石		2011	三等奖

工程建设管理

【概述】 2009～2011年，港口建设以科学发展观为指导，紧紧围绕集团公司由“搏击双亿”向“跨越双亿”的发展要求，夯实管理基础，强化内外协调，港口建设稳步推进。三年共计实施工程项目157项，完成工程投资60.24亿元，多个重点建设项目相继建设完成或竣工验收，港口设施不断完善，港口通过能力大幅度提升。到2011年底，日照港生产性泊位达到46个，设计年通过能力达到15187万吨，比2009年初的37个生产性泊位增加3176万吨。

【西港区二期工程竣工验收】 该工程建设1个7万吨级、2个5万吨级通用泊位，码头岸线长760米，码头前沿底高程-16.0米，安装40吨门座式起重机8台，设计年通过能力250万吨。核定码头靠泊等级为10万吨级，年通过能力350万吨。工程概算总投资92355.25万元，竣工决算投资94951.14万元。

2006年5月，省发展和改革委员会（鲁发改能交〔2006〕356号）核准该项目；2008年1月，省交通厅、发展和改革委员会（鲁交规划〔2006〕206号）批复工程初步设计。2005年3月开工，2007年7月完工并开始试运行，2008年2月9日通过了市港航管理局组织的初步验收，2009年3月13日通过了由省交通厅组织的竣工验收。

设计单位：中交水运规划设计院有限公司。施工单位：山东港湾建设有限公司、日照港建筑安装工程有限公司、南京港口机械厂等。监理单位：日照港建设监理有限公司。

【东西港区航道改扩建工程竣工验收】 该工程建设一条20万吨级单向航道和相应导助航设施。航道分两期工程建设，一期工程底宽290米、长1500米，设计水深14.5米；二期工程底宽290米，长6000米，设计水深18.0米。导助航设施采用浮标结合DGPS系统实施助航。工程概算总投资59310.44万元，竣工决算投资51854.44万元。

2004年5月，省发展计划委员会（鲁计基础〔2004〕443号）批复该工程（一期工程）可行性研究报告；2004年12月，省发展和改革委员会（鲁计基础〔2004〕1137号）批复该工程（二期工程）可行性研究报告；2005年10月，省发展和改革委员会（鲁发改重点〔2005〕1049号）批复工程（一期工程）初步设计；2005年10月，省发展和改革委员会（鲁发改重点〔2005〕1048号）批复工程（二期工程）初步设计。2002年11月开工，2006年4月完工，2009年3月13日通过了由省交通厅组织的竣工验收。

设计单位：中交第一航务工程勘察设计院有限公司。施工单位：中交天津航道局有限公司。监理单位：日照港建设监理有限公司。

【岚山北港区油码头罐区铁路专用线工程竣工验收】 该工程新铺轨1.759公里，包括1股区间线路，5股站内线路，2-10米框架桥1座，2-4米框架涵1座；2条尽头式装车线有效长850米，2条重车线有效长950米；新铺道岔6组。工程概算总投资2684.38万元，竣工决算投资2961.49万元。

2006年4月7日，市发展和改革委员会（登记备案号：K0611000011）登记备案该项目。2008年3月开工，2009年5月完工，2009年5月26日通过了由市发展和改革委员会组织的竣工验收。

设计单位：中铁济南勘察设计咨询院有限公司。施工单位：中铁十局济南工程总公司。监理单位：日照港建设监理有限公司。

【矿石码头二期工程竣工验收】 该工程建设矿石堆场4条，计33万平方米，在一期矿石码头上增加3台桥式抓斗卸船机、堆取料机3台、2股火车装车线、装车机2台，皮带机14条。核定年通过能力1600万吨。工程概算总投资148508.03万元，竣工决算投资131883.53万元。

2006年5月，省发展和改革委员会（鲁发改能交〔2006〕455号）核准该项目；2006年12月，省交通厅、发展和改革委员会（鲁交规划〔2006〕201号）批复工程初步设计。2006年7月开工，2009年4月完工，2009年5月开始试运行，2009年12月15日通过了市港航管理局组织的初步验收，2010年4月2日通过了省交通运输厅组织的竣工验收。

设计单位：中交第一航务工程勘察设计院有限公司。施工单位：日照港建筑安装工程有限公司、上海振华港口机械（集团）股份有限公司、沈阳矿山机械有限公司、长春发电设备有限责任公司、日照港机电设备工程有限公司。监理单位：日照港建设监理有限公司。

【岚山港区液体石油化工品作业区1#、2#码头工程竣工验收】 该工程建设1万吨级、5万吨级液化泊位各1个，码头岸线总长489.7米，前沿底标高为-15.0米。核定通过能力195万吨。工程概算总投资44494.03万元，竣工决算投资44390.24万元。

2007年12月，省发展和改革委员会（鲁发改能交〔2007〕1491号）核准该项目；2008年9月，省交通厅、发展和改革委员会（鲁交规划〔2008〕98号）批复工程初步设计；2009年1月，市港航管理局（日港航发〔2009〕7号）批复工程施工图设计。2007年4月21日开工，2009年2月12日完工，2009年7月开始试运行，2010年1月8日通过了市港航管理局组织的初步验收，2010年4月2日通过了由交通运输部组织的竣工验收。

设计单位：省航运工程设计院有限公司。施工单位：山东港湾建设有限公司、日照港建筑安装工程有限公司。监理单位：日照港建设监理有限公司。

【石臼港区5000吨级散货泊位及货场工程竣工验收】 该工程建设5000吨级散货泊位1个，码头长度239米，前沿底标高为-8.0米，核定年通过能力105万吨；陆填方式形成堆场6.3万平方米，现浇混凝土大板结构。工程概算总投资8440.40万元，竣工决算投资7837.74万元。

2007年6月，省发展和改革委员会（鲁发改能交〔2007〕488号）核准该项目；2008年1月，省交通厅、发展和改革委员会（鲁交规划〔2008〕44号）批复工程初步设计；2008年11月，市港航管理局（日港航发〔2008〕146号）批复工程施工图设计。2004年11月开工，2009年5月完工，2009年6月开始试运行，2009年12月15日通过了市港航管理局组织的初步验收，2010年4月2日通过了省交通运输厅组织的竣工验收。

设计单位：中交第一航务工程勘察设计院有限公司。施工单位：中交一航局第二工程有限公司、日照港建筑安装工程有限公司。监理单位：日照港建设监理有限公司。

【岚山港区港作船泊位工程竣工验收】 该工程建设港作船泊位1个，码头长305.65米，分东西两段，东段长158.95米，前沿底高程-5.5米，西段长146.7米，前沿底高程-7.5米；配套航道长500米，水深-5.6米，有效宽度40米。工程概算总投资5956.44万元，竣工决算投资5574.06万元。

2008年2月，省发展和改革委员会（鲁发改能交〔2008〕102号）核准该项目；2008年5月，省交通厅、发展和改革委员会（鲁交规划〔2008〕97号）批复工程初步设计；2008年12月，市港航管理局（日港航发〔2008〕173号）批复工程施工图设计。2007年3月21日开工，2008年3月7日完工，2009年9月28日开始试运行，2010年1月8日通过了市港航管理局组织的初步验收，2010年4月2日通过了省交通运输厅组织的竣工验收。

设计单位：省航运工程设计院有限公司。施工单位：中交一航局第二工程有限公司。监理单位：日照港建设监理有限公司。

【中港区护岸工程竣工验收】 该工程建设直立式护岸1188.74米，自西向东依次预留客船码头135米，施工船码头、工作船码头798.74米，3000吨级、2000吨级通用散杂泊位255米。概算投资17278.97万元，竣工决算投资14721.28万元。

2004年5月，省发展计划委员会（鲁计基础〔2004〕472号）批复工程可行性研究报告；2005年11月，省发展和改革委员会（鲁发改能交〔2005〕1072号）批复工程建设内容及投资的变更；2005年12月，省发展和改革委员会（鲁发改重点〔2005〕1326号）批复工程初步设计。2005年3月开工，2008年10月完工，2009年12月15日通过了市港航管理局组织的初步验收，2010年4月2日通过了省交通运输厅组织的竣工验收。

设计单位：中交第一航务工程勘察设计院有限公司。施工单位：山东港湾建设有限公司。监理单位：日照港建设监理有限公司。

【岚山北港区10万吨级油码头工程竣工验收】 该工程建设1个10万吨级油码头及相应配套设施，码头长359米，顶高程7.0米，底高程-15.1米，由1个作业平台、2个靠船墩和6个系缆墩组成；航道长3.7公里，宽210米，设计底标高-12.70米。设计年通过能力800万吨，工程概算总投资68802.18万元，竣工决算投资62421.75万元。

2007年12月，国家发展和改革委员会（发改交运〔2007〕3409号）核准该项目；2008年2月，交通运输部（交水发〔2008〕67号）批复工程初步设计；2008年10月，市港航管理局（日港航发〔2008〕144号）批复工程施工图设计。2004年2月12日开工，2008年11月17日完工，2009年4月试运行，2010年5月6日通过了市港航管理局组织的初步验收，2010年9月26日通过了交通运输部组织的竣工验收。

设计单位：中交水运规划设计院有限公司。施工单位：山东港湾建设有限公司、中交天津航道局有限公司。监理单位：日照港建设监理有限公司。

【木片码头续建工程竣工验收】 该工程建设4万吨级木片专用接卸泊位2个及相应的配套设施。码头沿原散粮突堤向南顺延215米，重力墩式结构，突堤宽度54米，码头面顶高程8.5米，码头前沿底高程北侧为-11.6米、南侧为-12.2米。安装DMQ-28t-37m型带斗门机6台，带式输送机8条，总长度3239.50米。核定年通过能力718万吨。工程概算总投资38983.17万元，竣工决算投资33795.93万元。

2009年8月，省发展和改革委员会（鲁发改能交〔2009〕1083号）核准该项目；2009年12月，省交通运输厅、发展和改革委员会（鲁交规划〔2009〕131号）批复工程初步设计；2010年1月，市港航管理局（日港航发〔2010〕5号）批复工程施工图设计。2008年8月开工，2010年3月完工并试运行，2010年10月30日通过了市港航管理局组织的初步验收，2010年12月19日通过了省交通运输厅组织的竣工验收。

设计单位：中交水运规划设计院有限公司。施工单位：山东港湾建设有限公司、中建二局第二建筑工程有限公司、中国化学工程第三建设公司等。监理单位：日照港建设监理有限公司、北京华油鑫业工程监理有限公司。

【石臼港区西区三期工程竣工验收】 该工程建设5万吨级通用泊位2个、3.5万吨级通用泊位3个，3.5万吨级通用泊位水深和水工结构等满足5万吨级船舶靠泊。码头为重力式沉箱结构，岸线总长度1130米，码头面高程6.10米，码头前沿底高程为-13.70米。安装40吨门座起重机（MQ4037/5030）4台，25吨门座起重机（MQ2535/4025）11台。核定年通过能力622万吨。工程概算总投资114667.44万元，竣工决算投资108456.53万元。

2007年8月，省发展和改革委员会（鲁发改能交〔2007〕792号）核准该项目；2008年4月，省交通厅、省发展和改革委员会（鲁交规划〔2008〕42号）批复工程初步设计；2008年9月，市港航管理局（日港航发〔2008〕126号）批复工程施工图设计。2008年7月开工，2009年12月完工，2009年12月开始试运行，2010年12月15日通过了市港航管理局组织的初步验收，2010年12月19日通过了省交通运输厅组织的竣工验收。

设计单位：中交水运规划设计院有限公司。施工单位：山东港湾建设有限公司、日照港建筑安装工程有限公司、中交烟台环保疏浚有限公司等。监理单位：日照港建设监理有限公司。

【岚山北港区公用油库工程竣工验收】该工程建设33万立方米油库1座，其中5万立方米浮顶储罐6座，1万立方米外浮顶罐3座，以及5.6公里工艺管线、10.5公里伴热管线、火车装车系统等相关配套设施。核定年中转能力300万吨。工程概算总投资18336万元，竣工决算投资20041.41万元。

2006年11月，市发展和改革委员会（登记备案号：K0611000038）登记备案该项目。2006年6月开工，2007年12月完工，2009年5月开始试运行，2011年3月27日通过了市发展和改革委员会组织的竣工验收。

设计单位：中交第一航务工程勘察设计院有限公司。主要施工单位：中石化第四建设有限公司。监理单位：日照港建设监理有限公司。

【岚山港区南作业区8#、12#泊位改建工程竣工验收】该工程建设10万吨级通用泊位1个，码头长度396.15米，前沿底标高为-20.0米，核定年通过能力230万吨。工程概算总投资66877.35万元，竣工决算投资61200.46万元。

2010年8月，省发展和改革委员会（鲁发改能交〔2010〕990号）核准该项目；2010年12月，省交通运输厅、发展和改革委员会（鲁交建管〔2010〕53号）批复工程初步设计；2011年1月，市港航管理局（日港航发〔2011〕3号）批复工程施工图设计。2009年7月10日开工，2010年9月20日完工，2011年2月10日开始试运行，2011年10月27日通过了市港航管理局组织的初步验收，2011年12月18日通过了省交通运输厅组织的竣工验收。

设计单位：山东诚基工程建设有限公司。施工单位：山东港湾建设集团有限公司。监理单位：日照港建设监理有限公司。

岚山港区南区8#、12#泊位改建工程

【石臼港区北西区铁路工程竣工验收】该工程在北区形成陆域的基础上，建设东西港区铁路联络线及车场，铁路车场建设到发线10股，线路有效长度为950米，预留到发线5股；在西区建设铁路专用线4.98公里；建设铁路中桥1座、涵洞9座。工程概算总投资1.99亿元。

2004年3月16日，市发展计划委员会（日计工基〔2004〕65号）批复工程可行性研究报告；2005年10月31日，市发展和改革委员会（登记备案号：K0511000032）登记备案；2005年8月开工，2008年12月完工。

设计单位：铁道第三勘察设计院集团有限公司。主要施工单位：中铁十局集团济南铁路工程有限公司、中铁电气化局集团有限公司第二工程有限公司。监理单位：日照港建设监理有限公司。

【石臼港区西区18路公铁立交桥工程竣工验收】该工程建设公铁立交桥一座，全长475.6米，其中，桥孔部分长250.96米，桥面宽60米（两侧设2.8米宽人行道），两侧辅道宽度均为20米，工程总投资4195.688万元。2007年7月开工，2009年6月通过竣工验收。

设计单位：日照市建筑设计研究院有限公司。施工单位：中交第一航务工程局有限公司。监理单位：日照港建设监理有限公司。

【B型保税物流中心工程竣工验收】该工程占地总面积17.6万平方米，建设出口监管仓库7839.4平方米、保税仓库6990.5平方米、查验库1391.9平方米、综合业务楼4081.3平方米，以及大门、卡口、道路、围网等配套工程。工程总投资4579万元。2009年1月10开工，2009年7月通过竣工验收。

设计单位：日照港工程设计咨询有限公司。施工单位：日照港建筑安装工程有限公司。监理单位：日照港建设监理有限公司。

【青年公寓工程竣工验收】该工程总建筑面积17685平方米，地上主体楼十九层，裙楼三层，地下一层，建筑总高度为73.9米。工程总投资4189万元。2007年6月开工，2009年12月完工，2010年1月通过竣工验收。

设计单位：日照港工程设计咨询有限公司。施工单位：日照港建筑安装工程有限公司、济南建设设备安装有限公司、日照市海洋消防工程有限公司等。监理单位：山东众成项目管理公司。

【中韩陆海联运通道工程竣工验收】该工程建设中韩陆海联运汽车货物运输专用场地2.16万平方米，包括联运通道、集装箱堆存区、托盘停放区和相关配套设施等。工程概算总投资2425万元。

2011年6月22日，省交通运输厅组织了项目设计审查会议。2011年9月8日开工，10月7日完工，10月13日正式开通运营。

设计单位：日照港工程设计咨询有限公司。施工单位：山东港湾建设集团有限公司。监理单位：日照港建设监理有限公司。

【岚山港区30万吨级原油码头工程建设完成】该工程建设30万吨级原油泊位一个及相应配套设施。码头长486米，引堤长184.4米，引桥长791.4米；停泊水域长440米、宽120米，设计底高程为-24.0米；安装DN400输油臂4台（3用1备），每台接卸能力为每小时2500～3500立方米。设计年通过能力2000万吨。工程概算总投资82209.52万元。

2009年5月19日，国家发展和改革委员会（发改能源〔2009〕1295号）核准该项目；2009年11月12日，交通运输部（交水发〔2009〕679号）批复工程初步设计；2010年1月20日，市港航管理局（日港航发〔2010〕8号）批复工程施工图设计。2006年3月20日开工，2010年6月27完工，2010年12月10日开始试运行，2011年10月27日通过了市港航管理局组织的初步验收。

岚山港区30万吨级原油码头

设计单位：中交水运规划设计院有限公司。施工单位：山东港湾建设集团有限公司、中交天津航道局有限公司、连云港远洋流体装卸设备有限公司。监理单位：日照港建设监理有限公司。

【岚山港区深水航道一期工程建设完成】 该工程建设航道长14.6公里，宽320米，设计底标高-19.7米，疏浚总量2745万方。工程概算总投资10.7亿元。

2009年8月24日，省发展和改革委员会（发改能交〔2009〕1126号）批复工程可行性研究报告；2009年12月7日，省交通运输厅、发展和改革委员会（鲁交规划〔2009〕118号）批复工程初步设计；2010年5月5日，省交通运输厅（鲁交规划〔2010〕69号）批复工程施工图设计。2006年1月开工，2010年5月完工。

设计单位：中交水运规划设计院。施工单位：中交天津航道局有限公司。监理单位：日照港建设监理有限公司。

【路企直通及港口编组场改造工程建设完成】 该工程对日照港I场原有的11股道进行1050米延长改造，6至11股道电化挂网。工程概算总投资9000万元。2009年7月29日开工，2010年12月通过了济南铁路局组织的启用验收。

设计单位：铁道第三勘察设计院集团有限公司。施工单位：中铁十局集团济南铁路工程有限公司、中铁电气化局集团有限公司第二工程有限公司。监理单位：中铁济南工程建设监理有限公司。

【岚山港区南作业区防波堤工程建设完成】 该工程建设防波堤2766米，工程概算总投资37170万元。

2009年7月，省发展和改革委员会（鲁发改能交〔2009〕975号）批复该项目；2009年10月，省交通运输厅、发展和改革委员会（鲁交规划〔2009〕85号）批复工程初步设计；2009年12月，市港航管理局（日港航发〔2009〕138号）批复工程施工图设计。2009年12月6日开工，计划2012年底完工。

设计单位：山东诚基工程建设有限公司。施工单位：山东港湾建设集团有限公司。监理单位：日照港建设监理有限公司。

【岚山港区南作业区主航道工程建设完成】 该工程建设10万吨级单向航道（10万吨级船舶全潮通航，可满足20万吨级船舶乘潮通航），长度19.7公里，底宽280米，水深-17.7米。工程概算总投资53000万元。

2009年11月，省发展和改革委员会（鲁发改能交〔2009〕1492号）批复该项目；2009年12月，省交通运输厅、发展和改革委员会（鲁交规划〔2009〕153号）批复工程初步设计；2010年5月，省交通运输厅（鲁交规划〔2010〕65号）批复工程施工图设计。2010年5月27日开工，2011年8月30日完工。

设计单位：山东诚基工程建设有限公司。施工单位：山东港湾建设集团有限公司、中交广州航道局有限公司。监理单位：日照港建设监理有限公司。

【港口3站、4站工程建设完成】 本工程在石臼港区西区和岚山港区中区各建设110kV变电站一座及配套110kV双回输电线路。工程概算总投资16000万元。港口3站工程2009年5月6日开工；港口4站工程2010年4月25日开工，2011年8月10日送电投运。

设计单位：日照阳光电力设计有限公司。施工单位：山东港湾建设集团有限公司、日照港动力工程有限公司。监理单位：日照港建设监理有限公司、青岛嘉诚电力工程监理有限公司。

【岚山港区中区5000吨级、2万吨级成品油及液化泊位工程开工建设】 该工程建设5000吨级、2万吨级泊位各1个，设计年通过能力分别为55万吨和100万吨。工程概算总投资26295万元。2010年9月1日开工建设。

设计单位：中交水运规划设计院有限公司。施工单位：山东港湾建设集团有限公司。监理单位：日照港建设监理有限公司。

【岚山港区南作业区15#、16#泊位工程开工建设】该工程建设7万、10万吨级通用泊位各1个，码头长587.4米，前沿底标高-15.1米，设计年通过能力450万吨。工程概算总投资62522.38万元。

2011年5月，省发展和改革委员会（鲁发改外资〔2011〕515号）核准该项目；2011年10月，省交通运输厅、省发展和改革委员会（鲁交建管〔2011〕92号）批复工程初步设计；2011年11月，市港航管理局（日港航发〔2011〕131号）批复工程施工图设计。2010年10月29日开工建设。

设计单位：山东诚基工程建设有限公司。施工单位：山东港湾建设集团有限公司。监理单位：大连港口建设监理咨询有限公司。

【石臼港区西区38路公铁立交桥工程开工建设】该工程建设公铁立交桥一座，主桥长280米，桥面宽60米，共14跨；两侧辅道宽度均为20米。工程概算总投资7108.9251万元。2011年1月开工建设。

设计单位：日照市建筑设计研究院有限公司。施工单位：中铁十局集团济南铁路工程有限公司。监理单位：日照港建设监理有限公司。

【岚山港区南作业区散粮储运系统三期扩建工程开工建设】该工程建设8座单仓容量为1万吨的钢板仓，4条输送系统，年设计周转能力150万吨。工程概算总投资19437万元。

2010年3月17日，市发展和改革委员会（登记备案号：1011000017）登记备案该项目。2011年1月开工建设。

设计单位：北京华海诚交通设计院有限公司。施工单位：山东港湾建设有限公司、河南天隆输送装备有限公司、日照港动力工程有限公司、江门市振达机械制造有限公司、广东十六冶建设有限公司。监理单位：日照港建设监理有限公司。

【油品公司油库扩建工程开工建设】该工程建设储罐42.5万立方米，其中：5.5万立方米浮顶储罐6座、3万立方米浮顶储罐2座、1万立方米浮顶储罐3座、5000立方米拱顶储罐1座，并建设相关生产及配套设施。工程概算总投资47999.11万元。

2011年9月5日，市发展和改革委员会（登记备案号：1111000016）登记备案该项目；2011年12月29日，市港航管理局、发展和改革委员会（日港航发〔2011〕152号）批复工程初步设计。2011年3月7日开工建设。

设计单位：中国石化集团洛阳石油化工工程公司。施工单位：中石化第四建设有限公司。监理单位：北京华夏石化工程监理有限公司。

【岚山港区南作业区矿石输送系统开工建设】该工程建设从岚山港区南区至日照钢铁的皮带机输送系统长度约8.6公里，年输送矿石2000万吨。工程概算总投资约3.8亿元。2011年1月，市发展和改革委员会登记备案该项目。2011年8月8日开工建设。

设计单位：中国煤炭科工集团重庆设计研究院。施工单位：山东港湾建设有限公司、四川省自贡运输机械集团有限公司。监理单位：日照港建设监理有限公司。

（盛瑞君）

安全环保管理

【概述】 2009～2011年，在港口生产建设快速增长，非港产业规模不断扩大，港口安全生产难度明显增大的情况下，集团公司在全面总结20多年安全管理经验的基础上，应用现代安全科学理论，确立“43210”安全管理模式，明确“立足现状抓防范、着眼长远打基础”的安全工作思路，全面开展站队安全基础达标活动，夯实安全基础管理工作；开展重点领域风险控制，杜绝较大以上事故的发生；建设阳光安全管理信息平台，实现日常管理的信息化；实施安全文化引领战略，引领安全工作，采取各项措施保证安全管理水平的稳步提升，实现了安全生产形势的持续稳定。2009年荣获交通系统本质安全建设先进企业金奖，2010年被国家安监总局命名为“全国安全文化建设示范企业”，2011年获得全省安全生产工作先进单位称号，“阳光安全”品牌获“山东省港航优秀服务品牌”称号，连续三年获得省“安全基础管理先进集体”称号。

环保管理工作始终坚持“既要港口发展，更要碧海蓝天”的理念，把节能减排和环境保护作为港口最重要的社会责任，摆在港口科学发展的战略高度上来抓，推动生产建设与环境保护协调发展。在大宗干散货吞吐量快速增长的形势下，不断加大环保投入，以粉尘防治为重点，以完善制度、强化责任制为基础，狠抓各项制度和措施落实工作，全力构建防尘、抑尘、降尘的立体防范体系，建立港口粉尘防治长效机制，现场管理和清洁生产水平得到稳步提升，各类污染物达标排放，为树立企业良好的社会形象，促进港口又好又快发展提供了有力支持和保障。

（孟玲吉）

【深入开展安全“双基”工作】 继续以站队安全基础管理达标为主线，深化基层基础安全工作。2009年，在前几年开展站队安全基础管理达标评价的基础上，对评价标准进行量化完善，从原来的定性评价转为定量评价，并组织研发站队安全基础管理评价软件，实现从制定计划到组织实施、评价总结使用计算机辅助进行，提高单次评价质量和评价效率，规范日常管理。2011年制定《站队安全基础管理达标升级办法》，完善激励措施，推进“双基”工作深入开展。加强评价队伍建设，实行评价人员资格认定制度，组织评价人员专题业务培训活动，提高评价人员业务素质。

【安全文化建设】 在2008年取得山东省“安全文化建设示范企业”称号的基础上， 2009年把安全文化建设列为重点建设项目，2010年划拨专项资金，制订具体的实施规划，开展安全现状诊断、调查问卷、安全访谈和研讨等工作，提炼形成以“安全是最阳光的事业”为核心的安全理念体系，明确“三零”安全目标，形成日照港独具特色的“阳光安全”品牌，编写《安全文化手册》和《安全文化环境氛围建设标准图集》，创立“阳光安全”文化体系，荣获“全国安全文化建设示范企业”称号。同时，对照《安全文化环境氛围建设标准图集》要求，制订实施港区安全文化环境建设规划，完善安全标识、宣传标语，指导有关单位建设安全文化长廊，制作了以阳光安全理念为主题的安全公益广

阳光安全标识

告，创新宣传形式，通过组织理念发布会、演讲比赛、专题培训等活动层层宣贯阳光安全理念，提升港口安全管理水平。

【强化重点部位控制　开展风险控制课题研究】 在加强全港重点部位日常监控工作的基础上，从全港危化品、海上船舶作业、粮食筒仓、建筑施工等重点领域中梳理出可能发生较大以上事故的25个部位或作业活动，开展风险控制课题研究，系统分析各控制点存在的危险因素和可能出现的不安全行为，辨识危险源和适用法律法规、部门规章、标准规范条款，编制《风险点事故控制基本要求》，对指导各基层单位完善相关规章制度、操作规程、应急预案，强化硬件设施管理等工作提供规范性文件。2011年，启动建立“以危险源辨识为手段的事故防控体系”课题研究，着手运用现代安全管理理论方法，组织建立覆盖集团各领域包括各类作业活动的事故防控大体系。

【安全管理信息化建设】 按照集团信息化建设总体规划要求，以安全综合信息平台为核心稳步推进安全管理信息化建设。2009年，结合港口实际，完成安全信息平台的一期规划，隐患管理、站队达标评价、安全教育等三个模块上线运行。2010年，完成信息平台的版本升级工作，并按照计划进度完成“法律法规和内部规章”、“信息中心”和“危险源和重点部位管理”等三个模块业务流程理顺和软件开发工作。2011年，加强平台运用培训和日常管理，稳步推进信息管理平台使用管理工作，组织开展200余人参加的信息平台使用培训班，深入各单位进行现场操作培训，确定各单位系统管理员，提高了平台的使用效果。同时，组织完成软件改进工作，提高软件易用性，实现安全信息共享，使部分安全管理工作更加量化和快捷。

【安全宣传教育活动】 广泛开展形式多样的安全宣传教育和培训工作，员工安全素质进一步提高。2009年，按照《安全培训合格上岗证管理办法》，组织全港现场作业人员安全知识培训6000余人次，组织两期130余人参加的全港电气工作负责人安全培训，举办站队安全基础管理达标标准培训班、现场安全管理知识培训班，邀请专家就事故、危险、风险与安全，事故致因理论，人因失误以及作业现场安全管理的重点进行深入讲解。2010年，组织对10个生产单位一线作业人员岗位操作规程抽查考试，组织全港一线作业人员6400余人进行安全培训合格上岗证年度再培训和考试工作，督导各单位做好安全教育培训电子档案编制录入；组织安全文化、职业卫生、安全信息平台使用等管理人员培训10次，培训人员910多人次；组织全港中高层管理人员、安全部门负责人参加的“以人为本、科学发展”为主题的培训。2011年，组织主要负责人、危险品、特种作业人员专题培训1100余人次，出台加强承包单位操作人员安全上岗资格监管办法，培训考核一线操作人员8000余人次。各单位在严格落实三级教育的基础上，加强日常专业岗位安全技能培训，精心组织开展典型事故案例、节假日、季节性安全教育，通过以师带徒等方式带动新员工提高安全作业意识。

【扎实开展安全活动】 以争创“安全杯”、“安康杯”为主线，开展“百日安全无事故”、“安全生产月”、“安全知识竞赛”等一系列的安全活动，充分发挥宣传教育和活动的促进作用。2009年“安全生产月”活动期间，组织开展安全知识竞赛、安全演讲、特种作业人员大赛、预案演练周等各项具体活动，配合省安监局在日照港举办全省中央驻鲁、省属企业安全管理人员培训班；组织开展“11.24”安全警示日和安全警示月活动。2010年承办全市“日照港杯”安全知识竞赛，并获得二等奖，11月，结合阳光文化创建活动组织“阳光安全、保障幸福”主题演讲比赛。2011年“安全生产月”活动期间，集团公司购置10万余元安全学习材料发放到各单位，组织全港站队长安全知识竞赛，开展安全合理化建议征集和隐患举报排查活动，征集合理化建议1000余条；印发《安全基本知识手册》10000本，下发基层单位，普及安全知识。在此基础上，促进各单位组织开展安全论文评比、班组安全管理经验交流、安全月坛、十佳班组长评选等特色活动，对安全生产起到了很好的促进作用。

【加强安全监督检查 加大监管力度】一是组织开展月度、半年综合大检查、春季隐患普查、专项安全检查、节假日特殊时间段及日常安全督查等各类安全检查，实行安全生产日报和日常安全管理工作定期考核制度；二是坚持开展“危险品、装卸作业、工程施工、海上作业、道路交通”等重点领域的安全专项治理；三是全面规范承发包业务专项安全管理工作，对长期从事业务承包的单位资质、安全生产管理协议制定落实等情况进行年度审核，加大对基层单位业务承发包情况的动态监管。2009年贯彻《安全重点部位监控管理办法》，完善监控措施和管理档案，有重点地开展装卸作业、危险品、海上作业、工程施工、道路交通等重点领域专项治理。“十一”节前、全运会期间，组织对重要危险化学品仓储经营和人员密集场所、装卸作业、工程建筑施工等现场进行专项检查。2010年针对大连新港“7.16”事故、上海“11.15”火灾等事故开展专项检查；针对季节特点开展春季隐患大排查活动，组织夏季、冬季“四防”检查，排查整改隐患3000余项。2011年制定下发《发包业务安全管理暂行规定》，明确管理职责，理顺管理流程，严格承发包业务安全资质审查；加强对裕廊码头有限公司、燃供公司西港箱式加油站、物流公司新增集装箱业务、客箱班轮等新建单位、新增业务的安全监管。

【生产安全事故应急管理】加强应急救援组织建设，完善应急装备，健全安全生产事故应急救援体系，组织开展危化品、消防、防台防汛、反恐等多种应急演练，各级应急处置能力明显提高。2009年，成立包括12个领域的应急救援队伍，建立应急救援专家库；督导各基层单位完善生产安全事故现场处置预案，提高预案的规范性和可操作性，修订预案130余项，应急预案体系进一步完善；有计划、分层次对生产安全事故专项应急预案和现场处置预案开展集中演练活动。2010年，组织集团危险化学品事故应急和防台防汛救援演练，组织各单位完成预案演练30余次；筹建岚山港区中区消防站，确定机构人员编制和应急装备。2011年，修订危化品、防台防汛预案，制定雨雪冰冻灾害预案；组织各单位开展防台防汛、码头紧急停电、船舶失电、设备和船舶防抗台、通信联络中断应急恢复、锅炉缺水抢险等应急演练100余项次；积极推进岚山港区中区消防站建设，确定消防站应配备标准，配备车辆和器材，组建消防队伍，开展业务培训，制定应急预案，确定接警方式，消防站如期发挥作用。

（王家香）

【加强机构建设 强化环保责任落实】2009～2011年，着力加强机构建设，加强环保监督管理，强化环保责任落实，初步建立起比较完善的环保管理体系。一是2009年组建环保卫生管理中心，编制9人，挂靠安全质量部。集团公司组织机构调整后，环保卫生管理中心撤销，职能转到安全环保部，基层单位也成立环保队等专业队伍，全港环保从业人员475人；二是加强制度建设，共修订完善环保管理制度、措施14个，指导基层单位修订完善管理制度、作业指导书120余项；三是强化监督管理和责任落实。每年与主要装卸生产单位签订环境保护目标责任书，强化分级责任落实制度。坚持日检查、周督导、月考核制度，将粉尘防治成效与各单位绩效考核成绩挂钩，保证了粉尘防治工作的有序开展；四是加强环保宣传教育。2010年和2011年在集团范围内开展了环保知识答卷和环保征文活动，并通过专题讲座、经验交流、合理化建议征集等形式多样的活动，营造全员抓环保、治粉尘的工作氛围。

【加强环保硬件建设 确保粉尘治理效果】三年投入2.39亿元建设堆场和道路喷枪、洗车设施，购置各类清扫、洒水设备，用于粉尘控制，确保治理效果。一是实施堆场硬化、道路改造90余万平米，建设堆场喷枪系统865套、洗车设施11处，购买洒水车、清扫车、吸尘车等环保设备72台；二是建设灯塔风景区南侧挡风抑尘墙366米；三是大力实施港区绿化，港口绿化覆盖率达36.58%；四是加强易扬尘货物苫盖，每年投资2000多万元用于购置篷布、苫盖网等；五是引进专业化装卸设备，实施木薯干、大豆、散装水泥、氧化铝等装卸工艺改造，实施漏斗卸船装车等新工艺；六是完善污水回收、处理系统，建设中水泵房和污水沉淀池14处。

【开展综合整治活动 提高现场管理水平】开展以“安全有序、优质高效、文明整洁、生态环保”为主题的现场综合整治活动，内容包括装卸生产现场、施工作业现场、设备现场、安全生产、环境保护、环境卫生和绿化美化、道路交通等。进一步规范现场作业行为，提高现场综合管理水平。2009年4月，开展为期一个月的现场综合整治活动，全面查找存在的问题，制定有效措施认真整改，生产作业、建筑施工、设备设施现场管理水平持续提高，港容港貌明显改观，粉尘治理初见成效。2010年，利用4、5两个月的时间进行现场综合整治，下发环保综合整治方案，明确汽运车辆和流动作业设备、环保设备设施治理范围和标准、要求，现场作业行为进一步规范。 2011年4、5月两个月，下发环保、卫生综合整治方案，明确港区、港界17个环境敏感点及控制要求，划分环保、卫生工作责任区。主管部门加强监管，各单位采取有效措施落实有关标准、要求，作业人员的思想意识、作业规范程度和现场环境均有明显改善。

堆场一角

【做好竣工环保验收工作】三年来，积极参与建设项目各环节的环保管理，按规定做好建设项目竣工环保验收工作。一是参与建设项目环评报告书和初步设计审查，确保报告书和批复中的环保措施落到实处；二是加强“三同时”管理，确保环保设备设施与主体工程同时设计、同时施工、同时投入使用；三是按规定的程序做好建设项目竣工环保验收工作。2009年至2011年完成矿石码头二期工程、中港区护岸工程、木片码头续建工程、西港区三期工程、岚山北港区污水处理厂工程、公用油库工程、30万吨级油码头及航道工程、10万吨级油码头工程、岚山港区南区8#、12#泊位改建工程等建设项目的竣工环保验收，为相关工程的顺利投产奠定良好基础。

（尹发军）

【积极开展爱国卫生和绿化美化工作】一是按照爱国卫生工作的要求和标准，每年组织开展“爱国卫生月”活动；二是积极开展义务献血活动，三年来组织近700人次参加义务献血，2011年，集团公司被评为全市无偿献血工作先进单位；三是完善红十字会组织机构，顺利通过了省人大红十字会执法检查组对集团公司贯彻实施“一法一办法”进行的执法检查；四是在巩固“国家卫生城市”复审工作中，股份二公司被评为日照市巩固“国家卫生城市”成果迎接复审工作先进集体，3名员工被评为日照市巩固“国家卫生城市”成果迎接复审工作先进个人，其中1人记三等功，2人记嘉奖。

三年来，港区共完成绿化面积17.56万平方米，绿地率33%，绿化覆盖率36.58%，各项指标均达到了国家标准。集团公司继续保持“日照市花园式单位”、“交通部绿化美化红旗单位”、“山东省花园式单位”、“全国部门造林绿化400佳单位”、“全国绿化先进集体”等一系列荣誉称号。

港区绿化

（田 静 于兰玲）

【卫生监督与疾病控制】 加大餐饮服务食品安全监督管理力度，在全港范围内积极开展“餐饮服务食品安全”、“食品添加剂”、“地沟油”、“瘦肉精”、“一次性筷子”和“海参类产品”等专项整治活动，确保职工饮食安全。为重大会议活动提供卫生保障，碧波大酒店荣获“日照市餐饮服务食品安全示范店”称号。积极推进公共场所卫生监督量化分级管理工作，碧波大酒店、碧波山庄、云波宾馆、青年公寓、岚山港招待所和岚山港职工浴室6家单位先后获得公共场所卫生监督量化分级A级单位。通过餐饮服务食品安全专项整治和公共场所卫生量化分级监督管理，餐饮服务、公共场所卫生管理更加标准化、制度化、规范化。加强计划免疫、传染病防治、职业卫生监督工作，做好适龄儿童和重点人群（甲型H1N1、麻疹等）免疫接种工作，接种率≥99%，接种覆盖率100%，有效控制传染病的暴发和流行。加强新、改、扩建工程的预防性卫生监督、经常性卫生监督和卫生知识培训工作。卫控中心先后荣获“全市公共场所卫生监督执法工作先进集体”、“全市免疫预防工作先进集体”、“全市职业卫生监督执法工作先进集体”和“日照市总工会工人先锋号”等称号。

（王 涛）

审计工作

【概述】 2009～2011年，审计工作紧紧围绕集团公司发展战略，积极创新工作方式，强化审计的监督和服务职能，把“围绕中心、服务大局、促进发展”作为审计工作的出发点和落脚点，有效地促进了港口经营管理水平的提升，提高了投资效益。三年来，共完成经济责任、效益、内控、风险及专项等审计项目78个，发现问题142个，提出审计建议116条；共审核预结算合同846个，合同价款70亿元。日照港集团公司先后被评为“全省内部审计先进单位”、“做出突出贡献和创造新经验内审机构”。

【深化经济责任审计】 按照“以加强控制、防范风险、提高效益为目标，将内控审计、管理效益审计及风险审计融入到经济责任审计中”的工作思路，积极拓展审计领域，创新审计方式，加大经济活动的审查监督力度，深化经济责任审计。2009～2011年，共完成经济责任审计项目68个，先后提出了加强费收管理、保证费收项目应收尽收；账外代收代付业务一律纳入公司财务核算，罚款收入及时上缴，以降低资金保存和使用风险；加大对煤炭、矿砂等存货的管理力度，建立动态库存台账，定期盘点，及时反映当期损益，规避市场风险等审计建议103条，使问题及时得到整改，降低了经营风险。通过对集团下属单位负责人的任期经济责任审计，了解各单位经营管理的实际情况，分清责任，对单位负责人任期内的工作给予客观评价，有效促进了公司经营管理水平的提高。同时，为加大审计整改力度，使审计建议落到实处，在审计报告中增加“上期审计报告所提问题的整改落实情况”，通过后续审计，对上年度存在问题的整改情况进行点评，使被审单位更加重视审计整改，整改落实率超过95%，提升了审计效果。2010年7月，集团公司一项经济责任审计项目被评为全省优秀审计项目。

【创新基建审计】 三年来，审计工作紧紧围绕港口建设发展的中心任务，以基建程序和基建资金为主线，不断推进基建审计工作转型发展，有效提升了审计工作的效率和效果。同时，积极拓展基建审计新领域，把基建审计重心由工程结算审计和竣工决算审计逐步拓展到工程建设项目流程和管理程序，更加关注工程建设管理的内部控制，有效地促进了集团提高工程管理水平和投资效益的提升。

一是坚持“全面审计、突出重点”。对投资金额较大、施工周期较长的项目进行重点审计，将关键环节、关键流程作为重点审计内容，对零星维修改造、绿化等小工程主要进行工程结算审计，提升了审计效果。 二是坚持重点基建项目的全过程跟踪审计。参与重点基建项目的图纸会审、招投标、合同谈判、竣工验收、工程结算等全过程，就项目实施过程中存在的问题，及时提出审计意见和建议，有效减少了投资风险。三是坚持审计质量控制。一方面强化审计复核，确保审计人员之间能够及时沟通和信息共享；另一方面认真做好与被审单位、部门的交流与沟通工作，听取和研究被审单位的意见，确保审计发现事实清楚、定性准确、处理恰当。 四是为检验集团公司工程造价审核审计工作的适当性，促进审计质量的不断提高。每年都抽取部分工程项目委托社会审计。通过协助、配合社会审计工作，提高了审计业务技能。

三年来，共审核工程预（结）算合同、物资设备采购合同等846项，合同价70亿元，出具工程竣工决算报告8份，参加招投标、合同谈判及工程验收会议等719次，并围绕工程签证管理、甲供材结算及材料价差结算处理等方面提出了富有建设性的审计建议，较好地履行了审计的监督服务职能。审计的“日照港木片码头续建工程”，被评为全省内部审计表扬项目。审计人员提出的《加强竣工结算前的资产清查，提高工程竣工决算质量的建议》获2010年集团公司“搏击双亿、增收节支、节约节能”合理化建议二等奖。

【强化基建资金的审计监督】 坚持以基建资金为主线，强化基建资金的审计监督。根据港口基建项目投资主体和资金来源渠道，将基建项目予以分类汇总，通过与财务管理系统联网随时监控基建资金的筹集、管理、使用情况，对基建资金进行监督检查，促进基建资金的安全、合理和有效使用。

【加强效益审计】 2009～2011年，审计工作围绕集团“管理效益年”和“创业创新创效年”活动，不断加强效益审计。在审计过程中找出影响效益提高的主要因素，分析原因，提出建议和意见。例如：通过对料工费等成本因素分析比较，预测经营业务的毛利率及盈利能力；针对存在问题，提出船舶残油、废油回收确定承包方必须经过招标、比价程序；工程结余物资应及时退库；单船货物发运完毕时，库场部门应取得作业委托人的“货清账清”书面签字确认书，业务部门再进行清账处理等。这些审计建议，维护了集团制度的严肃性，有效提升了集团对分公司、子公司的管控能力。其中，“效益审计促进增收节支”等建议，获得2010年度“日照市职工优秀经济技术成果奖”。

【开展风险审计】积极开展以风险控制为主的专项审计，注重通过风险识别查找各业务单元、重要经营活动、重要业务流程中的风险，将业务流程的内部衔接与控制等作为必查项目，侧重对账户管理、关联交易、业务合同与收入确认、库存商品管理、原材料出入库等风险环节及其内部控制的健全性、合理性及有效性进行审核评价。针对存在问题，提出了建立完善内部控制制度，加强内部牵制；严格控制关联企业之间的资金往来，对垫付和欠收的资金，应加大回收力度，对不能按期收回的要足额收取资金占用费；进一步规范资金管理办法，防止发生经济损失，对资金安全风险较高的预付账款要审慎对待、尽快清理等11条审计建议，得到被审单位的认同，有效规避了经营风险。

【对股份公司进行专项审计】三年来，对日照港股份有限公司的募集资金使用情况进行了六次专项审计，监督检查股份公司募集资金的使用。根据股份公司提供的资料，各银行之间的往来，没有发现违反财经纪律的事项，也未发现公司具有实际控制权的个人、法人或其他组织及其关联人对募集资金进行占用。

【加强审计制度建设】2009年，重新修订《日照港集团有限公司内部审计工作规定》《日照港集团有限公司所属单位负责人任期经济责任审计实施办法》《日照港集团有限公司内部审计工作实施细则》等五项制度，对审计职责、审计范围、审计程序、审计考核等都作了明确规定。2011年，在集团推行卓越绩效模式过程中，制定内部审计工作流程，使内部审计工作更加契合港口实际，更加有利于服务港口发展。同时，为强化审计项目质量控制，进一步完善审计项目三级负责制，从计划编制、方案制定、人员配置、组织实施、底稿编制、资料审核、报告编写等各个环节都进行细化和完善，以严谨的工作过程控制力保审计结果的客观公正，进一步提升审计工作质量，降低了审计风险。

（董衍华）

人力资源管理

【概述】人力资源部是集团公司人力资源管理的职能部门，主要负责人力资源政策管理、战略管理、队伍建设、人才管理及薪酬保险等工作。2009～2011年，人力资源部坚持人才强港战略，积极探索港口高成长情况下的人才引进、培养、使用和储备新机制，强化管理，各项工作取得显著成效。2011年末，集团公司员工人数达8166人，三年净增251人，较2009年初增加3.17%，平均每年净增1.06%。全员劳动生产率逐年增长，2009年全员劳动生产率为21243吨/人年，2010年为26395吨/人年，2011年达29290吨/人年，年均增长17.6%。

随着港口各项事业的快速发展，集团公司员工收入水平稳步增长。2009年人均工资6.2万元，2010年为6.9万元，2011年达到7.6万元，年均增长10.4%。

（李　捷）

【管理人员及员工队伍建设取得新突破】完善创新各级领导班子及中层管理人员队伍建设。一是加强了制度建设，制定出台了《关于进一步深化创建“四好”领导班子工作的意见》《集团公司中层管理人员绩效管理试行办法》等多项制度；二是按照创建“四好”领导班子活动要求，组织对创建“四好”领导班子活动的考核、评选，对荣获集团公司2008～2009年度“四好”领导班子称号的股份二公司等四个单位进行了命名表彰；三是进一步创新和完善中层管理人员选聘管理办法。2011年，根据集团公司组织机构调整要求和中层管理岗位空岗情况，组织开展中层管理人员的选聘调整工作，充实、优化了集团公司中层管理人员队伍，使集团中层管理人员队伍整体素质明显提升，平均年龄由46.22周岁下降到45.55周岁，大学本科以上学历人员所占比例由76.9%提高到79.8%，高级职称人员所占比例由66.4%提高到68.7%；四是建立健全中层管理人员绩效管理体系，理顺规范绩效管理工作流程和运行机制，组织编写《集团公司中层管理人员绩效管理手册》，制定印发了相关制度文件，扎实推进了中层管理人员绩效考核工作。从2010年开始，年初拟定并组织签订中层管理人员绩效合同，年末组织开展中层管理人员关键业绩指标考核和行为能力评价，将考核结果用于年薪兑现和评先树优，促进了中层管理人员绩效水平不断提升。

进一步规范科级管理人员队伍建设与管理。制定集团公司科级管理人员选聘暂行办法，对各单位科级人员调整进行审核审批，并规范备案管理程序，组织了油品公司、实华公司等主要生产单位及集团机关部室70余个科级岗位的公开招聘，招聘人员及时补充到位，满足了生产建设和管理需要。截至2011年12月底，集团公司共有科级管理人员635人，平均年龄为41.8岁，同2008年相比，科级管理人员平均年龄有所上升，具有大学专科及以上学历人员的比例有所提高。

员工队伍建设全面推进。一是圆满完成员工招聘工作。组织各单位进行人力资源存量调查分析工作，完成了三个年度的员工子女的招聘报名、资格审查、考试及选岗工作。同时，编制专项计划，加大校园招聘力度。从2010年开始，先后到西安、武汉、南京等地高校召开校园招聘会，定向选聘“211工程”院校的优秀毕业生，扩大人才供给的主渠道，有效补充企业急需专业人才，改善了招聘人员的结构和素质。三年来共选聘高校毕业生688名，政策性接收安置退役士兵97人；二是开展培育和树立“品牌员工”活动。印发《关于进一步推动“品牌员工”培育和树立工作的意见》，评选出首届集团公司“品牌员工”并进行了表彰；三是合理调配人员，最大限度地发挥现有人力资源潜力。加大内部公开招聘工作力度，组织油品公司、裕廊公司、客箱公司等主要生产单位110多个管理岗位及操作岗位的公开招聘，招聘录用80余人；四是规范和加强劳动合同管理，保持了劳动关系的和谐稳定。及时办理签订、解除和终止劳动合同及离岗退养等手续，签订劳动合同5000余人次，解除和终止劳动合同85人，办理退休手续231人。完成了2009～2011年三个年度的劳动年检工作。

（崔永亮）

【人才队伍建设成效显著】一、注重高层次专业技术人才的选拔和培养。技术人员中，先后有1人被评为享受国务院政府特殊津贴专家，1人被评为山东省有突出贡献的中青年专家，1人被评为山东省交通系统有突出贡献的中青年专家，2人被评为日照市有突出贡献的中青年专家。

二、进一步加强专业技术人才队伍建设。修订下发《日照港集团有限公司专业技术拔尖人才选拔管理办法》，组织开展集团公司第三批专业技术拔尖人才选拔和优秀专业技术骨干评选工作，有4名同志被授予“日照港集团有限公司专业技术拔尖人才”荣誉称号，14名同志被授予“日照港集团有限公司优秀专业技术骨干”称号。基层单位评选出公司级优秀专业技术骨干35人。通过建立专业技术人员晋升发展通道，保持了专业技术人员队伍的稳定，为港口发展提供了人才保障和智力支持。

三、加强专业技术职务评聘管理。规范专业技术岗位设置，改进和完善专业技术职务评聘工作，认真组织专业技术资格的考试、评审、聘任，做好专业技术人员年度和任期届满考核工作。三年来，集团公司共有597名专业技术人员通过评审、考试取得各级专业技术职务任职资格，其中：取得高级职称的有118人（正高级11人）；中级职称233人，另有64名专业技术人员通过考试取得8个专业全国注册执业资格等级证书。

四、积极开展高技能人才队伍建设。先后制定《技师、高级技师管理暂行办法》《首席技师选拔管理暂行规定》等制度，组织进行了两期金蓝领技师培训，有25人通过考试考核取得技师资格证书。组织了两次日照港首席技师的评审，有6人被评为日照港首席技师。三年来，共有5人获得日照市首席技师称号，3人获得山东省首席技师称号，1人获得山东省有突出贡献技师称号。

（滕 健）

【薪酬分配机制进一步完善】 一、工资调控机制进一步完善。通过进一步完善工资总额调控管理办法，改进工资水平调控措施，严格按各单位目标责任书和基本指标完成情况进行考核兑现，顺利完成了各年度的工资总额清算工作。目前，各单位员工工资增长水平与本单位的发展状况基本适应，不同单位之间员工收入差距保持合理水平。员工收入水平适度增长，保证了集团公司各年度工资管理工作平稳运行。

二、进一步规范了集团中层管理人员年薪管理。制定实施了《集团公司中层管理人员年薪管理试行办法》，确定年薪管理的基本原则、年薪构成、组织系数和岗位系数，规定目标绩效年薪和新增绩效年薪计提标准，坚持按年度制定各单位领导班子和部室负责人年薪方案，并严格按年度考核完成情况进行清算兑现，使个人绩效年薪与绩效考核结果挂钩，改进完善了风险金管理，进一步健全完善了集团中层管理人员激励与约束机制。

三、建立离岗（退养）人员生活费增长机制。根据集团公司离岗（退养）政策规定，自2009年起，按年度核算发放了离岗（退养）人员年度生活费增量，生活费增量逐年累加，保持离岗（退养）人员的收入与在岗员工收入共同增长。

四、开展工资集体协商工作。根据上级工会和人社部门要求，结合集团公司实际，制定实施了《日照港集团有限公司工资集体协商试行办法》。集团公司和集团公司工会于2011年12月进行首次工资集体协商，达成并签订了2011年度工资集体协议。

（高军升）

【员工培训工作成效明显】 每年进行培训需求分析，制定培训计划并组织实施。在培训形式上，采取内部培训与外部培训相结合的方式，充分利用不同培训资源，针对管理人员、专业技术人员、一线操作人员三支队伍进行有针对性的专题培训。开展了中高层管理人员培训、科级管理人员培训、专业技术人员继续教育、职业技能培训等工作。三年来，共组织各类培训600余期，培训66000余人次。集团公司连续三年被日照市授予职业教育示范企业，2011年被山东省列为省级企业实训基地。

（李 捷）

职工培训

【职业技能鉴定等工作稳步推进】 继续在全港主要生产技术工种中开展职业技能培训和考核鉴定工作。三年来，共开展了16个工种项目的技能培训和考核鉴定，2011人参加了培训，1280人取得不同等级的职业资格证书，其中，取得初级资格491人，中级资格411人，高级资格342人，技师、高级技师36人。在股份一公司、股份二公司、股份三公司、铁运公司开展了持职业资格证书上岗工作，涉及15

个工种岗位的1500余名一线操作人员得到聘任，并落实了相应的技能津贴等待遇。

（滕 健）

【社会保险和企业年金工作进一步规范】积极履行企业社会责任，依法规范员工社会保险工作，维护员工合法权益，改进和完善员工多层次保障体系，不断提高员工保障水平。一是在先期参加员工基本养老、基本医疗、失业、工伤保险的基础上，从2009年8月1日起参加生育保险社会统筹，实现了社会保险全面参保。二是足额及时缴纳基本养老、基本医疗、失业、工伤、生育等各项社会保险费，确保员工享受规定的各项保险待遇（三年来累计缴纳各项社会保险费用4.4亿元）。三是严格按规定落实员工养老、医疗、工伤、生育保险待遇。为到龄人员按期办理退休手续，及时发放基本养老金和企业福利补贴。按照上级有关政策规定，先后3次增加基本养老金待遇，并相应调整企业住房福利补贴，退休人员基本养老金和企业福利补贴稳步提高。四是加强企业年金基金投资运营管理。首期企业年金受托管理到期后，与企业年金基金各管理人续签了企业年金管理合同，继续委托企业年金受托管理机构投资运营。新增选了一家企业年金基金投资管理人，制定投资管理人考评办法，建立起竞争激励机制，进一步优化投资结构，化解投资风险，确保企业年金基金安全和合理的投资收益。五是拟定医疗保险有关具体规定，补充完善员工医疗保险办理程序，实行企业补充医疗保险个人账户和普通门诊、住院医疗费按比例报销制度，在基本医疗保险基础上，进一步降低员工医疗费用个人负担，提高员工医疗福利保障水平。六是通过参加工伤社会保险、购买企业商业意外伤害保险，增强企业和员工抗风险能力，进一步减轻受伤员工费用负担。

（马振德）

【初步构建规范有序的劳务管理体系】一是确定劳务体制改革的方向。制定印发了《集团公司劳务管理体制改革的实施意见》，统一和明确了劳务管理体制改革的方向、目标和主要工作任务，确定了港口低端操作业务实行承发包模式的改革方向；二是加强管理体系和管理机制建设。设立集团公司劳务管理中心，明确了市场监管主体、发包方、承包方三个市场主体，构建起规范有效的承发包管理组织架构；先后制定出台《劳务发包管理暂行办法》等5项管理制度，确立了劳务管理制度框架和管理原则，并指导承发包双方通过招标比价、业务谈判建立劳务承发包关系，初步构建起统一管理、规范有序、市场化运作的劳务承发包运行机制；三是规范对外劳务发包的管理。制定了《对外劳务发包计划管理实施细则》《劳务费支付管理实施细则》，建立对外劳务发包和外付劳务费计划管理制度，规范理顺了劳务费支付审批程序，通过月度控制和年度考核，有效监控各单位劳务费用支付情况，合理控制劳务费用支出；四是规范和加强了劳务承包公司的管理。制定了劳务承包公司进港准入管理实施细则，推行劳务承包公司进港准入和履约保证金制度，建立了劳务承包公司动态考核、年度审核和退出机制；调整理顺了劳务承包公司的业务承揽范围和承揽区域，保持各劳务公司规模适中、均衡发展；五是加强了对劳务人员的管理。制定劳务人员进港准入管理实施细则，梳理制定了各劳务工种岗位的年龄、身体、学历等上岗资格条件，规范了劳务人员上岗手续及劳动合同管理，消除了劳动关系法律隐患；六是建立了劳务人员工资指导价位制度，保证劳务人员工资收入与港口发展协调稳定增长；稳步推进了劳务人员参加社会保险工作，妥善处理了劳务人员参加社会保险问题。

（崔广健）

【推进人事档案管理规范化和科学化】人事档案管理工作坚持管理与服务并举，推进人事档案管理的制度化、规范化、科学化、信息化。一是强化制度建设。系统修订了《日照港人事档案管理规定》及人事档案管理八项制度，完善管理台账，严格档案收、查、借、用、转等业务程序，做到收转清晰、卷账相符；二是档案材料收集工作加强过程管理，采取经常收集与定期收集、重点收集与普遍收集相结合的方法，严把入档材料质量关，做到档案材料每年一次全部归档入盒入袋；三是档案整理严格实施标准化。在材料鉴别上注重真实性，在材料分类上注重准确性；在材料整理上讲求标准化。档案立卷统一标准、科学分类、编排有序、标识规范、内容清楚、便于利用；四是档案保管进一步规范化、科学化。按照干部档案与工人档案、老员工档案与聘用制档案分类集中存放、分别管理，在职员工、退休员工、死亡员工分别归档，做到标识规范、便于查找、安全保密；五是档案服务水平在信息开发利用中得到提升。坚持纸质档案与电子档案同步并行，在建立书面音序检索的基础上，积极促进人力资源系统信息维护和共享，持续补充数据库信息，提高利用效率，强化服务功能。在集团信息化规划工作中对人力资源系统升级汇总了各专业需求、提出了建设性建议。三年来，共收集档案材料1.85万余份，查阅2500余卷，借阅306卷，转出36卷84份，移交191卷。截至2011年底，在职员工档案5027卷1585袋，退休员工档案926卷，死亡员工档案305卷，副本档案19卷。

（李 然）

党群工作

党委工作

【概述】 日照港集团有限公司党委现有直属党组织28个，基层支部192个，党员3455名。

2009年以来，集团公司党委始终紧紧围绕港口发展中心任务，坚持按照“围绕中心、强化核心、凝聚人心”和“提高能力、激发活力、增添动力”的总体思路与具体工作目标，坚持“跳出党建抓党建，融入中心抓党建”，用新思维、新视角来定位党组织在港口建设发展中肩负的使命，找准突破点，选准结合点，确定了以大党建推动大发展的党建工作思路，实现了党建工作和港口生产经营的“双促进、双提高”。集团公司党委先后获得“山东省先进基层党组织”、山东省国有企业创建“四好”领导班子先进集体、“全国文明单位”、“全国精神文明建设工作先进单位”、“全国企业文化示范基地”等荣誉称号。

党建创新方面。集团公司党委突出规范化和创新实践，尊重基层首创精神，创新党建工作载体，基层党建工作焕发出新的生机和活力。集团层面上，在开展“评先树优”等行之有效活动的基础上，每年组织一个主题教育活动，每两年召开一次党建研讨会，开展一次党建思想政治工作创新实践活动，探索交流党建工作的新方法、新载体、新途径。深化拓展党群双向直通机制，密切高中层管理人员与职工群众、党组织与党员、党员与职工群众的直接联系；不断完善党务公开制度，扩大党内基层民主，保障党员民主权利，增强组织活力。深化提升学习型组织建设，形成了符合实际、行之有效的学习组织和管理机制。在基层党组织层面，通过培育推广党建工作“目标管理样板”，开展创建“学习型党组织”、“党员责任区”、“党员示范岗”等活动，激发了各级党组织和广大党员在港口生产建设、经营管理和改革发展中建功立业的积极性。探索将党建企业文化工作纳入集团公司的目标管理考核，进一步细化党建企业文化工作的标准、流程和过程控制，严格奖惩兑现，使党建工作与行政工作同部署、同检查、同考核、同奖惩，提高了基层党组织的战斗力、凝聚力、创造力和港口的整体管理运行效率。

创先争优活动方面。2010年7月以来，根据中央、省委、市委关于在党的基层组织和党员中深入开展创先争优活动的统一部署，按照中央组织部、国资委党委在国有企业开展争创“四强”党组织，争做“四优”共产党员活动的要求，集团公司党委高度重视，坚持高起点、高标准、高质量，精心组织，狠抓落实，深入扎实开展了争创“四强四优”活动，激励全港各级党组织和广大党员履职尽责创先进、立足岗位争优秀，有效发挥了党支部的战斗堡垒作用和党员先锋模范作用。

文化引领方面。集团公司着眼于传承历史、展望未来，凝炼出与日照港人优良传统和精神一脉相承、与港口战略目标相统一的“阳光文化”体

系，构建起富有生命力、个性化和独创性的企业文化。充分考量区域经济和港口发展的实际，提出着力打造“创新学习型、质量效益型、诚信责任型、阳光和谐型”港口，构筑起“传载真诚、追求卓越、共享阳光”的核心价值观，明确了“发展港口、报效国家、服务社会、成就员工”的企业使命，将日照港精神凝炼成“艰苦创业、励志践行、拼搏奉献、激情超越”。

随着港口的加快发展，阳光文化在引领战略发展、推动管理创新、彰显社会责任等方面所发挥的作用日益显著。在阳光文化的引导激励下，集团公司廉洁文化、安全文化建设不断创新形式，全面修订了港口各项管理制度；各分子公司围绕阳光文化的深刻内涵，积极规划和构建子文化，生产建设一线的班组逐渐成为努力践行阳光文化的主体力量。同时，组织编撰了《日照港集团考察》《阳光文化手册》《阳光照耀未来——日照港阳光文化案例》（第一辑）《阳光文化管理哲学与实践》等书籍，举办了“阳光文化论坛”、“阳光文化节”等系列活动，连续三年开展了“阳光文化进一线、进现场、进班组、进社区、进家园”示范点创建活动，对集团各分子公司的管理经验和基层班组的建设经验进行了总结提炼和宣传推广，对港口员工践行阳光文化起到了指导和激励作用。

提升队伍素质方面。以创建“四好班子”为抓手，着重培养“五种能力”，努力打造“钢班子”。继续深化“四好”领导班子创建活动，增强“科学决策、应对危机、改革创新、经营管理、凝心聚力”五种能力，提高了领导班子适应市场竞争、驾驭全局和应对复杂局面的能力和水平。着力打造“铁队伍”。大力实施“人才强港”战略，完善人才发展规划，开展拔尖人才和专业技术骨干选拔工作，建立优秀专业技术人员“H”通道，使各类人才创业有机会、干事有舞台、发展有空间。同时，积极开展培育和树立“品牌员工”活动，不断完善“品牌员工”管理的有效评估和激励机制，完善员工成长渠道和激励方式，逐步形成了一支品德高尚、业务精湛、技能高超的“铁队伍”。

文明创建方面。围绕港口发展中心任务，以争创“全国文明单位”为抓手，将文明创建工作融入到港口发展的全面工作中。对照“全国文明单位”评选标准和要求，在集团内部开展了争创“文明单位（部室）”、“文明标兵”活动，对各单位创新学习、质量效益、诚信经营、环境保护、队伍建设等方面提出明确要求，引导、规范各单位提升文明创建水平、增强员工整体素质、改进服务质量水平，推动港口发展质量稳步提升。2011年集团公司荣获“全国文明单位”称号，集团连续19年被评为省级文明单位。

思想政治工作方面。集团公司党委坚持每年一个主题教育活动，先后开展了“搏击双亿靠什么、我为强港做什么”、“感恩敬业比贡献、强港兴企跨双亿”、“感恩与责任、务实与创新、和谐与共赢”等三次大讨论，进一步解放思想，坚定信心，转变观念，营造了团结和谐、文明向上的良好氛围。同时，注重改革力度、发展速度和员工承受程度的结合，妥善解决因利益调整引发的各种矛盾，努力让发展成果惠及员工。先后创新推行了“党委书记员工面对面”、“工会主席接待日”等活动，针对不同岗位工作特点和员工的思想问题，耐心疏导，具体帮助，消除思想疑虑，为港口建设发展创造了和谐、稳定的良好氛围。

宣传工作方面。围绕港口发展重要节点，突出宣传策划和典型塑造，着重提高宣传层次、质量与效果。借助港口发展重大事件、业务推介会、媒体聚焦日照等活动，切实加强对外宣传、推介，加强与中央、省级行业主流媒体开展战略合作等，有力提升了港口知名度和影响力。整合完善了“一报一刊一网一台一馆”宣传平台，大力宣传港口各项重大决策部署和先进典型经验，把广大员工的积极性引导到实现集团目标的行动上来，为港口科学率先优质发展营造了良好的舆论环境。

和谐稳定方面。以健全机制、强化教育、完善制度严格监督为重点，不断规范监督程序、突出监督重点，把握监督环节，完善监督方式，构筑起反腐倡廉的防线。扎实搞好“平安港口”建设，在抓好安全生产的同时，严格落实社会治安综合治理责任制，严厉打击货物盗窃等各种违法犯罪活动，维护了港口有序、安宁的发展环境。坚持普法和治理并举，抓好普法教育，进一步提高了员工法律意识和依法治企水平。妥善处理各类突发性事件，确保了港口平安稳定。

群团共建方面。认真做好职工思想教育和发动工作，落实职代会为主要形式的民主管理制度，推进厂务公开和群众性技术创新、技术比武等活动。认真维护职工权益，畅通与员工的沟通渠道，有力地促进了港口发展。各级共青团组织创造性开展工作，不断深化党建带团建工作，大力加强青年文明工程建设，发挥了生力军和突击队的作用。老龄、武装、女职工、计划生育和居委会等各项工作，以及公安、教育、医疗、卫生、后勤保障等各项事业有序进行，促进了港口和谐发展。

【党建工作科学化水平不断提高】 2009年，集团公司党委以“解放思想、科学发展、强港兴企”为活动主题，以“保增长、促跨越、全力打造最具活力的国际一流强港”为实践载体，按照“克服困难保增长、抢抓机遇促跨越、创新管理上水平、职工群众得实惠”的总体要求，扎实开展深入学习实践科学发展观活动，破解制约港口科学发展的难题，建立了适应港口发展的机制，提升了港口科学发展水平。2010年7月以来，集团公司党委深入开展创先争优活动，立足港口改革发展的实际，以“科学发展、强港兴企”为主题，以争创“四强”（政治引领力强、推动发展力强、改革创新力强、凝聚保障力强）党组织、“四优”（政治素质优、岗位技能优、工作业绩优、群众评价优）共产党员活动为载体，全面推动创先争优活动，统筹推进党建各项工作，努力把党的政治优势转化为港口的核心竞争力，形成了“组织创先进、党员争优秀、发展上水平、员工提素质”的良好局面。同时，各级党组织认真落实党委中心组学习、“三会一课”等制度，深化拓展党群双向直通机制；完善党务公开制度，扩大党内基层民主；深化提升学习型组织建设，扎实开展党建和思想政治工作创新实践活动，深化党建单项管理样板工作，创造了许多好经验、好做法。

2011年6月29日，集团公司庆祝中国共产党成立90周年暨争创“四强四优”表彰大会

【新闻宣传质量、层次和效果进一步提升】 围绕生产经营、建设发展、文化管理等工作主线，开展了系列集中宣传活动，2009年以来，平均每年在地市级以上媒体刊发新闻宣传稿件3300余篇，提升了港口的知名度和美誉度。

突出重大生产经营节点。首月开门红、首季开门好、半年宣传、跨越双亿等重大节点，都第一时间在省市主流媒体及行业媒体作出重头报道。配合集团公司到中西部等地进行推介，作出专题报道。特别是结合港口“十一五”成就展示、“十二五”发展蓝图，在中央省市及行业主流媒体，多方位、多角度地做出重点报道。

利用战略合作平台。与大众日报、山东电视台、日照日报，中直党建、企业管理、工作与研究杂志深入开展战略合作。集中报道集团及各单位加快生产建设的实践，围绕港口开展主题教育、金牌员工、向建党90周年献礼等主题，设计刊发了专题版面。

挖掘提升、打造精品。在持续加强和改进常规宣传，不断提升港口影响力的同时，在人民日报、经济日报、光明日报、新华社内参、半月谈、中央电视台等中央高端主流媒体进行宣传。

注重提升员工幸福指数、践行企业社会责任方面的宣传，《日照港赢得低碳经济高效益》《日照港打造绿色社区》《提高员工幸福指数》等稿件在中国交通报、中国水运报等行业主流媒体刊发并配发编者按。在省级主流媒体上刊发《金牌员工马玉娟》《港建总监赵义亭》《王牌门机司机刘海相》《高效工作、品味生活刘召军》等摄影专版，强化对港口基层员工特别是品牌员工的宣传，集团和谐劳动关系建设、树立先进典型的突出做法得到广泛赞誉。

拍摄港口宣传片。根据集团公司对外宣传需要，组织拍摄制作新版港口宣传片，并按照集团领导要求制作了短版专题片，采用高清技术，累计拍摄时间293天，留下了大量高清资料。设计印刷16万余字的《日照港·走过2009——阳光的记忆》一书，收录2009年国家省市及行业主流媒体刊发的日照港新闻稿件90余篇。

与大众日报摄影部合作。举办高级摄影研修班，邀请荷赛和普利策摄影奖的评委前来讲课，全国近100名知名大报的图片总监和摄影记者，以及我港摄影家协会参与培训，并组织了港口采风活动。

开展沿海港口“见证辉煌、共创未来——全国沿海港口行”活动。与日照日报社组成联合采访组，对南京港、上海港、宁波港、厦门港、深圳港、广州港进行了实地采访，主要就南方港口在金融危机影响下的成功做法、保税港区（保税物流中心）发展历程及经验、港口经营机制及城市支持港口发展的相关政策等方面，在日照日报、黄海晨刊刊出10篇重点报道。

【精神文明建设硕果累累】 大力开展主题教育活动。三年来，先后组织了“搏击双亿靠什么、我为强港做什么”、“感恩敬业比贡献、强港兴企跨双亿”、“感恩与责任、务实与创新、和谐与共赢”解放思想大讨论和主题教育活动。利用多种形式广造声势，向员工宣讲开展主题教育活动的重要意义，推广基层单位在活动中创造出的新经验、新方法。各单位紧密结合自身实际，突出特色，保证了活动的可操作性、针对性和实效性。

积极开展政研会工作。2009年9月4日，主办中国交通政研会港口分会第十届年会，集团公司作主题发言，进一步扩大了日照港党建、思想政治工作和企业文化建设在行业内的影响。集团公司政研会获得“2009年度省优秀职工思想政治工作研究会”称号，集团公司董事长、党委书记杜传志获得“2007～2009年度全国交通运输系统优秀思想政治工作者”称号。

加强理论学习。对集团公司党委中心组理论学习从人员、时间和内容等方面做了全面具体的筹备和部署，邀请中央党校、中央政策研究室、中国社科院、清华大学、北京大学、交通部规划研究院、山东省委党校专家学者进行专题授课。积极配合“创先争优”、“四强四优”宣传工作，做好宣传教育引导、树立优秀典型、交流经验举措等方面的工作。全力争创全国文明单位，在集团内部开展了争创“文明单位（部室）”、“文明标兵”活动，对各单位创新学习、质量效益、诚信经营、环境保护、队伍建设等方面提出明确要求，引导、规范各单位提升文明创建水平。同时，积极与中央省市文明办加强对接，争取指导帮助，跟进做好各项迎查准备工作。自1991年以来，集团公司连续21年保持省级文明单位荣誉称号。2009年被授予“全国精神文明建设先进单位”。2011年，集团公司被中央文明委授予“全国文明单位”荣誉称号。

（贾宗杰　杨 斌）

【政工职称评审工作顺利完成】按照有关规定，结合工作实际，组织进行了全集团政工人员专业职务的报名审核、申报、考试、推荐、公布、确认等工作。经省、市、集团公司政工职称专业职务评审委员会评审确定，2009年，集团有3人被评为教授级高级政工师，9人被评为高级政工师，14人被评为政工师，11人被评为助理政工师；2010年，集团有1人被评为教授级高级政工师，9人被评为高级政工师，6人被评为政工师，3人被评为助理政工师；2011年，集团有1人被评为教授级高级政工师，12人被评为高级政工师，14人被评为政工师，20人被评为助理政工师。

（盛　华）

企业文化

【概述】2009～2011年，坚持文化引领，将阳光文化与日常管理有机融合，经营理念逐步创新提升，管理特色更加突出；积极培育符合实际、富有特色和活力的子文化，加强廉政、安全文化等专业文化建设，加快推动集团与基层文化建设高效统一。阳光文化与品牌建设相互促进，文化内涵与服务内涵更加丰富。以阳光文化为指导，推动符合各单位自身特点的子文化和专业文化建设，实现了党建工作与企业文化建设有机融合，进一步打造“阳光港口、传载真诚”日照港服务品牌，提升港口形象和竞争软实力。

【突出丰富提升　推动阳光文化创新发展】按照集团“文化推进管理”、“文化引领发展”的战略思维，2010年，编辑出版21.8万字的《日照港集团考察》一书，对港口发展历程、环境与资源、发展战略、港口经营、资本运作、专业管理、基础管理等工作实践进行全面系统总结，作为全国港口行业的唯一代表，入选国务院国情调研丛书（企业卷）。

2009年6月～2010年10月，编辑出版16.8万字的《阳光照耀未来——阳光文化管理哲学与实践》一书，围绕发展和使命、现实和未来、压力和动力、决策和执行、文化和实践五个哲学问题，以故事化、案例化的形式，从文化引领、能力支撑、文化驱动三个方面全面总结了20多年来日照港发展的历程，梳理董事长“阳光文化”创新发展的脉络，提炼了开港开放特别是“十一五”以来发展的成就和实践经验，凝聚了董事长和集团领导班子的远见卓识，展示了日照港人的集体智慧和拼搏实践。

2009年6月，以“我的阳光故事”为主题召开日照港首届阳光文化论坛。2009年10月，承办“全国企业文化（日照港）现场会”，日照港被评为“全国企业文化建设示范基地”。2010年成功举办日照港首届“阳光文化节”，通过高层管理论坛、班组论坛、专家讲评授课、文学作品展、文艺展演等形式，提高了阳光文化的渗透力和感染力，推动了企业文化创新。

日照港2010阳光文化节开幕式

【突出文化落地　构建文化宣贯机制】自2009年开始，连续三年，面向一线站队、一线班组和重点工程项目部一线团队，开展了“阳光文化进一线、进现场、进班组”阳光文化示范点创建活动，评选出了28个阳光文化示范点，倡树了股份二公司东港装载机甲班的“铁甲文化”、轮驳公司船舶二队“日港拖8”轮“船家文化”等基层一线文化创新实践项目，以点带面，引导生产建设一线员工成为践行阳光文化的主体力量，使阳光文化越来越内化为员工的自觉行为。

按照“对外一面旗帜、对内一种动力”的理念，积极为子文化、专业文化的建设提供发展的土壤和条件。2011年，在第二届山东“港航服务品牌评选”活动中，集团公司安全环保部“阳光安全”、股份二公司“阳光检斤”、铁运公司“港铁文化”三个品牌获得山东省港航“优秀服务品牌”。

2009～2011年，日照港连续荣获“中国企业文化建设优秀单位”称号。2009年获得“全国企业文化建设示范基地”称号。

（葛立亚）

老龄工作

【概述】 截至2011年底，日照港石臼港区离退休人员逾千人，占全港总人数的10%。随着老龄队伍的逐渐扩大，针对服务人员少、点多面广的特点，老龄服务保障工作从实际情况出发，在爱心体贴、真情服务上做文章，尽量满足离退休人员的物质生活和文化生活需求，让他们时刻感受到大家庭的温馨。

【让离退休人员感受亲情】 集团公司及时调整充实老龄工作领导小组，由党委副书记分管，配备部、科室责任人，按时总结年度工作情况，安排部署工作措施，建立健全生活保障机制，优化服务流程、沟通联系、通报情况、走访慰问等各项工作制度，把老龄工作作为党委工作重点来抓。

解决好参加工作早、收入不高或有特殊困难的老干部的生活问题，关心照顾好年弱体病、生活不能自理的老干部。特别是为退休的局领导和离休人员建立了生日备忘表，选好优质蛋糕送去生日祝福。

【让离退休人员感受亲和力】 生活待遇是离退休人员关心、关注的热点问题，特别是生活补助，做到了与企业发展成果共享，在职人员拥有的离退休人员也有，如住房补贴、医疗补贴、水电补贴及劳模补贴等均按时足额发放。关注离退休人员的健康状况，逢春秋两季免费查体。

春节和“九九老人节”期间，集团公司均以福利的形式，为离退休人员发放适量的过节补助。每逢大节日，邀请离退休老领导、老干部党支部书记、退休劳模和职工代表座谈、慰问。

改善生活区和活动场所建设与配备。在原有设施的基础上，不断添置文化类的笔墨纸砚；健身类的门球器械、练功音响设备，遇重大赛事活动为参赛人员配备相应的服饰。集团每年为每人划拨出报刊订阅费用。

【让离退休人员感受家园和谐】 健全完善老干部党支部组织、考评表彰和培训教育三大体系建设，开展正常的组织活动。老干部党总支现有18个党支部，430名党员，每年都按照《山东省离退休干部党支部工作暂行规定》和集团党委党建工作部署，做好先进支部和优秀党员推荐及表彰。

结合港口实际，于2010年7月23日成立了益于老年人身心健康的老年文体联合会。开展技术指导、组织活动、搭建舞台、交流信息等服务。2010年出版了以老年书画为题材的挂历，2011年又相继出版《日照港老年书画作品集》《日照港老年文学集》；2011年太极拳剑协会在日照市比赛中获得团体第三名和个人项目第一名。

（牟乃法）

武装工作

【概述】 2009～2011年，集团公司武装工作立足日照港实际，围绕中心，突出重点，尽职尽责，扎实工作，各项武装工作取得了新的成效。

【加强民兵预备役队伍建设】 三年来坚持以军事斗争准备为牵引，注重优化队伍编组，积极夯实应急作战保障任务的基础。根据战时港口可能担负的海上支前保障任务，调整基干民兵布局，注重把专业对口、思想过硬、身体好、素质高、专业能力强的专业拔尖人才和技术骨干充实到民兵与预备役队伍当中，组建军港（码头）抢修分队、铁路护路分队、民兵装备维修分队、岛岸观察分队。按照交通战备工作要求，组建了港口抢修工程大队和应急交通专业保障队伍，所有专业分队均对口部署在集团专业保障单位，队领导均由编组单位负责生产的领导兼任，在组织领导、技术支持、生产调度等方面做到协调一致，提升了应急出动和跨区域遂行任务能力。

【军交运输正规化建设取得新成效】 日照港作为国家一级交通战备重点单位，认真贯彻落实交通运输部、解放军总后勤部《水路军事交通运输正规化建设工作规定》和济南军区的一系列指示精神，把提高军交运输工作质量与增强员工工作能力相结合，把着力点放在提升员工“平时能应急、战时能应战”的“两应”能力上，在技术、设备、财力、物力、人力等方面打牢基础，围绕战时可能承担的任务，配备专用器材、完善各类保障预案，确保军交运输任务优质高效完成。集团公司在2010年荣获“全省交通战备工作正规化建设先进单位”称号，2011年获得“全省交通战备工作先进单位”称号。

【做好征兵工作】 三年来，集团公司共有120余名合格青年参军入伍，其中大中专以上人员占80%，为部队输送了一批优秀士兵。

【双拥共建硕果累累】 三年来，国防建设和拥军优属工作不断加强。积极配合驻地部队在港口各项演习任务和海训部队在我港的海训保障任务，在港口泊位、装备设施、交通运输、训练场地等方面都给予大力协助，全力配合部队训练。每年都组织拥军慰问团看望驻训部队、慰问官兵。每年八一建军节、春节期间，通过召开座谈会、举行文艺联欢会、走访等形式进行慰问和共建活动，受到了广大官兵的欢迎。多家基层单位和部队结成共建单位，营造了军民一家亲的和谐氛围。

2011年1月26日，杜传志董事长作为全国拥军模范个人代表，出席了在人民大会堂举办的2011年全国军民迎新春文艺晚会。

三年来，集团公司向义务兵发放优抚款、慰问军烈属、奖励受奖军人的费用累计60余万元，走访慰问部队累计90余万元，保障、慰问来港演习和海训部队累计产生费用90余万元。

（葛立亚）

普法工作

【概述】 三年来，集团公司全面落实“五五”普法工作任务，通过深入开展法制宣传教育和法治实践活动，不断提高全港员工的法律意识和法律素质，增强员工的法治理念，形成了依法决策、依法管理的新局面，推动港口持续、快速、健康发展。

【全面提高员工法律素质】 坚持法制教育与法制实践相结合，法制教育与道德教育相结合，普法与依法治企相结合的原则，在法制宣传教育和依法治理过程中，致力于培育法制理念和法律意识，促进企业依法经营，形成良好的法治氛围。结合形势发展，有重点，分层次组织员工学习《宪法》《劳动法》《公司法》《工会法》《安全法》《水路法》《会计法》《港口法》等法律、法规，营造良好的学法环境。

【狠抓依法治企工作】 集团公司领导班子始终把依法治企作为港口科学发展的一项重要工作内容，坚持把依法治企的方略贯穿到各项工作之中，各级领导班子依法决策、依法经营、依法管理企业的自觉性进一步加强，依法治企的水平不断提升。通过依法推进改革改制，产权结构更加明晰；通过依法决策，确保了港口重大决策的科学性；通过依法管理企业，激发了活力，增强了发展的动力。

通过大量的、富有成效的普法宣传教育，港口员工的民主法制观念明显增强，法律素质明显提高。

（葛立亚）

纪检监察工作

【概述】 集团公司纪委与监察部合署办公，下设纪检室（兼集团信访办）、纪检科、监察科。集团公司设基层单位纪委8个，全集团共有专兼职纪检监察干部12人。

三年来，集团公司纪检监察系统紧紧围绕港口生产建设中心工作，以健全机制、强化教育、完善制度、严格监督为重点，不断规范监督程序、突出监督重点，把握监督环节，完善监督方式，提高工作实效，为港口健康发展营造了良好环境，先后被市委、市政府授予全市信访工作先进单位，被市纪委评为信息调研工作先进集体、全市信访工作三无单位，3人次先后受市纪委表彰。

【着力构建惩防体系】 认真落实党中央关于惩防体系五年《工作规划》，注重立足当前与着眼长远相结合，整体规划与年度计划相结合，坚持标本兼治、综合治理、惩防并举、注重预防的方针，以集团中层及新任职中、基层管理人员为重点对象，以党中央、中纪委会议精神和法律法规、党纪条规为重点内容，大力开展党风廉政教育，先后开展“加强党性修养、弘扬优良作风”、“增强制度意识、争做执行表率”、“以人为本、执政为民”主题教育活动，通过专题会议、业务培训、报告会、廉洁文化建设等形式，不断加大教育力度，各级管理人员艰苦奋斗、勤俭节约、廉洁敬业、遵章守纪的自觉性得到了提高。认真贯彻执行《党内监督条例》、港务公开、述职述廉、廉政谈话等制度，以签订年度《党风廉政建设责任书》为契机，严格落实党风廉政建设责任制，先后修订和制定下发了涵盖党风党纪、效能监察、行风建设、招投标、违纪违规查处等制度12项，逐步形成了靠制度管人的良性机制。严肃纪律，强化惩戒，三年受理举报信件95件次，举报电话106次，认真进行了调查核实和反馈答复，对15人次进行了诫勉谈话和严肃处理，配合地方检察院查处经济犯罪1人。按照更加注重预防、更加注重治本、更加注重制度建设的要求，在集团内部建立纪检监察工作协作片制度，加大了纪检工作交流、协作、配合力度，形成了全港上下配套联动、齐抓共管的工作网络。

【保障和服务港口坚强有力】 集团公司领导高度重视反腐倡廉工作，将其列入重要议事日程，与港口中心工作同研究、同部署、同检查、同考核，进一步完善了集团党委统一领导，行政大力支持，集团纪委为主，审计、财务、公安等部门大力配合的领导体系，工作机制愈加完善。认真贯彻落实《国有企业领导人员廉洁从业若干规定》，不断规范各级管理人员的用权行为，每年组织两次专项检查，确保了各级管理人员从业行为廉洁，港口各项大政方针和重要决策落实到位。以各级领导班子和管理人员为重点，把纪检、审计、财务等专门监察与员工监督、舆论监督和社会监督有机结合起来，突出对选人用人、大额资金使用、国有资产运营、投资项目决策、大宗物资设备采购等的监督。三年中参与集团公司级大型机电设备、重大基建项目、大宗物资采购招投标项目近400项，涉及资金46亿元。

【港口平安稳定得到有效保障】 从建设“平安港口”、“和谐港口”的需要出发，积极落实《信访条例》和集团关于信访工作的各项规定，通过设立纪委书记信箱、投诉电话等形式，多渠道、多层次地建立健全信访举报平台，以高度负责的精神对待员工群众的诉求，对举报和反映的问题件件有落实，事事有回音。密切关注舆情动态，高度重视带有群体性特点的问题，充分发挥纪委网站、工作简报及电视、报纸、杂志等媒体作用加强政策宣讲，把问题消除在萌芽状态。严格落实信访责任制。对上级纪检监察部门转办的信访举报件，及时进行调查并上报处理意见。三年中共接待群众来访2300人次，来信来电280件次，转办上级纪委、信访部门交办件36件次，处置率和办结率均达100%，没有发生大规模群众集访和越级上访事件，有效维护了港口稳定。

【阳光港口形象得到有力维护】 集团纪委会同生产业务部及各主要生产建设单位，不断健全行风建设目标管理实施细则，使行风建设逐步规范化、制度化，通过标语牌、宣传栏、班组会等形式大力宣传“阳光港口、装卸真诚”核心理念，提高了广大员工端正行业作风、优化港口形象的自觉性。指导基层单位设立举报箱，公布投诉电话、电子信箱等，形成多层面、立体式行风监督网络。各有关单位以召开客户座谈会、问卷调查、上门走访、设立400免费服务电话等形式，广泛征询对港口的意见与反映，集中受理、调查和反馈客户的投诉与建议，提高了港口的信誉度、美誉度。督导各单位、部门聘任行风监督员，认真纠治生产组织、货物代理、港内短倒运输，以及理货、进出港、工程项目等环节出现的不正之风。积极探索行风建设的新形式和新方法，推广、引入现代信息化技术，如创立和推广了GPS货运管理系统，将港内散货堆存管理和汽运疏港、铁路疏港等多个作业流程与互联网对接，成功开启了日照港矿石船舶统筹接卸、货种分类堆存、倒运疏港顺畅、联动作业高效的“秒时代”，有效地杜绝了各环节的不正之风。各项行风建设措施的落实，有力地维护了阳光港口的良好形象，集团公司先后荣获山东省诚信企业、山东省最佳企业公民、全国文明单位等称号。

（赵 利）

工会工作

【概述】 三年来，在上级工会和集团公司党委的正确领导下，在集团公司行政的大力支持下，全港各级工会组织从“维护职工权益、促进企业和谐发展、科学发展”的大局出发，围绕中心，创先争优，服务职工，维护权益，团结带领广大职工为集团公司改革发展建功立业，为推动港口平稳较快发展作出了积极贡献。集团工会不断完善民主管理和维权机制，促进劳动关系和谐稳定；大力加强工会自身建设，增添工会组织活力和亮点；努力发挥工会大学校作用，建设高素质职工队伍。工会工作取得了新的成绩，作出了新的贡献。

【**加强职代会制度建设**】坚持以职代会为基本形式的民主管理制度，定期召开集团和公司两级职代会，开展职代会星级创建活动，进一步加强了职工代表大会建设，保持了省级“职代会优秀星单位”。2009～2011年，集团公司共召开了二届一次、二次和三次职工、会员代表大会，分别审议了集团公司第二轮、第三轮2010、2011年度集体合同履行情况；2010、2011年度维护职工权益报告；日照港“十一五”部分指标完成情况和《日照港“十二五”规划纲要》等议案。认真做好了职工代表提案工作，三届职代会共收提案200多份，立案80多份，答复和办理率100%，代表满意率达98%。组织召开了六次职工代表团长联席会议，就集团公司改革发展和职工关心的热点难点问题进行讨论研究，保障了广大职工的民主管理权利。

【**做好厂务公开工作**】进一步做好全港厂务公开工作，维护员工的知情权、参与权和监督权，在增强集团公司创造力、凝聚力和向心力的同时，增强了职工的民主参与、民主管理和民主监督意识。三年来，集团公司各级厂务公开机制运行良好，厂务公开工作扎实有效。2010年，集团公司分别代表日照市、山东省迎接了全省、全国厂务公开民主管理工作大检查，得到两级检查组的充分肯定。继续保持了全国“厂务公开工作先进单位”的称号。

【**推进维权机制建设**】集团公司工会加强集体合同的监督检查落实工作，组织职工代表对集体合同履行情况进行巡视检查，不断推进职工权益维护机制建设。2009年对第二轮《集体合同》履行情况在二届一次职代会上作了报告；2010年二届二次职代会签订第三轮《集体合同》和《女职工权益保护专项集体合同》，在二届三次职代会上作了报告。积极推进工资集体协商工作，协助行政出台《日照港集团有限公司工资集体协商试行办法》，并进行了2011年度工资集体协商，维护职工合法权益。2009年，集团公司工会获“全省工会劳动关系和谐企业先进单位”，保持了“全国模范劳动关系和谐企业”称号。

【**深入开展劳动竞赛活动**】围绕集团公司中心任务，广泛开展技术比赛、合理化建议、创新创效等劳动竞赛活动，增强劳动竞赛的针对性和实效性。2008～2010年开展了为期三年的“搏击双亿、双增双节”劳动竞赛，职工积极参与到生产建设中，年均创造刷新生产纪录200余项，为“跨双亿”目标实现发挥了重要作用。2011年，根据《日照港“十二五”规划纲要》，开展了“建功十二五”劳动竞赛活动，形成全方位、多层次、常态化的竞赛机制。2011年，集团公司荣获“全国‘十一五’时期社会主义劳动竞赛先进集体”称号。

2009～2011年，集团公司举办了第21、22、23届职工技术比赛，共进行了487个比赛项目，其中集团公司级87项。共有19000多人次参加了比赛，有525名职工获奖，89名职工通过国家职业技能鉴定和晋升，24人获技师称号，6人获高级技师称号。

深入开展“安康杯”竞赛活动，促进完善了全港劳动安全卫生体系建设，增强了广大职工安全健康生产意识和责任，实现了安全文明生产。三年来，集团公司有16个单位获得省市级“安康杯”竞赛先进单位、28人次获得省市级“安康杯”竞赛先进个人、107个船舶班组获得省市级“安康杯”竞赛先进船舶班组称号。集团公司荣获全国和全省“安康杯”竞赛优胜企业称号。

围绕集团公司“管理效益年”和“创业创新创效年”活动的开展，进一步提升了以“效益创新、安全创新、管理创新、技术创新、服务创新”为主要内容的“五创新”竞赛工作水平和成效。三年来，有15个单位30余次获得集团公司“五创新”杯称号。

2009～2011年，分别开展了以“增收节支、节能减排”、“我为三创年献一策”、“建功十二五、给力三创年”为主题的合理化建议活动，共收集建议6786条，经过分析筛选，向集团公司提交合理化建议1021条，其中采纳实施287条，为集团公司创效3296万元。

广泛开展了技术革新、技术协作、发明创造等经济技术创新活动，集团公司共有236项成果在省市级经济技术创新活动中获奖。

【积极开展创先争优活动】 深入开展了“党工共建、创先争优”活动，积极选树和培育先进集体和优秀个人，加强了全港先模群体队伍建设。2009年有6个集体3名职工获得市级及以上劳动奖状（工人先锋号），2010年有4个集体4名职工荣获市级及以上劳动模范（劳动奖章），2011年有3个集体9名职工获得市级及以上劳动模范（劳动奖章）。共有5名职工被评为集团公司劳动模范，2010年杜传志董事长荣获“全国劳动模范”。同时，加大对先模群体的宣传，在国家和省、市相关媒体开展系列报道，进一步树立了日照港职工的良好形象。

【实施职工素质工程建设】 按照全总《2010～2014年全国职工素质建设工程实施规划》要求，开展职业道德建设“双十佳”和“职业道德先锋岗”争创活动，倡树了爱岗敬业的职业道德精神，实施职工素质工程建设。各级工会发挥工会大学校的作用，教育引导全港职工发扬爱岗敬业、勤奋工作的主人翁精神，提高职业道德素质，培养造就学习型、知识型、创新型职工队伍。2009 年邀请全国劳模孔祥瑞来港作先进事迹报告，进一步提高广大职工的思想认识。

【自身建设得到加强】 建立健全工会工作考核机制，修订完善了《日照港集团有限公司工会健全和完善工会工作运行机制》，细化工会工作的考评、奖励办法。继续开展工会主席接待日活动，完善工会干部定期调研制度和重点工作承办制度，强化工会干部培训制度，使工会工作走向制度化、规范化。2010年，集团公司工会被评为全国工会系统“五五”普法先进单位；2011年，获得山东省交通建设工会“十佳工会”、全国交通建设系统先进工会等称号，王爱东同志被评为全国优秀工会工作者。

【深入开展“送温暖”帮扶活动】 及时了解与掌握困难职工的情况，不断完善困难职工帮扶工作体系，积极做好各类帮扶工作。每年春节前开展“送温暖”活动，三年共拨出专项资金100多万元，对300多名特困职工进行了救助。2011年集团公司工会组织文艺骨干到建设集团漳州古雷工地进行了慰问演出，为外地施工人员送上集团公司的关怀和慰问。

【职工文体活动异彩纷呈】 集团公司工会积极参与阳光文化建设，广泛开展群众性文化体育活动。2009年，组织开展了“庆五一、迎全运”职工千人万米长跑比赛、“阳光青春律动”职工体操比赛、第三届“云波杯”职工篮球赛和建国60周年艺术作品暨日照港集团、兖矿集团老干部书画交流展等文体活动，参加了日照市庆“五一”大合唱比赛、山东卫视庆“五一”文艺演出，选派小品《门机甲班》参加全省交通系统文艺汇演，取得优异成绩，获得广泛好评。编辑出版第一辑《职工风采录——记我身边的人和事》。2010年，组织开展了第一届“昱桥杯”职工乒乓球比赛、“全民健身手牵手、阳光港口心连心”职工体操比赛，举办了“瞬间的展现、永久的风采”职工风采摄影展，编辑出版了第二辑《职工风采录》。2011年，先后举办了“阳光体育与港口同行”庆祝建党90周年千人万米长跑比赛、“阳光健身庆七一”职工羽毛球比赛，参加了日照市口岸系统羽毛球比赛、“阳光健身展风采”职工拔河比赛、第四届“云波杯”职工篮球赛，组建了威风锣鼓、舞狮、武术、秧歌等七支传统民间艺术队伍。出版发行了第三辑《职工风采录》。深入开展职工读书和职工书屋建设活动，建设职工书屋30多个。青年公寓职工书屋被评为全国模范职工书屋示范点。

2010年8月8日，举办“全民健身手牵手、阳光港口心连心”职工体操比赛

【女职工、计划生育、居民委员会工作】 加强女职工组织建设。2009年筹备召开集团公司第二届女职工代表大会，已连续三年召开“三八”妇女节庆祝表彰大会及文艺演出。认真贯彻落实《妇女权益保障法》，切实维护女职工的合法权益。深入开展了“岗位建功、素质提升、权益维护、爱心帮扶”和“巾帼文明岗”创建活动，促进了女职工队伍整体素质的提高。三年来，共有18个基层女工组织获得集团公司女职工先进集体、149名女职工获得先进女职工荣誉称号。共推荐评选出全国“三八红旗集体”1个，省级“三八红旗集体”1个、市级“先进女职工集体”6个。

认真落实《人口与计划生育目标责任书》，计划生育率、晚婚率、晚育率、节育措施落实率均达100%。对已婚育龄妇女每年进行了健康查体，邀请专家进行健康保健知识培训。加强对流动人口计生管理工作的力度，流动人口的持证率、验证率、查体率等都有较大提高，做好生育独生子女退休员工的一次性养老补助费发放工作。三年均圆满完成了全年的人口与计划生育工作目标，累计63个基层单位分别获得了集团公司和地方计生部门表彰，分别有130人次和65人次获得集团公司和地方计划生育先进个人称号。

居民委员会积极配合相关方面推进社区物业改革、综合治理，搞好居民医疗保险证、社保证的办理，深入开展“阳光文化进社区、进家园”和“十佳文明家庭”创建活动，发放民生手册，为港内居民做好服务工作。三年来，评选表彰了6个“阳光家园”楼寓单元，30个“文明家庭”，1名同志获得“日照市十大孝星”称号。

（厉志强）

共青团工作

【概述】 截至2011年底，日照港集团有限公司团委共有直属基层团委9个、团总支6个、团支部10个，团员1896名。三年来，在集团公司党委和团市委的正确领导下，集团团委牢牢把握服务中心、服务青年的主旋律，坚持党建带团建，不断强化青年思想引导工作，突出“服务、学习、凝聚、创新”四种能力建设，切实做好团的各项重点工作，在实现港口平稳较快发展中发挥了青年的生力军和突击队作用。2009年，集团公司被列为全国第一批“青年就业创业见习基地”，集团团委继续保持了“山东省五四红旗团委标兵”的称号，被列为第九批“全国五四红旗团委创建单位”。2010年，被共青团中央授予“全国五四红旗团委”称号。

【青年思想教育】 按照集团公司党委统一部署，坚持经常性主题教育活动，通过主题演讲比赛、主题征文比赛、主题辩论赛、主题报告会、合理化建议、经验交流会等多种形式，基本达到了思想凝聚青年、精神鼓舞青年、行为激励青年的目的。通过各类调研和访谈活动，及时全面了解港口青年的所思所想、价值诉求，并就青年关心的重大思想理论和社会问题等进行分类梳理，为提升团的工作质量明确了努力方向。通过形势政策学习和党史党情教育活动，使团员青年对国家宏观经济和社会发展趋势有了更加广泛的认知，进一步打牢了港口青年热爱党、坚信党、跟党走的思想基础。通过主题团日、建设“青年苑”、给党委书记一封信等形式，引导团员青年寻找感恩根源，增强了危机意识、艰苦创业意识、服务意识和团结协作意识。

【自身建设】 通过“党委书记与青年面对面”、“青工接待日”等形式，在基层党组织与青年之间架起沟通交流的桥梁。积极推行量化式工作考核体系，对经常性工作、重点工作进行量化分解，通过“双百制”考核及加分制度，指导基层团组织倡树务实作风，提高执行力。通过基层团支部书记“公推直选”活动，搭建了团员青年展示自我、参与团组织建设的平台，推进了团组织民主建设。开展“举团旗、唱团歌、戴团徽”主题活动，增强团员青年的组织意识、归属感和责任感，加强了团员和团干部队伍建设。依托“三会一课”、《团情简报》、港内各类媒体等，进一步拓宽团务公开范围，扩大团员青年的知情权、参与权。通过开展“一团一品”创建活动，引导各团组织结合自身工作特点和专业特长，有特色地开展团建工作。

【“争创”活动】 以“为阳光文化注入青年品质”为主题，引导青工自觉践行阳光文化，在创建青年文明号、青年安全生产示范岗活动中，以实现卓越绩效为目标，倡树文明形象，展示青年风采。继续深入开展“青年文明号信用示范行动”、创建“青年文明号标兵”、青年文明号书架建设、创建工作互观互学、青年文明号助学等活动，进一步规范创建工作标准和流程，突出创建、考核、提高和淘汰的指标量化，让创建集体普遍感受压力，激发他们的创建能动力。切实提高青年文明号的创建质量，展示青年文明号“敬业、协作、创优、奉献”的时代内涵。截至2011年底，全港共有市级青年文明号13个，省级青年文明号2个，全国青年文明号3个。

坚持“青年安全生产示范岗”创建预报制度，突出打造青年安全文化创建主题，突出青年安全文化的塑造，配合安全主管部门，抓好青年安全培训教育，引导各创建集体明确工作目标，注重创建基础，抓好安全细节，以月促季，以季促年，扎实推进创建工作向纵深发展。围绕“创业创新创效年”活动总体部署，深化“青年创新创效”实践，引导青年针对港口建设、清洁生产、技术进步、工艺革新、节能降耗等课题，通过“五小”成果、“QC”攻关、自主维修、修旧利废、群星帮扶比奉献、驻机值班等活动载体，开展青年创新创效竞赛活动，创造了一大批实用型技术创新成果，提高了团员青年在港口建设发展中的贡献率。

【青年人才工作】 深入实践“青工技能振兴计划”，结合集团职工劳动竞赛的传统积累，有机匹配工会组织的职工技术比武，举办港口青工技能大赛，为青工职业技能的晋升开辟了一条便捷通道。在已经举办的两届大赛中，青工参与超过4000人次，涉及职业工种12个，有百余名青工获得晋升高一级职业技能等级的资质，成为各岗位的技能领军人物。三年来，先后有15人通过比赛获得晋升技师资格，有2人分获“山东省首席技师”和“山东省优秀青年技师”称号。扎实开展“推优”工作，为党组织输送新鲜血液，三年来，“推优”入党人数达40余人。先后培养出日照市五四青年奖章、十大杰出青年、优秀青年知识分子和山东省首席技师、优秀青年技师、山东省十大杰出青年岗位能手等一批先进人物。坚持服务基层一线青年，组织实施青年人才成长阶梯计划试点工作，帮助青年认真规划职业生涯；组织各种形式的青年联谊活动、文体活动，引导一线青年加强沟通和交流；以各类兴趣小组、QC攻关项目组、“群星行动”青年技能系统培训等为载体，推动基层团组织积极参与各类业务技能培训活动，全面提高一线青年素质。

【青年文化建设】 通过青年管理论坛、青年公益讲堂、团员青年思想论坛等活动，坚持把读书学习与业务成长相结合，有效促进了学习型团组织建设；连续组织开展了春联征集和“读一本好书、写一份心得”、为一线青工送图书、“一月一课”学习共享、“让我们在阅读中共同进步”、“品读书香、成长成才”青年主题读书月活动，帮助基层团支部普遍建立了书架。与工会共同组织长跑、球赛等体育比赛、节日联欢、共建联谊、趣味运动会、生日祝福等文体活动，丰富青工业余文化生活。

【青年志愿服务行动】 集团团委牵头成立消防、环保、社区、赛会、帮扶、应急救助和岚山公司等7支专业青年志愿者服务队，完成600多人的注册工作，统一青年志愿者的工作标识和服务队队旗，建立了志愿者星级评定制度。针对港口安全消防、现场生产、清洁环保、交通秩序、客户服务、节能减排，以及社会所需困难救助、结对帮扶、抗震救灾、希望工程、社区服务等，相继开展“阳光港口·平安同行”“爱心同行——真情助困进万家”“感恩奉献·春风行动”“让我们一起走进阳光”等集中志愿服务行动，近万人次提供了全运会火炬接力志愿服务、植绿护绿、卫生清洁、环保宣传、义务维修、义诊义治、低碳生活宣传、家庭消防、安全防范、节电节水宣传、为入港司机客户提供导引服务等众多志愿服务项目。三年来，集团团委委员、文明号集体等共资助贫困中小学生51名，帮助7名大学生圆了大学梦，为困难青工捐款超过5万元。

（肖 辉）

港口业务

日照港股份有限公司

【日照港股份有限公司】

董事长

杜传志（2007.02～　　　）

总经理

王建波（2003.07～　　　）

副总经理

臧东生（2007.01～2010.07；2011.07～　　）

孙玉峰（2003.08～2011.04）

秦聪明（2007.01～2011.08）

焦安文（2007.01～　　　）

董淑国（2009.10～2011.03）

李兵华（2011.09～　　　）

财务总监

石汝欣（2011.09～　　　）

董事会秘书

余慧芳（2011.09～　　　）

【概述】 2009～2011年，是公司扩能上量、科学发展的三年，是创新突破、转型升级的三年，是加快融资、规范运作、提升资本市场形象的三年，是拼搏进取、开拓创新、昂扬奋进，全面提升综合竞争力的三年。三年来，公司整体实力、发展后劲和对外影响力进一步增强，对城市和腹地经济的服务、带动和辐射作用全面提升。

三年来，公司克服经济形势复杂多变、运输市场动荡、港口竞争加剧等困难和挑战，抢抓“蓝色海洋经济”发展机遇，全力推进港口基础设施建设，优化产业结构，创新经营模式，实现了港口吞吐量和经营效益的稳步提高。2011年完成货物吞吐量19796万吨，同比增长5.3%，较2006年IPO时货物吞吐量净增1.28亿吨，是2006年货物吞吐量的2.84倍。按货物分类，完成金属矿石吞吐量13278万吨，同比增长5%，继续保持9786吨/小时的世界矿石卸船效率；完成煤炭及制品吞吐量2982万吨，煤炭进口量居北方港口第二位，煤炭发运量居北方七港第五位，继续保持9486吨/时的煤炭装船纪录；完成钢铁吞吐量595万吨、非金属矿石吞吐量995万吨。按内外贸货物分类，完成外贸货物吞吐量14001万吨，同比增长4%；完成内贸货物吞吐量5795万吨，同比增长8%。

2003～2011年度货物吞吐量示意图

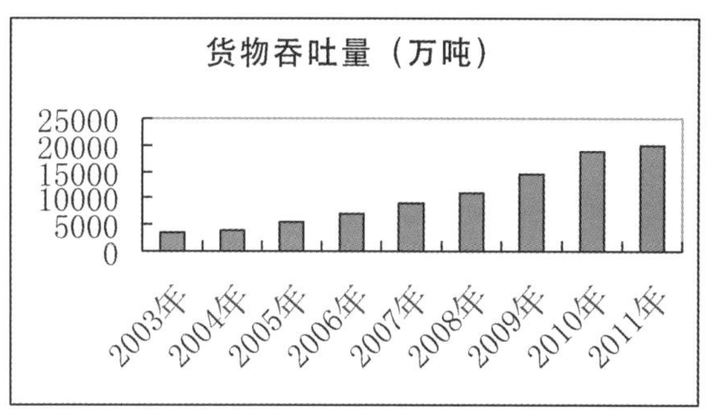

图 2

2003～2011年度金属矿石吞吐量示意图

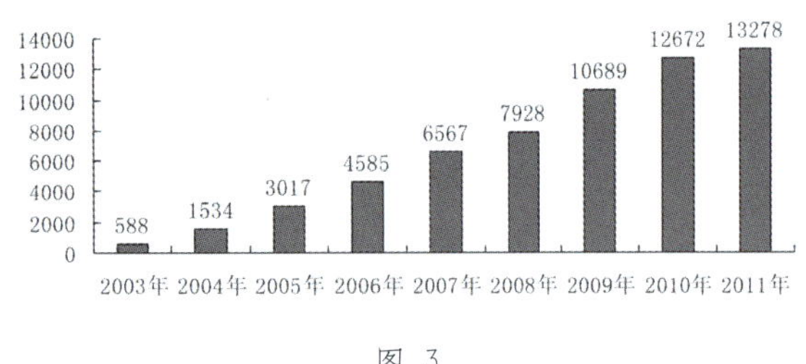

图 3

三年来，公司加大基础设施投入，建设先进的码头设施。累计完成固定资产投资40.23亿元，重点建设了西港二期工程、西港三期工程、岚山港区8#、12#泊位改建工程等项目。公司建设的专业化堆场，总堆存能力近3200万吨，其中专业化堆场堆存能力1614万吨。生产性泊位由2009年的21个增加至28个（万吨级以上深水泊位24个），码头核定吞吐能力从2009年的9249万吨增至2011年底的9748万吨，港口配套设施逐步完善，为快速发展奠定了基础。

2009～2011年公司生产经营情况表

表 3　　　　单位：万吨、亿元

项目	2009年	2010年	2011年
吞吐量(万吨)	14438	18792	19796
资产总额	74.99	86.57	104.29
净资产	43.96	48.51	68.23
利润总额	5.35	5.70	6.29
净利润	4.18	4.55	4.99
投资总额	19.49	12.46	11.98

经过三年快速发展，公司资产规模迅速增加。资产总额由2009年的75.59亿元增长到2011年的104.87亿元，增长37.96%；净资产由2009年的44.57亿元增长到2011年的68.23亿元，增长53.08%；公司股本由2009年的15.1亿元增至2011年的26.31亿元。营业收入由2009年的24.07亿元增长到2011年的35.62亿元，增长47.97%；实现利润总额由2009年5.35亿元增长到2011年的6.29亿元，增长17.70%；实现净利润由2009年的4.18亿元增长到2011年的4.99亿元，增长19.44%。公司以较快的发展速度、良好的成长性成为行业内备受关注的港口上市公司之一。

【采取多种融资方式　促进公司快速发展】继2006年成功在上海证券交易所上市、2007年成功发行分离交易可转换公司债券后，公司克服2008年世界金融危机影响，积极研究市场动态，主动探寻证券融资新途径，于2009年9月和2011年3月成功实施两次非公开发行股票，分别融资12.8亿元和14.4亿元，用于收购集团公司西港二期工程，投资建设西港三期工程和焦炭码头工程。

2011年6月，公司积极推进集团整体上市步伐，提出非公开发行股票4.45亿股，用于收购集团公司所持有的裕廊公司70%的股权、外理公司84%的股权和拖轮业务相关资产，集团岚山港务公司所属4#、9#泊位资产及拖轮相关业务，昱桥公司钢企股东所持有的昱桥公司23.81%的股权，从而有效减少关联交易，消除潜在的同业竞争，提升公司可持续发展能力。

2011年8月，公司提出发行5亿元公司债券方案，于12月26日得到中国证券监督管理委员会发行审核委员会审核通过。

公司自上市以来，六年实现五次融资，累计融资金额达46.8亿元，有效地缓解了建设资金压力，优化了公司资产负债结构，为实现跨越式发展奠定了基础。同时，使得日照港成为近年来境内资本市场上融资次数最多、再融资速度最快的上市公司。公司通过深入研究资本市场政策导向，将港口发展优势与资本市场有机结合，实现了港口生产经营与资本运营的“双轮驱动”，推动了港口平稳、快速发展。

【合理筹措并使用资金　提高公司效益】公司十

分注重税收筹划，不断加强对国家税收政策的研究和利用，用足用活国家的各项税收减免和优惠政策，尽可能地降低纳税风险。同时积极合理筹措并使用资金，促进经营业绩的稳步提升，2010年、2011年享受西港三期所得税税收优惠分别为2052万元、2400万元。岚山8#、12#泊位改扩建工程所得税抵免工作完成备案。公司根据募集资金建设项目——焦炭码头建设工期进度情况，于2011年5月和11月分两次临时借用闲置募集资金累计9.37亿元，用于提前归还银行借款和补充流动资金，预计节省财务费用5000万元。

【抢抓机遇　突出重点　加快推进对外合作】 2011年1月，国务院正式批复《山东半岛蓝色经济区发展规划》，明确提出将以日照钢铁精品基地为重点的鲁南临港产业集聚区作为两个“增长极”之一，着力把日照建设成为四大临港物流中心之一。日照港作为鲁南最具竞争力的核心战略资源，有望成为集装卸仓储、现代物流、综合服务及保税、加工、商贸等功能为一体的综合物流中心和物资集散中心。公司在发展港口主业的同时，积极采取不同方式拓展经营范围，通过多元化发展增加新的利润增长点，增强主业影响力和服务范围，提高市场竞争力。2010年11月，公司参股的东平铁路开通运营，公司累计向东平铁路公司投资15512万元，持股比例为24%。公司还参股建设了枣临铁路，截至2011年底已对枣临铁路累计出资3810万元，持股比例为3%，枣临铁路预计2012年底通车运营。东平铁路的开通将进一步缩短日照港到鲁南腹地的运距，促进鲁中、鲁南地区的货源向日照港聚集。

2011年2月，公司以现金收购日照德兴贸易有限公司和香港祥和国际有限公司持有的日照岚山万盛港业有限责任公司19%和5%的股权。收购完成后，公司对万盛港业的持股比例由原来的26%增至50%，并在董事会派出半数董事，万盛港业由本公司联营企业变更为合营企业。2011年4月，上述股权过户登记手续办理完毕。

2011年8月，公司召开2011年第四次临时股东大会，审议通过非公开发行股票收购日照港集团粮食、木材、木片、拖轮、理货等港口业务及相关资产以及昱桥公司钢企股东所持有的昱桥公司的股权。通过融资先后引入战略合作企业12家，进一步提升公司的业务规模，丰富公司的产品结构，完善公司的产业链条，增强为客户提供综合服务的能力，提升港口核心主业的竞争实力。

【加强法人治理　保障规范运作】 公司按照《公司法》《证券法》《上市公司治理准则》和中国证监会的相关要求，坚持“三分开、五独立”，健全组织机构，加强信息披露工作，不断完善法人治理结构，提高规范运作水平。2009年至2011年间，公司按照相关法律、法规，建立了《年报信息披露重大差错责任追究制度》《内幕信息知情人管理制度》《对外信息报送和使用管理制度》《董事会关联交易控制委员会实施细则》《控股股东、实际控制人行为规范及信息问询制度》《投资管理办法》《董事会秘书工作制度》等内控制度，修订完善《公司章程》《关联交易决策制度》《董事会议事规则》，还建立起内幕信息知情人档案管理，完善内部信息对外披露管理流程，严格执行《防控股股东及关联方占公司资金制度》，规范资金往来行为，完善经营性资金的管控及责任追究机制，防止控股股东及关联方非法占用公司资金。

2011年，公司按照落实《企业内部控制基本规范》和《企业内部控制配套指引》的要求，进一步加强内部控制制度体系的建设，保障经营管理健康运营，维护投资者合法权益。公司设立内控建设领导小组，明确各职能部门的责任分工，分阶段制定内控建设实施计划，确保按照监管要求建立适合公司实际情况的内控体系，有效保证了规范运作。

日照港在继续保持“沪深300指数”样板股、上交所首批 “上证治理指数”样板股的基础上，

2009年荣获上交所“信息披露奖优秀奖”，2010年入选上海证券交易所“上证380指数”样本股，2011年荣获上交所“董事会奖提名奖”、“金蜜蜂·企业社会责任·成长型企业奖”，以高成长性和规范运作树立了良好的企业形象，赢得资本市场和社会各界的高度关注和赞誉。

（李登滨）

股份一公司

【日照港股份有限公司第一港务公司】

经 理

焦安文（2007.01～　　　）

副经理

牛国臣（兼）（2008.08～2010.12）

李天汉（兼）（2011.08～　　　）

王文增（2005.01～　　　）

张维员（2007.01～　　　）

申延果（2008.08～　　　）

党委书记

牛国臣（2008.08～2010.12）

李天汉（2011.08～　　　）

党委副书记

焦安文（2007.02～　　　）

纪委书记兼工会主席

李鹏锡（1999.12～2010.12）

陈为东（2011.09～　　　）

【概述】 日照港股份有限公司第一港务公司主要承担着港口煤炭装卸任务。公司拥有10万吨级煤炭专用泊位2个，5万吨级煤炭专用泊位1个，设计吞吐能力2700万吨；煤炭专用堆场总面积60万平方米，堆存能力350万吨。拥有3600吨/小时卸车能力的翻车机、6000吨/小时装船能力的装船机等大型装卸设备，并配有高精度金属捡出设备、洒水除尘设备和电子计量设备等配套设备。

煤码头雄姿

三年来，公司吞吐量共完成3668.1万吨。2011年吞吐量完成1300万吨，同比增长5%，完成集团各项考核指标，尤其是吞吐量和利润两大指标均完成集团公司“三创年”的任务要求，实现了“触底反弹”。

2009年，公司以煤炭腹地资源为基础，以兖矿、新汶、淄博、晋城、山焦、山煤等为重点，抓住铁路运输关键环节，先后促成与陕西煤业化工集团、河南煤业化工集团签订战略合作协议，新货源开发60万吨，新增客户27家；汽运出港完成255万吨，同比增加71万吨，上升39%；完成转水煤炭148万吨，同比增加99万吨；完成矿石转水101万吨。同时，推行精细经营、增收节支，加强了成本控制，最大限度克服固定成本增加、外贸吞吐量下滑给业务收入造成的压力。加快应收账款清收和资金回笼，应收账款月度平均余额2525万元，同比降低27%；回收资金2.3亿元，收现比达到57.6%。

2010年，公司坚持大客户营销战略，细分市场，首次开通北京局、兰州局到日照港的煤炭发运，分别开创了铁路运输4000多公里、公路运输1100多公里两个最远纪录，使块煤调进110万吨，转水煤同比增加90万吨；开发新货源15家，完成调进45万吨，新流向23个，新用户13个，矿石转水同比增加33万吨。枣庄、新汶、陕煤运销集团汽运调进稳步增长。同时，驻外办事处服务集团公司货源开发，配合集团公司和地方政府在太原、西安、郑州等地多次召开推介会、答谢会，宣传了港口，赢得了美誉。

2011年，公司深入研究晋豫鲁铁路通道对设备能力的需求，创新提高新形势下设备管理的适应性，皮带逆序启动改造，提高生产效率5%，年节约用电160万千瓦时。GPS货运管理系统，提升了陆运作业效率30%。煤一期皮带机控制系统升级改造，降低皮带机系统故障率20%。完成1#、2#、4#取料机和1#堆料机的控制信号无线传输改造。突出信息化建设的实用性、适用性，为日常管理提供信息支持。率先在集团公司开始EAM系统试运行，提高了设备资产管理水平。大力推进管理创新，在集团公司内部首创“一线工作法”，逐步建立管理、后勤等岗位人员深入一线制度，加深管理层与生产一线的联系，发现并解决了诸多生产问题。完成公司内部审核、管理评审和外部审核认证。开展读书“富脑”活动，中层管理人员从国学、管理等方面撰写论文，进行演讲交流，编印《富脑文集》，营造了良好的学习交流氛围。积极开展党支部创新、法律知识培训等活动，承办了集团公司“三创年展示月”观摩会，取得了很好效果。

三年来，公司以“单项工作争第一、综合工作创一流”为目标，以实施精细化管理为载体，不断完善质量管理体系，重新修订《管理制度汇编》和《岗位说明书》。顺利通过省质监局服务标准化试点单位验收，开展三体系换版工作，形成三标一体管理体系。同时，开展“大学习、强素质”、先进事迹报告会、多元联赛等活动，组织中层管理人员、专业技术骨干、优秀班组长等进行拓展训练，并强化“全员营销”意识，把“人人关心市场、人人关系市场”观念落到实处，多为货源开发提供便利条件。把提高堆场利用率作为技术攻关任务，用真情吸引客户、感动客户、留住客户。

三年来，公司根据生产、设备管理形势的变化，修订完善设备管理制度，确保各项制度紧密贴合生产实际。同时强化制度落实，以各项考核、奖惩机制，调动广大设备管理人员的积极性。充分利用现有维修资源，积极开展自维自修，最大限度降低委外维修费，降低生产成本。积极开展技术革新与改造，不断完善设备性能，力求满足多货种、高效率作业需求。针对陆运作业、节能降耗、备件修复等疑难问题成立专题课题组，延长衬板的使用寿命、中控室PLC远程站光缆通讯网络结构优化、新翻车机系统设备技术性能改进获集团公司表彰，“日照港成套装卸工艺设备管理”成果被山东省经信委评为设备管理成果一等奖。通过C—2C皮带机延长改造、汽运卸车漏斗改造、B-4皮带机改造、16#平台改造等，提高作业效率和库场利用率，简化了汽运出港作业程序。

三年来，扎实推进精神文明建设，先后开展“感恩敬业比贡献、强港兴企跨双亿”、“感恩与责任、务实与创新、和谐与共赢”主题教育活动，通过征文比赛、演讲比赛、向“品牌员工”学习、合理化建议征集等形式，做到“主题突出、针对性强、形式多样、内容丰富”。同时，扎实开展“四强四优”争创活动，做到“三个下功夫”，形成组织创“四强”、班子创“四好”、党员创“四优”的党建工作新格局。积极开展“党支部创新”活动，运用主题教育和争创成果创新党支部建设，“员工思想诊所”、“党员意见建议直通车”、“四轮驱动把稳环保方向”、“建立优质服务加油站”、“委任政治委员进班组”等优秀创新项目不断涌现，进一步调动了广大党员勇挑重担、争做先锋的积极性。公司先后被授予“山东省海员工会工作先进基层”、“日照市集团运输系统先进单位”等称号，2011年度被评为集团公司先进单位。

（李峰　韩峰）

【生产组织高效顺畅】2009～2011年，股份一公司坚持集团公司制定的“一强化三统筹”生产组织原则，提高作业效率，增强协调能力，保证了生产的科学高效，共装船2308艘次，组织卸车358826节。

2009年，公司以“管理效益年”活动为主线，以提高装卸效率和装卸质量为抓手，不断优化生产组织工艺，先后制定《股份一公司船停时考核细则（试行）》《股份一公司车停时考核细则》，将车船停时考核纳入月度考核，全年煤炭陆运作业完成461.3万吨，较好地弥补了火车调进的不足。自3月份起，装船实行避峰作业，当月节约电费15万元，煤码头装船效率为3314吨/小时，同比提高12%；东5泊位装船效率为3047吨/小时，同比提高802吨/小时；翻车机卸车效率为41.9节/小时，同比提高3.3节/小时。1月4日和7月2日，昼夜吞吐量超过6万吨。

2010年，公司继续深入开展“管理效益年”活动，努力“抓管理、降成本、增效益”，汽运作业、装船配比、清码垛作业多，环保工作要求更严。全年完成汽运作业450万吨，装船725艘次，卸车11.3万节。期间，多次组织现场写实，发现并解决了一些长期存在的影响效率、浪费资源的问题，有效提升了作业效率。同时，强化调度职能的有效性，努力确保“零缺陷、快节奏、高效率”。从流程优化、资源调配、动态管控等方面实施有效管理，装船效率在配比、清煤、粘煤作业增多的情况下，保持同比持平。陆运作业做到优中更优，从计划制定、现场组织、联络协调等方面都精心谋划，积极与股份二公司、股份三公司配合做好水转水、水转陆业务，在“德梅”轮、“考思伍德”轮转运中，仅163小时完成转运30.5万吨，创造了陆运作业三项生产新纪录。2010年，陆运作业组织获得集团公司生产样板推广奖，有效期自2011年2月至2014年2月。

2011年，公司以“创业创新创效年”活动为主线，大力推行精细化管理，向服务要市场，确保竞争力水平在行业内占有明显优势。全年实际装船885艘次，完成吞吐量1300万吨，同比增长5%。期间，有6个昼夜吞吐量超过6万吨，11月11日昼夜吞吐量达7.3万吨。煤炭陆运作业完成568.4万吨，其中上水煤248.7万吨，较2010年增加118.7万吨。陆运作业纪录不断刷新，7月25日白班单班转运2.2万吨，8月18日白班单班转运3.4万吨，8月18日夜班单班转运3.5万吨。11月25日，在转运“天使雄心”轮15.5万吨上水煤时，仅用5个昼夜就完成任务，昼夜平均转运3.1万吨，创转水煤船转运最高纪录。

（田光辉　张　伟）

【企业管理水平大幅提升】2009～2011年，公司不断深化标准化管理，建立环境、职业健康安全管理体系，管理制度建设、作业流程优化、员工素质提升和群众性技术革新活动均取得明显成效，整体管理水平得到大幅提升。

制度建设日趋完善。2010年，组织各相关职能部门对现行的规章制度和岗位说明书进行统一修订汇编，通过梳理、细化各个层面、各个环节、各个岗位的工作职能，制定了科学合理、符合生产经营实际的管理制度。同时，组织对质量管理体系文件进行修订完善，建立质量、环境、职业健康安全三标管理体系，11月份顺利通过外部审核认证。

班组团队素质显著增强。公司相继开展“班组管理水平提升年”、“班组精细管理年”活动，在着力提升班组长素质、班组团队精神和阳光心态、样板班组培育等方面做了大量工作。一是按照“过程与结果并重、考核与实际结合、典型带动整体”的思路，完善班组管理体制，建立“班组周自查、各单位月检查、公司季度抽查、半年普查、年度总评”的动态考核机制，深入开展样板班组创建和推广工作。各班组通过开展对标管理，比较先进寻找差距，制定赶超目标，构建班组愿景，提炼班组精神和理念，并以精细化管理论坛、班组长培训、劳动竞赛、技术比武、技术革新等形式为载体，积极争创业内标杆，执行力、凝聚力、自主管理能力都得到了进一步提升。二是以全面开展QC小组活动为目标，动员员工充分发挥主观能动性和积极性，从工艺、技术、质量、设备、成本等各个方面深入推进，挖潜增效，扎实开展了各类技术攻关工作，发现和解决了安全生产过程中的诸多问题和隐患。同时，增强员工的开拓创新和团队协作意识，群众性创新工作快速推进，员工的技术创新和发现解决问题的能力不断提升，技术革新成果丰硕。至2011年底，公司累计登记注册QC小组1071个，取得成果706个，平均每年有6个QC成果获集团、省部级以上荣誉。

2010年，公司被集团公司授予“管理创新杯”称号。2011年，被省质监局、省发改委联合授予“山东省服务标准化示范单位” 称号。至2011年底，累计树立单项管理工作样板22个。

【成为服务标准化示范单位】 公司以“让顾客满意、让顾客感动、赢顾客忠诚”为服务理念，始终致力于服务品牌建设，2011年被授予“山东省服务标准化示范单位”称号，成为山东省首批服务标准化示范单位中唯一一家港口企业。2010年5月，集团公司确定股份一公司为港口装卸服务标准化试点工作单位。公司以此为契机，积极探索创新管理思路，建立起以由服务基础标准体系、服务质量标准体系、服务管理标准体系、服务工作标准体系等子体系构成的一整套符合港口装卸服务要求的标准体系并有效运行，全力诠释好“装卸真诚”这一服务品牌。

（李峰　韩伟）

【质量管理扎实有效】 三年来，公司始终坚持以现场质量管理为重点，严格落实各项质量管理制度，全面推行ISO9001质量管理体系要求，货运质量水平不断提高。一是严把计划管理关，实行网络业务管理系统，推动计划编制、审批、执行、监督各个环节工作质量和效率的整体提高；二是采取内外联动的计划工作模式，用货源信息、计划信息定期实行互动沟通的方法，将催货、要船和内部计划组织融为一体，切实保证计划的准确性、合理性和可执行性；三是公司各单位根据实际情况补充质量管理有关规定，规章制度更加细化，先后制定完善《翻车机作业漏斗排空规定》《皮带机漏斗检查规定》《维修作业现场清理规定》等，做到有章可依、违章必究、究其必严、有奖有惩，有力地促进和带动了货运质量管理工作。同时，以《股份一公司现场综合整治方案》为指导，掀起全员综合整治热潮，使工作现场“安全有序、 优质高效、文明整洁、生态环保”。继续推行“精细化”管理，同时对堆场实行封闭式管理，加强货物在港保全管理，三年来，重大货运事故、质量责任事故均为零。

【优质服务抢市场】 公司坚持公正、诚信的服务准则，确立职工就是公司窗口的指导思想，严格执行面向客户服务的各项规定，在接待客户时均使用标准服务用语，认真履行《公司对外服务五项承诺》《首问责任制》《廉洁自律八项规定》，公开客户投诉电话，在货主抄票室醒目处设置客户投诉意见箱，使业务人员的日常行为受到客户监督和约束。同时，保持服务绿色通道的畅通，实施“一站式”货运服务，主要业务电话24小时开机。积极开展煤炭客户座谈会。每半年组织一次顾客满意度调查，对顾客反映出的问题汇总分析逐项回复，并坚持实施“服务监督卡”管理，由进出港卡车司机对现场作业人员进行监督，实行一车一票，有效杜绝了“吃、拿、卡、要”现象的发生。严格按国家标准和配载图要求装货，确保装船质量和优质服务。三年来，吸引新用户63家，新货源60家，开辟新流向近20个，客户满意度均达到99%以上。

（赵波　田野）

【经济效益保持平稳水平】2009年，公司及时调整工作思路，采取有效措施抵御市场冲击，相继开发了矿石、焦炭等新货种，并加大汽运煤炭进港力度，加快货源集港，保证了到港煤炭的及时中转。全年完成吞吐量1130万吨，实现营运收入17752.99万元，营运成本24721.79万元，实现利税-7008.98万元，其中利润-7647.11万元。

2010年，公司调整营销策略，主攻内贸煤炭，采取“抓大不放小”等政策加快开发煤炭转水业务，继续加大陆运煤炭进港的工作力度，确保了充足的货源。全年完成吞吐量1238万吨，比2009年同期增长9.6%。其中，完成外贸吞吐量51.7万吨，内贸吞吐量1186.3万吨，实现营运收入17696.56万元，营运成本25766.79万元，实现利税-8119.0万元，其中利润-8759.6万元。

2011年，公司大力开展“创业创新创效年”活动，严格控制成本，内部挖潜，增收节支。全年完成吞吐量1300万吨，同比增长5%。其中，完成外贸吞吐量65万吨，内贸吞吐量1235万吨，实现营运收入23612.71万元，营运成本28782.46万元，实现利税-5175.85万元，其中利润-6017.19万元。

2009～2011年经济指标信息表

表4

项目	单位	2009年	2010年	2011年
吞吐量	万吨	1130	1238	1300
营运收入	万元	17752.99	17696.56	23612.71
营运成本	万元	24721.79	25766.79	28782.46
利润总额	万元	-7647.11	-8759.6	-6017.19
利税合计	万元	-7008.98	-8119.0	-5175.85
船停时	天	1.24	1.24	1.44
设备完好率	%	98.6	98.8	98.8

（王　青　庄乾坤）

【实施一线工作法】2011年，公司创新管理思路，实施“一线工作法”，建立管理、后勤、维修（常白班）岗位人员深入一线的长效机制，提高工作效率和服务质量，解决生产一线存在的突出矛盾和问题。公司为中层管理人员每人确定一个岗位，进行跟班作业。部室工作人员和基层单位后勤人员根据工作性质和原从事运行岗位情况，由领导小组办公室统一进行调配确定跟班岗位。常白班维修人员每月安排一次现场、设备等卫生清理。同时，将中层管理人员跟班情况作为业绩考核的重要内容，部室工作人员、基层单位后勤人员跟班情况和常白班维修人员现场、设备等卫生清理情况由领导小组办公室进行督查考核，公司全年深入一线跟班作业达1548人次，收集中层管理人员提报的合理化建议200余条。

（李　峰　张宏伟）

【安全管理常抓不懈】2009～2011年，公司安全生产形势平稳，未发生一般以上等级事故。一是以有效防范、坚决遏制各类事故的发生为目标，强化责任落实，扎实开展安全教育培训、安全生产监督检查、隐患排查治理工作，切实加强安全规章制度、“双基”安全管理、安全文化、安全信息化建设。二是持续推进站队安全基础管理达标工作，积极推进达标升级，做好标杆站队创建工作；加强安全重点部位风险控制和承发包业务安全管理，做到监管与服务并行。三是深化安全生产责任，落实“双责双考”追究制。以“双责双考”明确各级管理措施，明确管理者和操作者各自的职责，实现一级对一级负责。四是开展“安全技能联赛”，以赛促学，全面推行“持证上岗”，提高全体员工安全素质及事故防范能力。同时，加强应急管理，提高应急处置能力，做好各项应急准备工作，建立公司、队级二级响应演练体系。不断健全完善应急预案体系，提高预案的系统性和可操作性，做好各类现场处置方案的制定完善，定期或不定期组织应急演练。五是高度重视环保工作，于2009年11月19日正式成立环保队，适时组织清洁生产专项治理，强化过程控制，加强货物运输源头管理工作，深化日常监督检查工作，对作业现场进行全面管控，把生产对环境产生的不利影响降到最小。

堆场洒水除尘

【危险源辨识和环境因素识别评价】 2010～2011年，公司组织进行风险控制课题研究，编制10个风险控制点的《风险控制基本要求》（试行稿），强化重点风险点的预控管理，有效防范了较大及以上人身伤害等事故的发生。2011年10月25日，启动"以危险源辨识为手段的事故防控体系"课题研究项目，把可导致一般事故发生的危险源的辨析防控纳入总体控制范围，应用危险源辨识和风险控制理论、事故因果连锁理论等，将单项作业活动过程中可能发生的事故辨识出来，找出防范事故的关键措施及保证关键措施得以落实的保障措施，并以装船机作业为例开展危险源课题研究。同时，对生产作业过程中的环境因素进行了识别、评价、控制。分析污染物的排放、化学品使用、资源、能源的消耗等对环境的影响，共识别出环境因素68项，确定重要环境因素6项，通过制定环境管理程序加以控制。2009年荣获集团公司"安全创新杯"，2010年被评为日照市集团运输系统先进单位和集团公司消防工作先进集体。

（薛彦东）

【设备管理创新发展】 公司设备管理以满足装卸生产为核心，通过维修体制创新、现场管理、技术管理、信息化管理、节能降耗等举措提高公司设备管理体系的运行质量，为装卸生产的顺利进行提供了有力保障。一是强化设备管理考核，从故障影响率、委外维修费、维修效率、维修质量、隐患检查、能耗及设备基础管理等方面进行考核，并落实"一切停机时间都是维修时间"的理念，突出自主维修和计划维修，减少设备突发性故障，设备日常维修以"年度设备检修保养计划"为依据，确保设备各部件都得到可靠保养，处于完好技术状态。设备完好率保持在 95 %以上。二是加强信息化建设，提高基础管理网络化管控水平。积极推进EAM系统应用，将设备故障提报和维修验收深入到生产一线，通过EAM平台将维修信息传达到相关单位，并对完成情况进行确认，实现对设备维修的闭环管理，提高维修工作效率和质量。完善和改进生产信息系统，适应公司生产计划管理升级要求。新增应收账款系统为客户减少了大量繁琐的查询工作，客户通过系统可以查询到货物动态、装卸动态、应收账款等实时信息。加强了对应收账款的监督力度和收现比控制，对规避港口经营风险，杜绝坏账、呆账的发生起到了良好的促进作用。三是集中技术力量进行攻关，通过技改提高装卸设备的可靠性。2011年8月1日，对皮带机逆序启动项目投入试运行，实现了皮带机启动后可直接负载运行，使整体启动空运转时间缩短80%，提高生产效率5%，年节约用电110万千瓦时。同时，启用GPS货运管理系统，提升陆运作业效率30%。此外，进行"煤码头热循环节能改造"、"煤炭陆运出港系统改造"、"皮带机流程优化节电改造"、C-2C皮带机延长改造等技术改造，深挖潜力，降低成本。2010年被山东省企业联合会、山东省设备管理协会评为"山东省设备管理示范基地"。2011年，公司被集团公司授予"节能工作先进单位"称号。公司科协组织获得2009年、2010年度集团公司"科协先进集体"称号。三年来公司荣获集团公司 "讲理

想、比贡献”竞赛活动优秀成果一等奖1项、二等奖2项、三等奖5项。（安 静）

【精神文明建设成绩斐然】2009～2011年，公司党委坚持将精神文明建设渗透到创新改革、生产经营、内部管理和建设发展中去，扎实开展“四强四优”争创活动、党支部创新活动，拓展党建工作的新思路、新途径和新方法，涌现出装船队党支部“‘并肩·携手·连心’工程”、库场队党支部“库场品质管理拓展室”、卸车一队党支部“温情导航站”、装卸设备队党支部“职工思想服务直通车”等创新亮点。同时，开展“搏击双亿靠什么、我为强港做什么”大讨论活动、“感恩敬业比贡献、强港兴企跨双亿”、“感恩与责任、务实与创新、和谐与共赢”主题教育活动，通过主题教育演讲比赛、辩论赛、班组事迹报告会等形式，使职工不断增强务实创业的作风。在读书“富脑”活动中收集论文、调研报告52篇，编印《富脑文集》。同时，加强党风廉政建设，加大宣传报道力度，创办报纸《一公司之声》和杂志《一公司之音》。举办员工技术比武活动，并创造性开展跨年度“煤种认知联赛”、“安全知识联赛”及职工羽毛球比赛、新春联欢会等丰富员工文化生活。女工组织继续开展“巾帼文明岗”争创等活动，团委通过开展“青年文明号”、“青年安全示范岗”、青年思想论坛等发挥青年的生产主力军作用。

2009年，公司被集团公司授予“先进直属党组织”、“工会信息工作先进单位”、“先进女职工集体”、“五四红旗团组织”等称号；2010年，被评为“山东省海员工会先进基层”、“日照市先进基层团组织”，被集团公司评为“先进基层党组织”、“通讯报道先进单位”，授予“管理创新杯”；2011年，被评为东港区计划生育先进单位，荣获集团“党风廉政建设先进单位”、“三创年”展示月二等奖、工会考评二等奖。

（王 东 管琪媛）

股份二公司

【日照港股份有限公司第二港务公司】

经 理

臧东生（2006.06～2009.02）
臧东生（兼）（2009.02～2010.12）
孟凡祥（2010.12～ ）

副经理

王 剑（兼）（2006.12～2011.04）
张树斌（兼）（2011.08～ ）
张世环（2003.03～2011.08）
徐传德（2005.03～ ）
李正君（2008.08～ ）
范旭东（2011.09～ ）

党委书记

王 剑（2006.12～2011.04）
张树斌（2011.08～ ）

党委副书记

臧东生（兼）（2007.02～2010.12）
孟凡祥（兼）（2010.12～ ）

纪委书记兼工会主席

许祖茫（2008.08～ ）

【概述】2009～2011年，是股份二公司成立以来发展最快、成果最丰硕的三年，是竞争优势显著增强、品牌效应更加突出的三年，是在实干中创新突破、挑战中奋力前行、危机中逆势而上的不平凡三年。

三年来，面对经济形势持续动荡，港口货源竞争加剧，设施能力饱和的形势，始终坚持以市场为导向，以生产为中心，以创新为主线，沉着应对，真抓实干，顽强拼搏，实现吞吐量平稳增长，经济效益大幅提高，公司呈现出又好又快发展的良好局面，共完成货物吞吐量29928万吨，实现利润20.14亿元，其中铁矿石吞吐量从2009年的8234.54万吨增长到了2011年的9629.45万吨，年均增长速度为19.40%，继续保持亿吨港埠公司地位。

2009年，矿石二期工程的投产使用，完善了矿石作业系统；6#卸船机的安装使用，进一步增强了卸船能力；东港门机布局调整和四台旧门机的更新、西港3个5万吨级泊位、13台大吨位门机的建成投产及西港15万平米的新增堆场，使矿石整体卸船效率再上新台阶。特别是2010年，公司吞吐量历史性突破亿吨大关，并创造了9786吨/小时的单船平均卸率，第三次刷新由公司保持的矿石卸船效率世界纪录，创造了国际矿石船舶接卸史上的奇迹。

生产持续快速增长。2009年完成吞吐量8599.70万吨，2011年完成11000.01万吨，年均增长速度为20.40%。

经济效益大幅提高。利润总额从2009年的65281.83万元增长到2011年的71833.09万元。

港口功能日趋完善。公司固定资产增加7.06亿元，年均增长速度为17.38%；因集团公司业务调整，目前生产性泊位为16个；堆存面积增至150余万平方米，堆存能力为1600余万吨。

设备保障更加有力。新增卸船机1台，装车机2台，堆取料机3台，门机19台，大型流动机械35台（套），自动化输送带增加18000米，系统功能更加完善，设备总资产增加4.9亿元，信息化改造项目100余项。信息化系统相继建成。

公司卓越管理深度展开，成熟度快速提升，通过建立基于战略、科学量化的四级目标绩效考核体系，实现了管理重心下移。2011年，公司获得“全国质量奖”“交通运输行业质量奖”和“山东省质量奖”。2011年，GPS货运管理系统获得中国港口科技进步二等奖。

股份二公司2009～2011年货物吞吐量完成情况（万吨）

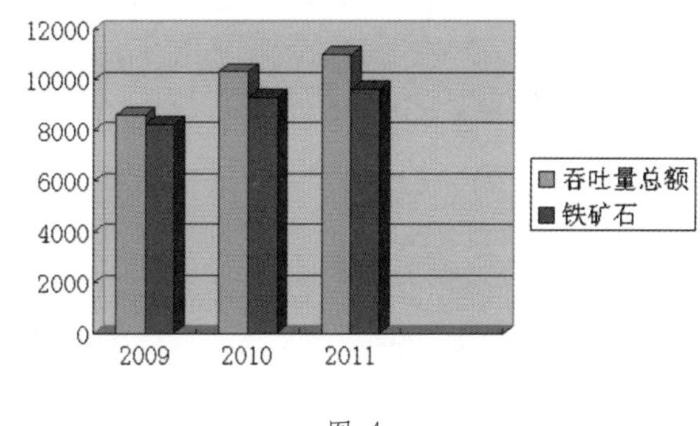

图 4

（刘玲玲）

【吞吐量突破亿吨大关】 2010年12月20日，公司年货物吞吐量突破亿吨大关，成为全国沿海港口第一个真正意义上的亿吨港埠公司，实现了公司发展的历史性跨越。

三年来，从2009年的8599.70 万吨增长到2011年的11000.01 万吨，年均增长速度为20.40%。其中，内贸吞吐量从2009年的779.34万吨增长到2011年的2259.14万吨，年均增长速度为23.13%；外贸吞吐量从2009年的7820.36万吨增长到2011年的8740.87万吨，年均增长速度为19.74%。另外，按照货类结构统计，铁矿石吞吐量从2009年的8234.54万吨增长到2011年的9629.45万吨，年均增长速度为19.40%；其他货类吞吐量从2009年的365.16万吨增长到2011年的1370.56万吨，年均增长速度为28.60%。

股份二公司（含昱桥公司）吞吐量信息表

表5　　单位：万吨

项目 \ 年度	2009年度	2010年度	2011年度
吞吐量总额	8599.70	10329.07	11000.01
其中：内贸	779.34	1787.35	2259.14
外贸	7820.36	8541.72	8740.87
其中：铁矿石	8234.54	9321.28	9629.45
其他	365.16	1007.79	1370.56

随着吞吐量逐年攀升，经济效益得到大幅度增长。总收入从2009年的182468.54万元增长到2011年的191823.37万元，年均增长速度为14.36%。同时，随着卓越绩效管理模式的导入和推行以及各项成本降低措施的执行，利润总额从2009年的65281.83万元增长到了2011年的71833.09万元，年均增长速度为28.87%。

股份二公司（含昱桥公司）经营指标信息表

表6 单位：万元

项目＼年度	2009年度	2010年度	2011年度
装卸收入	142380.84	144797.73	162382.87
堆存收入	4760.69	6498.90	5866.78
港务管理收入	19146.79	19266.48	20563.37
其他业务收入	16180.22	2350.53	3010.35
收入合计	182468.54	172913.64	191823.37
装卸支出	99819.69	89340.84	99018.02
堆存支出	1775.63	2235.81	3252.71
港务管理支出	4252.78	7400.25	7569.19
其他业务支出	1992.37	791.12	525.79
成本合计	107840.48	99768.01	110365.72
利润总额	65281.83	64324.58	71833.09
利税合计	71711.12	70179.89	78298.20

【资产规模增长明显】 2009～2011年，固定资产规模逐年膨胀，新增了西港三期泊位、西港三期后方堆场、连接段输送机、门机、矿石二期悬臂式斗轮堆取料机、轨道移动式伸缩臂架装车机、堆场皮带机、卸船机、装载机、洒水除尘设备等大型资产。固定资产从2009年的403174.11万元增长到2011年的473818.35万元，年均增长速度为17.38%；资产总额从2009年的393763.45万元增长到2011年的443931.06万元，年均增长速度为10.55%。

股份二公司（含昱桥公司）资产信息表

表7 单位：万元

项目＼年度	2009年度	2010年度	2011年度
固定资产原值	403174.11	469987.36	473818.35
累计折旧	65420.37	86346.60	108504.09
固定资产净值	337753.74	383640.76	365314.27
资产合计	393763.45	442440.14	443931.06

（王贵名）

【加大市场营销　力促货源开发】 面对严峻的市场形势，公司坚持以市场为导向，以实现“顾客、市场、物流总成本最低”为目标，进一步加大市场营销力度，及时调整营销策略，积极主动地采取请进来、走出去等形式，延伸服务功能，确保生产经营高效运行。三年来，分别在南宁、南昌、成都召开矿石客户座谈会，扩大了市场影响力；坚持为客户排忧解难，诚信营销，彰显了公司的诚意；在船舶压港时，站在客户角度及时答复疑问，耐心听取意见，平等对待每一个客户；在货源紧缺时，通过深化服务，提升质量，赢得客户，尤其是抓住营销重点和关键客户，与客户建立起更加密切的合作关系，公司的铁矿石品牌得到更广泛和更深层次的认可。2011年成立客服中心，开通免费客服热线，用优质高效的工作为客户提供超值服务，实现了现场与市场的密切结合；营销人员及时了解生产订货信息、贸易商交易动向及邻近港口生产情况、费率水平、营销策略等，为货源开发决策提供可靠依据；商务管理人员与生产管理人员一起针对客户需求和生产要求，加大与口岸单位的协调力度，建立了更为畅通的合作渠道；通过采取责任到人、上门催收、控货发运等措施，欠款回收工作取得显著成效。

2011年，共开发新客户83家，新增货源513万吨，其中，矿石新增440万吨，煤炭新增57万吨，燃料油新增1.8万吨。

【生产组织高效快捷】三年来，面对矿石货源量总体较为充足，船舶密集到港，港口施工、堆场爆满、设施改造以及恶劣天气明显偏多等困难，坚持按照集团公司“一强化三统筹”的总体部署，科学合理地改进卸船作业流程，制定“统筹优、效率高、方法好、时间省”的作业计划，紧抓车船场货之间、工序之间、任务之间的衔接配合，保持生产组织的连续性，生产效率不断提高。三年共接卸各种船舶6500艘次，刷新和创造作业纪录125次，分别创造昼夜装火车2307节、昼夜汽运疏港16万吨、日装火车2188节、日发汽运16.02万吨、月转水量158.8万吨的历史新高。2010年12月5日，在“西威尔”轮矿石卸船作业中创造了平均卸率9786吨/小时的世界纪录。

同时，生产组织实现了计划管理与精细管理更好的结合。生产部门精心研究，从潮汐变化、船型结构、堆存地点和倒运路线等因素着手，合理制定船舶安排预案并优化卸船方案，抓住单机、单班、单船效率考核和库场安排、机械倒运、设备保障等关键环节，不断改进提高。生产作业人员加班加点，任劳任怨；有关单位加强协作配合，根据货种特性、发运流向、客户要求科学安排火车作业，装车质量快速提高，2011年平均装车满载率达99.41%。公司还深化现场管理责任，借鉴先进现场管理经验，完善和巩固控制倒运扬尘、货垛苫盖、喷淋、车辆冲洗、污水排放等措施，落实“四标六清”要求，进一步加大现场管理与粉尘控制力度，作业现场总体保持整洁有序，基本达到有关部门的要求，并逐步建立起了长效机制。

2010年12月5日，在“西威尔”轮矿石卸船作业中，股份二公司创造了平均卸率9786吨/小时的世界纪录

（刘玲玲）

【设备管理形成特色】以导入卓越绩效模式为契机，经过多年的探索和总结，形成具有公司特色的设备管理理念体系、管理机制与管理平台。设备管理理念体系涵盖设备采购、使用、维修及创新等设备管理的各环节，提炼了公司设备管理的总体思想。公司建立包括值班工程师制、大机机长制、维修监理制、技术人员对接制等设备运行维护管理机制，明确各级设备管理人员的职责及流程，针对季节特点以及设备管理在各个时期的工作重点，于2009年推出设备“四季管理模式”，并将设备管理各项工作纳入到这个平台上来，内容为设备基础管理季、设备安全管理季、设备现场管理季及科技管理季，以实现设备最高利用率为目标，注重设备的保养、检查和技术改造，加强日常巡检和维护保养，积极推进完善外修承包机制，成立夜间应急抢修队伍，加强矿石系统维修保障能力，为装卸生产提供了设备技术保障。三年来，保持设备总体完好率为97.4%，完成大型维修项目100余项，设备技术状况持续稳定。

公司始终秉承“身边事皆可改进、每个人都能创新”的创新观，鼓励技术人员围绕自身工作实际自主创新，不断探索更加合理的装卸新工艺、新方法。三年共完成优秀技术创新成果165项，集团以上成果13项，取得国家专利20项。其中，耐磨陶瓷技术、新型清仓机械吊装技术、机械平车技术、大机无线称重技术、GPS货运管理系统五项技术为港口散货行业做出了贡献。智能检斤、电子堆场、电子商务平台、物资管理系统、作业票管理系统等10大项目相继完成。“5秒检斤”已成为公司靓丽的名片之一。

（于祥春）

【信息化建设快速推进】以GPS货运管理系统为依托成立了数据中心，创造式利用信息技术，全力推进港口信息化建设，先后开发应用电子作业票系统、GPS倒运车辆管理系统、智能检斤系统、电子商务平台系统、物资管理系统、卸船机PLC无线远程监控系统、皮带巡更系统等30余个子系统，实现了倒运作业车辆、物资大库管理、装卸机械运行等多个生产分支流程的即时可视化。通过信息平台，将整个生产流程串联起来，全方位地对作业现场实时监管，使各种作业数据统计更加真实便捷，提高了整体作业效率，减少了现场危险因素，成为港口行业中名副其实的信息化建设领跑者。2011年，以GPS货运管理系统为龙头的整套信息系统全面投入使用。

（刘玲玲）

【员工自主创新有了“冠名权”】2009年制定出台《员工荣誉激励办法》，对涌现出的标杆纪录和技术创新成果以职工名字命名。员工先后在港口装卸运输流程再造、设施设备技术改造、QC研究课题攻关、节能环保及安全生产工艺发明等方面取得科技进步成果56项，全部被公司“冠以其名”或申请国家技术发明专利。“青工金蓝领”刘召军发明的“刘召军卸船机飞行卸料法”、杨从坤发明的“杨从坤快速打结拧紧铁丝车皮加固扳手”、金新成发明的“金新成汽动清料器”、许崇华发明的“许崇华大型清舱机械专用吊具”等独创性科研成果，被多家港口同行借鉴引用。

（滕以来）

【持续推进管理创新工作】三年来，公司不断完善质量管理体系，细化目标绩效考核指标，建立基于战略的目标绩效考核体系，整体管理水平持续攀升。一是目标绩效考核体系更趋完善。公司结合卓越绩效管理模式，建立了基于战略的目标绩效考核体系，在战略发展中测量绩效，在生产经营中分析绩效，在持续改进中提高绩效，实现了战略目标和科队、班组、个人目标的协调统一；通过不断优化绩效指标考核制度，建立起公司、部门、生产单位和班组四个层级的全面目标绩效管理考核体系，将战略指标逐级分解，实施“有效激励”，突出“正向激励”，推进基层单位自主管理，实现了由生产主体向经营主体的转变。二是班组创建工作成效卓越。连续开展“班组面貌提升年”、“班组绩效提升年”和“卓越班组创建年”活动，各班组大力推进目标管理、班组文化建设、班组长队伍建设及核心绩效提升等工作，通过创建班组特色文化，构建班组愿景，提炼班组精神和理念，谱写班组之歌，使企业文化落地到班组，同时以岗位练兵、劳动竞赛、技术比武、技术革新等形式为载体，不断创新作业方法，创造新纪录，提高生产效率，各班组的执行力、凝聚力、自主管理能力进一步提升，工作学习环境得到相应改善，团队品牌逐步叫响，争先创优、争树标杆的氛围日趋浓厚。三是QC攻关活动成效显著。公司以QC活动为载体，与降本增效活动有机结合起来开展现场攻关，以提高经济效益为落脚点，积极引导各单位开展QC小组活动，注重发挥全体员工的创造性和积极性，把技术攻关工作落在实处。各QC小组围绕生产质量、现场管理、节约挖潜的重点和难点问题开展活动，活动类型也由以往的问题解决型拓展到开发新产品、新工艺和新技术创新型。至2011年底，QC小组活动成果形成率提高到86%，累计登记注册QC小组862个，取得成果654个；每年至少有8个QC成果获集团、省部级以上荣誉。四是管理创新硕果累累。公司鼓励各单位积极开展管理创新活动，设立管理创新奖，鼓励管理创新的研究与实践，注重创新的实效及经济、社会效益。三年来，各单位提报成果117项，表彰成果68项，提高了管理水平和市场竞争力。

（韩长红）

【荣获“全国质量奖”】2009年上半年，公司理顺流程，完善体制，编写完成管理手册、程序文件、作业指导书、操作规程共160余个文件，初步搭建起卓越绩效管理体系，并于7月分批次进行全员培训后开始试运行。11月，公司荣获“全国实施卓越绩效模式先进企业”“全国质量管理活动优秀企业”“山东省管理创新优秀企业”等称号。2010年10月，获得“全国质量奖鼓励奖”。2011年10月21日，荣获全国质量领域最高奖项“全国质量奖”；11月获得首届全国“交通运输行业质量奖”；12月获得“山东省质量奖”。经过三年多的努力，公司的经营管理成熟度由327分提高到500分以上，实现了当初导入卓越绩效模式提出的“取得实效、获得称号”目标。

2011年10月，公司荣获第十一届“全国质量奖”

【创新人力资源管理】公司本着“关注员工实际、成就员工未来”的理念，对薪酬分配、计件工资等进行创新，做到管理重心下移，各单位的自主管理能力逐步提高；开展劳务工待遇、降低外付劳务费等专项改进，达到稳定队伍与控制成本的双赢效果，单位外付劳务费同比下降8%；加强内部师资队伍建设，并协调利用校企资源，开发了上海海事大学、青岛港湾学院、莱钢培训中心、大连海事大学四大培训基地，培训效果显著提升。

2011年3月上旬，公司按照集团公司统一部署，全面推行劳务用工养老保险工作，全公司2610名劳务工自由选择了相对应的险种，其中，1771人选择参加新农保，255人选择参加城镇职工养老保险，20人选择参加灵活就业养老保险，277人因跨省不能参保等原因选择自愿放弃，劳务工参保率达到90%以上。

【扎实开展“三创年”活动】2011年，公司深入开展“三创年”活动，挖潜增效，超额完成吞吐量、利润等各项经济指标，盈利能力与竞争能力不断增强，基础管理水平进一步提高。一是目标考核体系逐步完善。通过不断优化绩效指标考核制度，建立起公司、部门、生产单位和班组四个层级的全面目标绩效管理考核体系，将战略指标逐级分解，实施“有效激励”，突出“正向激励”，提高了各级人员的自主管理能力。二是物资管理水平有新提升。严格落实“形式透明、过程透明、价格透明”措施，对173家合作供应商进行招投标筛选，招标比价率达96%以上；对车皮堵漏材料采取阶梯报价，在保证质量的同时，全年降低材料成本费用256万元。同时，采取分解库存指标、强化定额考核、修旧利废量化管理、完善数字化仓库等一系列措施，保障了生产顺利进行。三是成本控制有新进展。根据集团年度指标任务，从管理制度和技术创新入手，建立指标控制体系，将各类指标分解到对口单位，重点加强耗能设备、外租机械、劳务费管理，各项成本支出得到有效控制。全年公司平均单位主营业务收入为17.16元/吨，同比增长3.94%；平均单位成本为10.05元/吨，外租机械作业费为2.05元/吨，略高于考核指标；能源综合单耗为3.71吨标煤/万吨吞吐量，单位劳务费为0.57元/吨，控制在考核指标以内。同时，通过加强监控，积极利用替代资源，能耗、维修费用较计划节约1000余万元。

【精神文明建设富有成效】一是切实加强党的自

身建设。遵循“四好班子”争创标准，利用中心组学习、民主生活会和脱产培训等时机，系统地补充理论知识。同时，采取一级抓一级，上级带下级，下级促上级，重点抓落实的方式，有效促进了两级班子建设；务实开展“创先争优”活动，明确目标要求，丰富实践载体，突出内容特色；健全党建工作制度，把年度计划的各项标准要求，量化分解为关键绩效指标，纳入公司目标管理体系，进行过程控制和严格考核，创出了许多效果显著的工作方法，如检斤队的“员工论坛”“大爱人生”教育，机械一队的“班组擂台赛”等都富有特色和借鉴意义。二是党群工作围绕生产经营中心工作，以“创先争优”活动为主线，积极培育“阳光心态”，创新开展思想政治工作和企业文化宣贯，营造了加快发展的和谐氛围。2009年3月至8月，开展了为期半年的学习实践科学发展观活动，在党员中开展“做表率、促发展、立足岗位作贡献”“科学发展大家谈”“科学发展三问计”主题实践活动，在员工中开展“战胜危机靠什么”大讨论和 “感恩与敬业、务实与创新、和谐与共赢”“感恩敬业比贡献、强港兴企跨双亿”主题教育活动，严格落实“一岗双责”制度，积极做好思想政治工作；管理人员定期深入基层，通过“座谈会”“面对面”“拉家常”等方式方法，了解员工需求。公司连续三年被集团公司授予“先进直属党组织”。三是公司工会积极维护员工权益，创新开展送温暖、劳动竞赛和文体活动，初步探讨建立职工提报合理化建议绿色通道，自2009年起连续三年举办了阳光文化节，开展征文演讲、书法绘画、健身展示和文艺汇演等活动，推动了阳光文化的宣贯落地。四是主动参与公益事业，特别是我国西南出现旱灾后，公司员工共筹集善款6.98万元，体现了“益于社会而后存”的责任意识。

【阳光文化建设成绩斐然】 借助卓越绩效管理工作，制定企业文化管理流程，设计出理念、行为、视觉和品牌四大识别系统以及流程框架和推进规划，构建独具个性化的阳光文化体系。2009年，举办“宣贯阳光文化”现场会，编辑出版《阳光沐浴真诚》一书，诠释阳光文化基本理念，赞颂员工干事创业的光辉形象。2010年，各科队、班组完成子文化构建，提炼出各具特色的使命、愿景和精神。同时，利用宣传媒体平台，在《装卸真诚》报开辟专栏，在重点路段设置宣传牌，在各类刊物发表稿件，集中报道公司的改革发展成果、先进典型事迹和经营管理理念。2011年机械一队东港装载机甲班被授予“集团第三批阳光文化示范点”；环保队被评为“集团创建学习型企业示范基地”，“阳光检斤”被评为“山东省港航系统优秀服务品牌”。公司被推荐上报“山东省企业文化先进单位”。

（刘玲玲）

2011年6月30日，日照市委书记杨军与集团公司董事长杜传志到公司女子堆取料机班视察

【清洁生产形成长效机制】 以“降低粉尘、减少撒漏、改善现场面貌”为主要目标，通过技术改进和创新管理等措施，不断提升现场的环保管理水平，建立标准化流程管理模式，初步形成了环保管理工作长效机制。一是对道路进行日常清扫保洁，对空场地进行彻底清扫，有效解决了粉尘的产生；二是提高建垛标准、加强苫盖，提高垛位一次成型率，既美观了现场也降低了成本；三是改变道路清洁模式，使用喷雾洒水和吸尘相结合，达到路面湿

润不起尘、不泥泞的效果；四是重新划分现场责任区，进一步规划道路和垛位设置，人力资源得到统筹利用，垛位整形效果不断加强。

2009年成立全港第一个专业化从事现场清洁生产的环保队，并加大环保设备设施投入力度，提升清洁生产管理水平。三年投资4800余万元在公司辖区内（含港西区）安装道路喷淋；投资460万元建造洗车效果良好的自动化大型洗车场4个；投资860余万元建设污水池，进行污水处理；投资1840多万元，建设防尘网；投资近一个亿用于修建道路及堆场硬化。每年环保费用2000余万元。

为确保公司粉尘治理工作的顺利实施，每年公司都与一线生产单位签订《粉尘治理目标责任书》，完善各项规章制度及各种洒水、吸尘、清扫车操作规程等文件，环保管理基础工作得到进一步加强。同时，加大现场整治和环境检测力度，有效控制废气达标排放，顺利通过GB/T24001-2004标准认证，公司先后被评为“日照市环保管理先进单位”、“山东省卫生管理先进单位”。

（薛晓玲）

【GPS货运管理系统获中国港口科技进步二等奖】 2011年11月，公司GPS货运管理系统成功获得年度中国港口科技进步奖二等奖。GPS货运管理系统作为公司2010年信息化系统建设的重要项目，于2010年1月开始调研，经过一个多月的调研和方案讨论，于2010年3月正式立项启动，项目共投资218万元。该系统通过GPRS无线网络技术、GPS（全球卫星定位系统）技术、GIS（地理信息系统）、条形码技术等信息技术，实现堆场实时监控、垛位信息及时更新、作业指令和信息及时传递、作业机械精确定位和实时监控、业务数据实时上传等功能，达到多个部门的信息共享、协调有序、绩效量化，为生产提供了一个智能化、易操作、实用的GPS定位监控与可视化管理平台。

（胡希鹏）

股份三公司

【日照港股份有限公司第三港务公司】

经　理

董淑国（2006.06～2010.12）

王爱平（2010.12～　　　）

副经理

宋希福（兼）（2006.12～2010.12）

姜子旦（兼）（2011.08～　　　）

秦桂胜（2008.08～　　　）

王天年（2007.01～　　　）

崔　亮（2008.08～　　　）

党委书记

宋希福（2006.12～2010.12）

姜子旦（2011.08～　　　）

党委副书记

董淑国（兼）（2007.06～2010.12）

王爱平（兼）（2010.12～　　　）

纪委书记兼工会主席

徐振和（2007.01～2011.08）

单洪锋（2011.09～　　　）

【概述】 股份三公司位于日照港石臼港区西区，是日照港从事大宗散件杂货流通、存储、装卸中转等服务为主的主力港埠公司之一。现有固定资产13.86亿元，正式员工652人。设有18个科室单位：办公室、政工部、人力资源部、计划财务部、设备技术部、安全环保部、保卫部、后勤服务部、业务部、生产部、库场队、检斤队、环保队、设备一队、设备二队、设备三队、装卸一队、装卸二队。目前，公司在用泊位3.5个，码头岸线1000余米，大型岸边机械27台，装载机、挖掘机、轮胎吊等流动机械200余台，堆场160万平方米，仓库5座，总面积4万平方米。现有5条装卸车线投入使用，可满足各类散货和包装货物装卸车作业。

2011年，裕廊港码头合资公司成立，股份三公司将木片、木薯干等货种剥离出去，集疏港货物构成以煤炭、镍矿、铝矾土、钢材、水泥制品、焦炭、有色金属矿、件杂货等十大货种为主，兼顾其他散件杂货，形成综合性、多元化的货源格局。2009年完成货物吞吐量2915万吨，2010年完成货物吞吐量3989万吨，2011年完成货物吞吐量3321万吨。被大连商品交易所指定为焦炭期货交割库，成为国内三大焦炭中转港埠公司之一，已逐步发展成综合服务功能齐全、专业化、现代化程度较高的港埠企业，综合竞争力日趋增强，在服务社会经济发展过程中发挥了物流主枢纽港的作用。

随着日照港口规划建设的纵深推进，公司将立足于集疏运条件便捷的交通优势、专业深水泊位优势、大型货物堆场优势、一流的品牌服务优势，围绕“打造最具竞争力的港埠公司”的愿景目标，着力突出市场和管理两大主题，力争实现“市场整合、运营质量、安全生产”三大突破，努力推动“吞吐规模、综合效益、全员素质、现场质量”四大提升，进一步提升核心竞争力。坚持以客户为中心，努力提供环境最优、效率最高、质量最好的服务，为发展港口、报效国家、服务社会，成就员工而不懈努力。

三年来，公司先后荣获国家级QC技术创新成果奖、山东省首届港航系统“十佳服务品牌”、山东省工人先锋号、日照市五一劳动奖状等荣誉。

（李希瑾）

【综合管理】 公司扎实、深入开展“管理效益年”和“三创年”活动，以目标管理为主线，以规范化、精细化为目标，不断夯实公司的管理基础。

班组建设卓有成效。连续三年开展“做品牌员工、创阳光班组”竞赛活动，实施班组样板推广、科队长和机关管理人员联系班组及“走遍每一个班组”等措施，提升班组的基础管理水平和基层单位的自主管理水平。2009年有5个单项管理样板通过集团评审；2010年有4个单项管理样板通过集团评审；2011年培育了3个推广型管理样板。

质量管理超前推进。2011年11月顺利通过了ISO9001质量管理体系认证。在“三创年”展示月中进行了首次展示，被集团评为二等奖。

目标管理扎实深入。在2008年被评为集团样板的基础上，对考核指标进行细化、量化，梳理各项关键性指标，强化过程控制，改进绩效考核办法，健全专业指标，注重考核结果，推行单船、单机核算和单货种模拟利润核算，不断完善管控机制。

成本控制力度大。强化对应收账款、成本控制、挖潜增效等环节的监督、审核力度，确保应收尽收、增收节支；理顺外租机械管理程序，合理测算了计件单价，健全管控考核机制；实施劳务体制改革，降低外付劳务费的提取比例，完成劳务费下降10%的“三创年”目标；加强物资采购管理职能的发挥，通过物资定额管理模式建立内部制约机制，提高采购质量，降低采购成本；改革燃油供应体制，保证了燃油的供应质量；开展单机成本核算，扩展、修订了设备委外维修定额，使定额维修比例达到90%以上，有效控制了设备维修成本，设备维修单耗低于0.32元/吨的考核指标。同时，强化物资采购管理，推行“物资采购单价定额”、“物资储备定额”、“物资消耗定额”。

公司成立计划采购和验收发放两个工作小组，创新物资定额管理模式，建立物资管理长效工作机制。加强对物资计划、招标比价采购、库存储备、发放使用等环节进行全过程跟踪、控制，合理有效控制成本，润料每操作吨消耗由0.07元/吨下降到0.05 元/吨，车皮封堵物料使用定额为17.76元/节，比过去的27元/节下降52%。

推行“卡口式管理”模式。将所辖3.5平方公里区域用隔离设施分割成20多个独立区域，设立通道查验卡口，有效控制进出车辆、人员，保障货物安全和交通顺畅。施行交通“大循环、无交叉”模式，开展“滞留车辆”专项整治活动。三年共验放货运车辆 350.89万辆，查获治安事件1633起，查处交通违章39124起，接待参观车辆12207车次。

构建“技防、物防、人防”三级防控网络。实现物流零发案港区，无重大交通事故的工作目标，先后获得省级“交通示范企业”、集团“平安港口建设先进单位”等称号。

（秦 静）

【人力资源管理】 为进一步提升全员的职业素养，实现“争取用三年时间使内部管理水平有明显提升，五年内达到集团一流水平”的发展目标，公司聘请中国石油大学（华东）培训学院专家，在分层面调研的基础上，制定公司2012～2014年培训工作规划，经公司职代会表决通过后发布实施，指导公司今后开展系统全面的培训活动。

公司稳步推进劳务管理改革，一是扩充原2个装卸队的管理职责和人员，加强对劳务公司及装卸工班生产组织、现场安全、工资分配等方面的督导，继续推动装卸工班专业化；二是重新协商续签承发包合同，劳务公司管理费提取比例从原来的12%下调到10%，重新界定双方权利和义务，每年减少外付劳务费100多万元；三是提高劳务工的劳保福利待遇，为全部劳务用工定期免费配发工作服、防护用品以及毛巾、手套、口罩和洗涤用品等基本劳保品；四是分步推进劳务公司组织劳务工参加社会保险工作，2011年共有400多名劳务工参加“新农保”，300多名劳务工参加城镇职工社会保险。

公司先后下发关于加强夜间值班、严格酒后上岗、中层助理以上管理人员请销假等制度规定，加强对各单位考勤、工资分配等方面的监督检查，对查出的酒后上岗者进行严肃处理，对不按要求请假、缺席公司会议的中层管理人员通报批评，对非正常在岗人员严格按规定进行工资管理。

按照“精简高效”的管理原则，在深入摸底调研的基础上，对各单位非正常在岗人员进行清理，对不按编制定员方案在岗位人员进行规范，对作业量不饱和岗位人员进行整合；平稳进行合资公司独立过程中的人员划转、费用划分等工作，对因此造成的公司生产、业务减少后的职责进行调整，对富余人员进行精简整合。2011年下半年，顺利完成工勤队建制取消后管理职能、相关人员的划转、整合，提升管理质量减少了劳务用工，降低了外付劳务费支出。

从2011年开始，公司在新进员工 “模板式”岗前培训中加入为期一周的军训课程，明确提出新进员工须在库场理货员岗位进行一段时间的见习，形成新进员工入职管理新模式；在机关管理人员招聘方面，合理确定招聘岗位条件，主要以资格条件加分、笔试、面试成绩确定录入人员，形成公开、公平、公正的招聘模式；在劳务工司机招聘方面，一改原来靠公司及港内职工介绍的方式，而采用会同设备部门、劳务公司公开向社会招聘、在当地院校招聘应届毕业学生等方式。

为更加方便、快捷、优质、高效地进行人力资源管理，2011年公司委托信息中心开发了人力资源管理系统，经不断优化完善和基础数据录入，系统正常投入使用。

（李国政）

【市场营销】 三年来，在国内外港航运输业竞争日趋激烈的情况下，按照“巩固、突破、向西看”的营销策略，不断建立和扩大区位优势，通过物流平台建设不断构筑成本优势，以品牌创建打造服务优势，最终靠优势赢得竞争。建立营销网站，从营销“网络化”入手，开展“大物流”、商务“一条龙”、融入“大生产”、延伸“服务链”、服务“细微化”、竞赛“树标杆”等活动，为客户开辟了业务渠道，也为公司培育了潜在的客户。巩固进口煤炭、镍矿、铝矾土、钢材等传统货源和优势货种，主导货种比重进一步提高。先后实现氧化铝、焦炭、化肥、有色金属矿等货种的突破。

2009年，面对国际金融危机冲击下市场低迷、货源不足等不利因素，全力开发、培育西部货源，成功召开河津、西宁货主座谈会，青海黄河水电、甘肃金川、河南豫光金铅、山西中条山等国内知名氧化铝、有色矿企业前来落户。同时，借助公司营销网站，积极与供应商、生产商、贸易商、船公司沟通，镍矿进口量占全国进口量的三分之一，吞吐量保持了逆势上扬、快速增长的良好态势，全年新增客户51家，新增货源318万吨。

2010年，坚持大客户营销策略，对北京、上海、甘肃、青海、宁夏、山西、陕西等10个省的60余家大客户进行走访推介，加强与宝钢、中钢、中五矿等中字号企业合作。在有色矿开发上加大力度，与甘肃白银集团、甘肃金川集团等知名企业合作，并与宁夏天元锰业达成了初步合作协议。联合铁路、海关、商检共同推介公司的接卸优势，于4月26日在兰州召开“日照港口服务甘肃经济推介会”，于8月26日在云南丽江召开“日照港进口煤炭客户座谈会”，济南铁路局、日照海关、商检等近200人参会，与中国远大、甘肃白银、西部矿业签署了战略合作框架协议。公司进口煤炭完成1020万吨，成为首个过千万吨的货种。全年新增客户40家，新增吞吐量360万吨。

2011年，继续推行“大客户营销”策略，定期对大客户、重点客户进行走访，并加大市场营销的深度和广度，为贸易商和生产厂家搭建物流信息平台，保持了生产持续上扬、快速增长的良好态势。在焦炭开发上，加强与客户的沟通，做好集港、装船工作，利用焦炭期货交易所资质这一平台，加大宣传、提高公司的知名度，焦炭吞吐量首次突破百万吨，形成我国焦炭出口天津港、连云港、日照港三足鼎立的局面。同时，制定大宗散货水分化验、筛分作业管理流程、内贸散货水尺检测、加水流程、焦炭筛分作业管理流程等相关规定，在新疆乌鲁木齐成功召开了进口煤炭客户座谈会，打造了公司在煤炭这一品种上的影响力和知名度。

2011年8月，在乌鲁木齐举办进口煤炭客户座谈会

（王 伟）

【设备技术管理】 公司不断优化技术装备水平，加强设备的保养、检修，荣获2010年度山东省设备管理优秀单位称号。

至2011年末，公司拥有门机、装载机、挖掘机、轮胎式起重机、叉车、半挂汽车等各类设备235台（套），总功率32兆瓦，技术装备水平不断优化。1．报废、封存或调拨其他生产单位各类设备42台。对半挂汽车等部分超期使用、故障频发维修费用高、继续使用经济性能差的机械设备做固定资产报废处理，对原来使用的红光40吨门机等技术性能差、工作负荷达不到设计能力的设备，报请集团公司作为固定资产调拨集团公司其他单位使用。2．购置建造各类机械设备工属具76台（套），包括40吨门机3台、VOLVO装载机、32T海斯特叉车曲臂吊、清扫车等，缓解了大型件货和大宗散货装卸对设备的压力，提高了生产效率。3．完成技术改造项目21项。其中，木薯干灌包料仓加装“容积、温度”检测系统、氧化铝卸船机行走电机国产化改造、小松500-3装载机发动机国产化改造、石川岛轮胎吊力矩限制器改造等项目，有效地提高了设备的生产能力和安全性能；14#～16#门机PLC、称重远程数据无线传输系统加装项目，有效缩短了门机故障诊断时间，减轻了维修人员的劳动强度。

以设备保养为核心，强化设备的检修管理和使用管理，设备完好率始终保持在98%以上，利用率始终保持在40%以上，设备的使用故障率始终控制在1.5%以内。1. 以科学的技术经济分析和目标管理为基础，以月度计划的制定和执行为重点，认真实施设备保养、检修和使用的精细化管理，保证公司的设备管理工作高效有序运行。以此为基础，认真编制《设备技术管理月报》，保证公司的数据积累和技术沉淀。2. 启动ISO9001质量管理体系建设，编制修订《股份三公司设备管理控制程序》等质量管理文件并认真落实，设备管理体系标准化、设备管理行为规范化、设备管理过程精细化等方面均有显著的提高，对外租机械设备承揽方的管理也有质的飞跃。3. 委托武汉理工大学检测中心利用先进技术手段对门机从静压力和动载测试等方面实施钢结构检测，准确掌握门机的钢结构技术状况。另外，在5＃门机上试验安装一套基于GRPS的动态检测系统，开创了沿海港口门机钢结构动态检测的先河。4. 不断加强设备维修的定额管理、备品备件管理、设备流程管理、设备润滑保养及检修操作人员的队伍建设，在单机成本核算、设备管理样板方面认真开展工作。

期间，EAM企业资产管理信息系统的投入使用，有效提高了公司的设备管理水平。公司还开发应用了生产管理信息系统、智能物流管理信息系统、人力资源管理信息系统，保证了向现代化港口企业的迈进。

（杨云鹤）

【生产组织】 作业效率稳步提高，三年共刷新纪录228次。镍矿平均卸船效率为每小时1913吨，装船平均效率为每小时695吨，同比增长20.24%；铝矾土平均卸船效率为每小时2311吨；大袋水泥平均装船效率为每小时200吨，比2010年的106.64吨提高87.55%；生铁平均卸船效率为472.2吨，同比增长65.83%；钛铁矿平均卸船效率为每小时758.75吨，比2010年的397吨/小时，同比增长91.24%；卷钢装船效率为463.97吨，同比增长35.67%；同时创造了镍矿单班26500吨、煤炭36500吨、铝土32800吨、熟料42000吨、焦炭17000吨、石油焦13500吨、原糖13000吨、带钢单班装船10500吨的8项单班过万吨的纪录，有15个货种的作业效率同比提高20% 以上。

基础管理不断加强。1. 细化计划安排，认真实施三天计划。根据船舶抵港顺序、库场、泊位、机械、人力等情况，确定各项作业重点和难点，优先保证重点船舶靠泊，并提前抓好前沿货物倒运，保证船舶靠泊后的生产顺畅。针对作业中可能出现的问题提前布置应对措施，使计划更具精细性和可操作性，提高了泊位、场地的通过能力和综合利用率。2. 认真贯彻“一路四岗双验收”的生产组织原则，对作业现场发生的问题实施捆绑考核、连带处罚，对责任区域的违章作业，调度负连带责任，使调度在整个生产组织过程中的安全监督管理责任进一步得到落实。严格落实“预想、预知、预控”“三预” 安全工作法，对每项作业提前制定出应对措施，并加强作业过程中的监督检查，使生产过程中的安全得到了有效保证。

创新管理提高效率。1. 创新生产组织形式，对船舶、火车和场地作业在两个装卸队之间进行专业化分工，减少了环节层次，明确了责任，大大提高了各项作业效率。2. 总结推广“回字形”卸船法，既减少扒仓机械的应用，又减少机械下舱时间，节省生产成本，取得了很好的效果。3. 积极推进各项小改小革。为方便集港化肥的卸车与割包装船，与业务部门、货主一道设计出利用大袋集港装船的工艺，为后续化肥集港与割包装船效率的提高打下了良好基础。对火车作业工属具进行改进，将装卸车吊具由原来的通用传统工具发展为专用的吊具，如使用大袋铜精矿、氧化铝专用吊具、钢材卸车专用吊钳等，不仅大大提高了作业的质量、效率，也有效地保证了作业安全。为提高散货平车效率，组织将挖掘机改造为专门的平车铯子，协助人工平车，大大提高了散货装车效率与平车质量，使镍矿停时由原来的5.5小时缩短为4小时左右，铝土停时由原来的4.5小时缩短为3.5小时。将原属于库场队的火车作业职能及货运质量管理职能和生产部的调度职能进行整合，成立专门的火车作业小组，设置货调员，并设立单班小组长加强对火车作业的现场组织管理，大大提高了火车作业的组织管理能力。

（张文峰）

【精神文明建设】 三年来，持续加强精神文明建设，营造实干进取的发展氛围，公司党委连续被评为集团公司先进基层党组织，荣获日照市厂务公开先进单位、日照市五一劳动奖状、日照市工人先锋号、日照市青年文明号、山东省工人先锋号、山东省港航系统十佳服务品牌、山东省港航系统四化管理先进单位等荣誉称号。

按照上级党委统一部署，一年一个主题，相继开展“搏击双亿靠什么、我为强港做什么”大讨论活动、“增强员工责任心和管理人员事业心”等系列主题教育活动，通过先进职工事迹报告会、主题征文比赛、黑板报展评、编发活动《简报》、在《西港视窗》开辟活动专栏、组织参加主题辩论赛等形式多样的活动，引导包括全体劳务工在内的广大员工进一步增强感恩思想、服务意识和协作精神。各单位、部室围绕全年任务目标的实现，将主题教育活动与“管理效益年”、“三创年”、现场综合治理等工作有机结合，认真查摆问题，深刻分析原因，积极落实整改措施，推进了综合管理水平的提升。

*加强和改进党的建设，进一步增强党组织的凝聚力、创造力和战斗力。*通过党支部书记培训、工作交流等形式，不断提升党支部书记党务工作素养；配合公司机构调整，进一步建立健全了基层党组织机构设置，充实党支部工作力量，认真开展民主评议党员和创先争优活动，培育、宣传先进典型。通过在《西港视窗》开辟“支部在线”、“我身边的共产党员”等栏目，大力宣传各党支部和广大党员创先争优的先进事迹。围绕庆祝建党90周年，组织党员参加“学党史、知港情、促发展”知识竞赛，观看电影《建党伟业》，向党员发放《卓有成效的管理者》等书籍，开展新党员宣誓活动，进一步增强了党员的党性观念。不断完善《党支部目标责任制考核办法》，严格考核奖惩，促进党支部党建思想政治工作的创新实践，共有5项党建创新成果在集团获奖。

*努力抓好思想政治工作，为公司生产经营构建稳定顺畅的发展环境。*对外，通过印制宣传手册、制作宣传片、外部媒体发稿等措施，积极宣传公司的服务优势，塑造品牌形象；对内，调整《西港视窗》宣传方向，把打造管理沟通平台作为指导思想，加强与基层的互动，扩大影响力。三年来，在地市级及以上媒体发表稿件1000余篇，在集团内部主要媒体发表稿件、信息1000余篇，名列集团前茅。同时，做好细致的思想政治工作，在人员机构调整、管理体制改革、员工子女招聘等工作中，提前做好宣传解释工作，并加强普法和治安综合治理，坚持开展反邪教教育，预防和打击物流违法犯罪行为。成功组织了成立十周年系列庆祝宣传活动，加强阳光文化宣传，培育基层单位、班组的团队文化，公司及两个基层单位被评为“创建学习型企业示范基地”，两个基层单位被集团公司评为第三批阳光文化示范点。

*深化队伍素质提升，为公司发展提供组织保障和人才支撑。*深化“四好”班子创建活动，坚持中心组理论学习制度，在中层管理人员中开展“听讲座、读好书、写论文、提素质”教育培训，组织学习心得交流，并将心得编辑成《启慧文集》和《学思录》，并出台中层管理人员绩效考评办法，推行管理人员公开竞聘上岗，提高了员工的爱

岗敬业意识。同时，加强夜班值班、严禁酒后上岗等管理，对违纪人员进行了严肃处理。通过组织观看廉政教育电教片，学习杜传志董事长与新提拔中层管理人员任前谈话精神，撰写心得体会。制定调研制度，主要领导定期深入基层调研，推动了各项工作的开展。

*群团组织创造性开展工作，形成推动公司发展的合力。*工会组织以“提高员工执行力和团队战斗力”劳动竞赛为平台，扎实开展“学业务、练技能、创业绩”主题实践活动和“做品牌员工、创阳光班组”活动，并强化业务技能培训、开展“搏击双亿、节能减排”劳动竞赛，员工共创造了100余项作业效率新纪录，生产能耗显著下降，装卸作业质量不断提高。2011年在山东省港航系统劳动技能大赛中，参赛员工夺得冠军。

共青团组织进一步深化“一团一品”创建工作，开展青年文明号、青年安全生产示范岗等争创活动，通过征文比赛、青年与党委书记面对面等，调动青工的积极性，发挥了青年的突击队和生力军作用，荣获日照市青年文明号称号。

持续开展女职工“巾帼文明岗”争创活动，涌现出一批岗位建功的女职工先进典型，荣获日照市巾帼文明岗位称号。计划生育、武装、老龄等工作均稳步推进，得到上级主管部门的肯定。

（李希瑾）

岚山公司

【日照港集团岚山港务有限公司】

经 理

尚金瑞（兼）（2006.06～　　　）

副经理

王爱平（兼）（2004.08～2010.12）

孙新民（兼）（2011.08～　　　）

刘　磊（2008.08～　　　）

李维庆（1997.09～　　　）

常维兴（2001.12～　　　）

高　明（2002.12～　　　）

马先彬（2004.08～　　　）

党委书记

王爱平（2004.08～2010.12）

孙新民（2011.08～　　　）

党委副书记

任守波（2008.08～　　　）

纪委书记兼工会主席

任守波（2008.08～　　　）

【概述】 2009～2011年，岚山公司有效应对国际金融危机冲击及堆场严重不足等外部和内部困难，规模不断膨胀，货物吞吐量持续增长，共完成15143万吨，其中，2009年完成4355万吨，同比增长16%；2010年突破5000万吨，完成5186万吨，同比增长19%；2011年完成5602万吨，同比增长8%。同时，经济效益连年提升，实现利润4.3亿元。2009年，实现收入6.85亿元，利润9866万元；2010年，实现收入9.2亿元，利润1.31亿元；2011年实现收入11.06亿元，利润2.02亿元。

至2011年末，岚山公司拥有资产33亿元，生产泊位10个，其中，10万吨级泊位1个，5万吨级泊位4个，2万吨级泊位1个，1万吨级泊位2个，5千吨级泊位2个，在建7万吨级、10万吨级通用泊位各1个，核定通过能力1000余万吨。拥有主要生产设备600余台（套），货场面积165万平方米，液化品储运罐群66万立方米。经营的主要货种有铁矿石、镍矿石、液化品、粮食、钢材、木材等，已成为全国最大的北美松和辐射松进口和加工物流基地，全国重要的镍矿集散中心，江北重要的液化品集散地，区域性重要的钢铁原材料和产成品进出口通道。

三年来，按照“一强化三统筹”的总体要求，为强化生产调度，统筹港口资源，提升综合效能和管理水平，对部分生产单位、机关处室进行调整，使机构设置较好地适应了快速发展。至2011年底，岚山公司共有在册员工1400余人，设有22个科室单位：办公室、党群工作处、财务预算处、人力资源处、企业发展处、安全生产处、业务处、设备技术处、工程建设处、物资处、离退办公室、保卫处、重点项目办公室、机械公司、仓储公司、散粮储运公司、临港物流公司、新绿洲公司、拖轮公司、物业公司、招待所、房地产开发公司。另有4个装卸供方：金海岸公司、万泰公司、维恩公司、正合公司。

岚山港区

【抢抓机遇 推进市场开拓】 2009～2011年，受国际金融危机影响，市场形势异常严峻，行业竞争更加激烈，对此，岚山公司紧盯市场、快速反应，适时调整营销思路和策略，切实抢抓机遇，有效应对挑战，强力推进市场拓展，支撑了生产的平稳较快增长。

2009年，岚山公司通过设立鲁南营销中心、开展关联营销等举措开发货源，全年货物吞吐量首次突破4000万吨，其中，到港经营业务的货主增加47家，过百万吨的货种增至10个，镍矿、石膏石吞吐量在沿海港口中位居首位，木材吞吐量江北第一。

2010年，通过不断强化市场营销，狠抓服务质量，进一步巩固铁矿石等传统支柱货种，逐步做大石膏石等富有潜力的货源，市场竞争力显著增强。全年货物吞吐量再上一个千万吨级台阶，首次突破5000万吨，新增客户67家、货种3个，过百万吨的货种10个，大豆和木材实现大幅增长，分别为89%和96%，成为江北最大的辐射松和北美材接卸港区。

2011年，通过加强业务推介、跟踪服务和商务管理等，有效应对市场复杂多变，进一步优化货种结构，全年开发新客户55家、新货种3个，过百万吨货种10个，铁矿、镍矿、大豆、木材等均创历史新高，其中，木材完成364万方，同比增长45%，为日照港成为“中国10强进口木材港口”发挥了重要作用。

【生产效率创新高】 严格落实“一强化三统筹”的要求，大力实施生产“三位一体”（生产组织一体化、资源调配一体化、安全管理一体化）管理，加大“一分钟开钩制”和“钟摆式”双向重载转运模式等生产组织创新，强化生产调度，统筹港口资源，生产效率和组织水平不断提升。

2009年，装卸船舶3748艘次，同比增长15%，日均达10艘次；船舶在泊非生产性停时同比下降11%；泊位平均综合生产能力同比提高3%；千吨作业时间同比下降12%；创造了卷钢装船1500吨/小时，木材卸船10320方/天，铁矿砂卸船2940吨/小时，月度吞吐量423万吨等新纪录。

2010年，装卸船舶3125艘次，船舶大型化趋势更加明显；船舶“一分钟开钩”率同比增长5.3%；创造了木材卸船742方/小时，煤炭卸船2629吨/小时，水砂装船2180吨/小时，大豆卸船1380吨/小时，卷钢装船1501吨/小时，月度吞吐量490万吨等新纪录。北美材卸船17000方/天和辐射松卸船8400方/天，创全国装卸新纪录。

2011年，接卸船舶3072艘次，全年靠离2万吨以上船舶艘次同比增长14%，船舶大型化的趋势凸显；刷新生产纪录36项，创造了铁矿砂卸船3122吨/小时，镍矿卸船2074吨/小时，铝矾土卸船2661吨/小时，石膏石装船1728吨/小时等新纪录。

【不断完善港口功能】 本着“保重点、抓急需”的原则，立足当前，着眼长远，抢抓机遇，加大投资，加快推进公司建设，不断完善港区功能，促进了结构调整。

2009年投资4.6亿元，实现1#、2#液化泊位和港作船泊位的投产。同时，推进8#、12#泊位改建和防波堤等工程建设；启动散粮三期扩建工程，有5个项目被山东省列为拉动内需的重点调度项目，其中，防波堤工程被交通部和省交通厅列为资金补助计划项目，争取到补助资金1.17亿元。争取港口用海总面积达4250亩，为山东省年度用海第一大户；4台25吨门机、2台50吨多用途龙门吊、2艘趸船等大型设备交付使用。

2010年投资9.5亿元，8#、12#泊位改建工程具备试投产条件，南作业区防波堤一期顺利完工，进港主航道疏浚过半，南三突堤货场扩建快速推进，并推进15#、16#泊位、南一突堤木材泊位、航道锚地改扩建、进港主航道设计变更等项目前期工作，取得交通部和省交通厅补助资金8680万元，全部划转到位；9台40吨门机、14台VOLVO装载机和1艘5000马力拖轮、4台50吨轮胎吊交付使用。

2011年投资10.8亿元，实现8#泊位改建工程的建成投产、进港主航道工程的完工，并推进15#、16#泊位及货场围堰工程、南三突堤货场扩建工程和散粮三期工程，开工了矿石输送系统建设；2台50吨龙门吊、4台50吨轮胎吊等交付使用，基础设施条件进一步改善，综合功能进一步增强。

【综合管理水平持续提升】 以“管理效益年”和“三创年”活动为主线，以对标管理为抓手，扎实推进精细化管理等各项基础管理工作，实现“质量、环境、职业健康安全”管理体系的建立运行，综合管理水平持续提升。三年来，年平均利润增长率达36%，年平均单位变动成本降幅达5%；培育集团级样板17项，公司级样板24项。

2011年3月1日，岚山公司“创业创新创效年”活动动员大会

【信息化建设加快推进】 根据集团信息化建设规划，制定详细的信息化发展计划，加快推进信息化建设。三年来，先后建设了物流系统，推进了网络升级改造，打造了更加可靠、安全、高速的生产数据传输通道；升级生产信息系统，建设自动过磅系统，实现了人工成本的不断降低和生产效率的有效提高，为打造全国沿海最先进的信息技术港区奠定了坚实基础。2011年，公司物流系统获中国交通企业管理协会管理创新二等奖。

【管理改革不断深化】 一是优化机构设置。2009

年将万顺公司并入临港物流有限公司，并将警卫消防大队的道路交通管理职能整体分离划转至港口公安分局，将警卫消防大队更名为保卫处，主要负责公司的治安保卫、消防安全监督管理、港口设施保安等工作。2010年，成立物资处，规范了公司的物资采购、仓储、收发及装卸业务对外发包、单价测算等工作；设立重点项目办，主管散粮三期和矿石输送系统等重要项目的推进工作；调整散粮公司、业务处、临港物流公司等单位的部分职责。2011年，调整企业发展处、办公室、安全生产处、业务处等多个部门单位的职责。二是推进装卸体制改革。引入新的码头作业供方——正合装卸公司，实施装卸业务招投标，使公司装卸体制向市场化迈出历史性的一步。三是推进资本运营。逐步将4#、9#泊位等资产注入股份公司，拓展了投融资渠道，实现了资本的市场化运作。

【合资合作开创新局面】 2009年与荷兰孚宝集团签署合作经营1#、2#液化泊位协议，推进了码头装卸和罐区储运的一体化进程；与日钢签署了协议，合作建设港口至日钢的矿石输送系统。2011年引进实力雄厚的晋瑞国际公司为万盛公司新股东，推动了15#、16#两个泊位的建设。

【安全形势持续稳定】 牢固树立"万无一失、一失万无"的安全理念，坚持"三不变"原则——不管企业经营机制如何转变安全第一的方针不变，不管生产如何繁忙抓生产必须抓安全的原则不变，不管安全管理手段如何改变目标责任制管理不变，以现场管理为重点，不断强化基层和基础管理，层层落实安全生产责任制，确保安全生产形势的持续稳定。

2009年，以省"安全生产责任落实年"活动为契机，提出"生产组织一体化、资源调配一体化、安全管理一体化"三位一体安全生产管理原则，制定实施《承发包业务安全管理规定》《生产安全事故隐患排查治理规定》等10余项安全管理规章，实现危化品作业从原8#、12#泊位到1#、2#泊位的整体转换和安全运行，获"全市港航系统安全生产先进单位"等称号，继续保持市级"安全生产先进单位"称号。

2010年，通过开展"基层基础突破年"等活动，突出责任和管控能力两个建设，强化制度建设、教育培训和应急体系三项管理，确保年度安全生产任务目标的顺利完成，获"全市港航系统安全生产先进单位"、"平安港口建设先进单位"等称号。

2011年，通过开展"安全生产基层基础工作深化年"活动，推行重点区域环节A、B等级监控责任制，强化措施落实，细化安全管控，进一步夯实安全基础，获"日照市2011年度安全生产工作先进单位"、"全市港航系统安全生产先进单位"等称号。

【人力资源管理不断加强】 2009～2011年，为进一步提高员工的整体素质，优化公司员工学历结构及年龄结构，共招聘港口急需专业人才127人，其中，研究生3人、船舶类学生43人。同时，通过正泰公司等劳务供方，借聘生产操作人员1777人，解决了基层操作人员紧张问题。

员工培训方面，以"立足企业、服务企业"为宗旨，提出了"加强技能人才培养、造就高素质技能人才队伍"培训目标，通过对操作岗位员工技能现状的调查分析，制定实施《职业资格技能鉴定实施方案》，组织培训内燃机械司机、电动装卸机械司机、理货员等七个工种800余人，取证率达80%以上，特种作业人员的持证上岗率达100%。员工的技能培训工作逐步由基本技能的培训向高级技能人才的培训转移。

加强借聘人员管理。2009年，实行借聘人员和正泰劳务公司签订借聘协议的方法，保持劳动关系和谐稳定；2010年，制定实施《聘用制员工管理暂行办法》，进一步规范用工制度；2011年，进行了借聘人员薪酬改革，调整分配结构，分步提高借聘人员待遇。

【创新设备管理工作】 为适应公司快速发展和港口装卸生产体制的需要，不断创新设备管理工作，取得明显成效。一是在管理制度上，按照“三体系”要求，对设备管理制度等相关指导文件进行修订完善，制定《特种设备使用和管理规定》和《设备维修管理规定》等，坚持设备管理例会制度，严格项目审批程序，规范合同条款，节省项目投资。二是在管理模式上，以“加强设备管理、提高保障能力”为方针，确定“设备管理重心下移、增强设备管理自主性和积极性”的管理思路，把设备本质安全放在首要位置，推行全员全过程参与方式，全面掌控设备技术状态，实现设备经济、健康、高效运转。三是在设备维修上，完善维修绩效考评制度，理顺设备维修管理流程，提高维修效率和质量；拓宽自主维修范围，实施“预防性维修”，对变频器、齿轮箱、PLC、自动润滑系统等进行及时维修，提前消除故障隐患；开展“较大维修项目课题研究”，应急完成门机变幅齿条更换、齿轮箱、变频器和沃尔沃装载机发动机、变速箱等较大维修项目。在委外维修方面，建立健全港口维修市场准入制度，规范设备委外修理审批程序，完善维修过程监管制度，确保设备完好率。四是在设备创新改造上，围绕“管理效益年”及“三创年”要求，加大对设备的技改力度，先后实施了大吨位卷钢装卸、木材夹具、电磁吊具、码头矿砂漏斗等技术工艺改造，收到高效低耗、安全环保的效果。

2011年7月14日，岚山公司“三体系”发布会

【创建和谐内外部发展环境】 三年来，紧紧围绕港口发展的中心，不断加强基层党组织建设、“四好”班子建设、企业文化和精神文明建设，充分发挥党委的政治核心作用、党支部的战斗堡垒作用和党员的先锋模范作用，营造了良好的内外部环境，有力推动了公司科学发展、和谐发展。继续保持了“全国模范职工之家”、“省级文明单位”称号，荣获“山东省共建文明口岸先进单位”、“山东省厂务公开工作民主管理先进单位”、“全市工会工作先进单位”等称号，被集团评为“先进单位”、“先进直属党组织”、“党风廉政建设先进单位”、“工会工作优秀单位”、“劳动竞赛先进单位”。女子叉车班被评为“全国三八红旗集体”，万泰公司铲车一班、临港物流公司木材部荣获“全国工人先锋号”，拖轮公司荣获山东省“工人先锋号”。

党建工作取得新进展。公司党委坚持“围绕中心抓党建、服务大局促发展”的指导思想，不断加强思想建设、制度建设、作风建设、班子建设，调整党支部的设置，理顺党员隶属关系；修订完善党支部目标管理考核办法；扎实开展争创“四强四优”活动，增强了党组织的战斗堡垒作用。同时，结合“四好”班子创建工作，制定实施两级班子创建工作五年规划，组织实施“高中层联系基层”制度，提升了两级班子的战斗力，为公司的发展提供了强大的精神动力和智力支持。党支部目标管理办法被评为集团公司党建思想政治工作创新实践一等奖，荣获集团公司首批“四好”领导班子荣誉称号。

员工干事创业活力得到进一步激发。先后组织开展“持续发展靠什么、我为发展做什么”大讨论和“学习金牌工人、争做优秀团队”、“弘扬创业精神、践行阳光文化”、“强化六种意识、提升综合素质”、“双感”主题教育等活动，并以管理人员为重点，开展“加强党性修养、弘扬优良作风”等廉政教育，制定下发《廉政文化建设实施方案》《禁酒管理规定》等制度，继续推进“检企共建”，增强广大员工特别是管理人员的事业心、责任感、危机感和廉洁敬业意识。

企业文化建设持续推进。坚持文化引领，积极宣传“阳光·彩虹”文化理念，通过开展企业文化培训、文化实践、“彩虹文化周”和案例征集活动，提高了员工践行阳光文化的积极性和主动性，实现集团母文化和公司子文化的融合和对接，为公司科学发展、和谐发展提供了重要精神支撑。

2010年10月20日，岚山公司彩虹文化周开幕仪式

党群工作合力不断增强。以党建带工建、党建带团建等活动为载体，积极引导群团组织创新思路开展工作。工会组织认真落实以职代会为主要形式的民主管理和厂务公开制度，组织开展合理化建议、岗位练兵、劳动竞赛，全面推进经济技术创新工作，推动管理、机制、工艺、技术创新；坚持开展“送温暖”活动，建设系列惠民工程，努力为员工办实事、解难事；开展庆“三八”趣味运动会、“五一”运动会、春节文艺晚会等各类文体活动，组建日照港“阳光港口、鼓响未来”威风锣鼓队，丰富员工精神文化生活。团组织以凝聚青工思想，促进青工成才为目标，组织开展“双感”主题教育活动、青字号品牌争创活动，带动团员青年发挥生力军和突击队作用。女工、计生、武装、老龄及社会治安综合治理等工作扎实开展，凝聚了加快发展的合力。

2010年8月8日，岚山公司健美操比赛获得集团一等奖

内外部环境明显优化。对内发挥公司《每周报道》、公司电视台、公司信息网等内部媒体作用，加大舆论引导力度，开展政策宣传、信息传递，营造持续健康发展的良好舆论氛围；对外，与口岸单位、相关部门开展文明共建，推动“大通关”和“平安港口”建设；以集团公司争创全国文明单位、省长质量奖为契机，深入开展“和谐口岸共建”、“创建安全文明畅通航区”、“企地共建”等活动，提升文明层次、优化外部环境、促进和谐发展。同时，全力打造清洁港区，进一步融洽与周边村居的关系；通过开展帮扶包联、献爱心、慈心一日捐等活动，树立良好的社会形象。

（荆玉芬　秦 涛）

日青公司

【日照日青集装箱码头有限公司】

董事长

贺照清（2007.05～2011.12）

总经理

李武成（2008.07～　　　青岛港委派）

党总支书记

周长青（2008.08～　　　）

副总经理

周长青（兼）（2008.08～　　　）

工会主席

周长青（兼）（2008.08～　　　）

【概述】 2009～2011年，是日照日青集装箱码头有限公司（以下简称日青公司）经营管理水平不断提升、吞吐量与经济效益同步快速增长的三年。三年来，累计完成集装箱吞吐量323.26万TEU，实现利润752.95万元。2010年，完成集装箱箱量106.1万TEU，突破百万标箱，利润757.67万元，实现扭亏为盈。

日青公司2009～2011年箱量、利润统计表

表8

年份	箱量	增幅	利润	增幅
2009	82.1	15.86%	-1824.7	-40.51%
2010	106.1	29.23%	757.67	141.52%
2011	135.06	27.3%	1819.98	140.21%

至2011年末，日青公司拥有集装箱泊位2个、岸桥4台、场桥5台、正面吊5台、空箱堆高机1台、场内拖车20台，集装箱专用堆场面积达40万平方米；内外贸船公司12家，航线26条。公司设综合部、财务部、商务事务部、市场开发部、操作部5个部门，共有正式职工133名，劳务工85名。

三年来，始终坚持以市场开发为重点，以人本管理为基础，以经济效益为中心，以安全生产为主线，以生产效率为目标，以精细化管理为手段，实现吞吐量与经济效益的同步快速增长，呈现出又好又快发展的良好局面。

【抢抓商机　拓展市场】 三年来，商务人员深入货源腹地，积极开发适箱货源，共开发新货源12种。

日青公司2009～2011年市场开发统计表

表9

时间	新船公司	新航线	船舶升级	新货源
2009年	海口南青 大新华物流	日照-上海 日照-黄埔 日照-营口 日照-大连 泉州-福州-日照-锦州	1.中谷新良新增3条船舶 2.中远将2条“1300TEU”升级为“1900TEU” 3.中海新增“4250TEU”2条	锌精矿 汽车配件
2010年	洋浦中良 上海港泰	日照-珠海 日照-天津 日照-营口、锦州 黄岛-连云港-日照	1.中海2条“4250TEU”直挂 2.中远“1700TEU”升级为“2700TEU”	粉煤灰 中储粮 调拨粮 浆纸
2011年		日照-泉州、日照-蛇口-海口 日照-虎门	1.中海2条“4250TEU”重箱舱位由“600TEU”升级为“900TEU” 2.中远2条“2700TEU”重箱舱位由“800TEU”升级为“1200TEU”	空调 平板电视 冷冻鸡肉 鸭肉 白糖 花生牛奶 轻烧镁

公司与所有船公司保持定期联系和沟通，及时将了解到的市场信息与船公司交流，为客户提供服务和帮助。2009年1月，日青公司将从墨西哥进口的锌精矿装入集装箱，通过火车直接发往陕西宝

鸡，完成了集装箱海运直通、大陆桥运输、内陆直通的有机结合。4月，成功操作西安比亚迪汽车有限公司汽车配件的出口业务，实现外贸出口集装箱海铁联运。7月22日，在潍坊、淄博两地召开集装箱运输暨港口业务推介会，当地政府、企业、车队共500人参加，开发了西王集团、山东铝业集团、魏桥集团、博汇纸业等十几家知名企业。三年来，在稳定现有航线、船舶的基础上，引进新船公司4家，开发新航线12条，升级船舶15艘次，航线基本覆盖国内主要海港和内河港口。

【科学组织 提高效率】 一是坚持“船舶作业先到先靠”的原则，加强与船公司代理联系沟通，准确掌控船舶到港时间，灵活调配作业线，抓好作业环节衔接，加快船舶的装卸效率。同时，结合船舶到港不均衡、支线船到港频繁的特点，协调船公司及生产部门抓好靠离泊衔接，泊位利用率逐年提高。

2009～2011年泊位利用率示意图

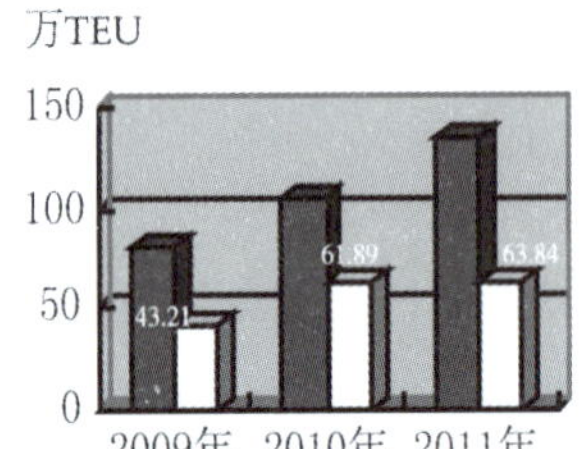

图5

二是注重处理好船舶作业和收发箱作业的矛盾，合理调配现有作业设备，减少机械设备转区，使船舶作业效率和场地收发箱效率同步提高。

三是针对大船频繁挂港、箱量增加、堆场日益紧张的现场，对现有场区进行调整，增加进口箱区和残损箱位置，减轻装船过程中的翻倒及转区作业，提高作业效率。三年来打破生产纪录47次。

日青公司2009～2011年生产纪录统计表

表10

序号	项目	纪录箱量	纪录时间
1	单班作业	1565TEU	20090210
2	单班单机	339MOV/399TEU	20090430
3	单班作业	1069MOV	
4	桥吊单班单机	341MOV	
5	桥吊单班单机	346MOV	20090830
6	单班操作量	1302MOV	20091126
7	桥吊单班单机	356MOV	
8	单班收发箱操作量	824M/1123T	20100224
9	单班作业	1576TEU	20100520
10	桥吊单班单机	362MOV	
11	正面吊单班单机	370MOV	
12	昼夜操作量	3146MOV	20100526
13	昼夜操作量	3879TEU	
14	昼夜操作量	3905TEU	20100601
15	昼夜操作量	3936TEU	20100806
16	正面吊单班单机	411MOV	20100829
17	单班操作量	2266TEU	20100830
18	单班操作量	2365TEU	20100916
19	昼夜操作量	4046TEU	20100925
20	昼夜作业	2926.75TEU	20100926
21	昼夜操作量	3362MOV	
22	昼夜操作量	4751.75TEU	
23	单班作业	1673.75TEU	
24	单班操作量	2602.75TEU	
25	桥吊单班单机	395MOV	20101001
26	单班操作量	2651TEU	20101016
27	单班作业	1921TEU	
28	桥吊单班单机	426MOV	20101023
29	桥吊单班单机	452MOV	20101103
30	单班操作量	2033MOV	20110513
31	单班作业	1304MOV	
32	单班作业	1313MOV	20110830
33	桥吊单班单机	456MOV	

34	单班吞吐量	1318MOV	20111213
35	单班操作量	2440MOV	
36	单班操作量	3282TEU	
37	单班收发箱	1122MOV	
38	单班收发箱	1538TEU	
39	昼夜吞吐量	2152MOV	
40	昼夜操作量	3775MOV	
41	昼夜操作量	5057TEU	
42	桥吊单班单机	469MOV	
43	单班吞吐量	1432MOV	20111227
44	单班吞吐量	1955TEU	
45	昼夜吞吐量	2323MOV	
46	昼夜吞吐量	3305TEU	
47	桥吊单班单机	478MOV	

【安全生产　强化落实】 按照“完善安全规章制度、确保教育培训实效、规范违章违纪处理、严格隐患险情治理”的安全工作方针，强化落实横到边、纵到底的安全生产责任制，共制定印发安全文件15份，组织教育培训14次，周安全检查156次，组织开展了安全生产月、冬四防、夏四防、平安港口建设、防火墙建设、百日安全无事故、现场整治、应急演练、站队达标评价等活动。2010年，在港西八路设置大门并配备门卫，并安装正面吊倒车报警装置，设置外贸箱区隔离网、箱区隔离墩、安全警示标牌、通道标示标线等设施。三年安全投入达31万元。

2011年3月10日，从四川发往日照的首批集装箱顺利抵达，这是2011年日青公司开发的最远距离的铁路集装箱货源。

同时，实施“自下而上”的隐患提报制度和“自上而下”的隐患整改通知单制度，对存在的安全隐患，通过隐患整改通知单跟踪整改，形成闭环，累计提报整改隐患50项，下发隐患整改通知单40份。

【设备管理　提高性能】 公司克服设备紧张、老化、设备利用率高的困难，落实好设备“管、用、养、修”工作，为生产提供保障。

2011年11月22日，“天秀河”轮靠泊，该轮全长294米，满载箱量可达5089TEU，是靠泊日照港长度最长、舱位最多的集装箱船舶。

自2009年起，公司推行“车为单元”管理模式。以单车为管理单位，通过“基础管理、车容车貌、节能减排、安全质量”四部分内容考核，追求“责任明确化、管理精细化、考核数据化”，综合单耗从2008年底的2.92吨标煤/万吨吞吐量，到2011年底下降为2.58吨标煤/万吨吞吐量，桥吊单箱电耗从6.28kWh/MOV下降到4.38kWh/MOV，场桥单箱油耗从1.52L/TEU下降到1.2L/TEU，正面吊单箱油耗从0.96L/TEU下降到0.85L/TEU。同时，积极进行技术攻关，先后对场桥发电机、场桥的大车转向控制系统、正面吊倒车系统、桥吊吊具等设备进行改进，提高设备使用性能。三年购置新设备6台，缓解了场地作业紧张状况。

2009～2011年日青公司设备购置情况表

表11

时间	设备	台数
2009年	正面吊	2
2011年	正面吊	1
	场桥	2

【制定限额　控制成本】公司每年年初制定印发《成本控制措施》，对招待费、办公用品费等各项非生产性开支制定限额标准，对桥吊、场桥、正面吊等设备制定能源单耗指标，对材料费、设备修理费、基建修理费等变动成本实行限额包干。三年来，单位成本平均降低13.84元/TEU。

【公开招标　阳光采购】公司坚持月度物资公开招投标、加急物资比价采购制度，同等质量比价格，同等价格比质量，每月由各部门申报需求计划，主管部门审核，报公司领导审批之后，一律通过招标确认供应商，降低物资采购成本，保证采购过程公开、透明。

【精细管理　夯实基础】通过实施精细化管理，将“严、高、细、实”的管理要求落实到工作中的各个细节，为公司发展打下基础。一是实行绩效考核管理模式，每年将任务目标分解、细化到各个岗位，各个人，签订目标责任书，与工资进行挂钩，每月考核兑现。同时，对队长以上管理人员，从思想政治素质、组织领导能力、工作作风、工作实绩、廉洁自律五个方面实行年度评议考核，对评议考核不合格的管理岗位进行重新竞聘。二是推行“队为核心”管理模式，在公司操作部设立10个大队，对各队及队长的职责进行分工，对各队长制定考核标准，用“高收入、高风险、高压力、高动力”的方式激励基层站队长认真履行职责，使站队安全基础管理顺利达标。

【群团互助　和谐共赢】公司党总支、工会、团总支围绕中心工作，充分发挥职能，有力地推动了公司各项事业的健康和谐发展。

公司党总支围绕年度任务目标，深入学习科学发展观，组织开展形势任务教育和“日青公司发展靠什么、我为公司发展做什么”大讨论、“感恩敬业比贡献、强港兴企跨双亿”和“感恩与责任、务实与创新、和谐与共赢”主题教育、民主评议党员等活动，并加强党风廉政建设，加强对队长以上管理人员八小时以外的监督管理，严格落实外出请、销假及重大事项报告等制度，定期与队长以上管理人员和骨干岗位人员进行诫勉谈话。2011年，制定下发《日青公司行风管理规定》，确定了行风监督电话和服务质量投诉电话，并向客户公示，承诺投诉电话保持24小时畅通，杜绝吃拿卡要等现象的发生。

工会积极服务公司中心工作，维护职工权益，开展劳动竞赛、文体活动，坚持送温暖活动，做好女职工工作。三年共组织参加省港航系统比赛2次，2009年获得省港航系统“第三届劳动技能竞赛先进集体”荣誉称号。公司组织劳动竞赛9次；共组织参加集团文体活动7次，公司开展文体活动14次；坚持开展送温暖活动，累计救济困难职工家庭50人次，累计发放补助金、慰问物品合计42800余元；探望住院伤病职工59人次，发放慰问物品价值19100余元，特别是公司代军同志重病住院后，公司领导亲自看望，送上慰问金，同时派公司员工进行陪护，公司员工还为其捐款共计12120元；公司坚持每年组织女职工查体，每年组织“三八节”活动。

共青团组织进一步开展争创“青年文明号”和青年岗位能手、一团一品、三个争创、“送杯水、送知识”志愿服务活动，充分调动青年职工的工作积极性和创造性，发挥了团员青年的突击队作用。

（宋希红）

油品公司

【日照港油品码头有限公司】

经理兼党总支书记

成积禧（2006.12～　　　）

副经理

尹德贤（2007.11～2011.08）

任　生（2008.08～　　　）

韦学勤（2011.09～　　　）

工会主席

尹德贤（兼）（2008.08～2011.08）

韦学勤（兼）（2011.09～　　　）

【概述】 日照港油品码头有限公司（以下简称油品公司）位于岚山港区中区，前身是2004年4月29日成立的日照海明油品储运有限公司（以下简称海明公司）。2009年1月20日，日照港集团公司和童海港业签署股东会决议；2月11日，海明公司召开三届一次董事会，通过公司章程，选举公司董事会、监事会和经营班子。2月16日，集团公司下发《关于撤销岚北油品装卸管理公司明确海明公司管理体制的通知》，原岚北油品装卸管理公司与原海明公司整合成立新海明公司。海明公司由日照港集团有限公司和山东童海港业股份有限公司共同出资，公司注册资本为1亿元，其中，日照港集团有限公司占66.03%，山东童海港业股份有限公司占33.97%。主要从事岚山中港区原油码头的投资、经营及相应配套设施管理，原油、燃料油、稀释沥青及其他液体化工品的码头装卸、中转和仓储服务等工作，是鲁南地区以及华东、华中地区重要的油品装卸、仓储、中转主枢纽港。

2010年8月23日，日照港集团公司收购童海港业全部股份，海明公司成为集团公司全资子公司。9月1日，日照海明油品储运有限公司更名为日照港油品码头有限公司。2010年12月14日，公司注册资本由1亿元变更为5.7亿元，2011年11月4日，公司注册资本由5.7亿元变更为7.1亿元。

截至2011年底，油品公司拥有10万吨级原油泊位1个，总投资6.8亿元，年通过能力800万吨。在10万吨级泊位内侧正在建设2万吨级和5000吨级油品码头各1个，建成后将接卸液化气、丙烯、乙烯等液化品，为临港化工企业提供成品油下水等服务。拥有33万立方米罐区1个，总投资1.7亿元，其中，3个5万立方米的原油罐、3个5万立方米的燃料油罐、3个1万立方米的燃料油罐，年中转能力为300万吨。公司33万立方米罐区与港区内山东中石油储运有限公司20万立方米罐区联网，并与日照—仪征管线320万立方米日照商储库联网，日照—东明管线中石油40万立方米首站联网。正在建设中的42.5万立方米油库一个，主要进行原油和燃料油的储存、中转，储运规模为年周转420万立方米。其中5.5万立方米罐6座，3万立方米储罐2座，1万立方米罐3座，5000立方米储罐1座及必要的配套辅助设施，是瀚坤能源、金石沥青、石大科技等管线的首站。公司有火车、汽车发油装置，可进行火车、汽车疏港作业，其中，火车装车线2条，每线设62个鹤位，装车能力平均每150分钟装1列车（60节）；2011年底，公司对汽车装车线实施扩能改造，改造后设汽车发油台有16个鹤管，装车能力2万吨/24小时。另外，岚山港区中区建设水、电、暖、消防、污水处理等配套设施。

三年来，公司坚持安全、优质、高效的工作理念，加强基础管理工作，不断强化职能建设，优化组织结构，加快专业技术型人才的引进、培养和储备，并不断修改完善操作规程，建立健全制度体系，理顺业务流程，加强班组建设，推行装车计件工资管理试点，启动质量、安全、环保三标一体化管理体系建设认证工作。2011年，调整生产调度职能，整合维修力量，成立计量化验站，使公司的组织结构更加合理；进行薪酬改革，对72个岗位的薪资系数进行测评，制定新的薪酬分配方案。

截至2011年底，公司共有在册员工114人，派遣制员工228人，设有综合部、财务部、业务部、调度部、安保部、技术部6个机关职能部门，码头装卸队、公用油库、计量化验站、消防站、服务中心等5个生产单位。

三年来，多次获得省、市、集团公司荣誉称号。2010年获得山东海员工会优秀基层工会，日照市消防安全委员会“防火墙工程”先进单位，集团公司先进单位、“五创新”劳动竞赛“效益创新杯”、政务信息先进单位等称号。2011年获得集团公司“五创新”劳动竞赛“效益创新杯”称号。

2009年4月10日，接卸第一艘船舶“维罗纳I”号

【实现吞吐量和利润双增目标】 自2009年4月公司运营以来，围绕日照港原油运输“零突破、奠基础、上规模、大发展”的战略部署，通过积极探索和不懈努力，实现了安全、平稳、快速增长。三年共完成货物吞吐量851万吨，实现利润1863万元。

2009年实现集团公司原油运输零的突破，完成货物吞吐量79万吨。2010年完成货物吞吐量260万吨，在消化掉转固资产足额提取折旧费1550万元，无形资产（海域使用金）摊销197万元，财务费用3000万元基础上，实现营运收入7671万元，实现利润741万元，实现扭亏为盈，荣获集团公司“效益创新杯”。2011年完成油品吞吐量512万吨，在无新增产能的情况下，在消化掉新增固定资产折旧2507万元、财务费用212万元的基础上，全年完成营业收入11000万元，同比增加3466万元，增长45%；利润1122万元，同比增加373.5万元，增长50%，圆满完成集团公司“三创年”任务指标，再次荣获集团公司“效益创新杯”。

【强化营销意识 巩固扩大市场】 公司始终坚持以市场为导向，建立实施稳定老客户开发新货源的业务开发理念，按照“抓大不放小”的目标，拓展服务范围，积极抢占市场；树立现场决定市场的生产组织理念，强化生产调度管理人员的市场意识，优化业务流程，提高装卸效率和服务质量，吸引更多客户；倡导“每名员工都是业务员”的理念，开展增强服务意识、责任意识和创新意识教育，提升服务质量。2010年8月2日取得《铁路危险货物托运人资质证书》，对公司争揽货源起到至关重要的作用。2010年12月份成功开发洛阳石化客户，增加了铁路货源量和公司收入。2011年6月成功开发稀释沥青新货种，6月20日在吉林延吉成功召开首次油品客户座谈会，20余家客户和相关单位参会。

2011年6月20日，油品公司在吉林延吉召开首次油品客户座谈会

截至2011年底，公司已开展业务合作的炼厂有东明石化、洛化石化、新海石化、玉皇圣世、晨曦

化工等13家。发生业务往来的企业有四川石达、成都开源、莱州佳朋等12家贸易商。

【加强生产组织　生产效率不断提升】按照优化生产组织，强化作业衔接，积极打造“生产大流程”，做好生产组织协调配合，加强与海事、港航、引航、地铁局岚山管理处以及岚山站、日照站等单位的沟通联系，保证到港船舶接卸、火车装车的及时性；按照“压停时、保疏港、提效率、增效益”的要求，优化生产组织，进一步加强与口岸查验单位的沟通协调，压缩船舶手续办理时间，降低非生产停时；落实生产组织考核办法，制定并完善、实施生产组织考核，推行单船作业管理考核办法，提高单船作业管理水平及作业效率；加强火车计划兑现管理，加强作业衔接，提高作业效率，确保完成停时定额。

三年连续刷新20余项生产纪录。2011年1月14日昼夜完成火车作业197节、10767吨，创昼夜装车最高纪录；2011年3月份，完成月度吞吐量70万吨，创历年月度新高；2011年3月8日，“玄武湖”轮原油装船效率1791吨/小时；2011年7月4日单班完成汽车作业112车6583吨，创单班汽运装车新高。

油品公司汽车装车线装车作业

【强化安全　提高保障能力】油品公司主要从事危险品作业，是特种设备作业、消防环保重点单位，安全责任非常重大。一是牢固树立“不安全不生产、生产必须安全”的理念，按照“全员参与、科学管理、持续改进”的安全工作思路，努力打造系统安全管理平台，严格落实上岗前三级安全培训程序和上岗证制度、作业前作业备妥单制度、施工维修前动火证制度，坚持人员岗位职责明确、操作规程明确、工属具及物品定置明确，着力抓好安全责任落实、工艺流程完善、作业过程及重要环节控制、员工危险部位防范、封闭区域管理、配发应急器材和船舶作业后现场施工安全控制等安全重点工作，加大现场安全检查力度，落实公司月度检查、站队周检查和班组日检查制度，对检查出的问题实行整改责任制，限期整改；强化安全形势分析，搞好预防预控，适时召开各种专业安全管理分析会，及时解决管理中存在的问题；加强应急管理工作，完善应急管理制度和应急预案，加强应急物资的配备管理、应急预案和现场处置方案的演练，提高应急响应能力和应急处置水平。二是加强安全规范管理制度的落实。2011年5月，公司10万吨级原油码头获交通运输部核发的《港口设施保安符合证书》，标志着该码头直接获取港口国际船舶业务“涉外通行证”。2011年8月，公司危化品安全标准化体系通过日照市安监局专家组现场审核验收。2011年12月，码头装卸队和公用油库顺利通过集团站队达标年度考核。三是加强消防站建设。以“建设一流队伍、打造消防铁军、服务保障有力”为总目标，积极同集团有关部门和单位联络协调，加快推进消防站建设。消防站现有人员30余人，专业消防车6辆，已经同港公安局119消防联动执勤。

【加强设备管理　建立三维维修模式】坚持更新改造与使用相结合，维护与检修相结合，进一步理顺“管、用、养、修”的各个环节，先后制定设备管理、维修、特种作业管理等制度13项、操作规程14项，先后组织铁路装车线南线电伴热改造、外输泵房的变频电机改造、码头输油臂快速接头改造等近百项更新改造项目。开展合理化建议、科技成果、论文征集评审活动，2010年征集合理化建议22项，科技成果11项，论文6篇；2011年征集合理化建议35项，科技成果2项，论文13篇，其中，外输泵房回流改造获得了集团公司技术改进成果三等奖。加强设备检查和故障管理，逐步形成班组巡检制度、维修人员设备点检制度、公司月度和专项设备检查制度，加强了设备检查的覆盖面和针对性。

调整完善设备管理模式和维修体制，完善设备维修联络程序，整合维修力量，建立“委外为主、监理同步、点检预防”三维设备管理模式，即与有资质、专业化的外修单位签订整体维修承包合同，委外维修过程实施监理同步监控，加强点检预防性维修。在实行维修项目监理负责制的同时，设立维修组，加强公司内技术骨干力量的培养。加强对油品装卸工艺设备的有效管理，设备完好率始终保持在98%以上。

油品公司铁路装车线重载试车

【创新管理 真诚服务客户】 一是本着“真诚服务客户、全方位服务客户”的客户服务理念，针对客户接卸大吨位船舶的需求，加强“一强化、三统筹”，实现与岚山港区中区资源统筹。加强与实华公司、中石化日照输油处等沟通协调，实现了实华公司30万吨级油码头、中石化商储库、油品公司公用罐区、中石油库的联网统筹、顶油置换。2011年2月28日，装载6.99万吨油品的“凤凰洲”号油轮，靠泊实华公司30万吨级原油码头卸载原油，成功从30万吨级原油码头卸船进入公司罐区，实现了30万吨级油码头与公司罐区的统筹。截至2011年底，利用实华码头接卸船舶12艘次，接卸油品111.68万吨。

二是积极开展码头装船新工艺的开发。组织技术人员在分析现有设备、工艺基础上，将泄空、倒罐和装火车流程进行整合，制定火车泵装船新工艺，并通过了原设计单位中交水运规划设计院专家审核和海事、港航查验单位批准，2011年2月26日首次实现用火车泵装船作业，填补了公司10万吨级油码头只吞不吐的空白。2011年全年实现装船作业30艘次，共装船130.8万吨，新增收入1000余万元。

三是依托公司新建5000吨、20000吨级码头建设，与北京大华沃源投资公司、和沣集团（香港）有限公司合资成立日照港大华和沣石油化工码头有限公司，主要从事5000吨级和2万吨级成品油及液体化工罐区以及相关配套设施业务。与内蒙古庆华公司经多轮磋商，签署了合作备忘录。与日照广信合作正在洽谈中。

油品公司11万立方公用油库一角

四是提高货运质量，及时与客户沟通、协商解决出现的问题，确保装卸质量，公示客户投诉流程，建立客户投诉档案，设立24小时投诉电话，客户满意度达96%以上。

【精细管理　确保利润增长】一是牢固树立“过紧日子思想”，严控成本，提高效益，实行全面预算管理，根据利润考核指标要求，确定了各项成本费用控制指标和考核标准。二是加强采购管理，严格公司大宗物资、固定资产购置及维修、工程项目的招标、比价管理，加强公开招标和比价的力度，完善采购程序，做到采购全过程公开、透明，实现阳光采购。三是加大收现力度，办理承兑汇票，多方筹措资金，较好地解决了资金不足的问题。四是加强商务管理，在堆存费、伴热费等费用上加强协商征收，确保应收尽收，加强应收账款催收力度，从源头明确合作企业还款期限，确保在增量的基础上增收。为加快罐区中转，公司与客户特别约定，如不及时疏港超过1个月，在集团公司规定费率的基础上，实行差别化费率，上调仓储费收费标准，促使客户尽快中转的同时，提高营运能力。

油品公司主要经营指标信息表

表12　　单位：万元

项目	2009年度	2010年度	2011年度
仓储费	659.6	4004.14	4400
营业收入	1712	7670.59	11000
利润	−3122.6	741.24	1122

【建设专业化油品装卸队伍】做好人员招聘及到岗工作，按照集团公司批准的新编制方案，规范人员配备，满足生产需要；建立完善绩效考核机制和选人用人制度，更好地发挥员工的积极性和创造性；按照公司内部培训、必备取证培训、设计方和设备供货方技术培训、实际操作培训、系统调试“五步”培训计划，全面加强员工培训。以争创“品牌员工”为抓手，通过每周学习日、师带徒、技术比武等形式，对管理人员、专业技术人员、班组长、一线操作人员进行全面系统地培训。熟练油品卸、收、发、输、转等业务，创造出更多的生产新效率、管理新方法。

致力打造高素质、专业化油品装卸队伍，注重专业技术型人才的引进、培养、储备，抓好管理人员、专业技术人员、技能人员“三支队伍”培训，通过职业技能鉴定、导师带徒、技术比武等多种形式多渠道培训，提高员工整体素质。同时，积极开展主题教育活动、组织全员拓展训练、加大培训频次、丰富培训内容、开展合理化建议、技术比武活动，组织消防演练等，培养员工的爱岗敬业、团结协作精神，营造比学赶帮超的浓厚氛围，提升工作质量和效率。

三年来先后组织64人参加了省港航局组织的危险货物运输岸上作业人员资格培训，129人取得公安消防培训合格证，13人参加全国油品计量培训，15人参加济南铁路局组织的铁路危险货物运输业务培训，14人次参加港口设施保安培训等，危险品作业、仓储、火车发运、计量化验、特种设备等所有环节操作人员都具备相关专业资质要求。

【激励青年员工与企业共成长】截至2011年底，公司员工342人，35岁以下青年员工占80%，其中，在册员工114人，青工员工58人，占50%；派遣制员工228人，青年员工202人，占88%。

将“阳光文化”理念融入到培训中，促使青年员工将企业文化理念融入到日常工作和行动上，并通过在见习期间开展不同岗位的轮岗培训，使其尽快熟悉工作流程和具体操作要求，力争将其培养成能胜任多个岗位的“多面手”。为青年员工提供担当重任的平台，公司技术员、安全员、调度员、计量员等关键岗位90%都是由青年员工担任，充分发挥青年主力军的作用。

【探索建立新型劳务用工管理模式】积极探索建立健全适应公司发展的劳务用工管理模式，不断完善员工激励、培养、成才、选用机制。一是针对岗位用工特点，及时与海港劳务、保安公司签订劳务用工合同，确保派遣制员工的合法权益得到有效保障。2009～2011年，公司劳动合同签订率100%，用工备案率100%，员工的工资每月按时发放率100%。二是明确各岗位权重，规范派遣制员工工资管理。2011年8月份启动了派遣制员工参加社会保险相应工作，并建立派遣制员工新的薪资结构，年均增幅20%。三是大胆起用优秀派遣制员工担当重任，73人分别从事调度员、技术员、计量员、巡检员等重点岗位工作，16人分别担任公司装车班、计量班的班长、副班长。

【加强班组建设　增强班组活力】 截至2011年底，公司设有17个基层班组，班组员工人数占全员总数的57%。三年来，通过组织班组长对标学习，完善班组基础管理，建立班组各项规章制度和记录，理顺班组工作、活动场所，配备相应设备设施，并推行装车计件工资管理试点，提升广大员工的工作积极性。同时，广泛开展班组自主学习活动，定期组织班组长培训，先后组织科队长、班组长以及新进员工到岚山公司、股份一公司、股份三公司、铁运公司观摩学习，进一步开阔视野、拓宽思路；不断改善员工的工作生活条件，启用了公司澡堂，提供了早餐和装车班夜餐服务；改善员工的候工、学习条件，为班组配备了活动室，增加了桌椅板凳等硬件设施，开启了“学习园地”；成立“班组读书角”，出资4万余元为17个基层班组购买了300余本专业技术、安全管理、学习成长等方面的书籍，满足广大职工读书求知的文化需求。

【大力支持地方经济发展】 充分发挥公司码头、罐区区位优势，加快推进合资合作工作。2011年4月7日，与瀚坤能源合资成立日照利嘉管道有限公司，主要从事公司码头至瀚坤能源罐区的油品管道运输业务。同时，将新建的42.5万立方米罐区作为首站，分别与瀚坤能源、金石沥青、石大科技及岚山临港产业园区管道相连，成为连接港口和产业园区的便捷通道，有效提升化工产业园区的承载能力、日照港原油接卸能力和辐射带动能力，为岚山区油品运输市场的发展提供强力支撑。

三年来，积极履行社会责任，解决岚山区大量就业人员。截至2011年底，外聘劳务用工228人，其中，岚山本地140人，占派遣制员工的61%。

（刘岩　秦博）

实华公司

【日照实华原油码头有限公司】

董事长

田以民（2010.05～　　中石化委派）

副董事长

蔡中堂（2010.05～　　）

总经理

王　剑（2010.05～　　）

常务副总经理

楚海明（2010.05～2011.10，中石化委派）

吴考民（2011.10～　　中石化委派）

副总经理

于钦宗（2010.05～　　）

财务总监

王学忠（2010.05～　　中石化委派）

党委书记

王　剑（兼）（2011.03～　　）

工会主席

王学忠（兼）（2010.12～　　中石化委派）

【概述】 日照实华原油码头有限公司成立于2010年5月，是中国石油化工股份有限公司和日照港集团有限公司组建的合资公司，注册资本8亿元，双方各占50%的股份，投资建设、经营日照港岚山港区30万吨级原油码头，从事原油接卸业务。公司设办公室、财务部、设备技术部、业务部、生产运行部、安全质量环境部6个部门，定员100人。

公司现有30万吨级原油码头一个，位于日照港岚山港区中作业区，码头前沿设有直径400mm输油臂4台，每台输油臂平均卸船能力为2500吨/小时。输油臂与2条直径为900mm长度为3100米的输油管线相连，接入中石化日照罐区。配套罐区设计容量为320万立方米，是日照—仪征原油管道及配套工程的一部分，通过连接江苏仪征的390公里输油管线为长江沿线炼厂输送原油。自2010年12月重载试车至2011年12月31日，公司共完成油轮作业22艘次，接卸油品278万吨。2011年实现业务收入2523万元，利润-1336万元。

【前期筹备工作完成】 2010年5月30日，公司首届一次董事会在北京召开，实华公司董事长、中石化管道储运分公司党委书记田以民，实华公司副董事长、日照港集团有限公司总经理蔡中堂等6名董事、4名监事参加会议。会议聘任了公司经营班子，其中，总经理、技术副总经理从日照港集团聘任，常务副总经理、财务总监从中石化管道储运分公司聘任。6月28日，公司完成工商注册，取得营业执照。8月份在日照港集团招聘员工19名。9月14日，中石化方面选调14名员工。9月25日，招聘的第一批36名劳务工到岗。

【规范内部管理】 成立伊始，公司即着手建立各项规章制度，2010年10月完成《规章制度汇编》暂行稿，2011年6月修改完成并正式印发。制定绩效考核办法和各部门年度目标责任书，对部门工作实施绩效考核。考核突出关键经济技术指标和重点工作完成情况，结果与绩效工资挂钩。

重视财务管理，按有关政策要求及时上报相关材料，企业所得税“三免三减半”于2011年12月份获得批复。

【取得开港手续和多种资质认可】 2010年9月26日～29日，公司全体员工参加由山东省港航协会组织的“山东省水上危险货物运输岸上人员上岗资格日照培训班”，全部通过考试，取得上岗证书；2010年10月15日～16日，公司全体生产管理人员参加由日照港公安局消防支队组织的消防培训，并取得消防安全资格证。公司与口岸单位展开密集的业务对接工作，多次召开口岸协调会、专题评审会、论证会，答复、落实口岸单位要求37项。

2010年12月10日，日照市港航局以日港航发〔2010〕33149号文件批复，同意日照实华原油码头有限公司从事港口经营业务，并颁发《港口经营许可证》《危险货物港口作业认可证》，公司各项筹备工作圆满结束，进入试生产阶段。

【接卸首条油轮】 2010年12月27日，船长332米的30万吨级油轮“阿特密斯”号靠泊30万吨级原油码头，28日顺利完成接卸，成为公司接卸的首条油轮，公司顺利实现重载试车。

2010年12月27日，“阿特密斯”首靠30万吨级原油码头

【正式开始为中石化日照罐区输油】 2011年9月27日，公司正式开始为中石化日照罐区输油，10月10日，日仪管线正式投产成功，当年为日仪管线输送原油215万吨，公司进入了新的发展阶段。

2011年10月10日，日仪管线正式投产

【不断推进试航工作】为突破航道限制，推进试航工作，公司邀请港航、海事、引航等部门负责人于2011年4月赴天津、大连进行考察论证，就验证航道通过能力问题取得共识，海事、引航等部门同意30万吨油船从吃水15米开始，通过逐渐加大油轮吃水的方式试航，直至达到航道安全通航限制为止。截至2011年11月16日，公司进港油轮吃水已达17米。

【细化现场作业措施】公司编制《油轮卸净率控制作业指导书》《实华公司、中石化油库卸船配合作业指导书》《日照实华公司码头安全生产管理规定》等制度，明确与油库生产调度的配合流程，细化现场作业措施，并通过每船洗舱、及时调整水尺、合理安排卸油顺序等措施，对油轮卸净率进行控制，最大限度地维护客户利益。在中石化管道公司港务处组织的2011年6个实华公司评比中，公司单船平均空舱量考核位列第一。

【工程建设如期推进】公司在保障正常生产的同时，加快推进工程建设和验收工作，不断完善公司的硬件功能。于2011年4月至9月实施、完成了港池疏浚工程，总疏浚量509万立方米，工程完成后港池水深由20.4米加深到23.3米，将大大改善码头安全靠泊条件。2011年，利用上半年生产相对空闲的时机提前实施并完成了二期码头管线工程。截至2011年底，一期工程的职业卫生、安全、港口设施保安、环境、档案等专项验收、后评估工作以及原油码头的整体初步验收工作都已完成。

【设备管理卓有成效】按照“严检精修、服务生产、保障安全”的要求，公司通过委外修理、合理安排维修时间、变事后抢修为预防性维修等方式，提高设备可靠性、完好性，设备性能逐渐稳定，保证生产顺畅。自试运行以来，公司在设备、设施方面先后实施包括带缆机和制氮机能力提升改造、液压系统整修与输油臂清洗、修复管道破损保温层、升级围油栏定位浮筒、增设管线监测仪表等数百项维修项目和16项改造工程，特别是制氮机的改造，使制氮能力提高了数倍。

【安全管理水平不断提升】根据工作实际，公司探索出“一二三四五”的安全管理思路，安全管理水平不断提升。一是建立“一个模式”。从固本强基入手，完善规章制度，强化基层基础管理，扎实推进“站队安全基础管理达标”工作，创建以“本质安全系统建设”为工作主线的安全管理模式。编写下发《应急知识手册》《实华公司应急预案》《消防系统运行管理规程》《码头安全生产管理规定》《重大危险源辨识、评价及监控管理办法》等安全制度，建立健全横向到边、纵向到底的安全管理责任制和管理体系，分阶段推进安全管理重点，层层落实安全责任。二是抓住“两个重点”。抓住人身安全和现场安全两个重点，管理重心整体下移，从细节上落实安全措施。三是健全“三个体系”。建立质量、环境和职业健康安全的“三标一体化”管理体系，提升安全管理的规范性、科学性。四是树立“安全是天严谨为先”、“以人为本”、“安全在岗位”和“一切事故都是可以避免的”四种观念，让员工从内心重视安全工作，变被动安全为主动安全。五是抓好“五项工作”。抓好“站队安全基础管理达标”工作，强化安全管理工作的基础；抓好危险源的辨识、培训和防控工作，掌控重点部位和关键环节，增强员工的事故防范能力；抓好安全操作技能培训，让员工做到“我懂安全”、“我会安全”、“我能安全”；抓好现场纠违章、除隐患工作，将生产安全风险降到最低；抓好应急预案的演练，提高员工的应急处置能力。

【党群工作有效开展】 2011年初，经日照港集团党委、工会、团委批复，公司设立党委、工会、团支部等组织机构，先后组织“感恩与责任、务实与创新、和谐与共赢”主题教育和“我为正式投产做什么”等大讨论活动，积极开展红歌比赛、演讲比赛、长跑比赛、羽毛球比赛、篮球比赛和员工摄影作品展、节目演出等活动，丰富员工生活。制定《员工走访探视规定》，为过生日员工送关怀、为新婚员工送祝福、为生病员工送关心，让每一位员工感受到公司大家庭的温暖。

另外，通过吸收中石化、日照港的企业文化精髓，初步提炼出公司企业文化理念并逐步推行；请北京专业公司设计了公司标志并已规范使用。

（江　军）

裕廊公司

【日照港裕廊码头有限公司】

董事长

庄光安（2011.03～　　　）

总经理兼党总支书记

张保华（2011.05～　　　）

副总经理

施养华（2011.05～　新加坡裕廊海港委派）

副总经理兼财务总监

房　磊（2011.09～　　　）

工会主席

房　磊（兼）（2011.10～　　　）

【概述】 日照港裕廊码头有限公司是日照港集团有限公司控股的主要港口装卸生产单位之一，是集团公司首家从事码头经营的中外合资企业，由日照港集团有限公司与新加坡裕廊海港私人有限公司合资组建，于2011年3月17日注册成立，4月1日正式独立运营。目前，主要经营石臼港区散粮、木片、木薯干、粮油等码头服务业务，包括港口货物装卸、仓储、堆存、运输以及相关的辅助业务。注册资本11.7亿元人民币，其中，日照港以码头设施等实物出资，占注册资本的70%，新加坡裕廊海港私人有限公司以现金出资，占注册资本的30%。2012年1月5日，公司新加坡投资方变更为裕廊海港日照控股私人有限公司，2012年3月30日，公司中方投资方变更为日照港股份有限公司。

2011年4月13日，裕廊公司合资合同（英文版）签约仪式在新加坡举行

公司拥有日照港石臼港区西区1#、2#、3#、4#、5#、木2#、木3#共7个泊位，其中，7万吨级泊位1个，6.5万吨级泊位1个，4万吨级泊位4个，2万吨级泊位1个，泊位总长度1777米，设计通过能力1644万吨。岸边配备瑞士布勒卸船机1台，瑞典BMH螺旋式卸船机2台，16吨带斗门机2台，16吨普通门机5台，后方堆场7.9万平方米，库房1.6万平方米，筒仓仓容22.4万吨。

公司实行扁平化的管理架构，下设办公室、财务部、市场营销部、生产安全部、设备工程部5个部门，其中生产安全部和设备工程部下设11个班组，负责具体的生产组织和设备维护。截至2011年底，共有员工195人，其中，高层管理人员3人，中层管理人员11人。

正式运营以来，按照“抢市场、抓管理、创效益、谋发展”的总体工作思路，积极开展管理模式创新、经营思路创新、工艺流程创新，以提高货运质量和生产效率，带动市场开发，实现了生产经营的平稳过渡和稳步增长，累计完成货物吞吐量1150.1万吨（含森博），其中，大豆281.2万吨，木片804.2万吨，木薯干45.1万吨，粮油及其他19.6万吨。实现收入22823.3万元，利润3611.4万元。

截至2011年12月15日，木片吞吐量完成1004.8万吨，首次突破1000万吨大关，成为集团公司继煤炭、铁矿石、集装箱、石油天然气及制品之后第五个单货种过千万吨的货种。

裕廊公司码头作业区一角

（刘尚娟）

【市场开发力度进一步加强】公司成立之初，积极对接原有客户，稳定重点客户，针对经营货种相对单一，抗风险能力弱，市场竞争激烈等不利条件，初期确定了“巩固再巩固”的营销策略。随着公司不断发展壮大，适时调整营销思路：大豆货种要“立足临港、抢占边缘”，木片货种要“巩固已有、挺进中原”，木薯干货种要“巩固再巩固”，抢抓机遇，主动出击，开拓市场，增类上量。

2011年5月，裕廊公司首届客户座谈会召开

2011年5月31日，公司召开首届客户座谈会。通过加大市场开发力度、提升货运服务质量、优化集疏港工艺流程等措施，成功开发玉米、水稻、棕榈油、毛豆油等4个新货种，开发新客户13家，其中仅大豆客户就拥有国内十大粮油集团企业中的5家，新增货物吞吐量113万吨，实现效益增收443.8万元，在临近港口市场竞争中，抢占了市场开发的主动权。2011年主营业务货物吞吐量突破1000万吨，为公司的快速发展打下坚实基础。

（崔光辉）

【生产组织屡创纪录】2011年，公司生产历经“借力发展、资源磨合、工艺创新”三个发展阶段，通过科学编制作业计划，积极实施生产与作业流程改进，有效提高了泊位、库场的利用率，生产组织水平和装卸效率逐步提升。2011年接卸各类船舶361艘次，16次刷新作业纪录，其中，2次刷新大豆卸船纪录，达到单班次17100吨、昼夜30500吨；3次刷新木薯干卸船纪录，提升至单船235.8吨/小时，食用油单船卸船达655.7吨/小时。2011年7月完成吞吐量147.7万吨，其中木片完成113.3万吨，创单月生产和木片月度接卸最高纪录。11月完成货物铁路疏港1271节，合计75651吨，创公司单月铁路疏港量最高纪录。

（刘尚娟　朱鹏翔）

【基础管理工作扎实推进】 一是扎实推进建章立制，理顺各部门职责及业务流程，编制完成5个部室职责、77个岗位说明书、28项规章制度；二是制定培训规划，分层次、分需求、全覆盖式开展培训，完成公司级培训11项，部门级培训23项；三是公开选拔人才，班组长以上岗位全部进行公开竞聘，择优选用，并建立考核激励机制，实行绩效工资二次分配，收入、岗位与工作实绩挂钩，探讨一岗多职激励措施；四是扎实推进“三创年”课题研究，以分货种损益核算为抓手，严格成本控制，推进公司管理向精细化发展；加强法律与合同管理，加强合同审核与商务管理，维护公司合法权益。

（刘尚娟）

【创新工艺流程　挖潜增效】 积极改进生产工艺、科学合理规划堆场，向工艺要效率、向系统设备要效率，取得明显成效。结合公司港存货物存放特点，推行“正式垛位堆场件改散”，将原件货正式垛位改造为散货堆场，进一步扩展散货堆存能力。创新采用“集装箱打墙堆存”新工艺，提高了散粮露天堆存能力，新增散货堆存量2万吨，堆场利用率提高18%。积极创新工艺流程，利用木片、木薯干流程接卸大豆、玉米，充分发挥流程设备的效能，提高卸船效率，缓解泊位压力，大豆船舶在港停时下降21%，泊位利用率提高13%。

（刘尚娟　朱鹏翔）

【设备管理成效显著】 围绕“四个加强、两个提高、一个推进”的设备管理思路，采用“机修委外、电修自主”的维修体制，探索设备管理新方法，有效地保障了正常的生产运营。四个“加强”即：加强设备检查和保养，加强设备维修和现场监管，加强外修厂家和分包项目管理考核，加强安全管理。两个“提高”即：提高电气维修技能，提高维修工艺的执行；一个“推进”即：探索设备委外维修新模式，推进岸边设备委外承包。2011年，设备综合可用性和可操作性分别为98.78%和99.08%。

针对散粮卸船与倒仓工艺流程相互制约的现状，于2011年7月份大胆提出流程优化改造，以充分释放卸船能力，提高卸船和出仓效率。该项目用时5个月进行优化设计论证，于2011年12月9日开工改造，预计2012年3月底投入运营。

2011年，完成皮带机新型压带装置等11项技术改造，并积极开展技术比武、合理化建议征集、QC攻关等活动；加快技术推广和应用示范，以散粮系统廊道照明为试点，由钠灯改为LED灯具照明，降低了电耗，节约了能源。

（申　鹏）

【加快推进信息化建设】 制定短期、中期信息化发展规划，突出重点，分步实施。

按照高起点、新技术、人性化、实时性、稳定性、可扩展性的要求，2011年投资141万元用于信息化项目建设，建设了数据中心机房，实施了网络优化调整，将办公、生产网络划分为一个中心点三个大区，统一从集团调度中心接入集团公司大网，提升了网络速度，保证了生产、办公系统的稳定运行。公司成立以来，已完成生产业务信息管理系统开发、散粮筒仓射频ID卡控制器建设、巡更考勤系统建设等9项信息化建设项目。

（刘尚娟　胡　松）

【安全形势持续稳定】 坚持“安全第一、预防为主”的安全方针，定期组织安全大检查，加强隐患排查，先后组织各类检查12次，查处问题100余项，全部整改落实。落实消防支队进行“清剿火灾”专项检查活动和集团“防火墙”工程，联合港口消防支队成功组织3次演练，增强全体员工的消防安全意识，提高全员处置火险应急能力。同时加强作业区安保工作，严禁无关人员、车辆进入作业区，办理职工登轮证111张、疏港车辆射频卡450

张，凸堤码头边防检查红模录入225人次。注重安全培训，强化员工安全责任意识，共组织各类证件培训237人次，安全教育600人次。2011年被评为集团公司消防安全“四个能力”建设验收达标单位。

（刘尚娟　刘　鹏）

【党群工作有序开展】 成立党总支、工会、团总支等党群组织，积极开展党建与思想政治工作。2011年，组织开展“假如我是货主”大讨论活动，通过换位思考，树立牢固的市场意识和爱岗护货的观念。加强学习教育和制度建设，严格遵守廉政准则，保证和谐稳定发展。工会积极开展送温暖、献爱心活动，2011年为困难员工发放补助金8000元，组织员工为患病职工捐款近2万元，征集“增收节支、节能减排”合理化建议20余项，其中2项分获集团一等奖和优秀奖。坚持为员工办好事、办实事、解难题，对办公室、候工场所以及卫生间进行整修，配发班组建设所需物资，为现场各班组营造良好的办公、候工环境。团员青年坚持“青年岗位建功”，争当“学习型人才”和“技能型人才”，发挥突击队作用。

【西港区粮油管线建成投产】 2011年8月26日，装载11834.172吨棕榈油的“环球海王星”轮靠泊石臼港区西区2#泊位，历时31小时接卸完毕，标志着石臼港区西区粮油管线建成投产。

【成功接卸日照港载重吨最大植物油轮】 2011年11月10日，公司接卸“格里吉亚”号植物油轮。该船为5万吨级船型，在公司进行2万吨减载作业，是日照港接卸载重吨最大的植物油轮。

“格里吉亚”轮，日照港接卸的最大植物油运输船

（刘尚娟）

客箱公司

【日照港集团有限公司客箱码头分公司】

经理兼党总支书记

刘加忠（2011.08～　　　）

副经理

底智尉（2011.08～　　　）

甄纪军（2011.09～　　　）

工会主席

甄纪军（兼）（2011.10～　　）

【概述】 客箱码头分公司成立于2011年8月，在册员工116人，主要从事日照港集装箱内外贸航线的开发、经营与装卸，为客户提供集集装箱码头装卸、货运代理、拆装箱、陆路运输于一体的集装箱服务，并负责日照港（香港）船务有限公司和日照海通班轮有限公司的运营与管理。下设综合部、安全环保部、工程技术部和计划财务部、商务部五个管理部室以及操作部、客运站两个基层单位。

公司现有西区1#泊位、15#泊位，前沿水深分别为-7.5米和-13.5米，西15#泊位码头岸线341米。目前已经建成并投入使用的堆场约6万平方米，拥有岸边集装箱起重机、正面吊、集卡车等集装箱装卸、运输设备46台（辆），固定资产达2.7亿元。

【市场培育扎实开展】公司成立以来，按照“中韩上量、引散进箱、错位喂给、近洋开发”的市场开发战略，加大航线和箱源开发力度，组织市场开发人员南下沪、浙、闽，北上津、辽，西进豫、晋，密切与船公司的沟通与联系，积极宣传公司的发展优势，先后引进南京恒瑞、泉州长海两家船公司，开通了日照至广州、泉州、福州的班轮航线，市场开发不断取得新突破。

客箱公司航线一览表

表13

	船公司	航 线	班 期
内贸	温州振华	日照—福州、漳州、泉州	4天班
	泉州长海	日照—福州、泉州	10天班
	南京恒瑞	日照—广州	周班
外贸	海通班轮	日照—平泽	每周二班

在强化市场开发和货源争揽的过程中，发挥传统货运代理业务的优势，进一步拓展“散改集”业务，自主开发、制作作业平台5个，作业效率显著提高，目前“散改集”业务已经拓展到济宁、临沂、滨州、淄博等地，主要货种有石膏石、大豆、生铁、卷钢等几十个。

与中铁集装箱济南分公司开展合作，着力推动铁路集装箱业务发展，新开发了石材、地砖、白糖、煤炭等货种，为争取日照至郑州的集装箱班列的开通，有效延伸港口腹地，打下了良好的货源基础。同时，从货源开发入手，对临沂、济宁、枣庄、莱州、潍坊、日照等地实行拉网式货源开发，并先后到义乌、苏州、南京等地组织货源，成功开发了义乌小商品、苏州三星、广州电子等进出口货源。公司还加大旅游团体的市场营销，旅客数量稳中有升，经济效益向好发展。

【内部管理全面推进】按照经营实际，将场站部、运输部合并为操作部，将市场部与航线部合并为商务部，使部门间的沟通协调更顺畅，公司的管理效能有效提高。从基础管理入手，制定下发《客箱码头公司费用报销规定》《客箱码头公司物资采购与领用办法》《客箱码头公司印章使用管理规定》等管理办法，使公司生产经营管理等各项工作做到有章可循。同时，成立专项工作领导小组，确定三标一体化管理体系贯标实施方案，并邀请认证专家到公司进行调研、培训，使公司各部门统一认识，确立标准，为公司建立起科学、规范、高效的管理体系开好头起好步。

【生产效率与质量稳步提升】通过统筹场地管理、流程改造、强化培训等有效措施，不断提高作业效率。西15#泊位全年装卸船67艘次、28613TEU，创造了27TEU/小时的纪录；在“日照东方”轮的装卸作业中，仅用5小时完成装船238TEU，创造了每小时29车47标箱的纪录。提出“45分钟”作业承诺，加强收发箱时间的控制和检查，保证收发箱作业效率。

加强作业过程的跟踪和管理，保证作业准确性。收发箱管理方面，采用每天核查和船作业前、作业后核查的方式，保证出口箱箱位的准确性；采用场地和船边进行双边交接的方式，保证装船的准确性；拆装箱管理方面，对提箱、装箱、送箱三个作业过程进行控制，通过建立台账进行单证核查保证作业准确性；对于高货值、高风险的货种，重点采用作业前交代、作业中跟踪、作业后检查及拍照留档等手段，大大降低了作业风险。

【广泛开展“行风主题教育”活动】公司全力打造“安全便捷 客户满意”的服务品牌，自2011年12月1日起，集中开展为期一个月的“行风主题教育”活动，从实施“首问责任制”，实行零差错、零投诉、零延时的“三零服务”入手，自查自纠，积极改进，全面强化服务意识和水平；从整理整顿生产现场环境、营造整洁舒适的服务环境入手，全面提升服务窗口形象；从建立主要领导负总责，分管领导具体抓、具体部门齐抓共管的工作机制，开展服务满意率调查和服务质量考核体系，建立行风建设的长效机制，努力为客户提供环境最优、效率最高、质量最好的服务。

【与韩国哈拿公司签署合作协议】2011年8月25日，公司与韩国哈拿公司签署集装箱运输合作协议书，就合作开展集装箱货物运输及物流业务达成共识。哈拿公司是韩国主要港口物流运输企业之一，专营义乌—平泽小票集装箱货物运输。双方合作后，哈拿公司将主要依托日照港开展集装箱货物进出口工作，并积极促进义乌及周边地区至韩国拼箱货物经转日照港。

2011年8月25日，客箱码头分公司与韩国哈拿公司签署集装箱运输合作协议书

【4台岸桥顺利抵港】2011年12月22日，公司新购置的4台岸桥由“振华15”轮船舶运达石臼港区西15#泊位。至27日11时，4台岸桥全部安装到位，安装在西15#泊位。该批设备为上海振华制造，有效载荷70吨，外伸距60米，可满足大型集装箱船舶作业，该批设备投入使用后，将大大提高公司集装箱码头装卸能力。

2011年12月22日，4台岸桥抵达日照港

【召开服务客户交流会及设备信息发布会】2011年12月23日，公司召开服务客户交流会及设备信息发布会，来自日照市的三十余家船公司、代理、物流企业的客户代表共聚一堂，就共同服务与推动集装箱事业的发展进行了探讨与交流。为进一步拓展与客户间的协作奠定了良好的基础。

【夯实“日照东方”轮安全管理根基】公司把“日照东方”轮的安全管理工作作为头等大事对待，加强对香港船务公司的领导与管理，成立管理事务部，定期组织召开协调会议，强化船东、经营公司、管理公司的沟通与协调力度，并制定安全管理办法及船舶管理应急预案，强化船舶的安全基础管理工作；经常性地组织船上安全检查及工作督导，强化对船舶设施及旅客人身安全的监督与管控；狠抓应急演练，强化预警机制和应急队伍的标准化建设，提高应急响应和处置能力。

（王 红）

铁运公司

【日照港集团有限公司铁路运输公司】

经理

孙新民（2003.06～2011.08）

于庆云（2011.08～　　　）

党委书记

高　健（2008.08～　　　）

副经理

贺照第（2003.06～　　　）

吴随家（2005.04～　　　）

纪委书记兼工会主席

刘　启（2007.01～　　　）

【概述】 2009～2011年，是铁运公司迎难而上、抢抓机遇、持续发展的三年。三年来，公司以港口“十一五”发展规划纲要为指针，坚持“港口铁路为港口”的核心价值观，践行“发展港口、振兴港铁、成就员工”的企业使命，实施“同心多元化”发展战略，构建“日照港铁路运输绿色通道”核心品牌，积极应对“低费率、高成本”运营，特别是路企直通的严峻挑战和考验，奋发作为、顽强拼搏，全力保障港口生产快速增长。

公司现拥有国内领先水平的铁路设备设施，具备自主中修及中修扩大修内燃机车的设备和能力，生产组织采用自主研发的、国内领先的DMIS铁路调度综合信息管理系统，站场信号采用微机联锁控制系统，现场作业采用平面调车无线灯显系统，货物计量采用国内最先进的动态轨道衡。开港至今，累计完成拖运量5亿吨，年度货物拖运量突破5000万吨，年度营运收入突破2亿元，拖运量及营运收入位居全国沿海港口铁路前列，铁路运输效率、机车单车运用率、人均劳动生产率居全国沿海港口铁路首位。

公司先后投资建设和推广应用内燃机车电子添乘系统、安全保卫系统、调度综合信息管理系统(DMIS)等以信息化、数字化、智能化为代表的先进技术、工艺和设备，建立起安全、科学、可靠的防范体系，为行车安全在人机联防、科学管理上迈出了关键的一步。

公司把实现员工自我价值与港铁事业蓬勃发展紧密相连，以校企合作为抓手，以攻关课题为载体，以机制创新为保障，建立健全人才培训、竞聘和激励机制，加快技能人员和专业技术技能人才培养，为公司发展提供智力支持和人才保障。

【拖运量突破5000万吨】 公司把确保港口生产平稳较快增长作为首要任务，进一步突出生产优先、效率优先，加大生产定额的管理考核力度，紧紧抓住流程再造这个关键环节，千方百计压停时、提效率，实施机车现场整备作业、机车轮乘制、固定区域作业、列检作业关口前移、运用第9台机车等措施，实现了20多年来港口铁路机车整备作业的重大突破和列车进出港作业方式的重大转变，进一步构建起科学、严谨、高效的生产组织格局，实现了运输生产的持续快速增长。

2009年，按照“强信心、抓机遇，提效率、增效益，抓安全、保稳定，求创新、促发展”的总体要求，积极应对“低费率、高成本”运营带来的挑战，特别是路企直通的严峻挑战和考验，奋发作为、顽强拼搏，全年完成拖运量4606万吨，同比增加237万吨；装车疏港58万辆，同比增加18万辆，月度装车连续5个月突破5万辆大关；倒配空车49万辆，同比增加34万辆；车停时7.9小时，连续4个月刷新拖运量纪录，创下418万吨的历史最高纪录，铁路疏港量居全国沿海港口铁路首位。

2010年，公司按照“抓管理、提效率、压停时、保双亿”的总体要求，坚持一切工作服从、服务于港口生产大局，进一步解放思想、大胆创新、优化流程、挖潜提效，取得了作业方式的重大转变。全年累计完成拖运量4863万吨，同比增加256万吨；装车疏港57.8万辆，倒配空车47.5万辆，维修不合格车辆1000辆，累计车停时7.7小时，同比下降0.2小时，创下426万吨的月度拖运量历史纪录，公司继续保持全国沿海港口铁路运输效率第一。

2011年，以深入开展"三创年"活动为主线，深化管理，推动创新，提升质量，全力保障铁路运输畅通无阻。全年拖运量完成5317万吨，同比增加454万吨，全年车停时控制在7.8小时以内，创下月度468万吨、单日19.5万吨的拖运量历史纪录。其中，12月10日，年度拖运量突破5000万吨，进一步突显了公司在港口生产中的枢纽地位。

2011年12月10日，铁运公司年度托运量突破5000万吨

【优化管理降成本　扩大经营提效益】公司突出加大运输生产营销力度，扩大经港铁路货物运输份额，努力节支挖潜，建立以目标管理、定额控制为核心的成本管理体系，加大节能新技术、新工艺的投入力度，开展单机、单班、单项作业能耗竞赛，三年共实现收入4.9亿元，实现利润2866万元。

认真做好月度工作计划和目标责任书管理，层层分解各项指标，严格执行"三审两批"的财务报销办法，深化规费收缴，加强代收拖运费催缴，严格成本控制，强化材料费、修理费和外包工程管控，严格内部考核与兑现。在主业收入上，积极主动抓空车、保疏港，扩大经港货物铁路运输份额，进一步提高各专用线的收费标准。

公司把提升多元经营的创新创效能力作为多元化产业发展的基本目的，实现规模、效益、品牌新突破。铁路物流中心坚持一手抓市场，一手抓管理，广揽货源，以细致化、超前化、立体化的服务塑造品牌，三年实现收入1970万元，成为周边地区最大，最具影响力的煤炭物流园区。铁路工程公司主动闯市场，揽工程，铁路工程施工成效得到明显提高。三年实现施工产值4350万元。云波商务有限公司牢固树立"市场为基、服务第一"的思想，用服务塑品牌，靠品牌赢市场，向市场要效益。通过创新营销激励机制，提高纯净水和纸制品的市场份额，三年实现营业收入2330万元，荣获"山东省旅游诚信示范单位"、"日照市巾帼文明示范岗"、"日照市十佳旅游饭店"、"日照市消费者协会推荐产品"等称号。

【建设特色港铁安全文化】公司致力于建设"平安铁运、和谐家园"特色安全文化，通过开展以"三级安全教育"为主体的安全教育培训，使职工牢固树立安全意识，掌握安全操作技能，形成标准化作业习惯，杜绝违章违规行为，实现了生产经营与安全质量的双促进。

以"百日安全"为活动主线，以班组安全管理为重点，狠抓现场安全秩序整顿，强化动态安全预控，并加大"运输生产、设备维修、承发包业务和交通安全"专项治理力度，健全面向全员的安全责任、教育培训、安全信息、绩效考核和技术防范"五个体系"，从传统的经验管理转向科学管理、精细管理。通过全面推行安全风险抵押管理，不断加大安全奖惩力度，建立确保港口铁路安全运行的长效机制。

面对繁重的生产任务，公司牢固树立"以人为本、生命至上"的安全核心观，进一步强化安全责任体系建设，全面落实安全生产责任制，狠抓动态安全控制、现场管理和标准化作业，问责诫勉和责任追究制度。将安全工作的重点从“事后处理”，转到“事前预防”和“事中监督”上来，以月促百日，以百日保全年，员工安全意识明显增强。

深化应急管理示范点建设，统筹资源、健全队伍、完善预案、加强演练，提高整体应急处置能力，顺利通过日照市“应急管理示范点”验收。

完成《安全文化手册》编写工作，建成安全文化长廊，提炼完善站段安全子文化，促进安全工作由制度管理向文化引导转变。

【夯实管理基础 提升发展质量】 公司以夯实管理基础、提升发展质量为目标，以管理创新为核心，以创新课题为抓手，以完善制度机制为重点，以阳光文化引领管理创新，突出精细管理，积极开展创新实践，在薪酬分配、绩效管理、员工自主培训、生产流程优化、调车作业标准化等方面取得新突破，推动了公司内涵式发展。

一是从完善制度、明确责任、严格落实入手，深化《三个管理办法》的实施，深入开展流程标准化创新活动，实施管理架构和岗位优化设置，明确站段、科室和各岗位职责，进一步完善绩效考核模式、考核标准和指标体系，推行全员绩效考核，赋予科室、站段、班组绩效考核分配的权力，加大对关键业绩指标的考核控制力度，优化业务流程，提高作业效率和管理效能，稳步提高员工收入。

二是加大样板班组培育推广力度，深入开展班组“品质提升年”活动，重点建立并实施班组联系点制度，加大样板创建的指导协调力度，推进车间、班组标准化建设，提升班组自主管理水平。逐步完善公司、站段、班组三级样板管理体系和样板体系，促进班组流程再造和自主管理，同时，健全人才激励机制，实施班组长、技能人员、专业技术人员管理办法，成功组织公司中层副职后备人员竞聘选拔，并确定《员工培训工作要点》，建立员工培训师资库，设立技师工作站，成为日照市首批设技师工作站的两家单位之一。

三是以提升能力为核心，深化管理创新论坛和“校企合作”，先后与上海海洋大学、西安铁路职业学院、齐齐哈尔铁路学院等院校合作，对管理、技术、调度、班组长等人员进行管理知识、专业技能的系统培训，提升业务骨干的综合素质。抓好基层单位实作培训基地和班组培训课堂建设，形成以专业技术人员、技师、高级技师为主体，全员参与、经验共享的培训体系。

四是进一步优化完善调度综合信息管理系统，建成公司设备故障诊断分析系统、多元经营管理系统，利用信息网络平台，推进管理流程优化和管理模式创新。深入开展“管理效率年”活动，陆续成立计量站、劳务用工管理办公室和车辆维修车间。在调车、乘务、通信信号、线路等重要生产和设备维修岗位，实行“大班制”改革，选拔优秀班组长担任车间主任、大班长。制定新的《劳务用工管理办法》，进一步明确、规范劳务用工选聘、录用、培训、考核的职责、制度和程序。在工资待遇上，针对调车员、线路工等一线生产岗位，实行工龄工资和风险储备金，稳定劳务发包队伍。

【以科技创新引领发展】 公司矢志不渝地追求全国领先水平的铁路运输设备技术，铁路线路铺轨里程增加到130余公里，线路钢轨完成从43kg/m向50kg/m型的更新改造，配备内燃机车14台。2010年引进东风4DD型大功率内燃机车，所有机车全部安装机车电子添乘监控系统。公司以校企合作为抓手，以攻关课题为载体，开展“铁路调度综合信息管理系统优化完善”、“内燃机车状态监测技术研究”、“港口铁路物流跟踪信息系统”等重大科技课题的合作攻关，实现了国家级成果和专利项目的重大突破。

公司创新机车维修保养模式，成功组织实施首台内燃机车自主中修扩大修，向内燃机车自主大修迈出了坚实的一步；创新机车油水化验制度，改变传统按周期更换为按化验状态更新，使柴机油、冷却水使用更加科学；加强设备管理，主要生产设备实现无障碍抢修；加强线路巡视和信号设备的维修保养，减少机车故障率，随时保证9台机车上线作业，设备完好率保持在98%以上。

校企合作成果实现重大突破，完成“运筹学在调度指挥中的应用、运输生产信息管理系统、机车状态实时监测系统”等合作攻关课题，多项自主创新成果取得国家发明专利。实现作业流程的整体优化、生产信息的网络共享和调度无纸化办公，建成综合管理信息系统，顺利完成调度综合信息系统升级等科技攻关课题，实现了调度图表电子化。组织轨道衡与生产网的信息自动对接，完成物流商务管理、车号自动识别、无人值守机房远程智能监控和云波纯净水配送系统的开发和运用，促进了信息化建设与生产经营管理的融合。

【文化建设构筑和谐港铁】 按照“弘扬阳光文化、打造铁军队伍”的要求，着力加强党的建设、精神文明建设和思想政治工作，开展“效率创新靠什么、我为港铁做什么”大讨论和学习实践科学发展观活动，保持科学发展、和谐发展的良好势头。同时，从“五个着力、五大平台、五项机制”入手，大力开展创建学习型组织和以“政治引领力强、推动发展力强、改革创新力强、凝聚保障力强”为主要内容的“四强”党组织，以“政治素质优、岗位技能优、工作业绩优、群众评价优”为主要内容的“四优”共产党员活动，不断探索企业党建工作融入中心工作的新机制、新思路、新方法，公司党委被集团公司党委授予“四好班子”称号。

坚持文化共建共享、传承创新，建成具有港铁特色的站段、班组子文化体系。其中，车站“平安”文化、机务段“火车头”文化、工务段“致远”文化、电务段“常青树”文化、物流中心“同心”文化、云波商务公司“家”文化，以及具有公司行业特点的港铁安全文化和“徐玉金班”班组文化，特点鲜明、个性纷呈、富有活力。开展“感恩敬业比贡献、强港兴企跨双亿”、“爱港口、爱公司、爱岗位”和“感恩敬业比贡献、携手跨越5000万”系列教育活动，港铁文化节，“咱家客厅”等，加大了企业文化对公司发展的引领力度。

2010年，铁运公司创新推出“咱家客厅”大型先模人物访谈

集中对员工队伍进行文化宣传，用阳光文化的特质打造钢班子、铁队伍，激发员工队伍的学习力、创新力和超越力。在港铁文化的引领下一批品牌团队和品牌员工健康成长，公司社会形象和凝聚力进一步提升。努力为员工办实事、办好事，设立专门款项，持续改善班组硬件设施，对一线调车、乘务人员实行就餐补贴，让员工感受阳光温暖、共享发展成果。自2009年来，公司员工自发成立11个爱心互助基金会，员工参与人数90%以上，通过员工自愿捐助等募捐20余万元。

（陈晓华）

轮驳公司

【日照港集团有限公司轮驳公司】

经　理

孙廷安（2003.06～2009.12）

兰光明（2009.12～　　　　）

副经理

叶建洲（兼）（2007.11～2009.12）

王国利（兼）（2011.08～　　　　）

朱孔春（1999.04～2010.12）

金学锋（2003.09～　　　　）

袁德高（2011.09～　　　　）

安宝利（2011.09～　　　　）

党总支书记

叶建洲（2007.11～2009.12）

王国利（2011.08～　　　　）

党总支副书记

孙廷安（兼）（2007.12～2009.12）

兰光明（兼）（2009.12～　　　　）

袁德高（2003.09～2011.09）

工会主席

袁德高（兼）（2003.06～2011.09）

安宝利（兼）（2011.09～　　　　）

【概述】 轮驳公司始建于1985年，是日照港主要生产单位之一，承担着进出港船舶的靠离移泊作业、沿海拖带、海上消防、海上交通、近海抢险救助等任务。设有办公室、人力资源科、计财科、业务科、安监科、机务科、服务中心7个职能部门和船舶一队、船舶二队、船舶三队3个基层单位。拥有拖轮12艘，其中3200马力全回转拖轮4艘、4200马力全回转拖消两用拖轮2艘、5000马力全回转拖消两用拖轮2艘、5600马力全回转拖轮2艘，6000马力全回转拖消两用拖轮2艘，固定资产3.35亿元，在册员工243人。

工作船码头

2009～2011年，公司以科学发展观为统领，紧紧围绕“安全、生产、发展”三个主题，积极开展“管理效益年”、“安全管理年”、“创业创新创效年”活动，在拼搏中进取、在实干中前行、在创新中超越，三年共完成拖带量49294万吨，拖轮作业44376艘次，累计实现营运收入3.78亿元，实现利润14168.8万元，无任何安全等级事故发生。

2009年，按照“下好一盘棋、把握一条线、围绕一个中心、突出三项重点”的工作思路，在压力中保安全、在压力中保生产、在压力中求发展，为集团公司任务目标的顺利完成做出了积极贡献。

2010年，全力保障港口生产，利润突破4600万元大关。开展“安全管理年”活动，安全形势保持稳定；加强技术船员队伍建设，为公司发展奠定人才基础；“日港拖19”轮顺利启用，提升生产保障能力；工作船码头中水改造，节能降耗成效明显；与业务单位文明共建，营造和谐发展环境；中层管理人员定期跟船作业，不断提高管理水平；召开现场观摩会，建立现场检查和隐患整改的长效机制；坚持学习日制度，逐步提高员工综合素质；实施人本管理，增强员工队伍凝聚力。

2011年是轮驳公司继往开来、持续发展的一年，利润突破5000万元大关，安全形势持续稳定，

"日港拖20"轮顺利启用，"三创年"活动成效显著，内外环境更加和谐，员工综合素质进一步提升，机构设置和人力资源配置更趋合理，明达公司获得资质并运营。

经过三年的努力，公司规模不断扩大，设备技术力量不断增强，员工队伍素质不断提高，生产经营、基础管理、党建及思想政治工作等都迈入良性发展的轨道，各项工作取得了可喜的成绩，选派员工代表集团参加市妇联"庆祝建国六十周年"主题演讲比赛，获得第一名；荣获集团公司"庆七一、迎全运"太极拳比赛第二名和"科学发展与青年责任"知识竞赛二等奖。公司先后被集团授予"先进单位"、"文明单位"称号，被市爱卫会评为"市级卫生先进单位"，荣获"山东省设备管理先进单位"、"山东省港航系统先进单位"等称号，获得集团公司"服务创新杯"。

2009～2011年轮驳公司各项经济技术指标统计表

表14

项目 \ 年度	2009年	2010年	2011年	合计
拖带量（亿吨）	1.3624	1.6893	1.8777	4.9294
营运收入（亿元）	1.05	1.25	1.48	3.78
实现利润（万元）	4130	4615.8	5423	14168.8
拖轮作业（艘次）	13071	14177	17128	44376
靠离泊货轮（艘次）	2246	2810	3375	8431

【生产经营实现历史性突破】 公司修订《目标考核办法》和《岗位业绩考核办法》，强化对拖轮作业时、燃油费用、船舶厂修等项目的考核，修订完善备件储备、水电、办公用品等单项定额标准，参与研发并运行公司"生产调度管理系统"，制定并实施《拖轮交接班期间生产组织管理规定》《接送引航员服务规定》，建立服务跟踪稽查机制，提高服务质量和标准，完善《拖轮岚北作业管理办法》，理顺拖轮作业流程，大力开展节能降耗工作，强化计划管理和考核激励，努力实现"成本最小化、效益最大化"。

2009年先后3次创造拖轮单班、月度作业艘次新纪录，特别是3月23日夜班，9艘拖轮作业42艘次，创造了日照港区单班靠离大船纪录。5月份，拖轮作业1217艘次，创造了月度拖轮作业新纪录。

2010年刷新拖轮单班作业艘次、月度拖轮作业艘次纪录3次，执行煤炭码头大风浪抢险作业9艘次，"日港拖8"轮、"日港拖18"轮等共拖带沉箱18艘次，"日港拖4"轮在岚北港区协助下沉箱19艘次。

2011年刷新拖轮作业纪录12次，特别是10月14日下午，在集团公司吞吐量勇超2亿吨的喜庆时刻，在同一个潮水先后协助四艘"开普"船和两艘"巴拿马"船靠、离、移泊作业，创造了日照港开港以来同一潮水作业大型船舶数量最多纪录，执行煤炭码头大风浪抢险作业2艘次；"日港拖2"轮协助朝鲜籍货轮成功处置险情1次，救助生病船员2人次；岚北作业82艘次，协助26艘油轮完成靠离泊作业，是2010年的三倍多。在保障港口生产的同时，加大外揽业务承揽，"日港拖8"轮、"日港拖18"轮等共拖带沉箱43艘次，浮船坞2艘次。

2010年，"日港拖19"轮启用

【创新安全管理 安全形势稳定】 三年来，先后开展"安全管理年"、"三百"安全无事故等一系列活动，突出教育培训、应急演练、隐患排查、制度落实四项措施，克服气象海况恶劣、抢潮集中作业、老龄船舶设备不稳定、个别员工操作技能不高等方面的不利因素，努力实现安全管理工作新突破，确保公司安全形势持续稳定。

2009年，编制印发《船舶安全生产过程控制实施细则》《日照港拖轮海上困难作业指南》，制作教育片和宣传册，实施“安全管理精细化工程”，构筑船舶安全“日督导、周通报、月检查、季考核”的管理体系，船舶安全管理模式由“被动型”向“自主型”转变。坚持“日有安全预知分析、周有安全活动、月有安全月坛、季有安全评价、全年有工作重点”，及时将安全隐患消除在萌芽状态。“船舶安全生产全过程控制”被集团公司评审为安全管理样板。

2010年，在“安全管理年”活动中，突出宣传教育、制度修订、隐患治理、技能培训、管理创新“五项行动”，加强安全工作机制、安全管理队伍“两项建设”，搭建起覆盖全面、贯穿全年的安全网络。投入资金90余万元进行安全基础设施建设，铺设防滑网、更换防滑鞋、完善监控系统等，实施《安全管理绩效考核办法》，安全绩效工资总量较往年提高4倍。加强动态安全检查力度，中层管理人员随船作业、每月召开两次现场观摩会，健全完善8项应急预案和13项现场处置方案，制定7项应急演练方案，各船舶逐项开展常年性应急演练，全面提高应急处置能力。制定并实施《甲板人员培训及应急演练计划》，编辑印发《安全管理年活动简报》24期，举办安全论文征集活动并对优秀论文进行现场发布，营造了浓厚的安全舆论氛围。

2011年，扎实开展“三百”安全无事故活动，贯彻落实《船舶安全生产过程控制实施细则》和《站队达标评价管理办法》，顺利通过集团公司验收。组织开展全国“安康杯竞赛”、“安全生产月”、“11·9”消防日，以及“安全警示月”、“11·24”安全警示日、集团公司“安全创新杯”等行之有效的安全活动。

2010年，轮驳公司开展“安全管理年”活动

【加强设备管理　发挥样板带动作用】坚持船舶设备管理“十八字”方针，严格落实“小故障不过时、大故障不过夜”的设备抢修原则，为生产作业提供了强有力的设备保障。2009年，积极发挥“拖轮设备管理样板”的带动作用，认真搞好船舶机电设备的日常维护保养，通过鼓励船舶自修、厂修招投标、审核修船项目等方式控制维修费用，全年有5艘船舶进厂修理，费用195.23万元，比考核计划减少30余万元，降幅达8%。12月21日，两艘6000马力全回转拖轮“日港拖19”轮、“日港拖20”轮在江苏镇江船厂开工。全年设备运行23417小时，船舶营运率保持在96.7%以上，设备利用率保持在27.6%以上，增幅达16%。

2010年，狠抓设备运行管理、现场管理、船舶维修、新拖轮建造等工作，完成工作船码头中水改造工程，对5艘船舶的舱底水监控系统进行改造，制作拖轮机舱巡视点检线路图，推动了设备管理的格式化、标准化。9月13日，“日港拖19”轮建成；9月16日启用。制定并落实《轮机人员培训总方案》，设备故障诊断与排除能力得到提升。“日港拖18”轮在连云港鸿云船厂修船期间，凭着精细化的船舶现场管理赢得了船厂领导和员工的高度评价，厂方专门召开会议邀请技术船员代表介绍设备管理经验。

2011年，通过推行“机舱巡视点检图”“三清四定”等措施，强化设备日常巡检、保养和间隙抢修，保障了公司船舶设备安全运行。1月14日，“日港拖20”轮建成；1月18日启用，为石臼港区大型船舶以及岚北油轮作业提供了有力保障。完成“日港拖1”轮、“日港拖2”轮主机活塞头研发、设计、制造及更换工作。船舶一队创刊《设备管理快讯》，船舶二队每月组织各船船长、轮机长召开设备现场观摩会，船舶三队建立“设备管理技术共享平台”，开展设备现场流动红旗评比等活动。

【加强员工队伍建设 缓解人才紧缺压力】 2010年全面启动技术船员队伍建设工作，专门召开技术船员队伍建设工作会议，相继出台《技术船员队伍建设指导意见》和《师带徒管理暂行办法》，并签订《师带徒协议》，构筑起青年技术船员快速成长的“绿色通道”。同时，分别召开船舶驾驶员、轮机员经验交流会，组织开展“大培训、大练兵、大比武”活动，逐步完善劳务用工制度和劳务工管理机制。

三年来，累计培养技术船员23名、水手35名、机工25名。驾驶员、轮机员学徒周期由原来的24个月缩短为12个月，水手、机工学徒周期也大大缩短。公司还坚持开展“学习日”活动，利用每周五半天时间，组织各级管理人员集中学习，中层管理人员撰写心得体会，形成了浓厚的学习氛围。

2010年，轮驳公司启动技术船员队伍建设工作

【“三创年”活动成效明显】 2011年，公司印发《管理创新实施与奖励暂行办法》《技术创新与奖励暂行办法》，全力推进管理创新和技术创新工作：一是开展规章制度修订完善工作，对涉及生产经营、绩效考核、安全管理、设备管理、财务管理等方面的69项规章制度进行修订完善，并就规章制度落实情况进行督察通报；二是理顺单位部门职责，重新修订岗位说明书，对岗位职责、工作权限、工作标准、主要工作关系进行明确界定，确保各项职责落实到位。10月份，顺利完成机构和中层管理人员调整工作，公司职能更加全面，中层管理人员的学历、年龄结构都有了进一步的改善；三是不断完善公司考核激励机制，进一步提升考核的科学性、公正性、合理性和可操作性，加大“拖轮设备管理样板”、“船舶安全生产全过程控制样板”和“会计基础管理工作样板”的宣传推广力度，强化现场管理和船舶定置管理，开展现场整治活动，船舶管理实现了精细化、规范化；四是开展联系船舶和调研活动，公司领导和科级管理人员分别确定联系船舶，深入船舶进行调研，帮助解决实际问题，实施现场观摩会制度，及时解决船舶实际困难。开展船队“三创年”成果“展示月”活动，促进船队管理创新。

【明达公司组建运营】 2011年11月1日，日照港集团有限公司注资近4000万元，注册成立日照明达船舶服务有限公司。公司成立后，健全机构，制定发展规划，建章立制，规范运作，加大设备购置配备力度，加强专业队伍建设，严格按标准要求开展筹备工作，及时申请资质验收。12月9日—10日，交通运输部国家海事局专家组对公司申请的船舶污染清除单位一级资质进行评价验收。12月30日，公司顺利取得交通运输部国家海事局船舶污染清除单位一级资质。明达公司的成立运营，不仅掀开了日照海域污染应急防备和处置工作的崭新一页，也是轮驳公司发展史上业务拓展的一个重要里程碑。

【用先进文化引领企业发展 营造和谐氛围】 公司注重企业文化建设，用先进文化营造以人为本和同舟共济的和谐环境，加大人才的引进和培养，开展"品牌员工"、"专业技术骨干"评选等评先树优工作，同时以"学习日"活动为契机，精心选择学习内容，撰写心得体会，编辑印发《大海见证——轮驳人的风采》《浪花集》《船舶管理论文集》等三本书，制作《轮驳之歌》，与阳光家园栏目组联合拍摄了反映一线船员工作、生活的纪实片《"日港拖18"轮的故事》。注重加强与业务单位的文明共建，多次举办与引航、海事等业务单位新春联谊会和"金锚杯"篮球友谊赛、游泳比赛，召开"引航员、船舶驾驶员座谈会"。组织开展"青年读书月"活动，邀请集团老领导给团员青年们做"青年在学习中成长"专题报告，组织参观港口展览馆等。开展双节"送温暖"、暑期"送清凉"和送生日祝福短信等活动，增强了公司凝聚力和向心力。

【全力打造"拖轮海上服务最好"品牌】 公司进一步强化"以客户为中心"的服务意识，狠抓"调度派船及时率"、"拖轮作业准点率"和"客户服务满意率"三项指标，为进出港船舶提供安全、及时、优质、文明的拖带服务，全力打造"拖轮海上服务最好"品牌。各船舶严格服从调度指挥，在作业过程中积极与引航员配合协作，提高指令的执行能力和应对各种突发事件的能力；引航员上船做到"三个一"，即一句问候语、扶一把、一杯茶，努力为引航员提供热情周到的服务，进一步优化作业流程，不断提高船舶作业各个环节的衔接程度，保证到港船舶安全及时靠离泊，为装卸公司作业争取更多时间。各船舶提高服务标准，在为客户提供优质服务的同时，创造更大价值，确保用户满意；在确保集团生产用船的同时，积极拓展外揽业务，2011年拖轮沿海长航拖带沉箱32航次，总航程达1200海里。

轮驳公司拖轮接送引航员

【勇担社会责任 完成日照海域抢险救助任务】 公司作为日照海区主要的抢险救助力量，多次完成日照海区海上消防、救助、抢险以及防污应急处置等任务，树立了公司关键时刻能够拉得出、打得赢的良好形象，多次受到主管部门的通报表彰。

2009年，圆满完成抢救受伤船员、搜救出事渔民、协助打捞锚链、清理锚地水域等海上抢险救助任务。3月1日凌晨，"日港拖2"轮参与救助巴拿马籍受伤船员，为及时抢救伤员赢得了宝贵的时间，成功完成了两次煤码头抢险作业。2010年执行煤炭码头大风浪抢险作业9艘次。2011年9月22日晚23时左右，朝鲜籍"KUUPIT"号货轮靠泊西港7号泊位，行驶到113号和115号灯浮之间时，大船主机突然发生故障，致使船舶失去动力，在这危急关头，"日港拖2"轮克服大船无动力、无舵效、干舷低等困难，经过近2个小时的努力，终于将大船安全拖离航道，避免了一次重大险情的发生。7月13日下午13时，日照港区5号锚地锚泊的"义达"轮有一名船员肾结石突然发作，出现尿血，情况紧急，"日港拖2"轮克服海上风力6级、阵雨、能见度不良等困难，历时三个多小时，顺利接下生病船员送达码头，使其及时入院治疗。

【党群工作及精神文明建设成效卓著】 先后开展了"感恩敬业比贡献、强港兴企跨双亿"、"感恩与责任、务实与创新、和谐与共赢”主题教育、争创“四强四优”、学习实践科学发展观、品牌员工、四好领导班子、民主评议党员等活动，并通过召开座谈会、走访慰问等形式，及时了解员工的思想动态，解决员工关心的热点、难点问题。工会组织加强民主管理，坚持厂务公开制度，认真落实集体合同，扎实开展“送温暖”、“送凉爽”等活动，积极做好内退、离岗员工的服务工作，加强社会治安综合治理、民兵武装和信访接待等工作，创造性开展全员技术比赛活动，做好女工和计划生育工作。同时，组织开展“庆五一、迎世博”等文体活动，丰富员工业余文化生活；在码头停车场扩建的基础上增建船员活动室，不断改善停车和健身条件；开展合理化建议活动、在码头现场设意见箱、定期召开各层面座谈会，搭建与一线员工交流平台。

围绕中心任务，全方位、多角度做好宣传工作，三年来在港内外媒体发表稿件550余篇。2009年10月，杨飞无偿为一位白血病患者捐献造血干细胞，得到了社会各界的高度评价。2010年青海玉树地震和西南地区特大旱灾发生后，公司全体员工包括部分劳务工共捐助善款16670元。

开展“一团一品”青年创新实践、青年技能振兴等活动，争创“青年文明号”、“青年安全生产示范岗”，并组织召开团员青年座谈会，组织参观港口展览馆，举办野外拓展训练，组织开展“青年读书月”和“青年在学习中成长”专题报告会等，激发了青年团员干事创业、岗位成才的热情。

（马玉贵）

外理公司

【日照中理外轮理货有限公司】

经理兼党总支书记

麻常见（1998.07～　　　　）

副经理

张立光（2004.07～2011.06）

安佰胜（2007.01～　　　　）

崔为杰（2011.09～　　　　）

工会主席

张立光（兼）（2004.07～2011.06）

安佰胜（兼）（2011.09～　　　　）

【概述】 日照中理外轮理货有限公司是一家具有国际性、公证性、涉外性、服务性的国有法人企业。业务范围包括件杂货理货、集装箱理货、装拆箱理货和施封验封、委托监管、散货丈量、船舶水尺公估和液体计量、货物监装监卸、船货代理、商品检验鉴定等，所出具的业务报告具有法律效力和第三方公证作用。公司下设办公室、业务部、财务部、岚山分公司、东港理货站、西港理货站、日照港利达船货代理公司、日照市新岚木材检验有限公司。到2011年底，员工总数198人，其中在册员工100人。

2009～2011年，是外理公司规模不断扩大、生产经营快速发展的三年。三年来，公司坚持“强化管理求生存、拓展业务谋发展”的经营理念，创新管理，勇拓市场，形成了以“传统业务、计重计量、船货代理、检验检测”四大业务体系为支柱的理货经营体系，生产经营建设快速发展，三个文明建设喜获丰收。2010年营运收入突破2000万元大关，2011年公司实现营运收入突破3000万元、利润突破1000万元的两大历史性突破。

【生产经营突飞猛进】 三年来，理货量从2009年的2435.6万吨增长到2011年的3859.03万吨，年均增长速度为25.9%；理货收入从2009年的1407.66万元增长到2011年的3082.24万元，年均增长速度为48.1%；利润从2009年的268.62万元增长到了2011年的1050.05万元，年均增长速度为98.6%，接近实现每年翻一番。

三年来，公司共计理货船舶11348艘次，理货量9457万吨，理货收入6648万元，实现利润1900万元，仅三年的盈利就超过公司1986年成立至2008年23年的总水平。理货船舶到数率、理货数字准确率、客户满意率、制单达标率均达到100%，水尺计重误差率控制在3‰以内，顾客投诉率、理货质量索赔率、安全生产五项指标均为零。

2009～2011年外理公司生产经营情况表

表15

项目＼年度	2009年	2010年	2011年	合计
理货船舶（艘次）	3646	3665	4037	11348
理货量（万吨）	2435.6	3161.95	3859.03	9456.58
理货收入（万元）	1407.66	2158.32	3082.24	6648.22
实现利润（万元）	268.62	580.92	1050.05	1899.59

【新岚木材检验有限公司成立】 2010年11月8日，公司成立全国外理系统及港口系统第一家木材检验公司——日照市新岚木材检验有限公司。主要从事岚山检验检疫局委托的木材检验工作，检验的木材主要有新西兰、澳大利亚辐射松，俄罗斯木材以及美国、加拿大杉木，进一步拓展了公司业务发展的空间，有利于日照港木材业务和日照市国家级木材加工园区的发展。2011年实现木材检尺收入238万元，占公司收入的7%。

2010年11月，新岚木材公司成立

【件杂货理货业务高速增长】 在件杂货理货方面，2009年共计理货船舶219艘次，理货量226万吨；2010年共计理货船舶344艘次，理货量383万吨；2011年共计理船舶452艘次，理货量556万吨，理货量年均增长速度为48.5%。

【创新工艺　优化流程】 一是积极进行工艺创新。针对复杂多票的钢材，采用“规格理货法”，确保分票准确；在隔票方面，创新采用“数字隔票法”，做到不同票货物之间的清晰隔票，大大提高了装卸效率；在确认货物残损方面，采用现场拍照取证的方式进行货物验残。二是建立电子船图模板，改进制单、绘图方式，提高工作效率。三是压缩船舶在港停时。通过分时段签认“装货单”和商讨批注，保证“完船签证零延时”，极大压缩了船舶在港非生产性停时。在集装箱理货方面，建立《集装箱船舶理货信息系统》，实现集装箱理货的信息化、无纸化，使船舶交接更为及时快捷。同时，通过FTP方式实现《集装箱船舶理货信息系统》服务器与EDI中心服务器对接，实现了集装箱信息数据的共享。

【水尺公估业务稳步发展】 2009年共计船舶895艘次，完成计量吨1318.7万吨；2010年共计船舶1242艘次，完成计量吨1747.2万吨；2011年共计船舶2032艘次，完成计量吨2456.2万吨。三年来，东港理货站在巩固传统水尺公估业务阵地的基础上，积极挣揽委托性水尺公估业务，先后与华能日照电厂、太阳纸业、中钢、五矿、大宇、山水、射阳电厂、盐城联鑫钢铁、新汶矿务局等多家单位签订了合作协议。在内部管理方面，一是抓好质量管理，制定了《生产组织管理办法》和《生产组织应急预案》，修改完善了《工作质量目标考核管理办法》和《奖惩管理办法》；二是狠抓基础管理，进一步理顺交接班制度，实行站领导跟班交接制度，保证了生产的顺利进行。在设备技术方面，淘汰软件落后的PDA系统，自主研发了计算更快捷、结果更准确、签证更及时的上网本操作系统，进一步缩短交接签证时间，受到了船方、装卸公司、货主的一致好评。

【创新做细木材理货业务】 岚山分公司承担着岚山口岸的木材的理货、分票和检尺工作，业务增长较快，到2011年业务收入占到了公司总收入的61%。三年来，岚山分公司抓住岚山区国家级木材加工区建设的有利时机，不断创新木材分票流程和检尺工艺，促进木材业务发展。一是优化分票流程，将木材分票环节前移，将库场分票改为卸船分票。实施分票“双控法”，首先在船上安排专人负责分票，做到一票一清，按隔票线或隔票标志卸货；其次在码头理货现场，理货员对每一票货物进行把关、控制，防止分票错误。二是自制北美材数字杆、木材点码竿和检尺专用梯等工具，解决了工作中的难题。三是运用“啄木鸟绝活”检尺法，提高了检尺效率和木材流转效率。

【船货代理业务打出港口牌】 2009年以来，利达公司多方出击，稳住老客户，挣揽新客户，走访了江浙及长江沿岸等船务公司。在打好诚信牌、服务牌的基础上，坚持打好港口牌，一方面加强与装卸公司的协调能力，保证船舶的及时靠泊，另一方面与其他代理公司寻求合作，实现共赢。船代部以射阳电厂煤炭倒运船舶等为重点，积极接洽，谋求合作，最终签订了年度长协。货代部积极开拓日照华能电厂的货物代理业务，开展发货、监装、取样、送检一条龙服务，提高货代业务的附加值，使利达公司的业务收入水平持续处于逐年增长的水平，累计实现收入392万元。

【业务开拓成效显著】 公司在“强化管理求生存、拓展业务谋发展”的经营理念指导下，一方面利用提高理货服务质量来巩固传统理货阵地，另一方面本着“合作共赢”的宗旨，主动出击，实现了多元化经营。

电煤发运业务。利达公司和东港理货站于2009年5月份开始为日照电厂承担卸船后的电煤发货业务，并开展水尺公估、取样送样等延伸服务，三年累计完成发运量1097万吨，收入261万元。

保税物流中心理货业务。2009年12月15日日照保税物流中心正式封关运营，外理公司抢抓机遇，积极与海关、保税中心、客户沟通联系，顺利入驻并开展理货作业，完成化肥、钢板、聚丙烯等多个货种的理货任务。截至2011年底，共计完成出入库理货量29万吨。

散货水尺计重业务。2011年初公司介入股份三公司的散货水尺计重业务，该业务涵盖日照港区和岚山港区。截至2011年底，完成计量船舶114艘次，完成计量吨121万吨。

货物质押监管业务。2011年6月利达公司与中国工商银行山东省分行签订货物质押监管框架协议，成功介入银行监管业务。利达公司积极与工商银行石臼支行、市中支行、开发区支行合作，在不到半年的时间里为日照兴业集团有限公司等四家企业监管煤炭、铁矿石共计36万吨，收入15万元。

【党组织和团组织升格】 2011年公司党支部和团支部升格为党总支和团总支。同年6月、11月，分别举行了团总支、党总支成立大会，党建、团建工作迈上新台阶。

【在第四届中国管理科学大会上喜获殊荣】 2011年7月11日，第四届中国管理科学大会暨建党90周年当代中国管理科学成就表彰盛会在北京隆重举行。会上，日照外理公司荣获“当代中国自主创新示范单位”，公司总经理麻常见荣获“当代中国管理创新突出贡献奖”。同时，麻常见的论文《鲁南经济发展中存在的问题及对策》获得大会优秀论文一等奖。公司还被中国管理科学研究院、中国联合商报社、北京大学和谐社会研究中心联合授予“2011年度中国交通运输行业信用十佳企业”称号。

【完成公司资产注入股份公司筹备工作】 根据集团公司全力打造四大板块的总体规划，外理公司被划在生产业务板块，统一并入到股份公司。自2011年6月份开始，公司积极配合股份公司以及相关证券公司、会计师事务所等，进行公司财务报表的审计和公司资产的评估等工作。在此期间，按照集团公司的统一要求，公司积极联系、沟通中外理总公司和工商局等部门，充实完善上市前的各项材料，如期完成公司资产注入股份公司的筹备工作。

【安全管理工作常抓不懈】 公司坚持安全第一、预防为主”的工作方针，以现场管控为重点，不断强化基层和基础管理，层层落实安全生产责任制，确保了安全生产形势的持续稳定。

一是逐级分解安全责任和加强安全目标考核，按照“横向到边、纵向到底”的原则，组织公司与部门站队、站队与班组、班组与个人层层签订安全目标责任书，严格兑现奖罚，完善激励约束措施，促进安全责任落实；二是开展综合、专业安全检查，深入排查整治各类事故隐患，及时查纠员工违章行为，组织抓好重点领域、重点部位、重点环节安全预控工作，组织开展本单位的《单项作业活动事故防控体系》课题研究，提高安全掌控能力；三是加强员工安全宣传教育培训工作，深入宣传贯彻日照港安全理念，认真组织开展安全活动，加强员工规章制度和操作规程学习，一线生产和生产辅助岗位“安全上岗证”持证率100%。三年来，安全五项指标继续保持为零，2010年被日照港集团工会、日照港集团安全环保部联合授予“安全创新杯”称号，西港理货站理货一班被授予“山东省水运系统安全优秀班组”。

【全面质量管理连创佳绩】 各QC小组针对理货现场中的难点、疑点及薄弱环节组织质量攻关活动，取得较好的经济效益和社会效益。2009年，东港理货站计重计量班完成《提高船方对压载水测算满意率》课题，被评为全国质量信得过班组。岚山分公司业务一部、西港理货站理货一班分别完成《提高船舶交接效率》《缩短船舶非作业时间》课题，且均被评为集团公司优秀质量管理小组。2010年，东港理货站计重计量班完成《缩短散货船舶计重时间》的课题，被评为2011年度全国交通行业优秀质量管理小组。西港理货站理货三班完成《缩短集装箱验残时间》的课题，被评为2010年度集团公司优秀质量管理小组。2011年西港理货站理货一班、理货三班分别完成《缩短多票件杂货船舶配载时间》《降低保税物流中心化肥落垛残损率》的课题，双双被评为2011年度集团公司优秀质量管理小组。

【积极推行“人文理货”】 2009年，公司提出“人文理货”先进理念，把“品牌”、“质量”和“公证”作为理货业务的特色内涵，得到了各方广泛的认可和高度评价。三年来理货数字准确率、客户满意率均保持在100%。

西港理货站在工作中积极推行“一条龙、两到位、三零、四不”的“1234”工作制，连续多年被评为日照港集团“学习型企业示范基地”，

2010年被授予日照市“青年文明号”。东港理货站积极开展“三个满意、两个准确、一个最好”的“3+2+1”活动，计重计量班以过硬的技术和优质的服务赢得了船方、港方、货主的好评。2011年在集团公司“优质服务型样板班组”复审中，再次以优异的成绩蝉联该荣誉称号。

【加强行风建设】 三年来，各单位在工作中积极践行“一岗、两则、三明、四化”的工作方针，在作业过程中坚持“不喝船上一杯水、不抽船上一支烟、不吃船上一顿饭、不偏不倚”的“四不”服务标准，并建立客户监督体制，赢得了客户的信赖，进一步树立了公司坚持“实事求是、公正理货”的服务形象。

【党群工作扎实开展】 三年来，公司扎实推进党群工作，三个文明建设的协调发展。2011年被日照市总工会授予“五一劳动奖状”，被日照港集团公司授予“先进单位”。

2009年深入开展“深入学习实践科学发展观活动”和“管理效益年”活动，组织员工分别到岚山公司女子叉车班、铁运公司徐玉金班及三公司门机甲班等参观学习，使班组建设以及工会工作有了进一步提高。2010年结合集团开展的“感恩敬业比贡献、强港兴企跨双亿”主题教育活动，开展以“弘扬艰苦奋斗精神、争创一流经营业绩、促进公司跨越发展”为主题的现场观摩活动，组织党员和业务骨干在日照港区和岚山港区进行观摩，激发了他们努力工作的热情。

2011年举办“如何做最有用的好员工”培训班和新拓展业务培训班以及法制教育、交通安全培训班等，全方位提升了职工的职业道德素质。2010年，工会发动职工为“抗震救灾”、“支援麦盖提县灾区”捐款，共计捐款16000多元；2011年组织对公司患重病职工进行“爱心捐款”活动。同时，开展团干部竞聘上岗、首届青年辩论赛、赴爱国主义教育基地参观等活动，党建带团建，增强了青年员工干事创业的激情和活力。公司还利用生产间隙，组织开展“理货杯”乒乓球、羽毛球比赛，元旦晚会等活动，丰富员工的业余文化生活。2010年4月，在集团公司举行的“昱桥”杯乒乓球比赛和八月份举行的体操比赛中，公司分别取得了团体第四名和第一名的好成绩，在集团公司“阳光文化节”文艺演出中获表演二等奖。

2010年，公司在集团公司体操比赛中获太极拳第一名

【精神文明建设硕果累累】 2009、2010年，公司连续两年被石臼街道委员会授予“人口和计划生育工作先进单位”。2010年被中共日照港防范和处理邪教工作领导小组授予“日照港防范和处理邪教工作先进集体”称号。“外理业务流程控制工作”被日照港集团公司授予“2010年度推广样板组”。公司撰写的《浅谈企业与员工如何和谐发展》《新时期港口青年的思想状况及调试》《鲁南临港经济发展中存在的问题对策》等论文，被中国外轮理货总公司评为“党建思想政治工作研究会2010年优秀论文”，并在《时政文摘》和《中国港口》发表。外理公司工会岚山分公司分会被日照市总工会授予“模范职工小家”。2011年，公司获得中国理货行业宣传工作考核第一名，被表彰为“2011年度中国交通运输行业信用十佳企业”、“当代中国自主创新示范单位”，被日照市总工会授予“五一劳动奖状”，被日照港集团公司授予“先进单位”称号。

（刘玉栋）

股份动通公司

【日照港股份有限公司动力通信公司】

经　理

李　明（2011.08～　　　）

副经理

朱同坤（2011.08～　　　）

陈太香（2011.09～　　　）

党委书记

王利厚（2011.08～　　　）

党委副书记

李　明（兼）（2011.08～　　　）

纪委书记兼工会主席

陈太香（兼）（2011.08～2011.09）

李纪波（2011.09～　　　）

【日照港股份有限公司动力公司】

经　理

李　明（2003.06～2011.08）

副经理

李　飞（兼）（2003.06～2009.12）

王利厚（2000.04～2011.08）

党委书记

李　飞（2003.06～2009.12）

党委副书记

李　明（兼）（2007.02～2011.08）

纪委书记兼工会主席

陈太香（2007.01～2011.08）

【日照港股份有限公司通信信息公司】

经　理

姜子旦（2003.06～2011.08）

副经理

王国利（兼）（2008.08～2011.08）

朱同坤（2008.08～2011.08）

赵　博（2007.01～2011.08）

党总支书记

王国利（2008.08～2011.08）

党总支副书记

姜子旦（兼）（2007.02～2011.08）

工会主席

赵　博（兼）（2007.01～2011.08）

【概述】 日照港股份有限公司动力通信公司（以下简称股份动力通信公司）于2011年8月成立。根据《日照港集团有限公司组织机构调整方案》（日港发〔2011〕137号）的战略部署，股份通信信息公司剥离信息业务后，与股份动力公司合并组建股份动力通信公司。目前公司担负着日照港的供电、供水、供热、通信设备的运行、维修、安装、服务以及污水处理等工作。下设7个部室和 7 个基层单位。托管4个法人单位，其中山东日照碧波茶业有限公司、日照港高科技电气有限公司为集团公司全资子公司，日照港动力工程有限公司、日照港通通信工程有限公司为股份公司全资子公司。截至2011年底，拥有正式员工287人，劳务工377人。

2009～2011年，是股份动力通信公司保障能力显著提升、经济效益稳步增长、经营管理水平持续提升、全面协调发展的三年。三年来，公司累计完成供电量5.95亿千瓦时，供水量1107万立方米，供热面积116万平方米，供汽量13.33万吨；完成总收入6.5亿元，实现利润1316万元。

三年来，公司适应集团公司快速发展的要求，以科学发展观为指导，以经济效益为中心，以安全、质量、服务为支撑，坚持“立足主业、多元化经营、一体化推进、专业化管理、科学发展，做大、做强、做长股份动力通信公司”的发展战略，坚持“人员精、资产优、供量大、成本低、管理细、保障强、效益好”的经营理念，超前谋划，积极实施“北立、南进、东升、西扩、中控”的主营业务格局；积极实施“创效益、创品牌”为调整布局的多元产业模式，形成了良好经营格局。

随着集团公司吞吐量的快速攀升和生产建设步伐的加快，公司水、电、热、通信设备设施规模不断扩大，服务领域不断拓宽，保障能力不断增强，适度超前地满足了港口生产建设发展的需要，为集团公司生产建设、员工生活提供了坚强的动力通信保障。截至2011年底，公司管理总资产5.3亿元，其中：拥有固定资产1.94亿元，代管代维资产3.36亿元。拥有主要设备2458台（套），其中：110kV变电站4座，变电所和箱式变电站75座，总装机容量22.9万千伏安；供水站2座，总蓄水能力6600立方米；锅炉房2座，总吨位57吨/小时；通讯机房26个，装有程控交换机设备27台（套），传输设备30台（套），网络汇聚层以上网络设备15台（套）。

公司拥有机电设备安装三级资质，输变电工程三级资质，管道工程三级资质，电力业务三级承装、承修、承试许可，压力管道GC2、GB1、GB2安装许可，锅炉三级安装改造维修许可；通信工程总承包二级企业资质，计算机信息系统集成企业三级资质，山东省安全技术防范工程设计施工二级等资质，成为日照市同类企业资质最全的企业。

截至2011年底，公司水、电、热、通信四大系统已连续安全运行6275天。设备技术状况良好，设备完好率始终保持在98%以上，实现了设备资产保值增值，客户满意度不断提升。

在确保主业安全运行的前提下，公司实现了多元产业的蓬勃发展。山东日照碧波茶业有限公司积极开拓市场，坚持“以质量铸品牌、以品牌促效益”的管理理念，建成日照、济南、北京和电子商务4个品牌形象店以及四大茶叶基地，开发了大红袍、铁观音等系列产品，为公司贸易发展打下了基础，取得了经济效益与品牌建设的同步提升。动力工程公司发扬“铁军”精神，控制好施工质量、工期等环节，精心组织、攻坚克难，较好完成了5个供暖热网热源改造、110kV港口4站、港口3站等重点工程建设，为公司赢得了信誉和荣誉。通信工程公司利用自身资质、品牌优势，积极开拓市场承揽业务，取得了较好经济效益。高科技电气公司积极参与投标，中标了多个项目，提高了队伍技术水平，创造了良好效益。

三年来，公司多次获得省、市和集团公司荣誉称号。2009年公司被评为“省级卫生先进单位”，被授予日照市“五一劳动奖状”；2011年公司被评为“山东省设备管理先进单位”、集团公司“先进单位”。

（赵剑波）

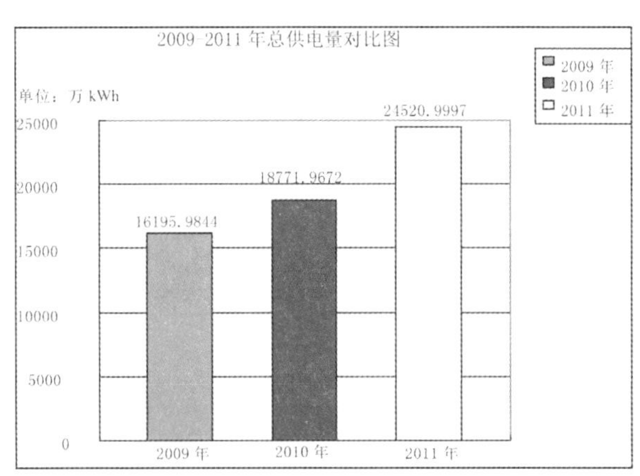

图6

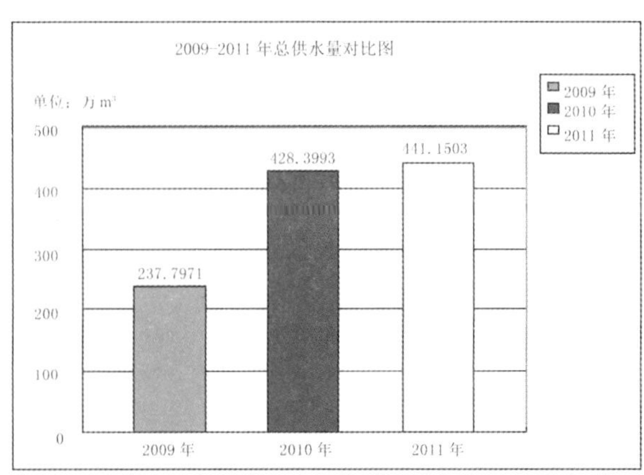

图7

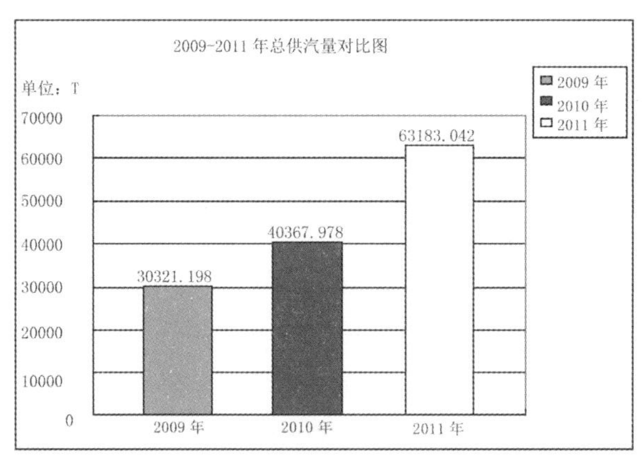

图8

（李 静）

【加强设备管理 保障港口生产】一是创新运营模式，将运行近20年一直处于亏损状态的供暖锅炉全部关停，港口供暖统一接入市政热网中，年减少燃烧煤炭2万吨。同时，调集力量保证岚北港区油品生产的供热服务，并向股份一公司、股份二公司、物业公司分别移交了东港、生活区等低压供电业务，集中力量为进入“秒时代”的生产单位高压设备提供专业服务；二是通过推广“电力设备动态管理体系”和“信息化管理”等样板，建立“设备动态信息化管理电子体系档案”，强化设备的动态信息管理，全面更新水、电、热、通信四大系统图纸的更新和修订，普查汇总了港口地下管网图；三是坚持开展“设备润滑、保养、防腐月”“电气春防试验”“机线整修”“设备技术管理月”等活动，检查处理缺陷312项，维护保养936项，设备完好率保持在98%以上；四是高质量地配合集团公司完成重要配套设施建设。110kV港口3站、110kV港口4站的建设投运，使港口供电主干网形成，供电调度自动化系统进入快速建设阶段；五是重视科技创新对设备管理的推动作用。三年共完成设备技术更新改造20项，投资1049.6万元。

（张 博）

【岚北分公司成立】为适应岚山港区建设和发展的需要，于2009年10月组建岚北分公司，负责岚北港区的水电热及污水处理业务，将公司的服务区域从石臼港区延伸至岚山港区。三年来，岚北分公司从小到大，业务量成倍增长。2011年供电量1635万千瓦时，供水量46.22万立方米，供蒸汽量6.32万吨，污水处理量10000立方米。

（董书运）

【港口供电骨干网形成】随着港口3站和港口4站两座110kV变电站正式投入运行，与原有的110kV港口1站、港口2站共同形成日照港供电系统主体。新建的港口3站、港口4站分别解决了岚北港区、西港区各生产单位的生产作业用电需要，同时实现双回路供电，提高了供电保障能力，对保障日照港“十二五”期间的用电需求，支撑港口优化生产布局，调整功能结构，提升服务能力，拉动腹地经济具有重大意义。

（董 彬）

【港口五个区域供暖接入市政热网】2011年供暖期前，由集团公司投资1200万元的“日照港五个区域供暖改造”项目验收合格并投入使用，港一区、港二区、港三区、后方区、涉外区热网全部接入到市政管网由市热力公司统一供暖，动力通信公司管理的6座锅炉房14台锅炉全部停止运营，从而实现了节能降耗、效益提高双丰收。

（张 博）

【通信业务创新发展】日照港有线通信系统继1993年开通第一个朗讯万门程控交换机，2005年开通第二个华为万门程控交换机后，于2009年实施朗讯交换机升版和华为交换机扩容，搭建了通信系统传输环网，并开通固话彩铃增值业务，电话交换机模块增加至30余个，进一步提高了有线通信系统可靠性。

日照港甚高频无线通信系统始建于1985年，2005年进行了更新换代，新的甚高频无线通信系统包括日照、岚山两个基站，覆盖日照港区和岚山港区周边近25海里。2010年在话务转接业务上又开发新的特色服务项目，在77频道开播“平安之声”广播节目，为来港船舶定时播报港口新闻、天气预报、时事要闻等；2012年甚高频无线话务转接由原来的两路扩容至四路，进一步提升了高频转接服务能力和效率。

2009年，日照港宽带网络对家庭宽带不断进行性能提升改造，先后实现光缆到楼、光缆到户，电信联通双线因特网出口，细粒度流量控制，提高了网络的稳定性和可靠性，赢得了更多的网络用户。

（李均丽）

【移动电话专网业务发展成效显著】 日照港移动电话专网业务自2000年8月开通以来，得到了较好发展，其标志为1396303号段的开通使用。2010年，公司又与电信、联通公司签订合作协议，先后开通1896303和1866303专网号段，形成港口与三大运营商同时合作的格局。同时，每年开展协议消费赠送手机等活动，每次回馈用户100万余元。2011年，港口专网用户量达12000多户。

（王 颖）

【工程施工能力持续提升】 三年来，工程施工涉及电力、水暖、通信、网络、绿化等专业，涵盖新建、改造、抢修、代维等业务内容。其中，通信工程公司在保证本地市场占有率的前提下，逐步向省外市场扩展，相继承揽了西藏、北海等地区的工程及维护工作，每年承揽集团公司外部工程占其总工程额70%以上。在工程质量上，坚持“承揽一项工程、树立一个品牌、结识一方朋友、巩固一方市场”的“四个一”理念，三年来共完成动力、通信工程374项，产值2.31亿元；完成供水、供电业163项，产值147.3万元；完成水、电、热、通信业务抢修176次，工程合格率100%，抢修合格率100%，工程产值年平均增长率达89%。

（尹相初 薛岫瑗）

【日照碧波茶业发展壮大】 山东日照碧波茶业有限公司坚持“做百年企业、创中国和世界著名品牌”的发展战略，牢固树立“以生产最安全、纯天然、绿色、优质的健康饮品”的企业使命，建设有机绿茶基地1000余亩，实行全面、全员、全过程的质量管理模式，确立“4+N+1”整体营销战略，打造4个旗舰形象店，发展N个加盟店，做好公司股权上市规划，不断健全营销网络，实现了销售收入逐年攀升。连续两年被评为“中国茶行业百强企业”，成为山东省农业产业化重点龙头企业、北方茶产业技术创新战略联盟理事长单位，获得“日照市首届质量奖提名奖”、“日照市2010年最具社会责任企业”荣誉称号。“日照碧波”绿茶荣膺“第十一届全运会专供绿茶”，保持了“山东名牌产品”荣誉称号，通过了绿色食品和有机茶认证。该公司还通过了ISO9001质量管理体系认证、HACCP食品安全体系认证，绿茶基地被国家茶叶产业技术体系授予“国家茶树良种示范园”，被山东省科协授予“山东省十大高效生态科普示范基地”。

（李惠民）

【安全管理成效显著】 坚持“安全第一、预防为主、齐抓共管”的安全生产方针，以开展“安全生产基层基础工作深化年”活动为契机，以“站队安全达标评价”活动为主线，以“阳光安全”文化为引领，以“ 日安全工作法”和“项目安全控制法”管理为抓手，以加强安全重点部位风险控制为重点，认真贯彻落实“123456+1”的安全管理工作思路，通过加强安全生产工作的组织领导，认真落实各级安全生产责任制，加强安全监督检查，严格安全生产目标管理和考核，继续完善站队安全基础管理达标工作，进一步提升安全管理水平，实现公司安全和谐发展。

（韩克岳 张代伟）

【质量管理稳步提升】三年来，公司坚持“安全、优质、经济、畅通”的质量方针，以“让客户感觉不到我们的存在”为服务理念，以“送光明、送温暖、送甘霖、保畅通”为服务内容，以精细化管理为服务手段，积极开展质量管理活动，努力打造“阳光港口，可爱动通”服务品牌。实现了质量事故为零、客户投诉为零，客户满意率达95%以上，设备改造、工程施工项目一次性验收合格率为100%的质量目标。

始于客户需求，终于客户满意。一是通过建立健全规章制度、完善工作流程、优化操作规程，全面提升公司整体质量水平。二是注重服务质量。通过培育单项服务样板，形成了“一站式”“一条龙”服务网络；以“亮丽营业室”和服务样板班组为服务标杆，在各班组、各岗位形成了争创“职业道德先锋岗”“服务明星”的氛围；通过落实服务规范、细化服务时限、推行服务“首问负责制”、践行服务承诺等举措，为客户提供了规范、高效、热情、周到的动力通信服务。三是建立服务的回访体系。形成了从前台业务受理到后台服务回访的闭环式管理，把握服务的每一个细节，以客户满意为目的，善始善终地为客户提供舒心的服务，回访率达到100%。四是加强监督检查与考核。通过聘请社会监督员、召开客户座谈会、开展网络客户意见调查等方式，从不同渠道了解客户信息并进行处理、反馈；设立服务监督电话，受理客户投诉信息，客户意见兑现率达到100%。

群众性的全面质量管理活动成果显著。2009年，涉外锅炉房QC小组和呼叫中心QC小组被评为“全国交通行业优秀QC小组”，西港巡视操作班QC小组被评为“山东省优秀QC小组”。2010年，呼叫中心被评为全国交通运输行业“质量信得过班组”，程控室QC小组被评为“全国交通行业优秀QC小组”。2011年，公司被评为全国交通运输行业“质量管理小组活动优秀企业”，西港巡视操作班被评为全国交通运输行业“质量信得过班组”。

（周红蕊）

【环保管理扎实有效】三年来，公司积极加强环保管理工作。一是制定了公司爱国卫生工作五年规划和创建省级爱国卫生先进单位规划，按照规划总体要求，每年制定计划，明确目标、重点和措施。二是制定了公司环境卫生管理办法和卫生绿化考核标准，使卫生绿化工作有章可循。三是投资30万元对公司院内、花坛、绿化带等场所进行统一规划和改造，确保了院内现场的畅通和整洁。四是定期开展“灭鼠、防治美国白蛾”等环境整治工作。公司先后被评为“市级卫生先进单位”“市绿化先进单位”“花园式单位”。

（韩克岳 张代伟）

【精神文明建设塑“温馨幸福家园”】2009～2011年，公司充分发挥党建和思想政治工作的凝心聚力和服务保障作用，以“创业创新创效年”活动为主线，融入中心、服务大局，突出重点、体现特色，为公司科学发展提供了坚强的政治保障，公司呈现出生机勃发、和谐发展的良好局面。

着力推进“创先争优”工程。三年来，公司通过开展“四好班子”和“四强四优”争创活动，突出抓好班子和干部队伍建设；坚持重心下移，提出“一支部、一品牌、一特色”要求，通过建立健全基层党组织，修订完善党务工作制度，召开党建和思想政治工作创新实践交流会，加强了基层党组织的规范化建设，充分发挥了基层党组织的战斗堡垒作用。

着力推进“凝心聚力”工程。先后开展“对比先进找差距、增强压力促发展”大讨论活动，“感恩敬业比贡献、强港兴企跨双亿”“感恩与责任、务实与创新、和谐与共赢”主题教育活动，“查思想、查作风、查执行、查效果”思想作风整顿活动，按照“夯实基础，创新管理，激发活力”的总体要求，突出实践特色，切实解决问题，确保了活动的实效性。

着力推进“人才强企”工程。坚持“每位员工都是公司的一张名片，每位员工都是公司的形象代言人”理念，从公司发展战略、人力资源开发、员工价值诉求等多角度出发，不断完善育树机制，培育了“特别能吃苦、特别能战斗、特别能忍耐、特别能奉献”的员工“四特”精神，打造了一支品德高尚、技能精湛、能力突出、业绩优良的“品牌团队”。

着力推进“文化建设”工程。高度重视企业文化建设，积极培育宣传“可爱动力通信文化”。每年举行“企业文化展示”竞赛，实现了文化上墙、入室、进橱窗，形成了丰富而鲜明的文化意境；积极开展“工作着是美丽的”系列活动，通过组织“悦读·进步·和谐”读书学习、“职工心语”征集、“工作让我如此美丽”演讲比赛、“我才我秀”职工艺术作品展、编发“工作着是美丽的”职工作品集等活动，激发了员工求知求美的积极性和创造性；积极开展“快乐工作在动通”活动，通过组织迎新春联欢会、夏季沙滩趣味运动会、秋季篮球赛、冬季运动会等活动，增强了公司的凝聚力和向心力。2011年东港巡视操作班被授予集团“阳光文化示范点”。

着力推进“和谐共建”工程。坚持党工共建，精心建设“可爱动力通信 温馨幸福家园”，营造了和谐稳定的发展氛围。公司工会认真落实以职代会为基本形式的民主管理和厂务公开制度，民主气氛日益浓厚；广泛开展劳动竞赛、技术比赛、合理化建议等活动，充分调动了广大员工的积极性和主动性。2010年公司被评为集团公司“搏击双亿 双增双节”劳动竞赛创新单位，2010年、2011年分别被评为集团公司“五创新”劳动竞赛“服务创新杯”“安全创新杯”。2010年东港巡视操作班被评为山东省“社会主义劳动竞赛优秀班组”，网络维护班被评为山东省水运系统“安全优秀班组”，2011年营业中心被授予山东省水运系统“工人先锋号”；深入开展“送温暖”工程，解决员工工作和生活中遇到的实际问题，维护了员工合法权益；女工委大力开展“巾帼建功立业”竞赛、“女职工素质达标”等活动，激发了女职工的工作热情和爱岗敬业的能动性，2009年客户服务室被授予日照市“五一劳动奖状”。积极开展“爱心献春蕾”活动，资助41名女童重返校园，被评为日照市实施“春蕾计划”先进集体。公司团委以党建带团建为核心，积极开展“青年志愿者”“青年文明号”和“青年安全生产示范岗”等争创活动，发挥了生力军和突击队作用。

2009年公司被评为集团公司职业道德建设“十佳单位”、集团公司平安港口建设先进单位；2010年公司被评为集团公司“党风廉政建设先进单位”、职业道德建设“十佳单位”，公司工会在集团公司工会年度考核中被评为“优秀单位”；2011年公司被授予集团公司“创建学习型企业示范基地”，被评为集团公司“党风廉政建设先进单位”，公司工会在集团公司工会年度考核中被评为“优秀单位”。

（杨玉丽）

物流贸易

物流公司

【日照港集团物流有限公司】

经 理

王静波（2003.06～　　　）

副经理

杜贞佃（兼）（2003.06～2011.08）

朱董峰（2001.12～　　　）

邱　兵（2007.01～2009.09）

周瑞海（2008.08～　　　）

党委书记

杜贞佃（2008.05～ 2011.08）

党委副书记

王静波（兼）（2008.05～2011.08）

党总支书记

王静波（兼）（2011.09～　　　）

纪委书记

杜贞佃（兼）（2008.05～2011.08）

工会主席

朱董峰（兼）（2003.06～　　　）

【概述】 2011年8月，集团公司将公司下设的机运分公司成建制划归股份二公司，土石方工程公司和修理厂成建制划归建设集团，日照海通班轮有限公司、香港船务有限公司、集装箱货运发展分公司、客运站、生产经营科和设备技术科成建制划转客箱码头分公司。调整后，公司下设办公室、计划财务部、经营管理部、服务中心四个科室，并有国际贸易部（日照港香港贸易有限公司）、国内贸易部、储运管理部三个经营部门及日照保税物流中心、日照港联合国际船舶代理有限公司、日照港傲能矿业有限公司、日照港集团物流有限公司岚山洗煤厂四个法人实体单位。截至2011年底，共有职工96人。

2009～2011年，公司生产经营突飞猛进，累计完成营业收入87.79亿元，实现利润8485.69万元，同比分别增长192.6%和101.9%。

2009年，成功开拓“一强一稳”做好大宗散货贸易的新路子，主焦煤和喷吹煤进口总量在全国同行业排名中稳居前三，煤炭进口量在全省排名第一，成为日照境内最大的集装箱代理企业和最大的拆装箱作业基地。全年实现营业收入22亿元，实现利润1381万元，超额完成集团公司下达的420万元利润指标，为港口增加吞吐量410万吨，实现港口装卸收入1.08亿元。

2010年，大宗散货贸易稳中有升，为集团带来装卸收入约7500万元。集装箱运输业务继续保持货物代理和拆装箱作业优势地位，保税中心仓储设施项目被国家列入物流业调整和振兴项目，业务开展顺利，外贸船舶代理业务实现零的突破。“散改集”业务被集团公司命名为推广型样板；创新“45分钟作业”理念，打造现场作业服务品牌。全年实现营业收入27.9亿元，实现利润3715万元，首次突破3700万元大关，超集团利润考核指标2515万元。

2011年，公司继续坚持大宗散货贸易的稳健经营，保持利润优势地位；保税功能逐步完善，业务类型和货种结构实现新突破，并取得国际货代和报关报检资质，实现"全方位、一站式"的船货代理服务功能，经营指标扭亏为盈。同时，"三创年"活动深入开展，机构调整、竞争上岗和薪酬改革顺利完成，公司发展质量明显提高，全年实现营业收入37.89亿元，首次突破30亿元大关，实现利润3389.69万元，超额完成集团公司下达的2600万元的利润指标。

2009~2011年物流公司经营情况表

表16

类别 / 年度	矿石(万吨)	煤炭（万吨）	集装箱(标准箱）	回填（万方）	船代(艘次）	短倒（万吨）	客运(人次）	保税(万吨）
2009年	177	225	14956	250	132	1658	--	
2010年	225.26	192.27	23000	207	117	1872	--	15
2011年	198.1	191.85	28568 (1～8月)	1022726（1～6月）	403	5485812（1～6月）	73739 (1～8月）	22.3

【创新"散改集"模式 拓展集装箱业务】 2009年3月，为适应新的市场环境和运输需求，创新开展"散改集"货物代理模式，充分发挥了集装箱无污染、零亏耗的特性，并通过装（拆）箱工艺，将大宗散货传统散装运输改用集装箱运输以降低物流成本，进一步拓展集装箱货源市场，发展集装箱第三方物流。

【创新工艺显成效】 2009年3月，集装箱发展分公司自主研发设计的滑移装载机拆箱作业平台正式投入使用，使集装箱不用落地便可利用滑移装载机直接进箱拆卸，较好地解决了港外企业拆箱难的瓶颈问题。平台投入使用后，作业效率不断刷新，创造了单班拆箱41个的最高效率。2009年第三季度，连续三个月突破拆装箱量4000TEU。

【"凯旋"号成功靠泊】 2009年4月30日，装载14.8万吨煤炭的澳大利亚"凯旋"号成功靠泊西港区7#泊位，创造了日照港进口煤炭整船数量最大的纪录。这是公司在"一强一稳"散货贸易经营思路指导下成功运作的大宗煤炭进口业务。

【保税物流中心通过国家正式验收】 2009年9月2日，日照保税物流中心顺利通过国务院联合验收组正式验收。作为鲁南地区唯一一家保税物流中心，日照保税物流中心既能有效降低进出口贸易企业的资金成本，又对完善港口功能，促进临港工业的快速发展具有重要意义，对拉动山东半岛及其腹地的外向型区域经济发展也会起到巨大的辐射带动作用。

【保税物流中心获对外贸易经营及代理报关资质】 2009年11月17日，保税物流中心获得《对外贸易经营者资格证书》和《中华人民共和国海关进出口货物收发货人报关注册登记证书》，标志着该中心取得开展国际、国内贸易的市场准入资格，可申办海关备案登记、接受进出口货物收发货人的委托向海关办理代理报关等业务。

【保税物流中心举办业务推介会】 2009年12月8日和2010年4月15日，保税物流中心分别在日照、临沂两地举办业务推介会，就日照保税物流中心的功能、服务及相关优惠政策进行宣传和推介，吸引了两地加工贸易、代理、物流等170余家企业参加。

【获"全省对外贸易百强企业"等称号】 2009年12月29日，在全省商务工作会议上，公司获得"全省对外贸易百强企业"称号。2010年12月30日，在全省商务工作会议上，公司被表彰为"全省外经贸先进企业”。

【工程分公司实施信息化管理】 2010年5月7日，工程分公司现场信息管理系统启用。该系统由监控、计算机和网络传输三部分组成，可实现运输现场数据实时监控调阅，加强现场作业动态管理。同时，西港磅房无线监控系统也正式投入使用。该系统通过无线传输动态显示现场人员和机械实时动态，便于及时调整工地车辆、人员作业，全面掌握施工情况。

【40英尺移动装箱平台投入使用】 2010年6月23日，由公司员工肖晨光自主设计制作的40英尺移动装箱平台正式启用。这一平台是在固定装箱平台的基础上，为满足异地存货的需求设计制作的，包含电力传动、液压起重、机械调节等多项机构，可以方便地实现40英尺集装箱各个角度的起升调节，适用于多种货物的装箱作业，具有故障率低，操作方便、成本低、装箱效率高等特点，每班次装箱作业可达30TEU。

【集装箱航线投入新船运营】 2010年4月19日，新安源6号轮投入运营。该船运力6300吨，用以替换原来载重4879吨的力达101船。新船的投入使用扩大了船舶运载能力，缓解了船舶舱位紧张的压力，为提高集装箱吞吐量提供了保障。

【精确配煤系统投入运行】 2010年11月21日，公司自主设计制作的精确配煤系统通过技术验收并投入运行。该系统由可控计量皮带秤、搅拌机、漏斗及皮带输送机四部分组成，可实现多类型煤炭精确配比，具有精度高、效率快、操作简便、维修方便等特点。

【荣膺“全国交通运输先进物流企业”称号】 2010年12月18日，在全国交通运输与物流发展推进会暨现场经验交流会上，公司荣膺“2010年度全国交通运输先进物流企业”称号，公司经理王静波荣获“2010年度全国交通运输企业优秀物流管理者”称号。

【国际物流贸易管理系统投入试运行】 2011年1月，公司国际物流贸易管理系统投入试运行。该系统采用JAVA+SSH框架技术，对用户实施分层管理，全面跟踪贸易业务流转，实现合同会签、任务派遣、数据查询、收付款项、堆场管理、员工时效等环节的网上远程管理，在提高贸易业务办理效率的同时，为用户贸易决策提供参考依据，有效地规避了贸易风险。

【“日照东方”轮首航仪式举行】 2011年2月10日，日照至平泽航线“日照东方”轮首航仪式在日照港国际候船厅举行，标志着中断两年多的日照—平泽航线正式复航。“日照东方”号客箱班轮系巴拿马籍船舶，总长170米，总宽25米，功率16990kW，吃水6.5米，单次可容纳640名乘客，运载230标箱。该船由日照港集团出资购买，租赁给日照海通公司，用于日照至平泽航线的运营。

“日照东方”号客箱班轮

【西15#泊位正式启用】 2011年2月10日，集装箱轮“新凯利5号”顺利靠泊，标志着西港区15#泊位正式启用。这一泊位投入使用，将有效缩短船舶待泊时间，提高集装箱作业效率，并为今后其他航线开通提供有利条件。

【日照—泉州集装箱直达航线开通】 2011年6月28日，日照—泉州集装箱直达航线首航仪式在西港区15#泊位举行。这一航线的开通，优化了日照港集装箱航线布局，为鲁东南地区与闽南地区的货物运输提供了一条高效、经济、便捷的海上通道。

【国际船代资质获批】 2011年6月30日，联合船代获得《国际货运代理企业备案表》《代理报检单位注册登记证书》，标志着国际货运代理资质获批，公司已具备全部国际航运代理公司业务资质，可从事日照口岸内所有的国际船舶代理和货物运输代理业务。

【日照市首期物流行业农民工理货（仓储）专业技能培训开班】 2011年7月23日，日照市首期物流行业农民工理货（仓储）专业技能培训班仪式在公司开班。这期培训班经日照市人力资源和社会保障局等相关部门批准，由《现代物流报》山东办事处联络和协调，日照市高级技工学校与物流公司组织实施，为期三个月。培训结束后，学员可参加日照市职业技能鉴定考试，考试合格后颁发国家职业资格中级证书。来自日照三运集团、日照中盛集团物流公司理货（仓储）专业的近百名农民工参加了此次培训。

【内部改革顺利完成】 2011年12月，公司完成系列内部改革，组织机构调整后，公司下设4个科室、3个经营部门及4个法人实体单位，经营范围主要包括矿石、煤炭等国际大宗散货贸易、加工业务，国际船舶、货物代理和租船业务，进出口保税物流、仓储等业务。这次改革中，还对业务流程进行梳理，完成岗位设定及全员竞聘上岗，在岗位测评的基础上重新调整各岗位系数，建立了新的薪酬分配机制。

【文化建设取得新突破】 2009年9月23日，在济南举行的全省交通行业第六届职工文艺汇演比赛中，小品《门机甲班》获得小品类第一名及优秀创作奖，并入选全省交通系统庆祝建国60周年文艺汇报演出节目名单。2010年10月26日，在集团公司首届“阳光文化节”闭幕式文艺演出中，小品《仲秋之夜》获一等奖和优秀创作奖，四人小合唱《相亲相爱》和独唱《向天再借五百年》获三等奖，公司获“优秀组织奖”。2011年6月21日，公司组织员工前往中央电视台《星光大道》节目参与现场录制，公司员工贺坤成为第一个出现在“星光大道”上的港口工人，也是日照市首个参加《星光大道》节目的选手。节目的成功录播，不仅通过国家级媒体展现了日照港青年员工积极向上的阳光心态、富于生机和活力的形象，也是公司阳光文化建设取得的新突破，成为日照市文艺界2011年的一个亮点，受到日照市各家媒体和百姓的广泛关注。

（贺 蕾）

物资公司

【日照港集团有限公司物资供应公司】

经 理、党支部书记

朱同兴（2005.04～ ）

副经理

李元海（2003.05～2011.08）

牟振华（2003.05～ ）

曹培举（2007.01～ ）

工会主席

曹培举（兼）（2007.01～ ）

【概述】 物资供应公司下设六个部门：综合管理

部、财务科、原材料部、燃料部、设备配件部、储备供应部，并代管集团两个分公司：日照港集团有限公司煤炭运销部、日照港集团有限公司物资供销部；一个子公司：日照港进出口贸易有限公司。截至2011年底，在册员工51人。

2009～2011年，公司围绕“强化职能、细化管理、优化质量、深化转型”的工作方针，重点做好采购供应、市场经营工作，先后开展了“管理效益年”、“创业创新创效年”等活动，在履行好港口生产、建设主要物资采购供应业务的同时，以煤炭运销部、物资供销部、进出口公司等为贸易主体，大力拓展国内外市场，重点经营钢材、煤炭、镍矿等货种，销售额和利润逐年递增。三年来，公司顺利实现从“供应管理型”向“经营管理型”的转变，在“做稳基础项目、做好重点项目、做活开发项目”的思路引导下，钢材、煤炭、镍矿等品种的经营实物量不断增加，销售额和利润大幅增长，日渐成为日照港集团重要的利润增长点之一。

【多措并举　完善供应商管理】 严格招投标采购程序，实行公开招标与比价采购相结合的方式，与财务、审计、纪委和用料单位共同把关，坚持“三会两签八把关”的采购流程，业务相关人员共同参与、共同把关。三年来，招标比价2000多批次，节约采购资金2000多万元，招标比价率保持在95%以上。同时，通过建立供应商评价制度，定期对供应商进行评议，并定期召开供应商代表和使用单位代表座谈会，形成了供应商优选劣汰的良好机制。

2009～2011年主要材料采购供应情况表

表17

年度	钢材(万吨)	水泥(万吨)	供应额（万元）
2009	4	30	36427
2010	2.5	30	26223
2011	3	25	27703

【严格废旧物资拍卖程序】 通过现场多轮竞拍报价、密封传真报价等形式，对废旧物资处理实行100%的公开拍卖，邀请集团纪委、审计、财务、设备等部门与上缴单位共同参与现场定价、现场监督拍卖过程、共同确定拍卖结果，保证整个废旧物资处理过程的公开、公平、公正，使废旧物资拍卖价格均超过物资净值。2009年，拍卖处理废旧物资近100批次，实现拍卖金额300余万元；2010年，拍卖处理废旧物资100多批次，实现拍卖金额近500万元；2011年拍卖处理废旧物资130多批次，实现拍卖金额460余万元。

【承办集团公司采购技能大赛】 2009～2011年，连续三年承办集团公司职工技术比武采购技能项目比赛，采用理论考试与现场物资辨识相结合的方式对参赛选手进行考察，共有来自集团各公司的100多人次参加了比赛。采购技能大赛已成为集团公司物资采购、计划、保管人员展示技能、学习交流的重要平台。

第二十一届职工技术比赛采购技能大赛考试现场

【创新业务管控模式　商务财务业务三位一体】 公司成立商务办公室重点监控经营过程，充分发挥商务、财务、业务的作用，形成三位一体的监督制约模式，公司领导层负责业务的决策审批和重要事项的协调工作，各业务部门负责业务信息收集、业务执行和具体事项的协调工作，商务办做好经营业务的登记、检索、核查和注销等管理工作，与财务科定期查合同、查资料、查账册，协调管控业务全过程，保证了对合同签订、履行、结算及资金运用等重大业务事项的全过程有效监督和控制。

【经营业务实现大跨越】 公司调整工作思路，整合已有的资源与市场，加强经营业务人员配置和资源投入，把公司的有效资源和精干力量转移到经营工作中，使物资代理、钢材销售等基础项目稳中有进，煤炭、镍矿等重点项目发展迅速，基础用材、原料供应等开发项目不断拓展，公司经营额从2009年的5.2亿元增长到2011年的17.8亿元；账面利润从2009年的972万元增长到2011年的2343万元，实现了经营业务量和质的跨越发展。

2009～2011年主要材料经营情况表

表18

年度	钢材(万吨)	镍矿（万吨）	煤炭（万吨）	经营收入（万元）	账面利润（万元）
2009	1.5	25.6	32	52668	972
2010	1.5	25.6	45	86420	1529
2011	1.45	21	53	178786	2343

【煤炭业务打造拳头产品】 2009～2011年，煤炭业务取得长足发展，逐步从最初的省内业务为主，扩展到西北、中部、华南等地区，经营品种也从最初单一的焦炭、原煤，扩展到焦炭、原煤、烟煤、无烟煤、肥煤、兰炭等多个品种，并与多家煤矿达成供煤协议，与多家大型电厂建立了良好的合作关系。近年来，积极挖掘俄罗斯、朝鲜、印尼等国外货源，与多家国外客商达成了进口优质煤炭的合作协议。2009年完成煤炭销售额2.2亿元，利润600万元；2010年完成煤炭销售额3.2亿元，利润650万元；2011年完成煤炭销售额5.6亿元，利润800万元。

【镍矿、镍铁业务成亮点】 自2009年开发红土镍矿业务开始，公司与临沂、江苏、山西等地区的企业在镍矿、镍铁合作经营方面取得了长足的进展，经营业务领域得到进一步拓展。三年来，年均销售镍矿业务量达50万吨，实现利润上千万元，成为推动公司经营规模、利润跨越式增长的业务亮点。

【转变角色 创新供应链管理】 公司转换经营思路，拓展供应链业务，已与国内多家大中型生产企业达成原材料供应合作协议，三年累计供应各种原材料价值10亿多元，并借助原材料供应业务涉足产品分销市场。

【进出口公司成为集团公司设备代理进口主渠道】 进出口公司利用多年积累的外贸进出口经验及银行授信优势，为集团公司代理多台大型设备进口业务。2009年完成7台沃尔沃装载机、岚山公司拖轮主机、舵桨的代理进口业务；2010年完成14台小松装载机、港达船厂出口船设备、轮驳公司拖轮主机、舵桨的代理进口业务；2011年完成12台沃尔沃装载机、港达船厂出口船设备的代理进口业务。

【进出口公司完成增资工作】 2011年11月，公司向集团公司提交进出口公司增资至3000万元的申请，并将煤炭运销部、物资供销部的经营业务逐步并入进出口公司，通过整合增强公司经营实力，拓宽经营渠道，增加银行授信额度，截至2011年12月31日，进出口公司已增资至3000万元，煤炭运销部、物资供销部业务整合工作正在进行中。

【组织机构与人员调整】 2009年3月10日，公司撤销原有的综合管理科、业务科、经营科、供应中心、三阳公司等部门，设置综合管理部、原材料部、燃料部、设备配件部、市场业务部、储备供应部等六个部门，并组织员工参与竞聘，确保员工在合适的岗位上，人尽其用。

【重视员工培训 提升综合素质】公司重视员工业务能力的培养，多次聘请专业老师进行合同管理、法律知识、业务知识授课，各部门员工撰写业务知识题库相互培训以实现知识共享，并举办采购技能大赛检验理论与实践水平，开展拓展培训等，努力提升员工素质。

物资公司合同管理培训课程现场

【获集团公司多项荣誉】2009～2011年，公司连续三年获得集团公司先进单位称号；2009年、2011年被授予党风廉政建设先进单位；连续三年获得“模范职工之家”称号。煤炭运销部被授予青年文明号，物资超市被评为职业道德先锋岗等。

【文体活动丰富多彩】2009年6月，物资公司与监理公司组成的团体操联队获得日照港“庆七一迎全运”职工体操比赛第一名；2010年10月，公司足球队正式组建，与大宇水泥、港湾公司、物流公司等多个单位进行了友谊赛；2011年6月，公司羽毛球队在“阳光健身庆七一”职工羽毛球比赛中勇夺团体亚军；2011年10月，公司全体员工参加了为期两天的封闭式拓展训练等。

（孙 健 于 蓓）

建筑制造

建设集团

【山东港湾建设集团有限公司】

执行董事、总经理

赵　刚（兼）（2010.11～2011.12）

匡立平（2011.12～　　　）

副总经理

刘　安（兼）（2010.11～2011.12）

张春生（2010.11～2011.08）

刘　刚（2011.08～　　　）

曾少锋（2011.08～　　　）

王耀庭（2010.11～　　　）

郭安文（2010.11～　　　）

刘　强（2010.11～　　　）

徐延国（2011.09～　　　）

党委书记

刘　安（2010.11～2011.12）

张春生（2011.12～　　　）

党委副书记

赵　刚（兼）（2010.11～2011.12）

匡立平（兼）（2011.12～　　　）

孙运峰（2010.11～　　　）

纪委书记兼工会主席

孙运峰（兼）（2010.11～　　　）

管理者代表兼总工程师

张春生（兼）（2011.08～　　　）

【山东港湾建设有限公司】

经　理

赵　刚（1999.04～2010.11）

副经理

刘志增（兼）（2006.12～2010.06）

张春生（2003.06～2010.11）

孙运峰（2003.06～2010.11）

党委书记

刘志增（2008.05～2010.06）

刘　安（2010.08～2010.11）

党委副书记

赵　刚（兼）（2008.05～2010.11）

纪委书记

刘志增（兼）（2008.05～2010.06）

工会主席

孙运峰（兼）（2003.06～2010.11）

总工程师

刘　强（2008.08～2010.11）

【日照港（集团）建筑安装工程有限公司】

经　理

王成玉（1999.02～2010.08）

赵　刚（2010.08～2011.03）

副经理

刘　安（兼）（2008.08～2011.03）

郭安文（2005.01～2011.03）

王耀庭（2003.06～2011.03）

党委书记

刘 安（2008.08～2011.03）

党委副书记

王成玉（兼）（2008.05～2010.08）

赵　刚（兼）（2010.11～2011.03）

纪委书记

刘　安（兼）（2008.08～2010.11）

工会主席

王耀庭（兼）（2003.06～2011.03）

总工程师

任守玉（2008.08～2010.08）

【日照港股份有限公司机修公司】

经理、党支部书记

刘加忠（2006.06～2011.08）

副经理

曾少锋（2008.08～2011.08）

刘　刚（2005.01～2011.08）

工会主席

曾少锋（兼）（2008.08～2011.08）

【概述】 山东港湾建设集团有限公司（以下简称建设集团）于2010年12月29日正式揭牌成立，是一家集施工、设计、咨询为一体的大型综合性建筑企业。2010年8月7日，日照港集团有限公司下发《关于筹备组建建设集团的通知》（日港发〔2010〕137号），对原港湾公司、建安公司、港兴建筑公司等单位进行整合。2011年8月，建设集团再次进行调整，吸收原机修公司、物流公司和科检中心的部分业务。目前共有山东港湾建设集团有限公司，及其下属的日照港工程设计咨询有限公司、日照港达船舶重工有限公司、大连港达建设有限公司、日照港湾检测有限公司、日照港机工程有限公司等六个独立法人单位。截至2011年12月底，注册资本7.5亿元，总资产25亿元，拥有浮船坞、起重船、挖泥船等大中型工程船舶，并有干船坞1座，各种施工机械500余台（套），固定资产达8.94亿元。现有港口与航道工程施工总承包、房屋建筑工程施工总承包、钢结构工程、地基与基础处理工程、土石方工程等五项一级资质，以及设计、勘察、检测等专项资质，具有对外承包工程经营资格，并通过质量、职业健康安全、环境管理体系认证，为全国优秀施工企业、全国水运工程建设优秀施工企业、国家级守合同、重信用企业。

2010年12月29日，山东港湾建设集团有限公司揭牌

公司现有职工978人，其他常年从业人员4000～5000人。高中级专业技术人员174人，其中：高级专业技术人员50人，中级专业技术人员124人；国家一级建造师40人，二级建造师89人。设有行政办公室、党群办公室、人力资源部、企业管理部、财务审计部、经营发展部、安全质量部、物资设备部、工程管理部等9个机关部室，以及20余个专业子、分公司和项目部。主要有日照港达船舶重工有限公司、工程设计咨询有限公司、大连港达工程建设公司、港机工程有限公司、船务工程公司、钢结构工程公司、商品混凝土供应中心、陆桥工程公司、工程服务公司、基础工程公司、科研检测中心，城建工程公司、石臼分公司、岚山分公司等专业子、分公司，以及大连、威海、南方、天

津、新疆等区域分公司和项目部。主要经营近海工程、房屋建筑、船舶修造、钢构加工、港机修造等五大业务板块，航道疏浚、工程设计咨询、商砼业务、市政工程、地基与基础、检验测绘、爆破、公路路基等产业并举。

公司秉承“同心同行、共创共享”的价值理念，以打造“新一代工程承包商”为指导思想，立足港口，面向全国，先后承建一大批优良工程，工程合格率100%，优良率85%以上。近年荣获省部级以上优质工程奖12项，多项成果获国家、省、市科技进步奖。

（刘晓丽）

【近海工程产值三年累计超50亿】 在立足港口、服务生产的同时，积极拓展外部水工市场。三年来，近海工程累计完成产值51.02亿元，占施工总产值的75.47%。其中，日照地区主要承担石臼港区防波堤工程和石臼港区西区三期工程、岚山港区30万吨级油码头工程以及岚山港区南区15#、16#泊位等重点工程，完成施工产值28.87亿元；外部市场主要承建大连辽南船厂船台工程、威海港三、四期货场及水电配套工程、漳州港30万吨级油码头项目工程、天津海滨休闲旅游区临海新城围海造陆项目北围堤工程等重点项目，完成施工产值22.15亿元。（王 健）

2010年7月，建设集团承建的福建漳州古雷港区30万吨级油码头工程

【房屋建筑实力日趋增强】 房屋建筑施工方面，三年完成产值7.71亿元，逐步形成以日照市场为主，向青岛、济宁、济南、临沂、枣庄等周边地区纵深发展的多元化市场格局。

2009年，完成施工产值3.94亿元，并积极参与沙特大学城等项目的前期投标工作，为开拓国外市场积累了经验。同时，工程安全、质量管理水平稳步提升，获“港城杯”工程2项，“泰山杯”1项，市级QC成果一等奖2项，省级安全文明工地1个，省级安全文明示范工地2个。

2010年，完成产值4.7亿元，获省级安全文明示范工地1项，市优工程11项，“港城杯”工程2项，“泰山杯”工程1项，全国建设工程优秀项目管理成果三等奖1项，山东省建筑业新技术应用示范工程1项，省级工法1项，市级QC成果奖5项。

2011年，完成产值1.77亿元，占建设集团施工总产值的7%；完成城市花园、金港名庭、城市风景等在建项目建筑面积近40万平米，其中兴业王府金座工程获“泰山杯”和“港城杯”，另有8项工程获日照市优质结构工程奖。

（刘晓丽）

【船舶修造生产经营实现突破】 2009年，港达船舶重工有限公司投产运营，建造1000HP锚艇1艘、40M趸船2条，全年实现收入1570万元，签订船舶建造合同3项，合同总额3424万元。申办的《渔业船舶修造企业工厂认可证书》，通过日照市海洋渔业局、省渔业船舶检验局现场考核评估。

2010年加大对外经营力度，实现生产线上同时有多个产品生产，全年签订合同总额10.4亿元，完成产值4540.71万元。

2011年进一步强化生产组织，加大市场开发力度，完成产值6998.6万元，建造完成首个涉外订单新加坡59米油田守护船，全国首艘兼具浮油回收功能拖轮岚山港6000匹拖轮，设计了明达公司500吨应急溢油处置船、2000吨自航船，光汇石油15艘

4100吨油轮积极开展了生产准备工作。同时，狠抓基础管理，顺利通过中国船级社质量认证公司各阶段审核，于6月份通过质量、环境、职业健康安全管理体系认证。10月18日，通过省国防科工办和市经信委组织的生产条件复审，达到一级Ⅲ类钢质一般船舶生产企业的要求。

（骆 娟）

【钢构加工发展速度明显加快】 2009年，相继承接韩国威亚发动机厂房配套项目、济南全运会会馆、河北曹妃甸矿石码头、德国V8汽车烟台零部件生产基地、新疆喀什棉花库、木浆厂二期、连云港保税物流中心等重点工程，全年完成工业产值2.7亿元，钢结构公司取得GC3级压力管道安装资质。

2010年首次承接设备安装工程德国威巴克项目，相继承接了韩国威亚发动机三期厂房、瑞荣机械二期、五征安旭、西港三期后方机修区等重点工程项目，取得GC2级压力管道安装许可，全年共有在建项目73个，其中新开工项目67个，跨年度项目6个，累计完成施工产值超过2亿元，安全生产、文明施工和工程质量均处于受控状态。

2011年11月4日，原机修公司防腐及钢结构业务并入钢结构工程公司。全年完成产值2.86亿元，占施工总产值的11%，主要有五征汽车总装车间、瑞荣三期、威亚毛坯二工厂、汽车发动机三工厂等项目。

（刘晓丽）

【港机修造生产能力逐步升级】 三年来，港机修造生产能力逐步提升，共完成产值13887万元，其中，生产托辊18万余只，中标制造各类抓斗近百台。生产面积由不足4000平米发展到10000余平米，新建防腐大棚600平米，数控三维钻床、数显镗铣床、卧式镗铣床、四柱压力机等高端设备、新开发生产信息管理系统投入使用，加工设备由手工操作发展到电脑数控自动控制，整体加工能力得到有效提升。2010年，顺利通过三位一体换证认证审核，取得DX、DT、DY、DJ四个系列皮带机生产许可证和臂式堆料机生产许可证，对资质进行了升级和增项。同时，新建托辊、抓斗产品专业营销网站，将锥形、光面铸胶、螺旋铸胶托辊等新产品、清扫车销往连云港和福建泉州、莆田两港等地，与瑞士豪瑞公司、德国塔克拉夫等国际公司建立合作关系。2011年8月，股份机修公司撤销，原从事机械制造相关人员随港机工程公司一并划转建设集团。

（王 健）

【多元产业蓬勃发展】 市政、商砼、基础处理、检测测绘、船务工程、设计咨询、设备租赁等多元产业，均得到蓬勃发展，累计共完成产值10.2亿元。

2009年，多元产业完成产值2.5亿元，同比增长21%。商砼中心完成产值1.5亿元，混凝土生产突破60万方，同比增长42%；船务工程业务完成施工产值6200余万元，船舶利用率达到85%以上；基础工程业务实现产值4000万元；机械设备租赁业务实现产值1800万元；检测中心完成产值630万元，同比增长5.5%。工程设计咨询公司成立五莲县工业园区规划设计院，拓展了外部市场。

2010年多元产业完成产值3.6亿元。商砼中心完成产值1.3亿元，签订大型房建工程砼供应项目10余项，并与多家单位建立长期合作关系。基础公司先后承揽中粮黄海粮油、中石化商储库等地基处理工程，其中中石化商储库工程总产值达到9200多万元。工程设计咨询公司设立了市北经济开发区分院。船务工程、机械设备租赁、检测试验等业务进一步提高水平，开拓港外市场。

2011年，各相关产业在满足主业发展需要的同时，港外市场份额明显增加。商砼中心与原港源混凝土公司合并工作顺利完成，合并后商砼中心共有11个拌和站、14条生产线，年实际生产能力达到360万立方米，2011年生产混凝土79万立方，实现产值2.56亿元；市政工程业务方面，积极拓展港内外市场，完成产值1.5亿元。地基与基础处理业务方面，积极应用新工艺、新技术，提高了工程承揽能力；船务工程业务方面，在保障项目顺利施工的同时，积极开展疏浚业务，拓展经营领域。工程设计咨询、工程检测、设备租赁等其他相关业务都发展良好。

（刘晓丽）

【港外市场开拓成效显著】 本着“稳固日照市场、做实做强北方市场、合作开拓南方市场”的原则，建设集团施工范围北到秦皇岛，南到福建，初步形成以环渤海湾经济圈、福建海峡西岸、山东半岛及广西北部湾为主要区域的市场网络。三年来，共参与投标工程项目409项，累计中标额25.27亿元。

2009～2011年市场开拓情况统计一览表

表19

年度 项目	2009年	2010年	2011年
参与投标	159项	105项	145项
中标	13项	18项	82项
中标 合同额	8.32亿元	15.3亿元	25亿元
港外中标合同额	5.22亿元	8.25亿元	11.8亿元

2009年参与投标项目159项，累计中标合同额8.32亿元。其中港外市场中标项目11个，中标合同额5.22亿元，为年度中标合同额的62.7%，市场开发呈现出项目层次高、重点项目比重大、区域滚动发展等明显特点。同时，陆续中标大连港东部地区搬迁改造、威海港国际客运码头、威海金线顶地段改造水工二期等外地工程。2010年，参与投标105项，中标18项，中标合同额达15.3亿元，同比增长84%。2011年参与投标145项，中标82项，中标总金额25亿元。其中，港内项目41项，共计13.2亿元，占总金额的52.8%；港外项目41项，共计11.8亿元，占总金额的47.2%。

（王 健）

【安全生产态势平稳】 一是按照职业健康安全管理标准和站队达标要求，推行安全标准化管理，先后制定完善《安全管理办法》等制度，把安全管理贯穿于施工全过程；二是组织施工现场整治、海上施工专项整治、承发包业务安全专项治理，开展安全生产月、百日安全无事故、安全隐患排查整治、防台防汛演练等活动，强化应急管理等工作；三是深化安全“双基”管理，扎实推进站队安全基础管理达标工作，成为集团公司第一批全面通过达标验收的单位；四是组织各类安全教育培训，严格落实安全生产责任制，加强日常安全督导。三年来多次通过交通运输部、省交通厅在建重点工程质量安全督查，受到上级部门的高度评价。

（骆 娟）

【质量管理工作再上新台阶】 建立完善的质量保证体系，加强质量考核和监控，使工程质量始终处于受控状态，工程一次交验合格率100%。2009年承建的日照港散粮码头获国家优质工程银质奖，日照港西港区集装箱码头一期工程获交通部水运工程质量奖。2010年，承建的日照港岚山港区液体化工品作业区1#、2#码头工程获交通部水运工程质量奖，韩国威亚汽车发动机二期二厂房工程获山东省建筑质量最高奖“泰山杯”。2011年承建的岚山港区液体化工品作业区1#、2#码头工程、岚山港区10万吨级油码头工程获水运交通优质工程奖，兴业王府金座工程获“泰山杯”和“港城杯”，另有8项工程获日照市优质结构工程奖。

（骆 娟）

日照岚北港区10万吨级油码头工程

【技术水平明显提高】 有针对性地开展新技术推广应用和QC攻关活动，助推企业跨越发展。一是专业技术人员和施工队伍经过施工磨练，逐步成熟起来，尤其是江苏新荣船舶舾装码头工程的成功组织，为企业积累了高桩项目施工的经验；日照—仪征原油管道及配套30万吨级油码头工程的成功组织，锻炼了大型复杂项目的组织施工能力。在威海市金线顶地段整体改造水工二期岛式防波堤工程施工中，国内最大尺寸半圆体构件的预制和安装的顺利完成，使复杂构件的模板制作水平得到提高。二是积极应用新技术新工艺，多项QC成果荣获省、市级荣誉。其中“无吊鼻式扭王字块的施工工艺”、“抗裂纤维在码头面层的应用”、“沉箱坡道出运”、“联锁块镶边在堆场施工中的应用”等新技术、新工艺、新方法的推广运用，在缩短工期、降低成本、提升质量方面都取得显著效果。三是进行工法编制培训，开展年度工法编制工作，积极组织企业级工法评审，2011年两项工法获交通部水运工程二级工法。

（骆　娟）

【资质升级工作逐步加强】 2011年5月，顺利通过中质协质量保证中心的质量、环境、职业健康安全“三标一体”管理体系认证。在推进总承包企业资质升级工作，提高市场准入能力过程中，一是加强信息化建设，有计划、有步骤地完善信息应用平台；二是努力提高建设集团科技水平。制定工法编写工作计划，加大技术人员学习力度，注重施工经验的总结和积累，为企业升级创造条件；三是推进工程设计、港机修造、检测等专项资质升级工作。2011年工程设计咨询公司顺利完成增资工作，注册资本由原来的326万元增至1000万元，完成了工程勘察资质变更。

（刘晓丽　骆　娟）

【基础管理逐步完善】 2009年，深入开展管理效益年活动，建立信息化管理平台，提高了企业信息化水平。同时，通过实行“阳光采购”，提高采购质量，全年降低采购成本100余万元。

2010年，对已签订合同的工程进行成本测算，强化项目成本过程控制，定期组织对各项目成本进行核算和分析，确保成本管理受控；对应收账款和其他应收款进行清理，加强外地施工项目的资金管理和成本核算，保证资金安全，并建立由工作标准、管理标准、技术标准共768个标准构成的企业标准体系，完成公司体系文件换版工作，顺利通过三合一体系外部审核。

2011年，深入开展“创业创新创效年”活动，基础管理水平不断提升。推行项目部成本目标考核、子分公司年度目标考核、部室工作目标考核三类考核机制，制定完善企业标准流程，全面推行绩效考核管理，初步建立绩效考核体系，调动了员工的工作积极性。同时，进一步落实项目管理目标责任制，创新项目分类管理，按照项目规模、造价、地理位置、施工难度等因素进行分类，按类别进行项目人员的职能设置和薪酬考核。在单项样板管理方面，“公文处理”和“档案服务”两项样板荣获集团公司单项管理样板推广奖；在财务管理方面，重点加强设备租费、分包工程、外付劳务费等项目的成本控制，实现了经济效益的稳步增长。

（刘晓丽）

【施工能力快速提升】 内强管理，外拓市场，施工能力快速提升，三年累计完成施工产值67.6亿元，实现利润17196万元。

2009年完成施工产值18.02亿元，同比增长19.3%，实现利润6500万元，公司全年实现收入14.5亿元，产值、利润均超额完成年度计划。2010年完成施工产值23.18亿元。2011年承建工程项目117项，完成施工产值26.4亿元，实现利润8168万元。其中，港内项目56个，施工产值13.03亿元，港外项目61个，施工产值13.37亿元，港外项目施工产值的比例进一步提高。2011年8月，按照集团公司组织机构调整安排，整合原机修公司、物流公司和科检中心部分业务后，形成近海工程、房屋建筑、船舶修造、钢构工程、港机修造五大产业重点，其他多元产业并举，施工能力进一步提升。

（王　健）

【产业结构逐步优化】 2009年与专业咨询公司合作，实施了组织机构变革、管理流程优化、业务流程再造等配套改革，确定进入国家特级承包企业行列的战略发展目标，规范业务流程，将公司主营业务划分为经营业务、管理业务和监督保障业务三大类，制定56项核心业务流程，修订完善150余项企业管理制度，并将公司组织分为运营中心、作业管理中心、作业支持中心三大中心，建立了以绩效管理为主线的管控模式。

2010年，集团公司对原港湾公司、建安公司、港兴建筑公司等单位进行了整合，筹备组建山东港湾建设集团，先后完成建设集团母公司章程、产权及工商变更、资质变更及存续、配合审计及资产清查、过渡阶段的安全生产、建设集团组织机构及编制定员、办公场所的整理、组建工作实施步骤及确定实施方案、企业文化、战略目标、发展方向探讨、建设集团挂牌等重点工作。

2011年，上半年顺利完成项目部、区域分公司的人员竞聘上岗。8月，对原机修公司、原物流公司和科检中心部分人员和业务进行重组整合。建设集团新增港口设备维修，皮带机、抓斗、门机及港口附属结构件制作与安装，港口机电设备安装，托辊等带式输送机配件产品的制造、销售等业务。经过机构调整，建设集团基本形成近海工程、房屋建筑、船舶修造、钢构加工、港机修造五大产业及相关辅助业务的产业格局。

（刘晓丽　骆　娟）

【党建工作再上新台阶】 三年来，公司党委坚持把加强党建工作纳入生产经营的全过程，努力探索发挥党组织政治核心作用的途径和方式方法，完善党建工作制度体系，实现企业党建工作与生产经营“两结合、两不误、两促进”，公司党委连续三年被集团公司授予“先进直属党组织”称号。公司班子被命名表彰为集团公司2008～2009年度“四好”领导班子。2009年11月，公司荣获集团公司党建和思想政治工作创新实践成果（论文）二等奖；2010年8月，荣获集团公司党建和思想政治工作创新实践成果（论文）一等奖；2011年11月，荣获集团公司党建和思想政治工作创新实践成果（论文）一等奖。

根据公司组织机构的重组要求，公司机关总部设立党群办公室，重新设立了13个党支部，配备项目班子和党支部班子，并修订完善党群规章制度20个。公司党委与基层党支部签订《党建目标管理责任书》，在重点项目上开展“党员示范工程”、“党建思想政治工作创新实践”、争创党支部管理样板等系列活动，强化党建工作的实效性。同时，坚持党委理论中心组学习、党支部“三会一课”等制度，扎实开展学习实践科学发展观、“感恩敬业比贡献、强港兴企业促跨越”、“感恩与责任、务实与创新、和谐与共赢”、“与建设集团共奋进”等主题教育活动，推动企业呈现出新面貌。在庆祝建党90周年活动期间，组织了重温入党誓词、“知党史港情、明标准流程”知识竞赛、职工书画展等活动。三年来，公司主动承担社会责任，积极参与为灾区人民、贫困山区人民、失学儿童献爱心等慈善公益事业，累计捐款捐物价值近80余万元，得到了社会各界的高度评价。

2011年4月，建设集团员工到日照港希望小学献爱心

【工会工作成效显著】公司工会认真履行职责，扎实开展工作，2011年获“山东省海员工会先进基层单位”称号，并在集团公司工会工作考核中被评为优秀单位，一名同志被评为“日照市优秀工会工作者”。

工会重视自身建设，完善组织体系，梳理工作流程、制度，健全工作网络，组织工会干部学习，从组织上、制度上、人员等方面保证工会工作健康有序开展。筹备召开建设集团首届职工、会员代表大会，组织职工代表巡视检查活动，加强对集体合同、劳动合同签订和履约情况的监管。广泛开展技术比武、技能培训、合理化建议、“五小”技术革新等活动，先后组织西港三期、东港防波堤、石臼港区焦炭码头等重点工程，参加了“省、市建设重点工程立功竞赛”活动。连续三年承办集团公司职工技术比赛项目，组织参加日照市建筑行业职业技能大赛，荣获2010年度日照市“锦华杯”建筑行业职业技能大赛团体银奖、2011年度日照市“天泰杯”建筑行业职业技能大赛优秀组织奖。

2009年8月，商品混凝土供应中心荣获2009年度山东省“工人先锋号”荣誉称号。2011年，公司荣获集团公司“搏击双亿、增产增收、节约节能”劳动竞赛先进单位；威海分公司等2个集体获劳动竞赛先进站队，设计咨询公司水运设计班等6个班组获劳动竞赛先进班组，石臼分公司获得“全国交通系统工人先锋号”。商品混凝土供应中心车队和钢结构公司数控加工班被评为“山东省水运系统安全优秀班组”。“日港浮坞1”荣获“全国水运系统安全优秀船组”荣誉。

同时，积极开展困难职工帮扶慰问、职工医疗补助、离退休人员帮扶、驻外员工“送温暖”、驻外员工家属慰问等活动，三年投入资金169.22万元。

【共青团工作蓬勃发展】公司团委积极开展创建“青年文明号”、“青年安全示范岗”等活动，充分调动青年员工服务企业发展的积极性和主动性，2011年荣获集团公司“五四红旗团组织”称号。公司商砼中心、工程设计咨询公司荣获集团公司“青年文明号”；公司岚山分公司荣获日照市“青年文明号”荣誉称号，6人分别荣获集团公司（杰出）青年岗位能手、优秀团干部、团员等荣誉称号。

【企业文化建设硕果累累】不断加强企业文化建设，提炼、宣贯“同心同行、共创共享”的核心价值理念，切实增强了企业凝聚力，提高了企业核心竞争力，实现了企业文化与企业战略的和谐统一，企业发展与员工发展的和谐统一。

2009年10月17～19日，成功承办2009年度沿海港口建筑企业联谊会；2009年10月24日，在中国交通系统政研会港口分会第十届年会上，公司作为日照港唯一一个基层单位代表作了典型发言；2010年8月，公司荣获“日照市企业文化建设十佳企业”称号；在日照港2010阳光文化节活动中荣获“基层单位优秀组织奖”。

2011年，公司制作下发《公司VI形象识别系统》，制定《工地形象建设基本规范》并纳入对基层单位的考核，提升了生产建设现场的文化氛围和公司品牌影响力，石臼分公司获得集团“阳光文化示范点”称号。

（李石磊）

【承建石臼港区西区三期工程】该工程位于日照港西港区，由二期码头向南顺延1130米，码头岸线为“一”字型顺岸布置。建设规模为5万吨级通用散杂货泊位2个，3.5万吨级通用散杂货泊位3个，合同金额为42432万元。码头结构型式为沉箱重力结构，预制安装沉箱56个，码头岸线总长1130米，码头面高程+6.10米，码头前沿底高程-13.7米，该工程于2007年6月开工建设，2009年12月竣工。

【承建岚山港区30万吨级油码头工程】该工程位于日照港岚北港区，为新建30万吨级原油泊位1个及引桥一座，包括引堤、引桥、码头、泊位及工艺系统五个主要单位工程。引桥工程为沉箱重力墩式结构，由7个独立墩组成，钢引桥6跨，单跨长125米，总长度791.4米；码头工程为沉箱重力墩式结构，泊位长486米，由码头平台、靠船墩、系缆墩、架管桥墩、系缆墩兼架管桥墩组成；泊位工程全长440米，宽度120米，前沿水深为24.0米；工艺系统安装工程主要包括码头装卸设备安装工程、消防设备安装工程、工艺管道安装工程、供电照明系统安装工程、房建工程。

该工程设计年通过能力2000万吨，工程总造价约3亿元，于2010年6月份竣工。

【承建兴业王府金座工程】该工程位于北京路与海曲路交会处西北方，于2008年11月开工，2011年1月竣工。总建筑面积37269.89平方米，地上建筑面积26772.29平方米，其中住宅12305.84平方米，商业14466.45平方米，地下建筑面积10524.6平方米。由地下两层，三层的裙房以及一栋塔楼20层（含机房层）组成。

该工程先后荣获2009年度省级安全文明示范工地、2010年日照市建筑质量最高奖“港城杯”、2011年山东省建筑质量最高奖“泰山杯”。

【承建韩国威亚发动机（山东）有限公司二期二厂房工程】该工程位于日照市上海路与现代路交会处，于2008年7月1日正式开工建设，2009年9月11日竣工验收。工程结构形式为钢结构，由办公区和厂区组成。建筑面积24062.4平方米，总长度160米，总宽度140米，建筑总高度10.6米，其中办公区部分1196 平方米。工程总投资约5280万元。厂区及办公区外墙采用高档PU复合板、办公区内墙为轻质砂加气混凝土砌块。

该工程是建设集团继威亚汽车发动机有限公司一期主厂房之后，再次荣获工业“泰山杯”奖。

【承建“日港拖26”轮建造项目】该轮是建设集团港达船舶重工有限公司承建的自有船舶，为5000马力近海港作全回转拖轮，总长41.36米，型宽11米，主机额定转速工况下航速13节，拖力62吨，续航能力大于2000海里，主要用于近海航区及港口的拖带、顶推作业及近海航区自由航行。

该船于2009年11月初开工，2010年6月27日出坞，11月28日顺利完成试航，12月29日交船。交船后曾长航拖带“日港浮坞1”远赴福建，承担漳州港30万吨级油码头工程沉箱出运任务。

【承建日照港西区木片接卸工艺系统改扩建工程】该工程由建设集团港机工程公司承建，由6条皮带机、1台接卸机、1台卸料小车及3台拖挂漏斗组成，皮带机全长1400米。原计划工期8个月，仅用3个多月时间就优质高效完成施工。

（王　健）

监理公司

【日照港建设监理有限公司】

经　理

张延波（2007.01～2011.08）

周天宇（2011.08～　　　）

副经理

崔松梅（2008.08～　　　）

张红艳（2008.08～　　　）

党支部书记

张延波（兼）（2007.01～2011.08）

周天宇（兼）（2011.08～　　　）

工会主席

张红艳（兼）（2008.08～　　　）

总工程师

崔松梅（兼）（2008.08～　　　）

【概述】 日照港建设监理有限公司具有交通部水运工程甲级监理、建设部水运工程甲级监理、建设部房建工程甲级监理、工程咨询乙级、公路工程丙级监理、交通部乙级试验检测、桩基检测乙级等多项资质，是集监理、咨询、试验检测为一体的智力型、技术密集型企业。

公司下设综合部、技术业务部、经营开发部、财务科、工程检测公司以及八个项目监理部，现有员工130余人。其中，山东省一、二级总监26人，注册监理工程师、注册造价工程师、注册咨询工程师、检测工程师40余人，拥有水工、工民建、港机、电气、暖通、铁路、测量等10多个专业的各级技术人员76名。

2009～2011年，是监理公司开拓创新、提升品牌的重要发展阶段。围绕搞好生产经营、提高经济效益、求得创新发展这一主题，公司积极探索工作新思路，较好地完成了各年度目标和各项工作任务，取得了较好的经济效益。

【优质监理　确保质量】 按照“科学公正、规范诚信、追求卓越、持续改进”的企业宗旨，不断强化施工过程控制，以及时、主动、热情、负责的工作态度，严格履行监理职责，进一步规范了合同管理、原材料审核、总监巡视、旁站监理、平行检测、工程验收等工作环节，通过增加项目专业技术人员数量、增配先进检测设备、开展新标准、新规范学习以及科技攻关等措施，不断丰富质量控制的手段和方法，解决好质量控制工作中存在的重点和难点问题，确保“受监工程一次性验收合格率为100%，质量责任事故为零”，同时依据合同工期及业主下达的节点工期编制总进度控制计划，定期对工程进展情况进行审查，严格按计划要求控制节点工期，并推行施工阶段投资控制单项样板，严格落实投资事前、事中、事后控制，加强预控措施的针对性，随时掌握建筑主材价格变动信息，严格审核承包商工程预付款与进度款，公正处理各项工程变更及费用索赔，定期进行投资实际支出值与计划目标值的比较，及时采取行之有效的纠偏措施，确保在监工程投资目标。在安全控制方面，严格执行“安全第一、预防为主、 综合治理”的安全生产方针，及时发现和制止施工中的不安全因素，并要求施工方采取措施迅速整改，将安全隐患消灭在萌芽状态。

三年来，公司承担200余项监理工程，未发生任何质量事故，工程一次性验收合格率为100%。其中，日照港散粮码头工程荣获2009年度“国家优质工程银质奖”，“金港佳园”荣获“港城杯”，城市风景3#、6#住宅楼工程被评为“市优质结构奖”和“市级文明示范工程”，日照港岚山港区液体石油化工品作业区1#、2#码头工程获2010年度“水运交通优质工程奖”。

【经济效益保持稳定】面对成本增长、外部市场竞争激烈、部分重点工程进度较缓等不利因素，采取严控成本、多方开拓市场、加强合同管理与费率管理、完善清欠工作机制等应对措施，扎实做好石臼港区防波堤工程、西港区三期工程、木片码头续建工程、岚山港区30万吨级原油码头工程、石臼港区南区焦炭码头工程、岚山中区1＃、2＃液化泊位工程、B型保税物流中心、岚山港区南作业区8#、12#泊位改建工程、路企直通及港口编组场改造、岚山港区南作业区主航道疏浚工程、石臼港区西区、岚山港区中区110kV变电站等工程的监理工作，共完成业务工作量55.48亿元，实现监理收入6256.41万元，实现利润1963.04万元。

【积极拓展外部市场与业务范围】发挥自身资质、技术、人才等方面优势，积极参加工程监理投标，开拓外部市场，先后承接了两城万宝黄家塘湾人工鱼礁项目、青岛董家口港区3.5万吨级通用泊位、亚太森博纸浆有限公司木片码头扩建、洙水河航道巨野港建材专用码头、兴业四季春城、青岛贡口湾船业有限公司船坞、日照消防中队住宅楼、雅都房产商住楼、东营广利一级渔港工程、岚山一级渔港、银河华府写字楼、公路局材料处沥青储罐、开发区检察院办公楼等工程项目的监理业务，并在新业务开拓方面重点做好日照港石臼港区西区四期后方堆场二期工程可行性研究、日照港西区铁路改造工程可行性研究及方案设计、日照港北区铁路改扩建工程、日照港翻车机翻卸C80车可行性研究、岚山港区中区锅炉房可研与环评、海滨一路生活区二期项目申请报告和环评、城市风景项目申请与环评等咨询业务。正达检测公司在做好平行检测和委托检测的基础上，开展了日照港石臼港区西区后方堆场、货场工程——道路及管网工程检测工作，与山东铁正检测中心合作着重做好铁运公司钢桁架灯桥等工程检测工作。

【管理水平不断提升】一是内部管理日臻完善，对原有质量体系文件进行修订，顺利完成ISO标准2008换版认证和检测公司计量认证，全面推行量化考核机制，制定下发涉及人力资源、薪酬管理、成本控制等多项内部管理制度，增设了财务科，使相关工作更加顺畅、规范；二是组织申报的建设部港口与航道工程甲级监理资质、建设部房屋建筑工程甲级监理资质、交通部机电工程专项甲级监理资质先后通过核准，使公司成为日照市唯一一家具有“三甲”资质的监理公司，多头并举，稳定多元的资质框架渐已形成；三是结合交通部开展的“监理企业树品牌、监理人员讲责任”行业新风建设活动以及日照市监理行业治理年活动，完善公司考核体系、二级管理制度体系，加强内部资料规范化和外部形象标准化建设；四是抓好单项管理工作样板和QC成果的培育，“控制岚山港1#、2#码头施工阶段工程投资”获得山东省建筑业QC成果一等奖和全国交通行业优秀QC成果，“缩短岚山港防波堤工程工期”、“提高码头工程观感质量得分率”获得日照市QC成果一等奖、山东省建筑业QC成果优秀奖和交通部交通行业优秀QC成果。公司样板“安全监理十项程序”、“重力式码头质量通病防治”被集团公司命名为推广型样板；五是在对原档案室进行更新改造的基础上，加强档案基础业务建设，实现电子档案录入率100%的目标，并顺利完成档案室升级工作。

【安全工作常抓不懈】按照“严、细、实”的工作思路，对安全工作进行全方位监督、控制，开展“承发包业务安全专项治理整顿”、“安全生产月”、防台防汛、现场整治、“百日安全无事故”、“冬季四防”等活动，在公司二级应急预案体系基础上编制现场处置方案，培育、推广“安全监理十项程序”样板，通过安全培训、警示教育、主题演讲等方式，提高监理人员的安全意识和安全监管能力。三年来，各受监工程均完成安全预控目标，公司安全责任事故为零。公司监理的日照市消防支队部队经济适用房2#、3#楼及地下车库工程、兴业银河华府C1写字楼工程被评为“省级安全文明卫生优良工地”，雅都御兰庭2#住宅楼工程，城市风景3#、6#、9#楼工程被评为“日照市建筑施工安全文明示范工地”。

【队伍建设不断加强】 公司始终坚持“以人为本”的管理理念，建立科学系统的用人机制、动态完善的薪酬管理机制以及员工业务培训机制和人员考评体系，组织员工参加各种执业资格培训及考试、技术比武、业务培训等，三年参培人数约2000人次，合格率100%，共有60人次获得各种执业资格证书。公司进一步建立完善竞争考核与选人用人机制，为员工创造发挥才能的平台，在企业发展的同时成就员工，使公司人才队伍建设处于良性循环的状态。

【精神文明建设不断推进】 公司党支部在集团公司党委的领导下，扎实开展“搏击双亿靠什么、我为强港做什么”大讨论活动、“感恩敬业比贡献、强港兴企跨双亿”主题教育活动以及“感恩与责任、务实与创新、和谐与共赢”主题教育和学习实践科学发展观、争创“四强四优”活动，收到良好效果。同时，认真落实党风廉政责任制，杜绝各类违法违纪事件的发生。公司工会积极开展“搏击双亿、增产增收、节约节能”、劳动竞赛、“送温暖”等活动，利用业余时间开展文娱活动，较好地履行了基层工会职责。公司连续三年被评为日照市“工程监理优秀企业”，2009年荣获“山东建设监理创新发展二十周年先进企业”称号，2011年被评为“山东省先进建设监理企业”。三年来，多个部门及个人受到省、部、市及集团表彰。

（周素杰　徐长增）

房地产公司

【日照港房地产开发有限公司】

经　理

王成玉（2010.08～　）

副经理

任守玉（2010.08～　）

刘加海（2011.09～　）

工会主席

任守玉（兼）（2010.08～2011.10）

刘加海（兼）（2011.09～　）

【概述】 日照港房地产开发有限公司成立于1989年，总注册资金2亿元，于2010年8月由日照港建筑安装工程有限公司划出，归属集团公司直接管理。

公司现有职工117人（包括劳务派遣人员），其中高中级专业技术人员19人，下设综合管理部、运营部、工程技术部、成本控制部、营销部、财务部、金港物业。公司自成立以来，坚持以“倾力打造魅力空间、引领滨海时尚生活”为己任，不断探索全新开发模式。2008年初出资200万元注册成立日照金港物业服务有限公司，形成集房产开发、物业服务于一体的“一条龙”服务体系，为日照市房地产业的发展起到了带头和推动作用。

秉承为客户满足需求，为员工创造平台，为企业创造价值，树立日照港房产品牌的服务宗旨，公司内抓管理，外树形象，先后荣获日照市争创“零投诉”活动先进单位、日照市房地产开发用地诚信企业、日照市“最具影响力企业”、省市级重合同守信用企业、日照市国土资源诚信企业等荣誉称号。

【理顺工作流程　做好建章立制工作】对公司规章制度进行统一汇编，形成《行政后勤管理制度》《财务管理制度》《销售管理制度》《人力资源管理制度》《工程管理制度》五部分，共计48个规定、办法。

【加强员工培训　提高员工整体素质】一是结合人力资源发展规划和培训计划，下发《员工培训管理办法》，建立健全了员工培训制度，完善各类《员工登记表》《员工能力状况表》《培训考核统计表》《培训情况评估表》以及员工个人培训档案等，进一步合理开发配置现有人力资源，建立与公司发展情况相匹配的人才队伍；二是针对经营管理、工程技术、销售人员的不同特点和岗位需要，建立了员工分类、分层次培训计划；三是本着“按需培训、学以致用、注重效益”的原则，加强技能、技术和专业培训，为公司发展提供智力支持和人才保证。

【土地储备持续增加】2010年公司积极与市政府及国土资源局等部门加强沟通交流，加快市场调研，挖掘潜力地块，2010年支付土地出让金5.2亿元，至2011年底公司尚有622亩的土地储备，其中新市区361.5亩，刘家湾赶海园196.75亩，日照国际商贸中心31.9亩，金港美丽园三期32亩。近年来通过城市风景、金港名庭、金港美丽园二期等多个项目的相继成功开发，公司把控市场走向、融资渠道拓展、抗风险能力得到提高。

【积极开展市场营销】针对每个项目不同特点和优势，制定明确的销售策划方案，还先后组织参加莱芜房展会、日照“五一”房博会、温州客户推介会，有效地提升了“日照港房地产”品牌的知名度。2011年金港名庭、城市风景、金港美丽园二期三个楼盘累计销售住宅超过1000套，销售率达到94%。与此同时，积极与日照市房管局、国土局、审批大厅等相关部门有效沟通，解决了出证工作中的瓶颈问题，有效提高了出证效率。

日照港房地产公司与青岛海富源公司签订合作协议

【金港名庭项目顺利交房】2011年10月10日，公司开发建设的金港名庭项目通过验收并正式交付业主使用。该项目位于黄海一路与海滨一路交会处，由5栋观海高层住宅楼组成。总建筑面积5.3万平方米，总居住户数为306户。

【城市风景项目顺利交房】2011年10月31日，公司开发建设的城市风景项目通过验收并正式交付业主使用。该项目建筑总面积11.8万平方米。工程施工过程中，公司精心组织，合理安排工期，不断优化施工方案，攻克多项技术难关，在时间紧任务重的情况下，按时竣工并交付使用。

【“创业创新创效年”活动成效明显】公司“三创年”活动目标是：确保应收账款控制在集团规定的1000万元以内，确保完成利润1200万元。重点是：建立PKPM-ERP信息化管理系统、完善规章制度、项目前期管理、合同管理、楼盘销售管理、应收账款管理、现场管理、物资库存管理、外付劳务费管理、资产管理、能源管理、客户服务。2011年各项经济指标均实现了新的突破，累计完成开发收入3.17亿元，实现利润1595万元，超额完成了集团公司下达的任务指标。公司应收账款年末余额为356万元，大大低于集团公司1000万元的考核指标，净资产收益率为7.4%，超额完成集团公司4.5%的考核指标，年末净资产达2.3亿元，保证了国有资产的保值增值。

PKPM管理系统启动会

【现场综合治理活动扎实有效】 为认真贯彻落实集团公司关于开展现场综合整治活动的通知要求，开展了为期两个月的现场综合整治活动。组织保洁人员对四个小区的公共走道、宣传栏、地下车库、楼内楼梯走道及公共卫生间的卫生进行集中清理；安排人员对各小区绿化地苗木进行了浇水、施肥和养护、整形修剪、枯死树木更换，同时对花坛内的垃圾、枯枝败叶进行清理；安排各小区工作人员对公共卫生间、垃圾箱、下水道、污水沟集中喷洒消毒、消杀药物，并在小区灭鼠器内投放灭鼠药物；对金港名都和金港佳园两小区先后实行封闭管理与车辆凭卡出入，改善了小区居民的交通秩序和车辆乱停乱放的情况；在办公环境整治方面，发动干部职工对办公场所进行彻底清洗，针对外墙施工，督促监理单位严格审核施工单位进场的吊篮等施工机具合格证以及运行状况，不合格的不予进场使用；对安全重点、难点，牵头组织由甲方、监理、施工单位三方参加的检查管理工作，确保安全零事故、零伤亡。

做好小区内绿化工作

【物业管理水平明显提高】 金港物业服务有限公司健全内部各项管理制度，并吸收优秀物业管理公司的成功经验，妥善处理业主的售后投诉，为业主提供了高效便捷的服务。在各小区举办摄影展、文化演出等丰富多彩的社区文化活动。在部分小区推广封闭式管理，加强小区环境治理及安保工作，完成小区市政供热管网改造工程，解决了业主普遍关注的供暖问题。同时，积极承揽保洁、绿化、维修工程，拓展电梯维保服务业务，利用生态园，进行绿化苗木储备和蔬菜种植，充实职工“菜篮子”。

【企业文明建设不断加强】 以“三创年”活动为主线，不断加强精神文明建设和思想政治工作，深入开展“搏击双亿、增产增收、节约节能”劳动竞赛和“感恩与责任、务实与创新、和谐与共赢”主题教育、职业道德“双十佳”争创活动，增强了员工的使命感和责任感。组织开展“建功十二五”劳动竞赛和合理化建议征集活动，共征集意见、建议83条，从中梳理确定10多个合理化建议项目进行了实施，有效提升了公司的整体创新能力。

【工会积极参与企业文化建设】 开辟专门场所，为职工配备了职工阅览室、乒乓球室，组织开展职工千人长跑、羽毛球比赛、篮球比赛、拔河比赛、征文比赛等文娱活动，丰富职工生活。积极开展“文化进社区”活动，在金港名都举办了“端午节——文艺演出进社区”活动，在海港花园举办了“消夏节——文艺演出进社区”活动，将演出队伍请进生活小区，营造了健康、文明、和谐的社区文化氛围。重视职工身体健康，分批安排职工进行了健康查体，营造了关爱职工的和谐氛围。

（周 军）

综合服务

信息中心

【日照港集团有限公司信息中心】

主任

徐振和（2011.08～　　　）

副主任

赵　博（2011.08～　　　）

刘　芹（2011.08～　　　）

工会主席

赵　博（兼）（2011.08～　　　）

【概述】 信息中心成立于2011年8月22日，是集团公司全经费服务单位，兼有信息化管理与实施双重职能，负责集团公司信息化规划、建设和维护，档案管理，电子口岸和EDI中心等挂靠管理。2011年8月，日照港集团有限公司组织机构调整，信息业务从原股份通信公司剥离，并将原股份通信公司信息从业人员和档案馆从业人员划归信息中心管理。中心现有固定资产1565.52万元，正式员工46人，合同制员工40人，其中中级以上专业技术人员占74%，大专以上学历人员占89%。下设信息化部、软件部、网络部、档案馆、综合部、EDI中心六个部门。

【信息化建设突飞猛进】 信息中心服务于强港战略，立足于自主开发，以建设先进的集成化信息系统为主题，将信息化建设与港口管理工作有机融合，贯彻“坚持开发一个、成功应用一个”的理念，集合GPS卫星定位、GIS地理信息系统、GPRS无线传输等先进技术应用，强化对商务、调度、库场、统计、计费、考核等业务流程的再造，使集团信息化应用的广度、深度和高度都有了历史性飞跃。截至2011年12月，CMIS系统四个版本先后投入运行的功能模块已有1100多个，在线业务终端3100台，生产数据容量16T。已开发的OA系统，集团级生产管理系统（包括商务管理、船舶管理、火车管理、库场管理），股份一、二、三公司和岚山公司四大散货公司生产系统，股份二公司GPS商货管理系统、路港直通系统、铁运公司火车调度作业管理系统，集团火车业务管理系统，集团船舶调度系统，EDI系统等在生产调度中发挥了不可替代的作用。

依托信息系统的支撑帮助，股份一、二、三公司和岚山公司基本实现单班单船单机甚至单人的作业考核；火车轨道衡数据纳入到集团公司生产系统中加工处理、实时共享，极大地提高了火车作业的质量和效率；路企直通车号识别系统的实施，摆脱了多年来劳人耗时的手工抄号；火车业务管理系统实现了铁运公司和生产单位的无缝实时业务交接。同时，率先投入运行的股份二公司GPS货运管理系统大胆采用新技术，再造新的矿石疏港标准化流程，提升了生产效率。铁运公司火车调度作业管理系统，使调度管理从每列车细化到每一钩，在提升公司管理考核能力的同时，也使生产单位和管理部门得到及时准确的车流作业信息。2011年，股份二公司装车机PLC与生产CMIS整合系统正式上线运行，把铁运公司火车车流车号的实时信息直接通过串口线写入火车装车机的PLC控制系统，结束了一直以来人工抄录比对的历史，实现了无缝对接。此外，轮驳公司、物流公司业务管理系统也得到了良好应用。

2011年，网络系统优化升级完成，全港光缆达到12000芯公里，二级单位均实现千兆接入核心交换机，四级以上的网络级连得到全面清理，互联网出口实现双运营商双千兆，日照到岚山光缆千兆通道开通使用，岚山港务公司、油品公司及合资单位的生产办公、财务系统，实现与日照港区统一机房，统一网络，统一系统。

【大力增强维护保障能力】 中心将强化港口网络与应用系统的运行维护质量提升到关乎生存与发展的高度，高效优质地保障了办公网络、GPS设备、监控设备的稳定畅通，故障率大幅下降，故障处置及时率达100%。一是建立标准规范，通过《车辆使用管理制度》《GPS班安全操作规程》《营业厅值班制度》及《GPS夜间维护管理制度》等制度的实施，进一步明确服务定位，强化服务理念，完善服务标准，保证了维护的规范有序；二是优化维修流程，推行“一条龙服务”，坚持回访制度和考核奖惩，明确各环节责任，增强了维修质量的整体控制能力；三是开展故障分析会，针对一些设备故障多发的问题，成立课题攻关组，深入现场跟班作业，寻根溯源加强排查，有的放矢对症下药，维护能力和效率有了较大提升。

【精神文明建设卓有成效】 一是着力加强党的建设，深化“四好”领导班子创建活动，做好党建单项管理样板的培育和推广工作，认真组织民主评议党员和“评先树优”，开展争创“四强四优”及“感恩敬业比贡献、强港兴企跨双亿”主题教育活动，充分发挥广大党员的先锋模范作用；二是着力加强企业文化管理，深入开展阳光文化“进一线、进现场、进班组”活动，建立完善“品牌员工”管理的有效评估和激励机制，使“品牌员工”起到以点带面、典型引路的作用；三是着力加强思想政治宣传，坚持“一岗双责”创新思想工作方法，增进人文关怀，通过谈心等方式，及时了解员工思想动态，解决员工关心的热点、难点问题。通过举办徒步、沙滩运动会、篮球比赛、五四青年节联谊等活动，活跃员工业余生活，营造团结和谐的氛围。

（刘艳娟）

【把档案服务融入港口生产经营和建设】 2011年8月28日，档案馆由科研检测中心划归信息中心，配置人员6人，其中高级职称4人，中级1人，初级1人。

2009～2011年，中心积极推进档案信息化服务能力，以档案数字化带动基础业务建设。截至2011年底，档案馆数据库共保存数据378828条（其中案卷级38083条，文件级340745条），电子原文292984件，网上点击率3019次，通过在线“档案查询”可浏览所有的档案目录，授权可查阅原文，服务效率极大提高。

同时，编制加工《日照港管线地形综合平面图集》《日照港码头泊位信息汇编》《住宅土地证信息情况一览表》《日照港历任领导情况简介》等六种有实用参考利用价值的参考资料，更好地提供便捷有效的服务。三年来档案馆共提供利用档案2577人，11410卷（件/张），网上利用3019人次。组织申报山东省开发利用档案信息资源成果46项，荣获一等奖1个，二等奖11个，2009、2010年连续两年被评为山东省利用档案信息资源服务经济社会先进集体。

2009年6月，《日照港档案馆室信息资源共享服务系统研究》课题顺利通过山东省档案鉴定专家组的鉴定，荣获2009年度山东省优秀科技成果二等奖。2011年2月11日，《日照港馆室信息资源共享，实现档案零距离服务》荣获日照市档案工作创新奖二等奖。

（厉 华）

宣教中心

【日照港集团有限公司宣教中心】

主任、党总支书记

王家刚（2011.08～　　　）

副主任

张　峰（2011.08～　　　）

李德承（2011.08～　　　）

工会主席

李德承（兼）（2011.08～　　　）

【日照港集团有限公司新闻文化中心】

主任、党支部书记

杜勇涛（2008.08～2011.08）

副主任、工会主席

张　峰（2007.01～2011.08）

【日照港集团有限公司教育中心】

主任、党总支书记

王家刚（2006.12～2011.08）

副主任

郭建英（2007.01～2009.08）

李德承（2007.01～2011.08）

工会主席

李德承（兼）（2007.01～2011.08）

【概述】 宣教中心是集团公司宣传教育和培训工作的执行机构，负责宣教培训制度贯彻落实，管理电视台、港刊、港报、展览馆、图书馆、培训中心（含党员培训）、职业技能鉴定所、幼儿园、文联协会和港史年鉴编撰等工作。2011年8月22日，原新闻文化中心和教育中心合并为宣教中心，是集团公司全经费服务单位。原新闻文化中心企业文化建设、企业形象设计职能和原教育中心党校管理职能划归党委工作部（企业文化部）。

中心设有办公室、学前教育科、安全总务科、职工文化科、编辑部、港口电视台、培训中心、第一幼儿园、第二幼儿园、第三幼儿园等10个科室、单位。截至2011年底，共有职工140人。

【扎实开展基础管理工作】 自2011年起，认真部署和开展“三创年”活动，设立“三创年”活动专项奖，进一步完善目标管理考核机制，并建立实行重点工作责任制，推行了机关科级以上管理人员与基层园校、班组联系制度、编辑记者深入一线采访制度；开展亲子园可行性研究等创新课题调研，并成功开办了一幼、二幼早教中心；组织开展管理样板培育推广工作，其中，低值易耗品管理样板通过集团评审；举办内宣工作座谈会和港报创刊一周年研讨会，促进宣传质量提升，扩大港报发行范围，提升内宣媒体的关注度和影响力。同时，综合管理、档案管理、服务满意度等专业管理考核达标，各项经费、能耗指标均控制在计划范围内，实现收支平衡。

【全面完成宣传报道任务】 充分发挥“一报一刊一台一馆”宣传载体作用，多角度、不同层次地完成了集团公司“两会”、“管理效益年”、“创业创新创效年”、主题教育等系列宣传报道，突出了“五四四”工程、“跨双亿”目标、“阳光文化”等重大宣传主题，做好生产经营、“安全生产月”、“设备技术管理月”、现场综合整治等阶段性重点工作的宣传。制定一线采访制度，组织编辑记者采写了大量鲜活生动的文字、图片和音视频报道。

三年来，港电视台共编播新闻304期，播出新闻2700余条，在市级以上媒体播发新闻398条，其中中央台4条，省台116条。制作播出《阳光家园》147期。《日照港口》杂志出刊36期，编辑刊登各类稿件2600余篇250多万字，自2009年10月开始，四封全新改版，内页由单色印刷改为双色印刷，2010年12月，被山东省新闻出版局评为优秀级连续性内部资料出版物，在2011年度山东省优秀企业报刊评选活动中荣获山东省企业报刊特等奖，成为山东省十大优秀企业报刊之一。《日照港报》于2010年10月17日创刊，4开4版，彩色印刷，周五出版，至2011年底已出64期。展览馆自2010年初划归中心管理以来，突出抓好安全管理和接待服务工作，累计完成各项接待任务42000余人次，其中，重大接待活动有全省转方式调结构现场观摩会与会领导来港视察，原中央政治局常委、中纪委书记吴官正来港视察，联合国副秘书长兼人居署执行主任安娜·蒂贝琼卡来港参观考察，全国人大副委员长司马义·铁力瓦尔地来港视察，全国政协副主席、民进中央常务副主席罗富和来港视察，原全国人大副委员长成思危来港视察，原全国人大副委员长铁木尔·达瓦买提来港视察，国务院参事考察团来港视察等。

日照港2011年内宣工作座谈会

中心积极为各级部门提供年鉴史志资料，撰稿10万多字，提供资料30多万字；高质量编撰完成《日照港年鉴2006～2008》，成书30万字，于2009年12月出版发行。同时，认真履行《中国港口》记者站职责，及时完成每月信息上报工作，推荐稿件20篇。协助日照市政府调研室编辑《东方桥头堡论坛》杂志36期，累计刊登港口稿件65篇，彩页30个，信息140余条。

【推进集团培训和鉴定计划落实】 三年来，培训中心坚持创新培训方式，严格考评纪律，突出培训效果，累计完成18个工种、4个等级、40个批次、2006人次的技能培训考核，合格率达63%；举办各类管理、技术类短期适应性培训班74期，培训6882人次；组织卓越绩效管理等外培项目42期361人次，办理3423名专业技术人员继续教育审核登记和618份员工学历教育登记备案；加强题库和教材建设，组织编写《检斤工培训教材》；与上海港联合开展生产现场管理科队长培训，与华中科技大学联合举办MBA班；2011年添置的港口起重机械模拟驾驶设备投入使用，填补了港口培训无大型设备的空白；组织开展培训研究工作，11篇论文分获省、部职工教育研究会奖励，集团被省职工教育协会评为“课题研究组织先进单位”。

党校先后举办5期252人的党员发展对象培训，6期698人次的基层党支部书记培训，完成省委党校3个业余函授班199人的教学任务。

培训中心还配合人力资源部完成了技师、高级技师以及省、市首席技师的内部评审；协助省、市鉴定中心在股份二公司开展了电修工“金蓝领”技师培训项目的鉴定考核；配合开展了市二类技能竞赛项目考核；协助向省人社厅申请在铁运公司机务段设立我市第二个“省技师工作站”。2010年，培训中心被确定为第二批“山东省企业实训基地”；2011年，日照港职业技能鉴定所在全国职业技能鉴定所（站）质量评估中高分达标通过。

【提升学前教育服务水平】坚持定位新建园，以争创省十佳幼儿园为目标，加强软硬件建设，拓展服务功能，调整编制定员，开展管理人员选聘工作；印发教师工作手册，开展了班级幼儿出勤率竞赛；制定《幼儿教师培训规划（2011～2013）》和大练基本功活动实施办法，成立专项训练考核专业小组，大力开展九项基本功训练，共派出120余人次参加各类教研和专业培训活动。同时，组织开展艺术类教学活动的常态课比赛、主题教育环境创设以及“安全礼仪儿歌”、港口知识进课堂等园本教材开发，并两次召开保教业务研究会，申报的山东省“十二五”幼教专业课题获批。定期召开家长会，主动接受家长和社会监督。第一幼儿园、第二幼儿园分别开办早教中心，拓展服务保障功能，提升了综合服务水平。三年平均在园幼儿达800余人。

2010年投入175万元，充实保安力量，配备防护器械，加高加固院墙，维修更换门窗，安装监控设备，增设报警系统，并制定幼儿园风险点控制方案，修订安全管理制度，定期开展安全检查、隐患排查和应急演练；利用阳光安全信息平台、校园网和班级博客，加强与集团公司、港公安局和幼儿家长联系沟通，逐步建立起家、园、警三位一体的共防网络和预警机制。

各园校严把人员、食品的入校、入园关，强化食堂卫生、进料、储藏等各环节管理，杜绝了食物中毒、意外伤害事件的发生。特别是在手足口病和甲型H1N1流感预防工作中，中心拨出专项经费购置防疫物品，协调卫生防疫部门为学生和一线教师700多人接种甲流疫苗，督促各园校坚持晨检、午检、消毒、宣传教育和日报制度，取得较好成效。三年来无疫情爆发，无食物中毒事件发生。第二幼儿园顺利通过日照市“食品安全示范单位”验收。

“六一”亲子运动会

【中小学整建制划转市教育局管理】按照日照市人民政府《日照港（集团）有限公司所属中小学移交工作实施方案》和集团公司要求，日照港中小学于2010年正式划转日照市教育局管理。2009年12月18日，日照市政府、日照港（集团）有限公司在碧波大酒店举行中小学移交交接仪式，日照市教育局局长张传若、日照港（集团）有限公司副总经理王永刚代表双方签订移交协议书。中心配合做好移交学校和人员的政策宣传、解释引导，确保中小学教师思想稳定，教育教学秩序良好。

【落实阳光文化建设有关工作】组织全港员工开展阳光文化知识答卷活动，参与举办首届阳光文化论坛“2009我的阳光故事”、2010阳光文化节，负责组织阳光文化节书画摄影展，策划组织班组论坛，协助完成阳光文化节闭幕式文艺节目的统筹、协调和汇排等，参与推动“阳光文化进一线、进现场、进班组示范点”活动。同时，在成功申报“2008年全国企业文化优秀成果奖”的基础上，与党委工作部共同完成“全国企业文化示范基地”的申报以及示范基地现场会的组织工作，参与《日照港阳光文化管理哲学与实践》的材料搜集和撰写，配合做好廉洁文化、安全文化建设有关工作，承办“廉洁文化”书画展，并做好“全国企业文化建设先进单位”的申报组织工作，三年间连续保持了这一殊荣。

【积极开展职工文化活动】集团文联及各协会积

极组织参加上级有关部门举办的各项文艺演出及展览等活动，精心组织创作优秀作品，丰富员工文化生活。集团文联三年连续获得日照市文联系统先进集体称号。

三年来，参与筹备的大型文艺活动有：山东电视台“走进日照港——五一晚会”、日照港庆祝新中国成立60周年文艺汇演、山东电视台“歌唱祖国”大合唱节目等；组织参加的活动有：“盛世鲁南——日照港之春”鲁南五地市2010年春节联欢晚会、“激情水运、唱响日照”日照市第三届合唱艺术节、首届“市长质量奖”颁奖晚会、庆祝建党90周年红歌演唱会、庆祝建党90周年暨第四届合唱艺术节大合唱比赛和市总工会举办的“心中的歌献给党”红歌比赛、市春节文艺晚会、口岸系统文艺晚会、市庆“五一”大合唱比赛等。

文联完成部分协会的换届等工作，成立硬笔书法协会和日照港阳光女子合唱团。举办了山水花鸟画写生、摄影采风等各协会培训交流活动，组织开展书画、摄影、集邮、收藏等展览活动，协助组织完成“日照港、兖矿、济南铁路局”老年书画交流展，成功举办日照港庆祝新中国成立60周年艺术作品暨日照港集团、兖矿集团老干部书画交流展。

“职工书屋”建设不断加强，馆藏进一步丰富，截至2011年底，馆内藏书7万余册，年均借阅2000余人次，共计借阅图书24000余册。

【做好党建思想政治工作】 以争创“四强四优”为目标，及时调整组建基层党组织，坚持“三会一课”制度，积极开展中心组学习和总支成员、支部书记讲党课活动，加强党建和思想政治工作创新研究，三篇论文获集团公司党委优秀党建和思想政治工作创新成果。认真组织召开党组织生活会和民主生活会，扎实开展民主评议党员工作，七名同志被评为集团公司优秀共产党员，两个党支部被评为“集团公司先进基层支部”，并吸收12名先进分子加入党组织。开展“搏击双亿靠什么、我为强港做什么”、“感恩敬业比贡献、强港兴企跨双亿”和“感恩与责任、务实与创新、和谐与共赢”等主题教育活动，编写主题教育活动学习提纲，定期编写活动简报，组织演讲、论文、辩论等比赛，加强宣传报道和信息工作，完成各年度宣传报道任务。工会、共青团组织举行“三八”节、“六一”节、“教师节”等大型节日庆祝活动。重视做好女工、计划生育和老龄工作，走访慰问离退休员工，营造团结和谐氛围。

【港报成功创刊】 2009年12月，集团公司确定创办《日照港》报。2010年4月26日，日照市文化广电新闻出版局批复集团公司创办港报的请示。4月27日，山东省新闻出版局向集团公司核发准印证，证号为“鲁连内资（2010）第L0004号”。10月17日，《日照港》报创刊，并在2010阳光文化节开幕式上首发。

本着“弘扬阳光文化、服务港口发展”的办报宗旨，配合集团公司重要决策的实施，港报及时开设专栏，动态宣传，获得了集团领导的肯定和港口员工好评。2011年10月17日，集团公司举行纪念日照港报创刊一周年座谈会，《半月谈》杂志社常务副总编张正宪亲临授课，集团公司董事长、党委书记杜传志为港报题词“当阳光号角、凝员工智慧、展港口风采”，并决定开办大报，由四开新闻纸改为对开新闻纸。2012年1月7日，《日照港报》第65

《日照港》报创刊一周年研讨会

期正式改为对开大报。

【阳光宝贝早教中心建成开班】 中心依托自身幼教资源优势，与北京、青岛等国内早期教育领先品牌单位联手，在日照港三所幼儿园精心打造了集游戏、启智、健康为一体的综合性婴幼儿亲子乐园——阳光宝贝早教中心。港二幼早教中心于2011年10月正式开班。港一幼、港三幼早教中心正在积极筹建。早教中心作为专门针对0～3岁幼儿的保教机构，拓宽了中心的服务功能，提高了综合服务保障能力。

（邓 鑫）

安保中心

【日照港集团有限公司安保中心】

主任兼党总支书记

杜贞佃（2011.08 ～ ）

副主任

李元海（2011.08 ～ ）

工会主席

李元海（兼）（2011.08 ～ ）

【概述】 2011年8月，集团公司正式组建成立安保中心。安保中心是集团公司港区和综合办公场所大门保卫的执行机构，是集团的全经费服务单位，主要负责港区大门管理，管理范围包括石臼港区九个港区大门及集团公司办公楼、上海路生产调度楼、西港综合办公楼、档案馆、幼儿园等非经营性场所的大门。同时，负责制定并落实集团公司内部治安、防盗制度和措施，对各单位保卫科进行专业指导，组织开展治安防范教育和治安防范检查，督促各单位建立巡逻、检查和治安隐患整改制度，做好内部治安防范设施的建设和维护。

日照港区二号门

安保中心下辖综合科、业务监管科、技术装备科三个机关科室和护卫一大队、护卫二大队、直属大队三个基层单位，有正式员工80余人，门卫执勤点22处，保安从业人员600余人。

护卫队员进行军事化队列训练

组建以来，安保中心重点抓好人员的岗前培训、业务流程的理顺和门岗的标准化建设，加大进出港货物、车辆查验和现场巡视检查力度，加强与集团主管部门、港内各装卸公司的协调配合，严格文明执法，防范物流犯罪，确保货物、车辆、人员安全高效进出港，为港口稳定和谐发展保驾护航。

【服从发展大局 顺利完成交接工作】 在交接时间紧、任务重，组织机构、人员和资金未到位的情况下，中心积极开展安保工作调研，理顺工作思路，密切与集团公司主管部门和各单位的沟通协调，现场调研核实交接范围、人员及设备设施基本状况，制定各门岗人员编制、工资水平和相关规章制度，认真抓好交接前护卫队员的业务培训，组织管理骨干到各重要门岗进行业务实习，为顺利完成交接工作打下了基础。

2012年4月，中心顺利完成港区大门管理的交接工作，包括集团办公大楼、调度中心、西港综合办公楼、港口医院、档案馆、展览馆和幼儿园、日照港区1～9号门。同时，港公安局保安公司成建制划转到安保中心。

交接后，中心通过政策宣传、座谈谈心，以及业务培训、岗位调整、思想引导等形式，耐心细致地做好思想教育和鼓劲动员工作，在最短时间内形成了管理上的合力，保证了平稳有序过渡。

【规范内部管理 逐步完善业务流程】 一是重点推进制度建设，理顺业务流程，进一步完善《安保中心机构设置及定员编制方案》，完成组织架构设置和人员招聘工作；明确各科室、大队职责分工和各岗位职责，完善、调整薪酬分配体系和各岗位工资系数，加大管理考核力度。

二是及时出台《港区大门执勤管理暂行规定》《护卫人员日常管理考核标准》《会议管理规定》《值班管理规定》《现场检查制度》《教育培训制度》《劳务工绩效考核实施细则》等规章制度，理顺考勤制度、值班执勤制度、每日业务交接制度、现场巡视检查制度、现场综合治理制度，为中心顺利开展工作提供制度保障。

三是对货物、车辆、人员、设备设施以及废旧物资等进出港口大门的流程和管理规定重新进行理顺，规范进出货物、车辆、人员查验程序。同时，针对北京路和上海路改造对进出港区大门的影响，积极做好车辆、货物进出港门次安排，确保了改造期间车辆及时快速出港。期间，中心及时与股份一公司、二公司、三公司、外理公司等单位就短倒、取样、设备、流动机械等出港程序进行交流沟通，在确保安全的情况下，简便进出港手续，使货物、车辆进出港更加规范有序、安全高效。

四是加强与辖区派出所的沟通联系，通过业务座谈和日常走访加强信息沟通，研讨防范措施，密切协作配合，提升港区大门、重要办公区域和港口社区的整体安保管理水平。

【严抓现场管理 全力确保形势稳定】 加大现场检查力度，制定并实施《港区大门执勤管理暂行规定》《值班管理规定》和《现场巡视检查制度》，建立中心领导、值班人员和大队长、中队长三级督查体系，在做好日常巡视检查的基础上，突出对制度执行、严格文明执勤情况进行监督，加大夜间、节假日、高峰岗期间专项检查抽查力度。自交接以来，共查获异常情况、违禁物品出港153起，查获冒用入港证件等其他情况39起。同时，持续深化现场综合治理，以各门卫执勤点为重点，按照属地管理、全员参与的原则，对设备设施、大门界面、候工场所、执勤形象等方面进行整治、规范，开展“执勤标准规范周”和“文明执勤一对一帮教”活动，达到了执勤现场设施完善、候工场所整洁卫生、大门界面规范有序、标识清晰，执勤人员仪表端庄、执勤规范的标准，中心执勤形象有力提升，现场形势持续稳定。

繁忙有序的港区七号门

【加强设备管理 整体提升保障能力】 全面完成设备设施交接工作，明确设备设施的使用管理模式，协调信息中心、动通公司完成设备设施的状况普查和设备设施维修报告编写，制定《设备设施管理制度》《设备维修联络程序》《物资管理制度》《劳动防护用品管理办法》《劳保用品发放标准》等管理制度，积极推动设备设施修复工作，逐步恢复监控及数字门禁设备的使用功能，完成各大队提报的故障应急维修52项，并根据大门管理通讯联络需要，申请购置手持对讲机50部，车载台10部，建设中继站1台，确保通讯联络畅通。

【坚持以人为本 着力提升队伍素质】 始终把"全员参与、深化学习、提高认识"贯穿于主题教育活动中，教育引导员工忠诚理想、忠诚港口、忠诚事业、忠诚岗位。坚持对新进员工进行规范的岗前培训和军事化训练，针对新进员工多为退伍军人和80、90后的实际，把主题教育活动与新员工岗前培训紧密结合，对新分配的24名退伍军人进行了系统的岗前培训；组织新员工形势任务报告会、座谈会、征文比赛和演讲比赛，参观港口展览馆和生产作业现场，取得了良好成效。同时，认真抓好劳务工队伍管理，规范理顺劳务合同签订，加大绩效管理考核力度，稳定劳务工保安队伍。中心成立以来，以港口改革发展大局为重，积极主动推进各项工作，顺利完成港区大门交接，安保形势稳定，大

安保中心"忆军旅、讲传统、唱军歌"
庆"八一"联欢会

门管理无社会治安案件发生，员工队伍无违规违纪等现象发生，保证了港口安保形势稳定。

（马宗国）

港公安局

【日照港公安局】

局长、党委书记

王万起（2005.04～　　　）

政委、党委副书记

段洪波（2008.08～　　　）

副局长

王桂勇（2001.05～2011.06）

申　山（2008.09～　　　）

杜艳丽（2011.09～　　　）

纪委书记、督察长

段洪波（兼）（2008.08～　　　）

集团公司党委防范和处理邪教问题领导小组办公室主任

王桂勇（兼）（2008.08～2011.06）

申　山（兼）（2011.08～　　　）

政治处主任

许　梅（2008.08～　　　）

国内安全保卫支队队长

马少林（2008.08～　　　）

岚山港区分局局长

李志坚（2008.08～　　　）

指挥中心主任

杜艳丽（兼）（2008.08～　　　）

治安支队队长

陈　军（2008.08～　　　）

消防支队队长

王均功（2008.08～　　　）

交警大队队长

高华林（2008.08～　　　）

刑侦支队队长

牟晓利（2008.08～　　　）

岚山港区分局政委

邵蔚然（2008.08～　　　）

【概述】 2009～2011年，日照港公安局牢固树立“忠诚事业、服务发展”交通公安核心价值观，坚持“港口公安为港口”的服务理念，以服务港口“跨双亿”为中心任务，按照集团公司“三创年”活动和交通运输部公安局“一线三化”部署，以“打造平安港口”为目标，以深化“三项建设”为重点，以加强管理创新为动力，以深化绩效考核为保障，继续强化维稳防控、打击犯罪和队伍正规化建设，确保实现港口消防、交通、物流“三大安全”，先后荣获“全国交通公安系统‘三基’建设先进集体”、“服务型交通公安机关建设优秀公安局”、市级文明单位和集团“文明单位”、“服务创新杯”、“党风廉政建设先进单位”等称号。

2011年6月30日，日照市委书记杨军与董事长杜传志接见日照港公安局立功受奖民警代表张华南

【强化维稳工作】 日照港公安局紧紧围绕港口改革发展稳定大局，加大维稳工作调研，强化情报信息控制，提升维护港口稳定和处置突发群体性事件的能力，加大辖区重点对象的监管控制和教育转化力度，并成功破获“3·10”法轮功专案，一举摧毁辖区“法轮功”地下犯罪团伙，抓获犯罪成员13名，稳妥处置港口在职工子女就业、粉尘污染、拆迁补偿等方面引发的群体性事件和苗头35起，深入开展维稳工作调研120余次，信息调研在交通运输部公安局21家单位中排名第5，同比上升4个位次；圆满完成世博安保、赴青岛港执行海军成立60周年庆祝活动安保任务、国庆安保和第十一届全运会安保等警卫保卫任务270余次，均做到“绝对安全，万无一失”。交通运输部及部公安局、集团公司领导七次作出批示，给予充分肯定。

2011年11月9日，警用自行车启用

【深化治安防控体系建设】 加强专业防控网、群防群治网、科技信息防控网和虚拟社会防控网“四张防控网”建设，强化“三警联勤”、“倒班执

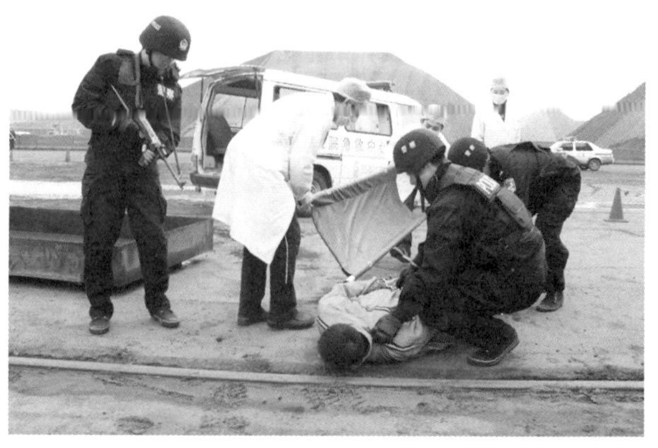

2010年4月15日，联合有关部门开展世博反恐演练

勤”、“社区警务”警务勤务机制；研发试运行集疏港管控平台，对生活区视频监控、电子门禁、电子围栏进行建设和改造；加强平安港口建设，创新平安港口建设考核模式，联合口岸单位先后开展5次港口船舶消防、反恐演练；筹备组建港口物流从业者协会，加强物流从业者的自我管理服务；集中开展“扫黄打非”、“两抢一盗”、“校园安全整治”等专项行动。三年来刑事案件立案442起，破案426起，抓获违法犯罪现行134人，为2006年以来辖区刑事发案最低水平。

【严厉打击物流犯罪】 三年来，运用科技信息化等手段破获各类刑事案件401起、物流案件228起，打掉物流犯罪团伙18个，涉案价值1420余万元。同时，以“清网行动”为契机，抓获网上逃犯77人，清网率达77.8%，2011年提前半年超额完成公安部下达的50%任务目标。“清网行动”工作经验被交通运输部公安局转发。

【深化“防火墙”工程建设】 针对港口日趋复杂的消防环境，树立“全警防范”意识，提出“民警走到哪里、防火措施就落实到哪里”，做到消防“监督检查、隐患整改、宣传教育、执勤备战”四个到位，切实强化消防监管工作。公安机关动员组织对消防安全考核标准重新进行修订完善，并狠抓考核标准的落实，切实提升各单位消防四个能力，建立完善动态和联动等消防监管检查机制，三年来组织开展消防安全检查747余次，整改消除各类火灾隐患388余项，组织消防培训、演练127次，安全监护危化品54万余吨，连续18年保持重大以上火灾零纪录。

【提升交通管理服务能力】 港公安局以“保安全、保畅通、提效率”为己任，加强交通执法执勤，创新完善交通管理联勤，继续开展“高峰岗”等服务机制，适时开展酒后驾驶、超速行驶、集疏港车辆无序排队停放等交通集中整治活动，三年累计维护疏导车辆1540余万台次，开展专项整治132余次，查纠交通违法93万余起。

护学岗

【创新“三项建设”举措】 一是积极接轨港口数字化，以打造信息警务为目标，以深化基层基础应用、实施网上绩效考核、构筑“大情报”体系为重点，积极开展信息化建设。自2009年开始研发和完善了网上绩效考核系统，实行“日清、周结、月评、年考”网上绩效考核模式，研发了语音门禁访客系统、语音调查回访系统、社区警务系统、港区电子门禁管理系统、网上执法考试系统、集疏港管控平台等警务系统和软件，各基层派出所相继开通“网上派出所”“网上警务室”“网上微博”，推出“手机飞信群”“手机追逃宝典”等网上执法服务管理创新举措。其中，自主研发的执法考试系统被日照市公安局和交通运输部公安局推广应用，并在2011年交通运输部公安局执法资格考试中发挥了积极作用。二是深化执法规范化建设。研究制定“四加强、五规范”工作措施，出台《加强执法规范化十项措施》《执法环节十项注意》等执法规范制度，进一步加强网上办案、网上监督、网上考评和执法办案场所的规范化改造，确保了严格公正文明执法和执法安全。2011年，组织民警参加交通公安基本级执法资格考试，实现了参考人员100%、考试合格率100%的“双百”目标。三是继续深化和谐警民关系建设。办好和发放《港口公安》报，组织民警劳动换位体验，开展网上社区警务、警民共建、警民恳谈和职工群众进警营等一系列活动，进一步深化和谐警民关系。通过民意调查，2011年度港口职工群众对公安工作满意率为98.75%，治安状况满意率为96.52%。

民警雪天执勤

【完成交通公安网上执法考试系统】 2011年5月，日照港公安局积极创新执法学习培训模式，成功研发了网上执法考试系统。交通运输部公安局局长张玉胜作出批示：“建立网上执法考试系统，降低了培训教育成本，调动和促进了民警参与的广泛性、积极性，提高了队伍管理和民警的法律素质，请办公室总结推广。”为贯彻批示精神，配合年内交通公安基本级执法资格考试，部局决定将交通公安网上执法考试系统研发任务交予日照港公安局。9月，系统研发正式立项。研发任务分为两期，一期完成数据库分布式管理、数据整理、系统调试等，二期完成正式考试功能模块开发，涵盖各级三大类型统一考试和相关子类型考试等。项目组民警历经两个多月的全力攻坚和后期多次调试，圆满完成任务。

【强化队伍正规化建设】 一是坚持政治建警。加强政治理论学习，举办领导骨干培训班，深入开展“四好”领导班子创建和学习实践科学发展观、“港口跨‘双亿’我们怎么办”大讨论、“忠诚事业、服务发展”交通公安核心价值观学习讨论等活动，举办庆祝新中国成立60周年庆典、纪念中国共产党成立90周年活动，打牢“立警为公、执法为民”思想根基。二是坚持从严治警。贯彻落实“五条禁令”和《公安机关人民警察纪律条令》，加强民警纪律作风教育与培养；推行“周五督察日”，将日常监督检查与绩效考核挂钩，加强民警养成教育；以警车和涉案车辆违规问题专项治理为重点，加大对重点警务、重要节假日的专项治理督察力度，确保队伍不发生问题。三是坚持素质强警。制定《在职教育管理办法》，鼓励民警参加学历教育、司法考试；推进培训、考试信息化系统建设，通过模拟课堂、视频网络教学等形式，举办五期“轮值轮训、战训合一”培训班；开展岗位大练兵、技术大比武，组织开展擒敌拳比赛、民警体能测试、法律知识考试，提高练兵效能；举办三期新民警培训班，对新招录的77名民警进行封闭培训，开展“师带徒”和到地方公安机关基层实战单位见习活动，提升新民警工作水平和业务能力。四是坚持从优待警。理顺非领导职务岗位设置，46名民警走上正副科级非领导岗位，3名同志落实了副调研员待遇，并落实从优待警十二条措施，及时帮助民警解决工作、生活中的实际困难和问题。同时，举办“阳光警营、和谐家园”民警家属联欢会、组织外地民警父母开展“父母进警营、和谐心连心”活

2011年元月，民警家属联欢会

动，体现对民警的关心。五是坚持文化育警。通过演讲比赛、警务论坛、论文研讨等形式，引导民警进一步树立忠诚、奉献、纪律、责任的核心价值理念；加强宣传工作，在地市级以上媒体发表各类稿件2300余篇；创办《港口公安》半月报，畅通对外宣传联系群众的渠道；成立日照港公安局文体协会，下设12个分会，通过组织开展书法、绘画、登山、长跑、朗颂等一系列文体活动，活跃警营生活，陶冶民警情操。

【开展“大走访”活动】 以“走进社区、深入群众、服务民生”和“开门评警”为主题，深入开展大走访爱民实践活动。通过警风警纪监督员座谈会、登门拜访、警营开放等形式，主动接受群众的评议，把大走访活动作为征求意见改进工作的过程；通过“警企联勤共建”、电话回访、走访中开展安全知识宣传、隐患排查和整治等工作模式，把大走访活动作为抓防范工作落实的过程；通过为孤寡老人、贫困群众、外来务工人员、学校师生送温暖、送关爱、解决实际问题，创新警务QQ群、手机飞信、警务微博等走访载体，畅通警民沟通服务渠道，把大走访活动作为送温暖传真情的过程；通过积极协调解决北京路南段交通管辖、铁运公司货场交通管理等问题，把大走访活动作为服务港口发展的过程。同时，以《港口公安》半月报为载体促进日常走访，在110宣传日、春节等特殊节点开展集中走访，把大走访活动作为宣传工作提升队伍形象的过程。

（韩 锦　张 燕　宋年升）

“水上警营开放日”活动场景

港口医院

【日照港口医院】

院 长

张相平（2006.12～　　　）

党总支书记

李天汉（2006.12～2011.08）

张相平（兼）（2011.08～　　　）

副院长

陈祥慧（2001.05～　　　）

杨建芳（2007.01～　　　）

郑　军（2011.09～　　　）

工会主席

陈祥慧（兼）（2001.05～　　　）

【概述】 2009～2011年，是港口医院经营业绩持续提升、综合竞争实力不断增强、社会影响力不断扩大的三年。三年来，医院以办好“集团员工满意医院”为目标，以提高诊断水平和服务质量为重点，努力打造“诊断水平最高”和“行业服务最好”品牌，深入开展医疗技术创新、服务创新和管理创新，业务收入、工作量均实现超翻番，病种、病员和收入结构更加合理，医院的服务对象也从以集团内部为主，转换为集团外部为主，外部病员比例高达64.4%，集团内部员工住院占35.6%；住院病人药费占住院收入的比例由68.88%下降到63.44%，同比降低5.44%；药品收入占全院业务收入的53.52%；药品由原来最高限价调整为顺价

15%，收入结构步入良性发展的轨道。通过调整经营战略，在自身发展的同时，为集团公司节省医疗费支出1200多万元。

医院现有员工209人，其中集团公司在册职工179人，专业技术人员161人，占职工总数的90%，具有中、高级专业技术职务的人员占职工总数的58%。医院设有内科、外科、妇产科、小儿科、五官科、口腔科、理疗皮肤科(内有肛肠、皮肤、中医、针灸)、急诊科、保健科（国际海员病房）等10余个临床科室；设有检验科、病理科、放射科、CT室、特检科、消化内镜中心、手术室、药械科、查体中心、供应室等10余个医技科室；设有办公室、医务科、护理部、感染管理科、职业卫生科、开发科、计财科、总务科等职能科室，另设社区医疗门诊两个。

医院提出打造“诊断水平最高、行业服务最好”的服务理念，致力于把专业做精、把精品做强、把市场做大，实现了结构调整、功能完善、技术进步、管理水平提高的转化过程，各项工作硕果累累。医院先后被中国医疗改革与发展研究会、全国医院管理研究会、中国品牌建设协会联合授予“AAA诚信服务医院”、“山东省十大百姓放心医院”称号，入选“全省职工最满意的医保定点医院”，获得省级“AAA诚信定点医疗机构”称号。经市人力资源和社会保障局考核和综合评定，基本医疗保险工作被确定为信用等级A级（年度最高级别），成为日照市首批实施药品使用管理规范化标准化单位。

【引进高新技术 提升诊疗技术和科研水平】三年来，集团投资医疗设备3000万元，引进并使用美国GE16排高档螺旋CT、德国西门子原装四维彩超、数字DR拍片机、免疫发光球蛋白肿瘤标志物检测仪、日本OLYMPUS成套内窥镜、颅脑多普勒、碳13幽门螺旋杆菌检测仪等大型现代化医疗设备，提升了诊疗技术和科研水平。目前，医院已经成为市内CT心脏血管造影技术最熟练、积累病例最多的医院；熟练开展不开刀经内窥镜胆道取石术、内窥镜消化道小肿瘤及息肉切除术、早期肿瘤的内窥镜诊断等高科技诊断手段及技术；外科手术种类明显增多，CT引导下对椎间盘突出实施射频消融技术更加成熟；剖宫产术已达到全市先进水平，率先在日照地区开展无痛分娩术；TCT检测对妇科早期肿瘤的预警诊断技术已经成为全市最成熟、积累病例最多的医院之一；开展的微创颅内血肿清除术更加成熟，该技术床边进行，只需局麻，死亡率低，疗效好，被卫生部列为“十年百项”推广项目。超声、CT、腔镜、检验、宫颈细胞学检查等针对早期肿瘤的诊断与筛查，得到京城和省城大医院专家的高度评价。

【信息化管理成效显著】大型设备检查收费自动堵漏系统启用，医保信息系统数据库9000多个收费项目新旧目录的信息维护对照切换工作完成，成为全市首家新旧目录切换后网上结算的医院，全市首批住院信息直接上传、门诊社保卡启用定点医院、特病定点医院，实现了医保和新农合网上及时结算，极大地方便了病人就医和医疗费报销。山东省药品集中采购平台交易系统网上运营，药品全部实现了全省统一网上采购。

【建立三大服务平台】一是建立对重大疾病进行预防宣传、预测、预检、预警、干预和治疗平台，有效阻止了一些重大恶性早期病例的发生、发展，大大降低了突发性、心脑血管病及恶性肿瘤病例的发生，降低了医疗成本，减轻了家庭、单位和社会负担；进一步完善急诊救治功能，强化应急训练、全员普及性演练与比武，及时与120及大医院紧急对接，急诊救治绿色通道更加畅通、快捷、安全。二是建立职业病预防有效平台，作为全市唯一一家具有省职业病查体资质的医院，三年来为集团公司及周边地区进行职业查体达16000余人次，对预防、预检和控制职业病危害，保护劳动者身体健康及相关权益，提供了信息支持。三是建立重大传染病与公共卫生预防、预控平台，保证院内感染控制率达标，确保无重大传染病流行及突发性公共卫生事件的发生，并且用好补充医疗金政策，让员工医疗花费降到最低水平，做好补充医疗金报销、结算和医保代办服务。据统计，近几年来，员工满意度率98%以上，住院病人服务满意率90%以上。

【建立多领域合作关系】 2009年5月，与济南金域检验中心正式签订合作协议，成为全市开展检验项目最全、具有省级水平的检验中心。2010年 5月，与北京阜外医院联合开展国家“十二五”高血压课题科研合作，北京阜外医院国际知名专家教授惠汝太院长亲临医院进行指导。2011年7月，与北京空军总医院网上远程会诊系统正式启用，港口医院成为中国人民解放军空军总医院远程会诊合作医院。

【射频热凝靶点术落户港口医院】 2009年3月，国家中医药管理局科技成果推广技术——射频热凝靶点术治疗技术落户港口医院。此项技术是目前国际上治疗椎间盘突出症最微创、最安全、病人痛苦最小、见效最快、风险最低的先进治疗方法，在脊柱微创界具有划时代意义。

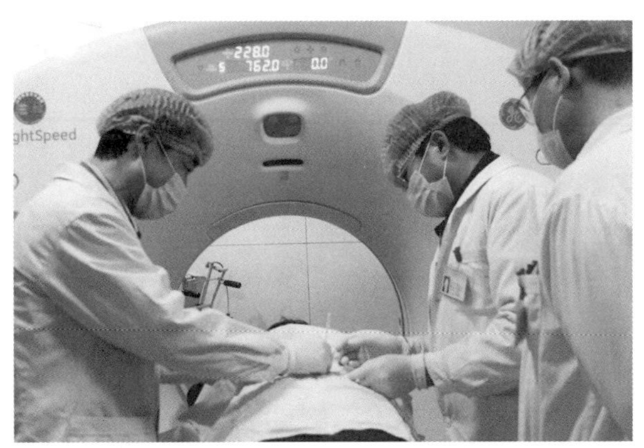

射频手术

【开展CT心脏冠脉造影检查】 2009年以来，医院开展了CT心脏冠脉造影检查。冠脉造影检查是诊断冠心病的金标准，能够全面了解冠状动脉是否狭窄、狭窄的程度以及冠状动脉斑块形成情况，对于明确诊断以及指导下一步治疗具有重要意义。该项检查具有费用低、安全性高、无创伤、病人易接受等优点，逐渐成为冠心病患者的重要筛选检查手段。目前，港口医院已成为全市积累病例最多，技术开展最成熟的医院。

【开展胃CT仿内窥镜检查术】 2011年3月，医院开展了胃CT仿内窥镜检查术，其优势在于操作方便简单，病人受检省时省力、无痛苦，特别适用于老年人、心脏功能受限等的病人。这项技术可以观察到胃内粘膜表面早期细微的病变，能为临床诊断提供更加准确的技术支持。

【开展宫腔镜新技术】 2010年3月30日，医院成功开展了第一例宫腔镜电切术。用宫腔镜直接检视宫腔内病变，比B超检查更加直视、准确、可靠，能减少漏诊，被誉为现代诊断宫腔内病变的金标准。

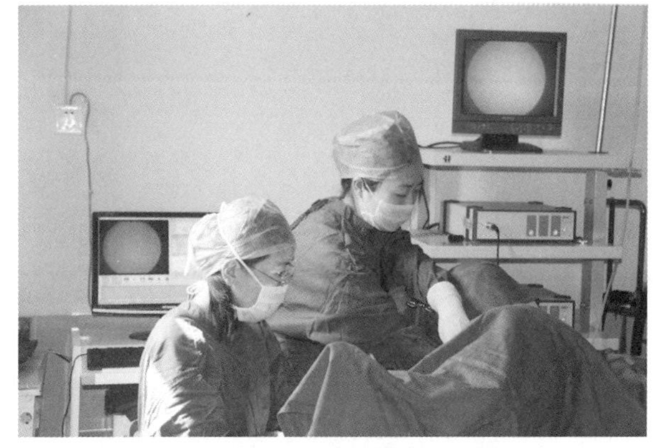

宫腔镜手术

【引进并使用经颅多谱勒超声诊断仪】 2010年 4月，港口医院引进并使用德国生产的DWL经颅多谱勒超声诊断仪，开展了经颅多普勒TCD检查。经颅多普勒超声诊断在检测脑血管病方面具有独特的优势，可早期发现颅内、颅外动脉血管病的存在，能更好地预防和减少脑血管病的发生。

【数字DR摄片机启用】2011年1月28日，数字DR摄片机在港口医院正式启用。该机软件功能先进，具有成像快、图像质量好等优点，一次检查其X线照射剂量低，可对四肢、躯干、胸部、颈椎等多部位进行卧位平诊及站立位平诊摄片，并可进行数字减影成像，病变检出阳性率高，可接受单位大批量独立体检工作，更能完成临床特殊需要，为临床提供更加快速、准确的诊断依据。

【引进并使用德国西门子原装四维彩超】2011年12月，港口医院特检科成功引进高精尖影像设备——德国西门子原装四维彩超，西门子四维彩超诊断仪具有三维至四维的优良图像质量及先进的应用功能，是目前世界上最先进的彩色超声设备，提供了包括腹部、心脏、血管、浅表、小器官、产科、妇科、泌尿科、新生儿和儿科等多领域的多方面的应用，在小器官良、恶性肿瘤的鉴别诊断等方面优势凸显。尤其能观察胎儿生长发育情况，显示出未出生宝宝的即时动态四维图像，尽早发现胎儿先天性缺陷，有利于优生优育。

【利用支气管镜成功取出2公分扎喉钢丝】2009年4月，一病人吃饭时不慎将一段钢丝吞入喉中。内科主治医师姜大海、外科主任李江锡为患者进行纤维喉镜等检查，在病人右侧会厌根部发现了已经深深扎进会厌的钢丝。如果再往深一点，将会扎伤颈总动脉及喉部神经，后果不堪设想。两位医生立即用活检钳将钢丝夹住，小心地将这根长约2公分扎喉长达9小时的钢丝拔出，为病人解除了痛苦。

【成功为一巨大肝囊肿患者实施手术】2009年6月，一患者因腹部胀痛不适来院查体，经彩超和CT发现右肝巨大囊肿，约18×15×15cm大小，肝组织被压缩，周围脏器受压，如不尽快治疗，将严重影响肝脏功能，且囊肿随时会破裂。院领导及外科经多方讨论，决定实行较穿刺抽吸囊液更彻底的外科手术方式治疗，并请山东大学齐鲁医院普外科专家前来实施手术。在患者住院的第二天，仅用不到两小时，一台“巨大肝囊肿开窗术”就顺利完成，放出囊液多达2500ml，术后患者病情稳定，很快康复出院。这是近年港口医院与高水平医疗机构沟通协作的又一成功范例。

【成功抢救一脾脏破裂、肋骨骨折病人】2009年9月6日，一病人因工作时不慎摔伤左胸、腹部，被急送港口医院。经检查，病人左胸外伤、左侧第11-12肋骨骨折，彩超提示“脾破裂合并腹腔大量积血”。医院迅速成立由外科、手术室专家组成的抢救小组，对病人进行剖腹探查，术中探查腹腔内积血约2000ml，脾脏中下极横形两处裂伤，难以修补，行脾脏切除，术中腹腔进行反复冲洗，放置引流条，缝合切口。由于患者失血较多，术后一度出现失血性休克，经过医护人员一个多月的精心治疗和护理，病人康复出院。

【救治外籍专家】2010年4月10日，在亚太森博工作的印度籍专家因突发胸闷、心前区不适来港口医院就诊。入院诊断为心肌广泛性严重缺血，陈旧

被救治的印度籍专家与港口医院医护人员合影

性下壁心肌梗塞，病情十分危急。医院立即成立由医务科长牟洁、内科主任郑军、主治医师卜志强、保健科护士长姜丽等组成的医疗救治小组，经过近10个昼夜的精心救治，病人终于转危为安，并在较短时间内康复。

【接待外籍学生来院查体】 2009年3月22日，来自俄罗斯、韩国等国家的外籍学生来到港口医院进行健康体检。查体中心以其完备的设施、专业的技术人员、优质的查体服务赢得了学生们的赞誉。

【圆满完成水运会医疗卫生保障工作】 2009年9月9日，港口医院卫生保障组圆满完成水运会两个定点接待酒店（碧波大酒店、云波酒店）的卫生监督、疾病控制和医疗保障任务，未发生一起有关食品、饮用水、公共场所及传染病等卫生安全事件。

【完成造血干细胞移植捐献者身体检测工作】 2009 年10月，日照港志愿者杨飞成为日照市第二例中华骨髓库造血干细胞移植捐献者。受中华骨髓库山东省分库委托，港口医院协助市红十字会对杨飞各项身体指标进行检测，及时将查体结果反馈给省中华骨髓库。

2011年4月21日，港口医院配合红十字会完成了日照港第二例中华骨髓库造血干细胞捐献移植前的身体检查工作，受到了市领导表扬。

（孟凡梅）

物业公司

【日照港集团有限公司物业公司】

经 理

解忠民（2007.12～ ）

副经理

赵洪欣（2003.06～2011.06）

邱春国（2008.08～ ）

山世杰（2011.09～ ）

党总支书记

李兴荣（2003.06～2011.08）

党总支副书记

解忠民（兼）（2007.12～2011.08）

党委书记

李兴荣 （2011.09～ ）

党委副书记

解忠民（兼）（2011.09～ ）

工会主席

邱春国（兼）（2008.08～2011.08）

山世杰（兼）（2011.09～ ）

【概述】 2009～2011年，是物业公司经营效益持续增长，物业管理和服务水平不断提高，员工素质不断提升，精神文明建设蓬勃发展的三年。三年来，公司按照“巩固、完善、提高；开拓、创新、增效”的工作方针，立足港内、面向社会，以服务港口和广大员工为天职，致力于建设绿色社区、和谐家园、品牌公寓、平安车队，让港口广大员工住得舒心、吃得放心、行得安心，服务质量满意率一直保持在98%以上，进一步形成以港口物业服务为主，包括园林绿化、写字楼管理、生态经济在内的四大竞争力，先后被授予日照市职业道德建设先进单位、创建全国绿化模范城市先进单位等称号，荣获集团公司2009年度“先进单位”和2011年“先进直属党组织”称号。

三年来，公司收支平衡略有节余，安全运行无事故，精神文明建设均达标，全面完成集团公司下达的各项任务目标。公司所管理的日照港第二生活区获“山东省绿色社区”称号，鲁南航贸中心项目被评为“山东省物业管理优秀大厦”，工商银行海滨五路小区、中煤公司生活区被评为“日照市花园式小区”，日照海事局荣获“日照市花园式文明单位”荣誉称号。生态园生产的生态肉顺利通过农业部“无公害农产品认证”，并荣获东港区“农业标准化生产基地”称号。

【经营效益持续增长】 公司大力发展多元产业，提升盈利能力，新承接了鲁南航贸中心、建行、工行、外轮代理公司等22个服务项目，服务面积增至80多万平方米，成长为日照市功能最全、综合实力最强的物业服务企业，并向着专业化管理、多元化服务、规模化经营方向发展。同时，大力发展生态经济，于2010年7月顺利引进日照市的名优品种——五莲黑猪，吸引省畜牧局五莲黑猪保种养殖投资140万元，现已发展至上千头的养殖规模。生态园加快生猪和特色珍禽繁育，现存栏生猪4000余头，其他禽类近3000只，各种绿化苗木10万余株，培育了生态食品、生态农业、生态会馆、生态餐饮四大特色品牌，在2009年全运会期间被指定为日照赛区猪肉专供商。公司还争抢园林市场，积极参与竞争，承接了上海路北侧绿化工程，中标了青岛路以东、碧海路以西绿化养护、市北开发区潮白河沿岸景观绿化等工程；提高印刷业务的市场竞争力，加大对外业务承揽力度，扩大了业务面；盘活房产，搞好闲置房屋出租，实行价格与市场接轨和公开竞租的办法，提高了租赁收入；抓住中秋、春节等传统节日，面向广大员工加工销售月饼、花生油、风干香肠等，增加收入。三年分别节余经费200万元、176万元和170万元。

【成本控制成效明显】 一是于2011年4月份，撤销基层财务，整合、交流财务人员，成立结算中心，实现财务统一管理，强化成本控制。二是坚持大宗物料集中采购制度，严把进货关，平均减少成本5%。三是加强厨师技能培训，杜绝食材浪费；加大物业费收取力度，确保应收尽收；加强节能降耗，降低可变成本；加强水、电、暖管理和控制，完善、修正计量器具的更换流程；控制车辆的使用和维修；推广节能新技术、新工艺，进行生活区LED路灯、高杆灯的节能照明改造，节电率达到50%。通过对青年公寓的热循环、供热系统和走廊照明进行技术改造，年节约用电13万度。

【员工素质显著提升】 一是围绕职工队伍建设，把培训学习作为员工的最大福利，坚持每周一次业务学习，内容包括《山东省物业服务规范》《山东省物业管理条例》《物权法》等。二是结合创建学习型单位、学习型班组和学习型员工、品牌员工活动，举办服务技能培训、管理论坛、“每月一讲”、“读一本好书，写一篇心得”等活动，提高员工的服务技能和综合素质。三是注重发挥站队、班组自主培训的作用，抓好基层单位实作培训基地和班组培训课堂建设，大力开展服务技能、安全技能、消防技能、厨师技能等各类职业技能培训，有20人获得中高级职称，5人通过物业管理师执业资格考试，1人通过二级建造师考试，1人通过高级技师评聘，1人被评为日照港劳动模范。

【加强目标责任制管理】 每年年初制定目标管理考核方案，明确公司和各单位、科室的责、权、利关系，将经营、管理、服务和精神文明建设等指标细化分解到各单位、科室，定期进行考核、奖罚。每季召开一次经济活动分析会，通报目标责任制完成情况，分析存在的问题，明确改进措施。半年和年终分别召开总结大会，对工作进行全面疏理和总结。

【物业管理和服务水平不断提高】 一是以建设和谐社区、幸福家园为目标，加大生活区的水电暖设备设施维护和物业管理力度，严格按照二级服务质量标准做好卫生保洁和生活区的绿化美化。坚持垃圾日产日清，做好消杀、喷药、港区洒水等工作。

同时，协调集团主管部门投资30余万元对生活区绿篱、草坪进行补栽补种，全力以赴做好一、二、三生活区供暖工作，坚持收费、报修、投诉、计量查询、便民服务、咨询回访等一站式服务，并免费为业主接送邮件、寄存物品，义务为社区居民办理有关事务1000多次，有6个“阳光家园”被集团公司授牌。二是以打造健康食堂为目标，完善“热饭、热菜、热心肠”服务理念，推广健康食堂、无烟食堂样板，规范食品添加剂管理，增加饭菜花样，提高饭菜质量，深化微笑服务，于2010年启用青年公寓食堂，2012年3月启用物流食堂，并且完善“厨师记名炒菜制”，定期开展食堂管理员和厨师长经验交流会，举办厨师烹饪技能比武大赛等，促进食堂饭菜质量和服务质量提高。三是以打造青工的温馨家园为目标，在青年公寓推行“六常管理法”，把常分类、常整理、常清洁、常维护、常规范、常教育的六个方面内容具体细化，完善公寓管理等各项工作流程。推行“1-3-5”管理服务制度，即承诺满意服务，充分理解青工的需求、抱怨、过错，做到理解到位、微笑到位、耐心到位、卫生到位、设备到位；开展“精心、贴心、耐心、热心、全心”五心服务活动，人人争当“服务明星”，荣获集团公司2010年度“阳光文化示范点”称号。同时，车队加强驾驶员业务技能学习，提高业务素质和服务水平，荣获集团公司2011年度“阳光文化示范点”称号。

【安全形势稳定】一是严格落实安全生产责任制，推行“公司监督指导、站队自主管理、班组过程控制”三级联动监管模式，健全和完善责权利相统一的安全管理体系，重点做好标杆站队的培育和推广，对站队安全基础管理工作进行考核奖惩，全面推进站队安全基础管理达标，青年公寓顺利通过集团公司安全站队达标验收。二是定期开展“百日安全无事故”、“安全生产月”、“夏季四防”、“冬季四防”等各类安全活动，适时开展消防设施专项检查和消防演练；对沿街出租房的室内用电、消防设备设施、消防通道逐户检查、限期整改；开展承发包业务安全专项治理整治；加大安全教育培训力度，把隐患整改作为站队达标的主攻方向，实现长期动态安全。三是严格食品“五四”制度，加强采购、运输、贮存、加工、出售各个环节的管理。加强施工现场管理，杜绝违规操作；加强车辆安全管理，每年行驶70万公里安全无事故。

【开展思想政治教育工作】先后开展深入学习实践科学发展观、“危机面前挑重担、爱岗敬业比贡献”主题实践、“假如我是业主”大讨论、“感恩·责任·奉献”主题教育、“忠诚、创新、卓越”主题教育等活动，通过这些活动的开展，引导员工建立从感恩到忠诚、由创新到卓越的心智模式，以更高的质量、更快的效率、更低的成本，实现文明服务、延伸服务、超值服务，真正做到“让客户满意、使客户感动、赢客户信任”，确保公司在“综合服务”板块中的主导地位。

【推行“亲情化”思想政治工作方法】积极倡导以“诚心、耐心、热心、爱心”为主要内容的“亲情化”的工作方法，以“五知道、五必谈、五必访”方法加强员工八小时以外的管理，当员工处在岗位调整、家庭婚姻出现问题、工作不顺、身体不佳、精神焦虑烦躁等思想波动和情绪不稳定的敏感时期，以及评先树优、职务调整、职称聘任、职工代表选举等涉及政治荣誉和经济利益的关键时期，党组织及时靠上去做好思想工作，通过耐心细致地谈心、家访、调解的方式，使当事人及时调整心态，保持和谐团结稳定的良好氛围。

【人文管理营造和谐氛围】2011年修订完善《人文管理办法》，将内退及退休员工过生日、员工及直系亲属生病、员工及子女结婚、员工子女升入大中专院校、员工生育、员工退休等十大类项目纳入公司关心看望的范围，并把内退和退休的老同志划分包干到各党支部，在过生日、孩子结婚、家人生病，以及家庭出现大的情况时，及时跟上做好工作。每逢重大节日都相应组织有关活动，让员工和内退及退休老同志体验到公司的温暖和人文情怀。同时，通过党员领导干部联系点和“党组织书记与员工面对面”谈心等活动，及时掌握员工的思想动态，对有困难的员工，尤其是临时工，采取亲情化管理，稳定骨干力量，激发员工的工作热情。

【推进和谐物业文化建设】 制定《2009～2013年物业公司企业文化建设总体方案》，修订以企业价值观、经营理念、服务宗旨、企业精神为主要内容的企业文化建设理念，深入宣传阳光文化、物业文化，促进阳光文化落地生根，推动物业文化创新发展，荣获2010年度、2011年度“集团公司通讯报道先进单位”称号，连续三年保持“集团公司政务信息先进单位”等称号。同时，重点延伸发展站队子文化和班组文化，发挥一分公司“业主的事再小也是大事”的服务文化、二分公司“无声、无尘、微笑服务”的精细文化、生活服务公司的健康餐饮文化、青年公寓的家园文化、车队的平安文化、园林公司的绿色文化、生态园的生态文化等子文化潜移默化的教育作用，让阳光文化和物业文化全面开花，先后有三区物业服务处、青年公寓、车队等三个“阳光文化示范点”挂牌，五个楼道被集团公司授予“阳光家园”称号，和谐物业文化体系初步形成。

【“双培”战略成效显著】 公司党委坚持把“骨干培养成党员”，有6名班组长被发展为党员，骨干岗位上的党员比例由51.3%提高到66.3%；坚持“把党员培养成骨干”，有16名党员成长为中层管理人员，12名党员成长为班组长和主管，在骨干岗位上工作的党员达到57人，占党员的比例由22.2%提高到55.3%。公司党委撰写的党建论文《念好六字经，当好践行者》荣获集团公司党建和思想政治工作创新实践成果二等奖。

（安佰明）

碧波大酒店

【日照港集团有限公司碧波大酒店】

经　理

李宗华（2000.04～　　　）

副经理

李　芹（2003.06～2009.12）

李树峰（2008.08～　　　）

徐　青（2011.09～　　　）

党支部书记

李宗华（2003.06～　　　）

工会主席

李　芹（2003.06～2009.12）

李树峰（兼）（2011.09～　　　）

【概述】 碧波大酒店始建于1990年7月，前身为石臼港专家招待所，1992年6月25日正式营业，现为四星级旅游饭店。酒店营业区域主要分为酒店主楼、专家楼。2011年，集团公司投资150万元，将原保龄球馆改造为特色海鲜、有机绿色产品商店，增加了风情会议室服务功能，使其成为融餐饮、会议接待为一体的多功能服务设施。酒店现有中西餐厅、宴会厅、风味餐厅、婚宴大厅等各类餐厅26个，可供1200人同时就餐。拥有客房160间，并有商务中心、会议中心、票务中心、精品商场等配套服务设施。2010年投资100万元，改造员工宿舍、食堂、浴室，购置全套住宿用品，配备空调，营造温馨碧波家园氛围。酒店下设办公室、质检培训部、销售部、餐饮部、旅行社、经营部、财务部、工程安全部、后勤部九个部室。截至2011年底在册职工77人。

2009～2011年是碧波大酒店开拓创新，实现平稳较快发展的三年。三年来，酒店持续推行六常管理法，建立联合销售，形成客户资源共享，构建全员销售网络，并深化“六个一”服务，全面推行“满意加惊喜”的金钥匙服务理念和亲情化与个性化特点的管家式服务，借助“日照—平泽”中韩客箱班轮开通，争取到日照市国际出境游业务资源。同时，规范运行客箱班轮代工服务区、船舶供应、保洁、洗涤等业务，经营收入稳步增长，核心竞争力不断提升，圆满完成了集团公司下达的利润指标。

三年来，累计接待宾客15.1万人次，承接省、市及集团公司重要活动数十个，圆满完成全省诚安安全培训会、全省港航系统调度会、全省交通运输系统工作座谈会、2009海内外华商博士投资创业合作交流年会以及山东电视台庆祝“五一”劳动节特别文艺晚会欢迎晚宴、2009年全运会日照赛区接待活动；山东省港航协会理事会议、全国道德模范与身边好人现场交流活动、全省卫生系统思想政治工作促进会、2010年中国水上运动会；全国北方采暖地区供热计量会议、山东省港航协会、北京军区战友文工团音乐演唱会、全省粮油会议等日照市大型重要政务及商务接待活动。先后荣获全国海鲜烹饪技能大赛特金奖、省旅游服务技能大赛三等奖、日照市旅游饭店服务礼仪展示评选活动优胜单位奖、山东饭店创新奖、好客山东贺年会突出贡献奖，获得“住宿业等级A级单位”、“第十一届全运会日照赛区筹办组织工作先进集体”、以“人在旅途、梦回碧波”为品牌的山东省服务名牌、“中国水上运动会先进接待单位”、“日照市餐饮名店”等称号。

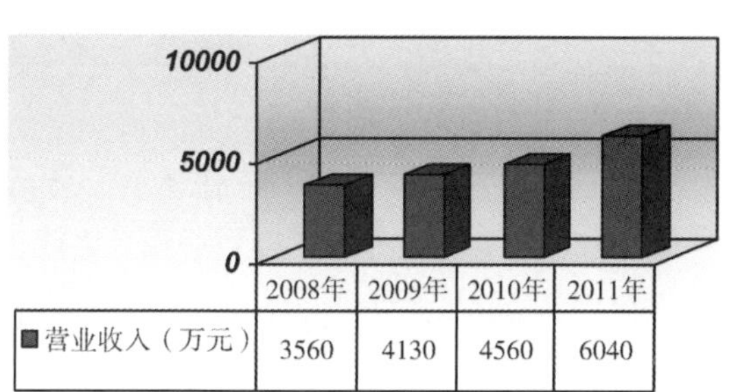

图9

【内部管理进一步加强】深入推行六常管理法，制定印发《碧波大酒店六常管理推行方案》，强化服务过程和物料消耗过程的流程管理和量化控制，追求管理的全过程和精细化，及时发掘亮点。将六常管理法应用到成本控制的各个环节中，努力降低成本。同时，专门成立质检培训部，重新拟定质检办法，修订质检处罚办法，细化各岗位质检标准，建立起日检、周检、月检的质检体系，有效推行三级检查制度，建立酒店、部门、岗位三位一体的质检网络体系，重点突出部门二级质检，加大了对管理人员的质量检查力度。

【创新销售策略出成效】2009年，酒店发挥山东省名酒店俱乐部的平台优势，通过外出促销、组织联谊会等形式，建立俱乐部成员间的联合销售，形成客户资源共享。2009年4月9日至19日成立以总经理为团长的外出促销团，赴济宁、菏泽、枣庄、临沂等地举行推介会，开展异地客户服务，签订协议客户200家。2010年，酒店外部区域销售扩大至江苏、河南等地。期间，加大网络销售力度，充分发挥网络订房和宣传两个作用，网络销售量有了明显上升。同时，逐步推行以市场为导向的全员销售机制，在客房、餐饮、节日等产品销售上，发挥每一名员工在销售方面的潜力，构建全员销售网络。在月饼销售等外卖工作中，酒店全员销售机制发挥了积极作用。

【细微服务提升美誉度】贯彻落实“以情服务、用心做事”的服务宗旨，全面推行“满意加惊喜”的金钥匙服务理念和亲情化与个性化特点的管家式服务，提升酒店品牌价值和吸引力。2009年，确立4S即微笑、服务、速度、优越性的基本经营方针，把细微服务贯穿于全年，进一步提高服务意识，展现“好客山东”品牌文化，努力实现服务创新，夯实服务品牌，酒店竞争力得到进一步提高。2010年深入开展质量提升月活动，以提升服务质量为目的，以提升顾客满意度、提升员工满意率、提升酒店美誉度为目标，组织开展微笑大使和岗位技术能手评选活动，以及创建温馨小家活动和争创金钥匙明星活动，不断增强特色化服务的内容。2011年，深入开展以“一个微笑、一声问候、一杯热茶、一个敬礼、 一张卡片、一条短信”为主要形式的“六个一”细微服务活动，在前厅服务方面，开展争创金钥匙明星活动，让客人充分体会到碧波“家”的温暖；在客房服务方面，根据宾客需要增加女士房、新婚客房、外宾之家特色房间等个性化服务内容，打造碧波温馨客房；在餐厅服务方面，继续开展争当“微笑之星”和服务明星活动，积累客户档案，准确掌握宾客饮食喜好，做好餐前准备、餐中服务，提供个性化、快捷化服务。在会议服务方面，推出会议管家服务，巩固了酒店会议接待的品牌形象。

【岗位练兵结硕果】 以“建功十二五”劳动竞赛为主线，大力开展以“立足岗位、勤奋学习、创新实践、建功立业”为主题的技能培训、技术比武、岗位竞赛活动和细微服务100题知识竞赛、迎全运知识竞赛，收到了很好的效果。三年来，先后成功承办集团公司第二十一届职工技术比赛暨第二届日照港青年职业技能大赛餐饮厨师项目比赛，酒店参赛选手获得比赛前三名；成功承办集团公司第二十二届职工技术比赛中餐摆台项目比赛，酒店参赛选手获得比赛前五名；成功承办集团公司第二十三届职工技术比赛客房铺床项目比赛，酒店参赛选手获得比赛前四名。在2010年日照市旅游饭店服务礼仪展示评选活动中，以精湛的技艺荣获了第一名，赢得优胜单位奖和风采展示奖两大奖项。在2010年全省旅游服务技能大赛中，酒店荣获三等奖。

【推动餐饮文化建设】 酒店不断分析菜品反映，开展菜品研发活动，努力开发出有碧波特色的菜品，并加强对外菜品交流，推动酒店菜品创新工作。同时，积极推行餐饮文化建设，做足菜品文化、餐饮服务文化，依托日照乃姜太公家乡的天然优势，弘扬中华美食文化和鲁菜文化，着力打造“齐韵鲁味”主题宴席“碧波太公宴”，成功举办了中国“碧波太公宴”厨师厨艺大赛、中国海参文化神州行走进日照活动，获得社会各界好评和省市旅游局的肯定。2010年，在全国海鲜烹饪技能大赛中，获得两项金奖、一项特金奖，并再次荣获“日照市餐饮名店”称号。2011年，制作的直径1.2米、高0.6米、重19公斤，可供50人享用的“贺年富贵枣山”，获得好客山东贺年会“最大的贺年富贵枣山”称号。

【碧波国际旅行社不断发展】 碧波国际旅行社在获得2010年上海世博会团体门票日照地区唯一代理权后，利用自身品牌优势，抓住机遇，旅游业务量获得明显提升，营业收入同比大幅增长80%，较2009年增长600万元，突破1000万元大关，继续保持了日照市场年收入第一名的好成绩。2010年12月，碧波国际旅行社正式通过国家旅游局出境业务经营资质审核，成为中国公民出境旅游特许组团社。2011年，碧波国际旅行社借助“日照—平泽”中韩客箱班轮开通时机，旅游业务量有了明显提升，营业收入同比大幅增长。

三年来，碧波国际旅行社先后获得山东省旅游局颁发的AAA级旅行社称号。截至2011年连续五年获得日照“十强旅行社”称号。日照港工业旅游区被表彰为2010年度日照“十佳旅游景区（点）”。

【多元经营发展喜人】 2009年酒店加强物业管理项目的对外开发力度，在巩固原有日照地税物业、劳动大厦、老年活动中心三个项目的基础上，开发了招商银行物业管理和后勤服务新项目。同时，积极开发酒水代理业务，形成多品种、多形式、多渠道的销售局面，并成功管理碧波扬帆假日酒店、市地税局食堂、市农村信用社食堂。2010年，成功签约日照—平泽中韩客箱班轮船供保洁的后勤服务项目，建立了代工服务基地。2011年积极争取并运行中韩客箱班轮代工服务区、船舶供应、保洁、洗涤等业务，代工服务区的各项工作得到了不断规范和理顺。成功举办曾仕强教授公开课，在利用酒店资源、发展文化产业方面做出了有益的尝试。

【重视安全和应急管理工作】 牢固树立“安全第一”的思想，严格落实安全生产责任制，持续完善安全管理制度，加强了日常安全监督检查，纠正违章，治理隐患，安全监督检查效果突出。2010年，认真组织开展安全生产月和“百日安全无事故”活动，与港消防支队战训科联合举行消防应急演练，举办电梯突发事故处理等多次应急演练活动，开展全员安全培训，聘请港消防支队专家来店讲授酒店消防管理课程和日常防火知识。2011年开展安全生产“八个一”工作和基层班组安全宣誓活动，组织员工观看《十万火急——华美酒店火灾扑救纪实》录像片，开展“灭火器、消防栓使用技能培训”和“单身宿舍火灾逃生演练”活动，进一步加强酒店应急管理，提高了全员应急处置能力。

【严格成本控制】 将“六常管理法”应用到成本控制的各个环节中，开展能源意识宣传教育和节能减排合理化建议征集活动，加大水、电、暖等主要能耗指标控制，对设备、能源的管理采取分类维护、定员定责、规范整理的办法，加强对各使用部门、岗位操作人员的指导和监督，分区域、分岗位建立每天能耗普查、报告、分析制度，动态跟踪每天能源消耗情况，并从严控制各项费用支出，加强采购成本管理，坚持询价制度，基本实现了比价采购。同时，对餐饮原材料等琐碎原料进行集中公开招标，继续把提高经营毛利率作为提高酒店整体经济效益的关键，特别是对餐饮毛利率采取按月考核的办法，2010年餐饮毛利率达到49%，较上年提高4个百分点。

酒店大力倡导低碳经济，开展绿色环保活动，在不降低服务质量的前提下，逐步减少客房、餐厅的一次性用品，并加大能源与设备管理的日常巡视力度，减少设备突发故障的发生。

【深入开展党建和精神文明建设】 先后开展“深入学习科学发展观读书笔记展评”、“对比先进找差距”、“感恩——你在为谁工作”、“感恩敬业比贡献、强港兴企跨双亿”、“感恩与责任、务实与创新、和谐与共赢”主题教育活动，采取征文比赛、主题报告、合理化建议等形式，教育和引导全店员工增强感恩意识、责任意识、危机意识和创新意识。以党员和各级管理人员为重点，深入开展理想信念教育、廉洁敬业教育，切实提高党员干部遵纪守法的自觉性。

【圆满完成全运会日照赛区接待任务】 2009年10月第十一届全国运动会期间，碧波大酒店作为全运会日照赛区媒体定点接待酒店，承担着日照赛区全国各地新闻媒体记者的入住、用餐以及比赛期间赛场媒体记者休息区茶歇服务工作，共接待各地媒体记者170余人次，收到表扬信24余封，以优质高效的服务赢得赛区组委会领导的好评。

为做好接待工作，酒店成立领导小组，根据《第十一届全国运动会制定接待宾馆（饭店）服务质量标准》开展迎全运知识培训，专门制定接待工作方案、食品卫生安全应急预案、甲型H1N1流感防治应急预案、安保工作方案，根据顾客口味需求调整菜品及营养配餐方案，合理搭配三餐膳食，并在餐厅、客房等岗位增加值班人员、延长服务时间；将宽带带宽提升到100兆光缆，为媒体记者提供更加快捷、方便、顺畅的办公服务；开展“好客山东”优质服务月活动，用微笑服务、贴心服务、周到服务，让每位宾客充分享受到家的温馨。

【成功承办集团公司第四次创业创新创效“展示月”活动】 2011年11月25日，集团公司第四次创业创新创效“展示月”活动观摩会在碧波大酒店举行。碧波大酒店总经理李宗华介绍了本单位“创业创新创效年”活动基本情况。酒店办公室、餐饮部、销售部三个部门负责人以幻灯片的形式分别进行《三级质检促进流程优化，提升工作标准》《深入推行“六常管理法”，加强餐饮经营成本控制》《深化“金钥匙”服务理念，提升对客服务质量》课题展示汇报，介绍了酒店三创年阶段性成果。股份二公司、股份三公司、财务预算部、集团办公室、生产业务部、物业公司有关负责人进行了即时点评，集团公司副总经理王永刚总体点评了碧波大酒店“创业创新创效年”活动开展情况和取得的成效，集团公司总经理蔡中堂在讲话中对碧波大酒店的“创业创新创效年”活动展示成果和管理特点给予高度评价，并就下一步创业创新创效“展示月”观摩活动做出详细安排。

（杨　梅）

燃供公司

【日照中燃船舶燃料供应有限公司】

经理、党支部书记

李红云（2006.12～2009.07）

谭恩荣（2009.07～　　　）

副经理

王　磊（2007.11～　　中燃公司委派）

王　岩（2007.01～　　　）

工会主席

王　岩（兼）（2007.01～　　）

总会计师

李云霞（2007.11～　　中燃公司委派）

【概述】 三年来，在公司董事会、监事会的正确领导下，在两大股东的大力支持下，公司积极应对市场竞争，不断扩大市场规模，超前谋划，强力应对，积极作为，提高服务意识，加大市场开发，生产经营取得良好业绩。

2009～2011年燃供公司主要经营指标完成情况表

表20

项目＼年度	2009年	2010年	2011年
利润总额	426万元	510万元	603万元
柴油销量	27161吨	41842吨	34078吨
燃料油销量	2561吨	20891吨	26066吨
保税油代销量		45538吨	121375吨
润滑油销量	125吨	684吨	1067吨

【保税油业务稳步发展】 2009年11月5日，日照市首家保税油库——日照中燃公司公用型保税油库

获青岛海关批准设立，利用中燃公司原有的15000立方、3个保温罐经营燃料油的保税仓储业务。2010年3月24日获得青岛海关颁发的保税仓库注册登记证书，取得保税仓库经营资质，于2010年3月30日投入试运营，结束了以往为国际航行船舶供油必须由外港供油船舶转关供油的历史。

日照中燃公用型保税油库储存的油料品种为燃料油380CST，油料来源为青岛港公用型保税油库内存储的进口燃料油，油料流向为靠泊日照港的国际航行船舶。现公司拥有3000吨级供油船两艘，5000吨级保税油罐三座，并拥有日照港区唯一的燃料油管输线路及专用泊位。

自开展保税油业务自供以来，按照“年初划跑道、年终卡秒表”的工作思路，将每年的工作任务量化到每个月，严格按照每月的供油任务开展工作，业务开展两年以来共计转关入库22.8万吨、出库供油22万余吨。其中2010年度转关入库4.6万余吨、出库供油4.5万余吨，2011年度转关入库、出库供油均达到12万余吨。

2010年6月25日，保税油库揭牌仪式

【港区供油服务实现全覆盖】 在巩固对石臼港东港区油品供应的同时，逐渐向岚山港区和石臼港西港区延伸，于2011年3月份为股份三公司成功供油，并逐渐将供油服务延伸至东西港区所有生产单位；在西港区设立撬装加油站，逐渐打开西港区柴油终端市场，通过固定加油站和流动加油车两种方式，已实现对石臼港区的服务覆盖，解决了港内作业车辆现场加油难问题，并逐渐向岚山港区延伸。

公司坚持“及时服务、优质服务”的方针，先保港口供应后港外销售，确保港内生产建设用油不断档。2009年6月购置流动加油车，为现场作业的用户提供现场服务，开拓了服务模式，使加油站销售量大幅增长。

撬装加油站

【港外市场开发成效显著】 按照“做大销售量、扩大市场份额”的思路，公司积极开拓港外市场，开发新用户，重点是对临港工业用户的开发，先后与运通实业公司、利通物流公司、日照华能电厂、日照钢厂、西港油品签订供油协议。同时，努力开拓地炼厂新客户，燃料油销售进入内陆市场，2010年成功开发森博浆纸市场，当年燃料油销售量占“十一五”销量的87%，公司在日照地区的燃油销售已形成与中石化、中石油三足鼎立之势。

【润滑油年度销售突破千吨大关】 公司借2010年6月成为长城润滑油日照地区船用润滑油一级销售商的契机，积极拓展润滑油客户，开发重点逐渐转向大型船厂和船公司，润滑油销售继在2010年超过600吨后，2011年销量超过1000吨，受到中燃总部表扬。

【业务经营管理进一步规范】 根据经营需要，做好服务保证体系的维护，储运部、加油站、业务部三级维护运作基本正常；对业务流程和油品出入库程序做了系统整理和完善；重申油品盘库制度，做到每月盘库，加强对进、销、存的控制和规范操作；根据市场行情，调整销售价格，控制销售节奏，监督价格执行，柴油、燃料油、润滑油获得较好的差价空间；规范合同运作，严格执行《合同管理办法》，杜绝随意性操作。同时，加强业务销售与应收账款催收的结合，规避经营风险；加强了对油罐车的管理调度力度，进一步理顺油罐车管理流程，保证了公司油品配送的安全运行。

【推行精益管理　加强绩效考核】 加强制度管理，细化各种规章制度和工作流程，加强内部控制和监督，先后对工程承包、设备维修、油品出入库、招待费等制度进行修订和重申，进一步规范公司各个环节的管理。

加强油品计质量管理工作，坚持每年组织油品计质量专项检查，梳理相关计质量管理制度，强化对计量员的持证培训，重视油品化验室建设，加强对公司油源的监督和入库管理，并实行油品入库化验，供应、储存、使用三方签字认可和油样留存制度，从源头上保证油品供应质量。

建立以效益考核为中心的考核指标体系，细化考核标准，健全考核制度，落实目标考核责任制，采取经济目标责任书和工作目标责任书两条线考核管理模式，激发员工的工作积极性，并进一步完善《销售代表责任提成办法》，推进客户经理制，打造强有力的营销团队。

【安全措施到位　经营形势平稳】 一是以“一般等级以上事故为零、重大设备事故为零”为目标，每年制定年度安全生产工作方案，将安全指标分解到部门和班组，责任落实到人。二是结合安全生产月，站队达标等多种安全活动，深入细致地开展安全生产宣传和检查。2010年在油库、加油站开展风险辨识，危险评价工作，共梳理出13个有危险的单项作业活动，并对辨识出的较大风险点制定防控措施。三是按创建危化品标准化企业的要求，对原有的17项制度进行修订，增加25项制度，完善29个操作规程，并收集与生产经营有关的77部法律法规及公约，制定各种安全台账、记录、表格70余种，做到操作有制度规程、活动有记录、设备有档案、检查有依据，荣获2009、2010年全市“港航系统安全先进单位”称号，2010、2011年集团公司“消防先进单位”称号。四是加大安全技改费用的投入，对原燃料油管线电伴热进行改造，安装两台定量发油系统，三台雷达测位仪、高液位报警系统，新上智能巡更仪，购置一部叉车用于装卸润滑油，还购置自动微量残炭试验仪、DM1260X荧光测硫仪，从人防、技防上保障安全生产。

【创新服务方式　提升服务品质】 公司连续三年开展“客户服务年”活动，提出“全、变、优”的活动目标，即服务内容全——全方位满足客户需求；服务理念变——“坐商”变“行商”；服务效果优——优良服务 赢得机遇，全力打造“日照中燃”品牌，荣获集团公司2011年“服务创新杯”。

公司开展流动加油业务，将加油服务送到生产一线；在港区设立撬装加油站，为港内长途运输车提供方便；建设客户服务管理信息化平台，建立起售前有储备、售中有诚信、售后有跟踪的客户服务保障体系，并逐步开展航线加油方案设计、市场信息服务、气象信息服务、油品技术支持等更加便捷的延伸服务，完善客户服务标准和考评机制，把服务态度、言谈举止、讲话文明程度、提供增值服务、油款安全回收、年度目标完成等作为考核内容，与个人收入挂钩。同时，举办“客户服务年演讲比赛”和“客户服务征文”等活动，使员工的客户服务意识得到进一步提升。

【重视人才培养　提升员工素质】公司从2010年实施三年员工培训计划，制定“一年打基础、两年见提高、三年见成效”的培训目标，倡导培训就是福利的理念，采取“走出去、请进来”的方式，组织员工参加化验、英语、计量、船舶管理、保税油操作、油库管理、财税等专业培训，三年来组织各级各专业培训10多次，集中学习9次，并举办管理技能竞赛、客户服务技能竞赛、业务人员英语竞赛和加（发）油工技术比赛、油罐车司机技术比赛，为员工提升素质、展现风采搭建了舞台。

【加强财务管理　实现降本增效】公司不断修订完善财务管理制度和办法，实现财务管理的制度化、规范化，三年均被中燃有限责任公司评为财务决算优秀单位、日常财务管理表扬单位。

公司以推行“精益管理”为契机，切实推行全面预算管理工作，强化预算执行和监督，减少预算外支出。在日常财务管理中，严格控制收支两条线，对生产经营中的成本费用进行全面控制，逐步建立起以财务部门总负责、各相关部门齐参与，专项成本费用控制为基础、总体成本压缩为目标的成本管理体系。同时，加大财务监控，严格按照客户信用额度及账期对应收账款加强管理，修订确认客户信誉账期；加大对常规性费用异常情况的监督，及时分析各项费用异常性原因，做好调控措施；开拓资金筹集渠道，增加筹集资金方式。

【开展创先争优　促进和谐发展】公司以创先争优活动为引擎，以开展争创“四强”党组织，争做“四优”共产党员为抓手，紧密联系“抢市场、拼服务、保安全、促发展”实践，以“大庆精神”、“铁人精神”、“华通海轮”精神为动力，将阳光文化渗透到生产经营、安全管理和精神文明创建的各个环节，引导员工“明形势、担责任、鼓干劲、拼效益”，形成了勇于拼搏、争当先进的氛围。

【发挥工会职能　保障职工权益】建立健全工会组织机构，坚持职工大会制度，完善厂务公开制度，围绕公司生产和发展，开展各种合理化建议征集活动，并实施送温暖工程，做到“五必访”“两必贺”，加强对职工之家的建设，利用“春节”、“国庆节”等节假日，开展乒乓球、棋牌等文体比赛，公司工会获2011年度日照市“职工之家”称号，业务部获2010年度日照市“职工小家”称号。

【加强廉政教育　推进惩防体系建设】一是强化责任分解、责任考核、责任追究三个关键环节，对从事油品经营管理等关键业务人员进行案例警示教育和廉洁从业谈话。二是严格执行《领导人员评廉述廉规定》，通过职代会对班子成员评廉、民主生活会述廉议廉等活动，增强班子成员执行党风廉政建设责任制的自觉性。同时，通过学习和教育，增强员工的法制意识。没有发现党员及领导人员违规违纪行为，也没有发生违法的刑事案件。三是在预防盗卖油工作中坚持综合治理，建立健全责任追究机制，有效堵塞了管理漏洞。

（盛　丽）

集团公司领导简介

杜传志 日照港集团有限公司董事长、党委书记。1961年生于山东嘉祥，1987年加入中国共产党，大学学历，工程技术应用研究员，教授级高级政工师。1982年西安公路学院工民建专业毕业，分配石臼港建设指挥部工作。1988年5月起历任指挥部协调部经理、工程计划处副处长、处长、工程处处长。1994年2月～1997年8月任日照港建设指挥部副指挥兼工程处处长。1996年4月任日照港务局局长助理。1997年8月～2000年4月兼任建港办主任。1999年8月～2003年5月任日照港务局副局长。2003年1月任日照港务局党委书记，5月任日照港（集团）有限公司党委书记、副董事长、副总经理。2005年11月主持日照港（集团）有限公司全面工作。2006年5月起任日照港集团有限公司董事长、党委书记，法定代表人。

蔡中堂 日照港集团有限公司总经理、副董事长、党委副书记。1964年生于江苏丰县，1985年12月加入中国共产党，大学学历，工程硕士学位，高级经济师。1983年兰州铁道学院通信专业毕业，分配石臼港建设指挥部工作，历任指挥部港站筹备组助理工程师、石臼港务局铁管处助理工程师、团总支书记、铁运公司办公室主任、团委书记。1990年

11月起历任铁路运输公司副经理、通信信息中心主任。2001年5月任日照港务局副局长，2002年2月任烟台港务局副局长。2003年6月任日照港（集团）有限公司副总经理、党委委员，2006年4月任日照港（集团）有限公司副总经理、党委副书记，2006年5月起任日照港集团有限公司总经理、副董事长、党委副书记。

孔宪雷 日照港集团有限公司副董事长、副总经理、党委委员。1961年生于山东郯城，1985年加入中国共产党，工学博士，工程技术应用研究员。1982年华东水利学院军港专业毕业，分配交通部一航局二公司六处工作，历任技术主办、主管工程师、技术副处长。1992年调日照港工作，任港湾工程公司经理，1994年任日照港物产开发集团总公司副总经理兼港湾工程公司经理，1997年任港湾工程公司经理，1999年任日照港务局基建工程处处长。2003年5月任日照港（集团）有限公司副总经理，2006

年4月任日照港（集团）有限公司副总经理、党委委员，2006年5月起任日照港集团有限公司副董事长、副总经理、党委委员。

贺照清 日照港（集团）有限公司董事、副总经理、党委委员。1951年生于山东日照，1971年加入中国共产党，大学专科学历，高级经济师。1969年2月入伍，历任排长、参谋、连长、营长、团参谋长、师战勤科副科长。1983年1月转业到山东临沂国棉厂任科长。1984年9月调石臼港建设指挥部任政治处干事。1986年9月起历任石臼港公安局副政委、石臼港务局党委宣传部副部长、宣传处副处长、日照港务局党委办公室主任、第二装卸公司经理。2001年5月任日照港务局副局长。2003年5月～2009年2月任日照港（集团）有限公司董事、副总经理、党委委员。

王永刚 日照港集团有限公司副总经理、党委委员。1960年生于山东海阳，1982年4月加入中国共产党，大学学历，教授级高级政工师。1982年上海海运学院机械专业毕业，分配石臼港建设指挥部工作。1985年4月起历任石臼港务局团委书记、动力公司党委书记、卫生环保处处长、行政事业处处长。2001年4月任日照港务局党委副书记兼工会主席。2003年5月起任日照港集团有限公司副总经理、党委委员。

李永华 日照港（集团）有限公司党委副书记兼纪委书记。1952年生于山东郯城，1971年加入中国共产党，1971年10月参加工作，大学学历，高级政工师。1976年山东工学院电力系统自动化专业毕业，分配临沂电厂工作。1980年任临沂地区纪委办事员、秘书，1984年任临沂地委办公室秘书科科长，1987年任临沂地委办公室副主任。1990年任日照市人民政府副秘书长，1991～1993年兼任经济研究中心主任，1993年兼任办公室主任。1994年任中共日照市委副秘书长、办公室主任、保密局局长，1996年任中共日照市委副秘书长、办公室主任。2003年5月～2009年1月任日照港（集团）有限公司党委副书记兼纪委书记。

庄光安 日照港集团有限公司董事、副总经理、党委委员。1959年生于山东日照，1986年加入中国共产党，大学学历，高级工程师。1982年山东农机学院汽修专业毕业，分配山东省黄河航运局工作，历任车队技术员、工会主席。1985年调山东省岚山港务管理局工作，1985年11月任副局长，1996年任局长。2003年5月起任日照港集团有限公司董事、副总经理、党委委员。

吴　军 日照港集团有限公司副总经理、党委委员。1960年生于山东五莲，1984年加入中国共产党，大学学历，工程师。1976年8月参加工作，历

任五莲县街头镇知青、五莲县汽修厂工人、五莲县经济委员会技术科副科长、五莲县工业委员会副科长、开发办主任、五莲县机械工业局副局长、五莲县经济委员会副主任、党组副书记，1993年7月任东港区政府党组成员、区长助理，1996年2月任东港区政府党组成员、副区长，1997年12月任日照经济开发区党工委委员、管委会副主任，2003年8月任日照经济开发区党工委副书记、管委会常务副主任（正处级），2006年12月任日照经济开发区党工委副书记、管委会主任，2011年11月起任日照港集团有限公司副总经理、党委委员。

王建波 日照港集团有限公司副总经理、党委委员。1961年生于山东文登，1985年加入中国共产党，大学学历，高级工程师。1982年大连工学院港口电气专业毕业，分配日照港工作，历任一公司技术科长、主任工程师、副经理、局生产业务处长、第二装卸公司经理。2003年5月任日照港（集团）有限公司副总经理，2006年4月起任日照港集团有限公司副总经理、党委委员。

尚金瑞 日照港集团有限公司副总经理、党委委员。1964年生于山东临沂，1984年加入中国共产党，研究生学历，高级工程师。1986年武汉水运工业学校船舶制造与维修专业毕业，分配山东省岚山港务管理局工作，1989年调岚山海事局工作，历

任船检科负责人、船检科科长、党委委员、副局长。1998年调岚山港务局工作，任副局长，2003年7月起先后任第二装卸公司副经理（主持工作）、经理，2006年4月起任日照港集团有限公司副总经理、党委委员。

王爱东 日照港集团有限公司党委副书记、工会主席。1960年生于山东日照，1983年加入中国共产党，1976年8月参加工作，研究生学历，教授级高级政工师。1982年1月毕业于曲阜师范大学政治系，1989年7月毕业于中央党校培训部，历任日照县河山公社知青组组长、日照一中教师、日照团县委副书记（主持工作）、书记、日照团市委书记，1989年任日照市委宣传部副部长，1990～1991年任山东省委办公厅联络员，1993～1995年任东港区委副书记，1995年10月起历任日照市政府副秘书长、办公室主任、市政府党组成员、市长助理、招商局党组书记、招商局局长，2007年8月起任日照港集团有限公司党委副书记、工会主席。

王伶俐 日照港（集团）有限公司副总经理、党委委员。博士研究生。1974年生于山东海阳。1998年毕业于武汉大学管理学院国际金融专业。1998年9月～1999年8月任江苏省吴江市松陵镇副镇长。2000年7月～2003年3月任外经贸部人事司主任科员。2003年4月～2006年9月在商务部外资司任主

任科员，其中2005年6月～2005年12月挂职担任中国兵器工业总公司国际合作局副处长。2006年9月任商务部服务贸易司副处长，2007年6月～2008年4月挂职担任日照市外经贸局副局长、党委委员；2008年4月～2009年12月挂职担任日照港（集团）有限公司副总经理、党委委员。

庞遵升 日照港集团有限公司纪委书记、党委委员。1956年生于山东日照莒县，1976年加入中国共产党，大学学历，教授级高级政工师。1977年2月参加工作，历任莒县农业局科员、莒县县委宣传部干事、临沂地委宣传部研究室副主任、日照市宣传部新闻科科长，1994年11月任日照市委宣传部副部长，2000年兼日照市社科联主席，2005年任日照市委宣传部常务副部长，2009年1月起任日照港集团有限公司纪委书记、党委委员。

臧东生 日照港集团有限公司副总经理、党委委员。1968年生于山东日照，1994年加入中国共产党，大学学历，高级经济师。1991年7月山东大学管理科学专业毕业，分配日照港工作，历任一公司办公室副主任、日照港行政办公室秘书组副组长、组长、经济师，2001年12月任日照港党委宣传部副部长，2003年6月任日照港股份机修公司经理兼党支部书记，2006年6月任日照港股份有限公司第二港务公司经理，2007年1月任日照港股份有限公司副总经理、日照港股份有限公司第二港务公司经理，2007年2月任日照港股份有限公司副总经理、日照港股份有限公司第二港务公司经理兼党委副书记，2009年1月起任日照港集团有限公司副总经理、党委委员。

赵　刚 日照港集团有限公司副总经理、党委委员。1968年生于山东日照，1991年加入中国共产党，研究生学历，工学硕士，工程技术应用研究员。1991年7月河海大学港口与航道工程专业毕业，分配日照港工作，历任日照港多种经营总公司干部、建安工程公司二工区主任、物产总公司建安公司副经理、日照港港湾工程公司副经理，1999年4月担任港湾工程公司经理，2003年6月担任日照港湾工程有限公司经理，2004年5月担任山东港湾建设有限公司经理，2007年2月担任山东港湾建设有限公司经理兼党总支副书记，2008年5月担任山东港湾建设有限公司经理兼党委副书记，2009年1月～2011年12月任日照港集团有限公司副总经理、党委委员。

荣　誉

日照港集团有限公司
2009～2011年集体荣誉

2009年2月　集团公司被省政府表彰为“山东省优秀企业”

2009年3月　集团公司荣获“改革开放30年山东省优秀企业”荣誉称号

2009年3月　集团公司被省交通运输厅表彰为“山东省本质安全建设先进企业”

2009年4月　集团公司荣获第四批“全国精神文明建设工作先进单位”荣誉称号

2009年4月　集团公司被省政府表彰为“山东省纳税先进企业”

2009年8月　集团公司被省企联、省企业家协会评为“2009山东企业100强”

2009年8月　集团公司被授予“2009中国服务业企业500强”荣誉称号

2009年10月　集团公司被中国企业联合会、中国企业家协会授予“全国企业文化示范基地”

2009年10月　集团公司被授予“全国设备管理优秀单位”称号

2009年10月　集团公司被授予“全国企业文化示范基地”称号

2009年12月　集团公司被省经信委授予“山东省诚信企业”

2009年12月　股份公司荣获“2009年信息披露奖”

2010年1月　集团公司荣获“贡献突出社会救助力量”荣誉称号

2010年5月　集团公司团委被团中央命名表彰为“全国五四红旗团委”

2010年7月　集团公司被省政府表彰为“山东省节能先进企业”

2010年8月　集团公司被授予“中国服务企业500强”称号

2010年8月　集团公司荣获“山东最佳企业公民”称号

2010年10月　集团公司被授予“2010山东企业100强”称号

2011年1月　集团公司被山东省人民政府记集体一等功

2011年1月　集团公司被省安委会授予“2010年度全省安全生产工作先进单位”

2011年3月　集团公司荣获“全国安全文化建设示范企业”荣誉称号

2011年4月　集团公司被中华全国总工会表彰为“全国‘十一五’时期社会主义劳动竞赛先进集体”

2011年4月　集团公司荣获“全省节能先进企业”称号

2011年4月　集团公司荣获“全国‘十一五’

时期社会主义劳动竞赛先进集体”称号

2011年4月　集团公司荣获“山东省履行社会责任示范企业”称号

2011年4月　集团公司荣获首届“日照市市长质量奖”

2011年5月　集团公司荣获“中国10强进口木材港口”

2011年6月　集团公司党委荣获“山东省先进基层党组织”称号

2011年8月　集团公司通过山东省企业信誉等级复审，继续保持AAA级

2011年10月　股份二公司荣获“全国质量奖”

2011年11月　集团公司被省港航局表彰为“全省港航系统先进单位”

2011年12月　集团公司被授予“全国文明单位”荣誉称号

2011年12月　集团公司荣获“山东省企业管理奖”

2011年12月　股份公司荣获上交所2011年度董事会奖提名奖

2009～2011年　集团公司连续保持“省级文明单位”称号

2009～2011年　集团公司连续保持“全国企业文化建设优秀单位”称号

日照港集团有限公司
省（部）级以上荣誉个人

表21

年度	姓名	获奖内容	批准机关
2009	杜传志	2009年度全国企业文化建设突出贡献人物	中国企业联合会、中国企业家协会
	刘丙寅	全国离退休先进个人	中共中央组织部
	孔宪雷	山东省有突出贡献的中青年专家	山东省人民政府
	王成玉	全国五一劳动奖章	全国总工会
	李政军	全国优秀工会工作者	全国总工会
	孙新民	全国群众体育先进个人	国家体育总局
	周子亮	全国归侨侨眷先进个人	国务院侨联办公室
	梁斌文	全国港口普查先进个人	交通运输部
2010	杜传志	全国劳动模范	国务院
	郑　林	全国交通技术能手	交通运输部
	周天宇	千家企业低碳交通运输专项行动先进个人	交通运输部
2011	杜传志	山东省企业管理奖	山东省人民政府
	孔宪雷	国务院政府特殊津贴	国务院
	王永刚	全国质量管理小组活动卓越领导者	全国总工会等
	王爱东	全国优秀工会工作者	全国总工会
	随风雪	全国内部审计先进工作者	国家审计署
	底智蔚	全国“讲理想、比贡献”活动优秀组织者	国家发改委
	梁奇志	全国工会系统“五五”普法先进个人	全国总工会

日照港集团有限公司 荣誉个人

2009年度优秀共产党员（29名）

李业光　范旭东　李　霞　程海波
徐玉金　申　健　李　强　王胜玉
梁友培　庄　磊　程　震　刘汉勇
王培松　李　彬　鲁国春　彭　飞
王　克　王　颖　丁　涛　朱代法
王　群　郭怀民　韦学勤　牛洪利
刘　彬　张凯斌　刘　琳　厉建海
李建平

2010年度优秀共产党员（27名）

牟京东　张群峰　孙立启　李明伟
范旭东　董　峰　李纪波　尹衍新
赵曰俊　韦学勤　厉呈伟　陶来宝
赵彩玲　杨　楠　刘存田　卜红博
崔　勇　丁　涛　周素杰　周平利
李　宁　窦立纯　周　雷　韩邦峰
张华南　匡廷远　杜绪冠

2011年度优秀共产党员（89名）

李　峰　周曙光　朱纪宾　张同连
郑明梁　任海英　王长波　金军凯
朱　峰　崔志一　马　跃　李　磊
杨萱一　李宗波　单洪锋　成文荣
申　健　高兴文　黄松涛　李　明
刘海相　成　华　张　丽　郑承林
徐玉金　张　辉　李明俊　房克来
程海波　杨　健　李洪波　丁明锋
辛崇贵　路仕杰　徐伟华　王军浩
徐延国　李宗君　庄　磊　彭为良
程　震　刘加海　赵曰俊　王连波
庄　军　滕兆斌　崔　勇　肖晨光
高庆荣　邢相全　刘　芹　宋艳君
时　军　李纪波　王胜玉　田玉莲
时建伟　陈德蓬　高传德　李　斌
张跃进　贺　青　宋宜杰　郭金鑫
丁　江　杨　军　王汝强　滕兆文
马天友　韦学勤　毕雪峰　周素杰
秦　龙　任佰平　秦绪昌　丁　涛
厉志强　王海英　赵　利　李江锡
公维明　李大伟　邓　鑫　丁小琴
房　磊　张　峰　刘　琳　秦玉峰
吕大明

2009年度优秀党务工作者（4名）

周　涛　周子亮　胡东祥　张群峰

2010年度优秀党务工作者（3名）

周子亮　徐　青　刘　琳

2011年度优秀党务工作者（11名）

李明伟　周　涛　申　涛　徐　青
周子亮　苏同郑　贺　梅　安佰明
宋　波　郭明章　王守东

2009年度先进个人名单（60名）

陈为东　牟京东　李茂海　闫早海
范旭东　尤彦林　杨坤成　崔志一

刘乃峰　侯学强　成文荣　孙　玉
刘存田　杨　健　程海波　李军义
王金彬　韦学勤　牟敬涛　张先武
王加胜　郑成林　韩中华　金为奎
惠永林　尹洪海　李纪波　江崇质
王胜玉　尹衍新　李善和　刘　芹
姜先民　彭为良　汲生军　焦彦波
盛瑞健　卜红博　程　震　朱　健
匡廷远　邢相全　崔　勇　许志强
邵世新　李彩希　赵统录　张存宗
刘汉勇　郑　军　许家贵　孙　晓
厉志强　刘　彬　付　强　盛　丽
刘加秀　秦　晓　周　涛　厉向阳

2010年度先进个人名单（61名）

陈为东　闫早海　张守军　李业光
范旭东　贺照冬　金军凯　杨坤成
张　伟　纪君尚　秦玉宁　焦　鹏
崔为杰　杨　健　李军谊　程海波
卜凡玉　许延亮　郭长吉　李　强
徐延国　李业强　盛瑞建　卜红博
李　彬　刘新鸿　房敏军　崔　勇
杨　霞　许志强　李纪波　高红星
赵剑波　秦　晓　秦玉峰　周　涛
刘增强　高　鹏　韦学勤　黄东辉
尹衍新　林相刚　刘　芹　姜先民
赵曰俊　滕兆斌　张　斌　马　宁
刘　岩　陈洪港　高海伟　苏海滨
滕兆文　丁　涛　刘加伟　许加东
盛　丽　刘海燕　赵彩玲　陈　军
陈德怀

2011年度先进个人（60名）

赵　波　李　峰　张　峰　田光辉
田文军　苏勋锦　唐　峰　辛永刚
潘广川　解勇峰　张　伟　秦玉宁
刘存田　杨　健　程海波　李军谊
成　华　李宗文　张永前　丁祥峰
汲生军　庄　磊　章雪涛　韩邦峰
高红星　王　英　孟凡森　陈焕海
刘显贵　李登滨　肖　辉　徐燕芳
张　峰　丁　江　邓兰兰　徐丽芳
张晓文　刘乃峰　郑世强　陶来宝
徐　敏　张树胜　姚　辉　刘增强
孙立启　吕卫兵　肖晨光　牟敬涛
毕雪峰　梁立义　杨　霞　贺照伟
李海松　孙凤秀　徐西波　侯学芳
高海伟　于亚群　盛　丽　付　强

2008～2009年度集团公司“品牌员工”（2名）

刘召军　刘从宝

第三批专业技术拔尖人才（4名）

宋西波　邱田金　董衍华　刘　岩

第一届日照港首席技师（3名）

徐玉金　董　勃　张少鹏

第二届日照港首席技师（3名）

宋彦波　刘召华　王均光

统计资料

2009～2011年日照港吞吐量及经济效益情况表

表22

项　目	2009年	2010年	2011年
旅客吞吐量（万人次）	0	0	11
货物吞吐量（万吨）	18131	22597	25260
集装箱吞吐量（万TEU）	82	106	140
滚装汽车吞吐量（标辆）	650	315	0
实现利税（万元）	53836	70108	77380
利润总额（万元）	19260	23242	35154

2009～2011年日照港外贸主要货物吞吐量表

表23

单位：万吨

项　目	2009年	2010年	2011年
合　计	12687	15204	16690
煤炭及制品	827	1293	1145
石油天然气及制品	175	243	492
金属矿石	9897	11135	11769
矿物性建筑材料	137	49	17
木　材	310	714	1347
非金属矿石	303	520	576
粮　食	504	776	763
集装箱	26	30	42

2009～2011年日照港内贸主要货物吞吐量表

表24

单位：万吨

项　目	2009年	2010年	2011年
合　计	5444	7392	8571
煤炭及制品	1487	1681	1833
石油天然气及制品	164	364	647
金属矿石	791	1537	1512
矿物性建筑材料	602	925	1327
木　材	80	260	157
非金属矿石	594	491	419
粮　食	15	22	43
集装箱	952	1306	1833

2009～2011年日照港主要货物吞吐量表

表25

单位：万吨

项　目	2009年	2010年	2011年
合　计	18131	22597	25260
煤炭及制品	2314	2974	2979
石油天然气及制品	339	607	1139
金属矿石	10689	12672	13280
矿物性建筑材料	739	973	1344
木　材	390	974	1504
非金属矿石	898	1011	995
粮　食	519	798	805
集装箱	977	1336	1876

2009～2011年日照港各装卸公司吞吐量表

表26 单位：万吨

项　目	2009年	2010年	2011年
合　计	18131	22597	25260
一、石臼港区小计	13624	16893	18777
股份一公司	1130	1238	1301
股份二公司	8600	10329	11000
股份三公司	2916	3989	3566
日青公司	979	1336	1800
裕廊公司	0	0	844
客箱公司	0	0	265
二、岚山港区小计	4507	5704	6484
岚山公司	4355	5186	5602
油品公司	75	260	776
童海公司	76	257	105

2009～2011年日照港货物集港情况表

表27 单位：万吨

项　目	2009年	2010年	2011年
小　计	17260	20568	22714
铁　路	808	852	1017
水　运	13850	17134	19169
公　路	2559	2505	2304
管　道	42	77	223
其　它	1	0	0

2009～2011年日照港货物疏港情况表

表28

单位：万吨

项　目	2009年	2010年	2011年
小　计	17365	19827	22838
铁　路	4419	4322	4778
水　运	4205	5205	5986
公　路	8177	9286	10463
管　道	250	260	444
其　它	314	753	1166

2011年日照港码头泊位基本情况表

表29

泊位名称	结构型式	主要用途	投产年份	竣工验收年份	前沿水深(米)		泊位长度(米)	泊位个数(个)	设计靠泊能力(吨级)	泊位设计通过能力(万吨)
					设计	实际				
生产用泊位合计							11739	46		15187
一、石臼港区小计							8489	34		11641
1、东区							3440	13		8419
煤1#泊位	重力式	煤炭泊位	1986	1986	18.0	17.0	452	1	100000	1400
煤2#泊位	重力式	煤炭泊位	1986	1986	18.0	17.0	452	1	100000	1400
东1#泊位	重力式	通用散货泊位	2007	2010	8.0	8.0	239	1	5000	105
东2#泊位	重力式	通用散货泊位	1986	1986	8.5	8.5	239	1	10000	20
东3#泊位	重力式	散装水泥	1990	1990	9.5	9.5	180	1	15000	200
东4#泊位	重力式	散装水泥	1990	1990	10.5	10.5	214	1	25000	247
东5#泊位	重力式	煤炭泊位	1995	1995	13.6	13.6	275	1	50000	900

东6#泊位	重力式	煤炭泊位	1995	1995	13.6	13.6	225	1	20000	800
东7#泊位	重力式	通用散货泊位	1995	1995	11.0	11.0	31	1	15000	37
东8#泊位	重力式	通用散货泊位	1995	1995	11.0	11.0	171	1	10000	50
东9#泊位	重力式	通用散货泊位	1995	1995	11.0	13.7	190	1	50000	60
东10#泊位	重力式	金属矿石泊位	2005	2007	20.5	20.5	381	1	200000	1400
东11#泊位	重力式	金属矿石泊位	2005	2007	24.5	24.5	391	1	300000	1800
2、北区							539	3		128
北1#泊位	重力式	通用散货泊位	1994	1994	7.0	7.0	152	1	5000	18
北2#泊位	重力式	成品油泊位	2003	2004	10.5	10.5	257	1	20000	90
北3#泊位	重力式	成品油泊位	2004	2004	6.3	6.3	130	1	3000	20
3、西区							4510	18		3094
西1#泊位	重力式	客货泊位	2007	2007	8.0	8.0	156	1	20000	40
西2#泊位	重力式	通用散货泊位	2003	2008	10.2	10.2	180	1	15000	60
西3#泊位	重力式	木片泊位	2002	2002	11.6	11.6	261	1	40000	74
西4#泊位	重力式	木片泊位	2005	2006	11.6	11.6	399	1	40000	250
木2#泊位	重力式	木片泊位	2010	2010	11.6	11.6	215	1	40000	350
木3#泊位	重力式	木片泊位	2010	2010	12.2	12.2	215	1	40000	350
西5#泊位	重力式	散装粮食	2005	2006	15.0	15.0	350	1	70000	520
西6#泊位	重力式	集装箱泊位	2006	2007	16.0	16.0	284	1	30000	117
西7#泊位	重力式	集装箱泊位	2006	2007	16.0	16.0	245	1	30000	108
西8#泊位	重力式	集装箱泊位	2006	2007	17.0	17.0	315	1	50000	375
西9#泊位	重力式	通用散货泊位	2007	2009	16.0	16.0	260	1	70000	100
西10#泊位	重力式	通用散货泊位	2007	2009	16.0	16.0	260	1	50000	75
西11#泊位	重力式	通用散货泊位	2007	2009	16.0	16.0	240	1	50000	75
西12#泊位	重力式	通用散货泊位	2009	2010	13.7	13.7	250	1	50000	135

西13#泊位	重力式	通用散货泊位	2009	2010	13.7	13.7	250	1	50000	135
西14#泊位	重力式	通用散货泊位	2009	2010	13.7	13.7	210	1	35000	110
西15#泊位	重力式	通用散货泊位	2009	2010	13.7	13.7	210	1	35000	110
西16#泊位	重力式	通用散货泊位	2009	2010	13.7	13.7	210	1	35000	110
二、岚山港区小计							3250	12		3546
1、中区							845	2		2800
岚中10万吨级油泊位	重力式	原油泊位	2008	2010	15.1	15.1	359	1	100000	800
岚中30万吨级油泊位	重力式	原油泊位	2010		24.0	24.0	486	1	300000	2000
2、南区							2405	10		746
岚山港区1#泊位	重力式	液体化工泊位	2009	2010	13.4	15.0	300	1	50000	150
岚山港区2#泊位	重力式	液体化工泊位	2009	2010	13.4	15.0	190	1	10000	45
岚山港区3#泊位	重力式	通用散货泊位	1981	1981	7.5	7.5	180	1	5000	30
岚山港区4#泊位	重力式	通用件杂货泊位	1983	1983	10.2	10.2	219	1	20000	45
岚山港区5#泊位	重力式	通用散货泊位	1994	1994	7.5	7.5	130	1	5000	26
岚山港区6#泊位	重力式	通用散货泊位	1996	1996	8.5	8.5	180	1	10000	30
岚山港区8#泊位	重力式	通用散货泊位	2011	2011	20.0	20.0	364	1	100000	230
岚山港区9#泊位	重力式	通用散货泊位	2003	2003	14.0	14.0	240	1	50000	45
岚山港区10#泊位	重力式	通用散货泊位	2005	2005	13.6	13.6	300	1	50000	75
岚山港区11#泊位	重力式	通用散货泊位	2005	2005	13.6	13.6	302	1	50000	70
非生产用泊位合计							306	1		
岚山港区南区	重力式	港作船泊位	2010	2010			306	1		

2009～2011年日照港职工增减变动情况表

表30

年度	年末人数	净增加	增加项目					减少项目				
			合计	录用复退士兵	录用大中专毕业生	调入	其他	合计	调出	退休	解除合同	其他
2009	7886	-41	216	35	174	4	3	257	165	74	15	3
2010	7948	62	189	32	157			127	3	95	19	10
2011	8164	216	316	32	275	9		100	2	66	25	7
合计		237	721	99	606	13	3	484	170	235	59	20